독자의 1초를
아껴주는 정성을
만나보세요!

세상이 아무리 바쁘게 돌아가더라도 책까지 아무렇게나 빨리 만들 수는 없습니다.

인스턴트 식품 같은 책보다 오래 익힌 술이나 장맛이 밴 책을 만들고 싶습니다.

땀 흘리며 일하는 당신을 위해 한 권 한 권 마음을 다해 만들겠습니다.

마지막 페이지에서 만날 새로운 당신을 위해 더 나은 길을 준비하겠습니다.

즐거운
프로그래밍
경험

모두의 스크래치 게임 제작

누구나 쉽게 배우는
게임 프로그래밍 기초

가브리엘 포드, 새디 포드, 멜리사 포드 지음
이춘오 옮김

길벗

모두의 스크래치 게임 제작

Hello Scratch!: Learn to Program by Making Arcade Games

초판 발행 · 2019년 8월 30일

지은이 · 가브리엘 포드, 새디 포드, 멜리사 포드
옮긴이 · 이춘오
발행인 · 이종원
발행처 · (주)도서출판 길벗
출판사 등록일 · 1990년 12월 24일
주소 · 서울시 마포구 월드컵로 10길 56(서교동)
대표전화 · 02)332-0931 | **팩스** · 02)323-0586
홈페이지 · www.gilbut.co.kr | **이메일** · gilbut@gilbut.co.kr

기획 및 책임편집 · 정지은(je7304@gilbut.co.kr) | **디자인** · 박상희 | **제작** · 이준호, 손일순, 이진혁
영업마케팅 · 임태호, 전선하, 박성용, 지운집 | **영업관리** · 김명자 | **독자지원** · 송혜란, 홍혜진

교정교열 · 김윤지 | **전산편집** · 박진희 | **출력 및 인쇄** · 예림인쇄 | **제본** · 예림바인딩

- 잘못된 책은 구입한 서점에서 바꿔 드립니다.
- 이 책에 실린 모든 내용, 디자인, 이미지, 편집 구성의 저작권은 (주)도서출판 길벗과 지은이에게 있습니다.
  허락 없이 복제하거나 다른 매체에 옮겨 실을 수 없습니다.

ISBN 979-11-6050-874-1 (93000)
(길벗 도서번호 006956)

정가 22,000원

· ·

독자의 1초를 아껴주는 정성 길벗출판사

(주)도서출판 길벗 | www.gilbut.co.kr

페이스북 · www.facebook.com/gbitbook

**베타
테스터의
한마디**

업데이트된 스크래치 3.0에 대한 궁금증과 사용법을 이 책으로 한 번에 해소할 수 있었습니다. 보통 스크래치로 코딩할 때는 기본 스프라이트와 배경을 사용했는데, 이 책에서 설명한 비트맵 방식과 벡터 방식을 살펴보고 배경과 스프라이트를 하나씩 따라 그리고 코딩하다 보니 어느새 멋진 게임을 완성할 수 있었습니다. 완성 후에 자신감이 생겨 나만의 게임 만들기에도 도전하려고 합니다. 책 중간중간 잘되지 않거나 어려운 부분은 '잠깐만요', '질문있어요'를 참고해 문제를 해결할 수 있어 좋았습니다.

성현영 | 42세, 방과후 교사

전체적으로 오류가 거의 없고 완성도가 높으며 각 내용을 단계별로 잘 설명합니다. 초급자가 읽기에 크게 힘들지 않은 수준입니다. 직접 스프라이트와 배경을 그리고 블록을 조립하고 프로그램을 만들면서 재미있게 코딩을 배우게 되었습니다. 직접 게임을 만들면서 자신감과 성취감을 느꼈고, 코딩에도 흥미를 가지는 좋은 계기가 되었습니다. 올해 초등학교에 입학한 자녀와 함께 실습했습니다. 처음에는 너무 어려서 제대로 따라 할까 걱정이 많았는데, 역시 어려서 그런지 학습을 스펀지처럼 잘 흡수하네요!

이석곤 | 38세, 개발자

스프라이트에서 각각의 스크립트를 만들 때, 다른 스프라이트와 관계있는 블록의 경우 자세한 설명이 없어 이해하기가 조금 어려웠습니다. 책을 완성하는 데 도움을 줄 수 있는 좋은 경험이 되었습니다.

정건우 | 14세, 중학생

학생에게 좋은 콘텐츠와 교육 방법을 지속적으로 연구하던 중 좋은 책과 함께하게 되었습니다. 블록 코딩과 이를 재미있게 활용할 수 있는 게임 제작까지 소개해 지루할 틈이 없었습니다. 코딩을 잘해야 한다는 부담감에서 벗어나 누구나 작품을 만들 수 있다는 용기를 심어 주는 책입니다.

이상선 | 33세, 프로그래밍 강사

책이 나오기까지 도와주신 모든 분에게 고마움을 전하고 싶습니다. 누구보다 매닝출판사 여러분, 고맙습니다. 특히 우리 두 아이, 가브리엘과 새디에게 출판의 기회를 준 에디터 헬렌 스터쿼스와 브라이언 스웨어, 말쟌 베이스에게 감사합니다. 그리고 조언을 준 모든 검토자분과 곤잘레스 페르난도 후에르타 까녜파, 얀 빈터베르그, 카림 알카마, 칼레드 타니르, 라리사 쿤, 만줄라 아이어, 마틴 비어, 메르디스 고다, 마이클 옌센, 미칼 콘라드 위샥, 피터 로렌스, 파볼 크랄, 필립 쾨테, 레베카 존스, 로씨오 처그테이, 로니 바이스에게 고마움을 전합니다. 우리 첫 책을 만드는 데 도움을 준 개발 팀의 알렉산더 드라고샤브비치, 로빈 듀손, 곤잘레스 페르난도 후에르타 까녜파, 마쵸 하바틴, 제작 팀의 코빈 콜린스, 알리슨 브레너, 케빈 설리반, 데이비드 노박, 쟈넷 베일, 마리야 투도르, 리처드 세퍼드, 레슬리 헤임스, 메리 퍼지스, 제작 마감 팀의 칸다세 길후레이, 수진 하킨스에게 감사합니다. 이 책 탄생을 지켜본 릭 쿠헨에게도 고맙다는 인사를 하고 싶습니다. 그가 없었다면 이 책은 나오지 못했을 것입니다.

응원해 준 친구들에게 고맙다고 말하고 싶어요. 매일 책 진행을 물어본 엠마, 잠시 쉴 때마다 오버워치를 같이 한 제임스, 멋진 아이디어를 나누어 주고 코딩에 조언을 아끼지 않았던 CoderDojo(7~17세 아이들의 오프라인 프로그래밍 커뮤니티)의 모든 친구, 알렉스, 메간, 벤, 핀, 그리고 우리 그룹을 이끄는 프랭크와 조시에게 감사해요. 지난 몇 년간 우리를 가르쳐 주신 좋은 선생님이 많았지만, 그중에서도 특히 독서하는 법을 가르쳐 주신 시스카 선생님과 작문 재미를 알려 주신 레티나 선생님께도 감사드려요.

우리 가족도 고마워요. 컴퓨터를 흔쾌히 빌려주신 할머니, 노트북을 내주신 할아버지 덕분에 책을 계속 쓸 수 있었어요. 그리고 사랑과 지원을 나누어 준 사바와 사프타, 올리비아, 페넬로페, 웬디, 조나단, 랜달, 모간, 그리고 항상 우리를 응원한 다른 모든 친구! 정말 고마워요. 책 쓰는 내내 울던 세상에서 가장 멋진 기니피그 트루먼과 책이 끝날 때쯤 우리 가족이 된 리누스에게도 고맙다는 인사를 전해요.

우리 팀의 숨은 멤버, 아빠! 고마워요. 책을 같이 쓰지는 않았지만 아빠의 사랑은 큰 힘이 되었어요. 우리가 지치고 당황할 때 안아 주고, 격려해 주고, 재미있는 질문으로 우리에게 웃음을 주셨죠.

엄마도 고마워요. 엄마가 난생 처음 책을 쓰기로 마음먹지 않았다면 우리가 이 책을 쓸 기회도 없었을 것이에요. 출판사와 계약하는 것도 도와주고 원고 입력도 다 해 주셨죠. 엄마는 이 세상에서 가장 멋져요. 우리 생각을 정리해 주고, 제시간에 원고를 전달하고, 생각을 현실로 만들 수 있게 도와주셔서 감사해요. 엄마는 우리에게 시간이 촉박하고 압박이 심한 상황에서 어떻게 해야 하는지도 알려 주셨죠.

안녕하세요. 저는 가브리엘입니다. 저는 새디에게 고맙다고 말하고 싶어요. 멋진 예술 작품을 게임에 넣을 수 있게 도와주었고, 책을 같이 쓰면서 든든한 동료가 되어 주었어요. 새디야, 너랑 같이 작업해서 너무 좋았어.

저는 새디예요. 나도 우리 가족의 똑똑박사 가브리엘에게 고맙다고 말하고 싶어요. 가브리엘, 나도 같이 작업해서 정말 너무 좋았어. 재미있는 게임을 만들어 주어서 너무 고마워. 네가 내 쌍둥이 형제라서 기뻐.

저는 두 아이의 엄마, 멜리사입니다. 멋진 이 책으로 스크래치를 가르쳐 준 새디와 가브리엘에게 고맙다는 인사를 전하고 싶어요. 얘들아, 너희가 자라는 한 편의 영화를 맨 앞 좌석에서 볼 수 있다는 것은 너희 아빠와 나에게 있어 정말 큰 영광이란다. 너희는 끊임없는 아이디어와 열정으로 우리를 항상 놀라게 하지. 너희는 정말 최고로 멋져. 흔들리는 이를 직접 뽑아 들고는 유심히 관찰하던 때부터 사람들에게 자바로 웹 브라우저를 만드는 방법을 강의하고 같이 세계를 여행하던 순간까지, 정말 최고였어. 우리가 카르멘에서 했던 수많은 미팅도 너무 즐거웠단다. 정말 사랑하고, 너희가 다음에 무슨 일을 해낼지 정말 기대된다.

가브리엘, 새디, 멜리사

스크래치 세계에 온 것을 환영합니다. 스크래치는 누구나 손쉽게 게임을 만들 수 있는 멋진 개발 도구입니다. 단순한 슈팅 게임부터 복잡한 롤플레잉 게임까지 정말 다양하게 만들 수 있답니다. 만드는 방법도 쉽고 간편해서 누구나 금방 적응할 수 있고, 배우기 어려운 프로그래밍 원리도 깨우칠 수 있습니다. 한마디로 여러분을 단숨에 프로그래머로 만들어 주는 마법 상자죠!

다들 게임 좋아하죠? 저도 어렸을 때 너무 좋아했습니다. 부모님이 외출하실 때마다 몰래 컴퓨터를 켜고 여러 게임을 즐겼죠. 그러다 아파트 엘리베이터가 열리는 소리가 들리면 후다닥 끄고 방으로 도망갔던 기억이 납니다. 나만의 게임도 너무 만들어 보고 싶었어요. 하지만 그때는 스크래치처럼 손쉽게 게임을 만들 수 있는 도구가 없었습니다. 그래서 스크래치로 뭐든지 만들어 볼 수 있는 여러분이 참 부럽네요.

멋진 게임을 만들어 친구들과 공유해 보세요. 내 사진이나 친구 사진으로 주인공 캐릭터도 만들어 보고, 독특한 목소리도 녹음해 주인공이 뛰어다닐 때마다 소리치게 해 보세요. 말도 안 되게 어려운 게임을 만들어 도전 정신을 불태워 보세요. 친구들이 내가 만든 게임을 재미있게 하는 모습을 지켜만 보아도 참 보람차답니다.

이제 스크래치를 배워 봅시다!

이춘오

스크래치를 시작하기 전에 한 가지 알려 줄 것이 있습니다. 여러분이 스크래치에서 무엇을 하든, 스크래치는 고장 나지 않습니다. 그러니 망칠 걱정하지 말고 이것저것 누르고 시도해 보세요. 물론 게임을 만들다 보면 스프라이트를 그리다 망치거나, 스크립트 코드를 살짝 바꾸었다가 다시 되돌리는 방법을 잊어버려서 다 만들어 놓고도 아예 못 쓰게 될 수 있습니다. 이때는 언제든지 처음으로 되돌아가 깔끔하게 다시 시작하면 됩니다. 다시 말해 스크래치는 유연합니다. 그러니 모든 버튼과 블록을 다 써 보세요. 무모한 탐험이야말로 새로운 것을 가장 빨리 배우는 지름길 입니다.

책에서는 게임 코드를 하나하나 설명하지만, 게임을 다 만들고 난 후에도 이런저런 도전 과제를 던질 것입니다. 도 전 과제를 해결하면서 지금까지 배운 것을 되새겨 나만의 게임으로 바꾸어 볼 수 있습니다. 누구나 다 하는 것에 만 족하지 말고, 다 만든 게임이라도 무엇을 더 개선할 수 있을지 계속 탐구해 보세요.

여러분은 아마 다양한 기회로 고전 아케이드 게임이나 콘솔 게임을 경험했을 것입니다. 옛 추억을 떠올리며 고전 아 타리 게임의 유튜브 비디오를 시청했거나 동네 오락실에서 아케이드 게임을 했을 수도 있습니다. 아니면 새로 나온 〈LEGO® Dimensions™〉의 미드웨이 아케이드 스테이지로 접했을 수도 있습니다. 어쨌든 스크래치와 함께하는 레트로 게임 프로그래머의 길로 들어선 것을 환영합니다.

이제 나만의 게임을 만들어 봅시다.

책 소개

스크래치란?

스크래치는 드래그 앤 드롭, 즉 끌어 놓기 방식으로 컴퓨터 프로그램을 만드는 언어입니다. **끌어 놓기**란 프로그램 코드를 새긴 작은 조각 블록들을 마치 레고처럼 조립해 프로그램을 만드는 것을 의미합니다. 스크래치는 모든 것이 그림으로 되어 있어 괄호나 세미콜론, 불(boolean) 같은 이상한 단어를 일일이 키보드로 입력할 필요가 없습니다. 그 대신에 블록만 딱 하고 붙이면 프로그램을 만들 수 있습니다.

어떤 게임을 만드나요?

레트로 게임을 만들 것입니다. 레트로 게임을 다루는 이유는 고전 게임은 목표가 단순하고 그래픽이 간단할 뿐만 아니라, 만들기도 쉽고 플레이하기도 쉽기 때문입니다. 그렇지만 현대 게임이 가진 모든 요소를 똑같이 갖추었습니다.

레트로 게임이란?

레트로 게임은 아타리, 인텔리비전, 닌텐도 같은 가정용 게임기나 오락실에서 하던 고전 게임을 의미합니다. 대부분 컴퓨터가 막 등장했던 시대에 출시되었기 때문에 당시의 게임 그래픽은 픽셀이 다 보이는, 즉 뭉툭하고 각진 그림이었습니다. 그림 모양은 단순했지만, 다양한 색을 사용했습니다. 게임 스토리라인도 소행성을 쏘아서 부수기, 커다란 기름통 피하기 등 단순했습니다. 여러 목표를 동시에 해야 하는 오늘날의 게임과 달리 레트로 게임에서는 한 번에 목표 하나만 주어지는 경우가 많았습니다.

책은 다음 세 부분으로 구성되었습니다.

스크래치 익히기　　스크래치가 무엇인지 알아보고, 스크래치 에디터 사용법을 설명합니다. 코딩에 관한 여덟 가지 핵심 개념을 소개합니다.

게임 제작 준비하기　　게임 캐릭터를 만드는 데 필요한 스크래치 툴이 어디에 있는지, 프로그램을 만드는 데 필요한 블록은 어디에 있는지 알려 줍니다. 게임에 필요한 픽셀 아트를 그리는 방법과 게임 프로그램 코드를 배웁니다.

게임 만들고 플레이하기　　슈팅 게임, 공 주고받기 게임, 플랫폼 게임 등을 직접 설계할 수 있습니다. 코드에 필요한 블록을 쉽게 찾을 수 있을 정도로 스크래치에 충분히 익숙해질 것입니다. 기본적인 컴퓨터 프로그래밍과 게임 설계 지식을 습득하고, 나만의 게임을 만들 수 있습니다.

게임을 만들기 전에 한 가지 알아야 할 것이 있습니다. 게임 스크립트를 완성하기 전까지는 게임을 플레이할 수 없습니다. 하지만 그렇다고 게임을 완성할 때까지 스크립트가 잘 실행될지 전혀 알 수 없다는 의미는 아닙니다. 스크립트를 제대로 완성했는지 확인하는 방법은 책에 나온 스크립트와 비교하는 것입니다. 두 스크립트가 똑같다면 잘 실행될 것입니다. 게임에 문제가 있다면 각 DAY의 마지막에 있는 '게임이 잘 실행되지 않나요?'를 참고하세요.

또 책 곳곳에서 '잠깐만요', 'NOTE', '질문있어요'가 등장합니다. 이 글상자는 시험 문제가 아닙니다. 그러니 질문에 답하려고 너무 스트레스를 받지 마세요. 게임을 만드는 데 도움이 될 중요한 내용과 요령이 담겨 있으니 최대한 활용합시다.

아침밥 전쟁

가장 오래된 형태의 비디오 게임으로, 2인용 공 주고 받기 게임입니다. 프라이팬을 사용해 계란프라이를 벽에 부딪치지 않고 상대방에게 튕겨 보내야 합니다.

마법사 대 유령

오랜 인기를 자랑하는 게임 장르의 슈팅 게임입니다. 마법사는 좌우로 움직이면서 하늘에서 내려오는 유령을 피하거나 불꽃을 발사해 물리칩니다.

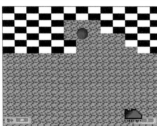

드리블

슈팅 게임으로, 축구화로 공을 차 그물을 부수면 점수를 얻습니다. 모든 블록을 부수거나 공을 세 번 놓치면 게임이 끝납니다.

해변이 너무해

플랫폼 게임입니다. 플랫폼은 발판이란 뜻으로, 장애물을 뛰어넘거나 앞으로 나가는 방식입니다.

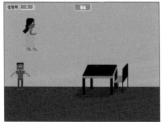

학교 탈출

제한된 시간에 선생님이 종료 지점까지 가야 하는 게임입니다. 학생을 뛰어넘고 책상을 발판 삼아 뛰어다닐 수 있습니다.

예제 소스 내려받기 & 활용법

책에서 만든 스프라이트는 길벗출판사 웹 사이트에서 내려받을 수 있습니다. 또 책의 모든 스크래치 코드는 Retromakers 계정(https://scratch.mit.edu/users/Retromakers/)에서 찾을 수 있습니다.

❶ 길벗출판사 웹 사이트(https://www.gilbut.co.kr/)에 접속하고 검색 창에 도서 이름을 검색해 예제 파일을 내려받습니다.

❷ 원하는 폴더에 내려받은 파일의 압축을 풉니다.

❸ 온라인/오프라인 에디터를 켠 후 DAY 05를 보면서 프로젝트나 스프라이트를 업로드합니다.

스크래치 가입하기

스크래치는 무료로 가입할 수 있습니다. 지금 바로 https://scratch.mit.edu에 접속합시다. 웹 사이트 화면의 오른쪽 위에 보이는 **스크래치 가입**을 클릭하면 사용자 이름과 비밀번호를 입력하는 창이 나타납니다. 사용자 이름과 비밀번호를 입력하고 **다음**을 누릅니다. 생년월일, 성별, 국가를 입력하고 **다음**을 누릅니다. 이메일 주소를 입력하고 **다음**을 누르면 가입했다는 환영 메시지가 나타납니다. 스크래치 가입을 완료하면 가입 확인 이메일이 전송됩니다.

• 스크래치에 가입할 때 사용자 이름에는 영어, 숫자, 하이픈(-)만 쓸 수 있습니다.

오프라인 에디터 내려받기

스크래치는 온라인 소프트웨어로 실행하는 것이 가장 좋지만, 인터넷에 연결할 수 없는 곳에 있다면 스크래치 오프라인 에디터를 내려받아 사용할 수 있습니다. 오프라인 에디터를 사용하면 작업한 내용이 컴퓨터에만 남지만, 온라인에도 다시 올릴 수 있습니다. 오프라인 에디터를 사용할 때 한 가지 주의할 점은 자동 저장 기능이 없으므로 작업한 내용을 간간이 저장해야 한다는 것입니다. 스크래치 웹 사이트(https://scratch.mit.edu/download)에서 macOS, 윈도 중 각자 사용하는 운영체제에 해당하는 것을 받으면 됩니다. 인스톨러를 실행하면 컴퓨터에 오프라인 에디터가 설치됩니다.

다음 용어는 책 전반에 걸쳐 자주 등장하니 미리 알아 둡시다.

- **스프라이트**: 스크래치에서 프로그램을 적용할 수 있는 모든 대상입니다. 예를 들어 게임 주인 공이나 적 캐릭터, 나무나 지팡이에서 나오는 불꽃도 스프라이트입니다. 사실 게임에 사용하는 모든 픽셀 아트가 스프라이트라고 보면 됩니다.

- **픽셀 아트**: 일종의 디지털 그림으로, 실감 나는 그림이 아닌 울퉁불퉁하고 만화 같은 그림이 대부분입니다. 책에서 픽셀 아트를 그리는 기초 방법을 설명하고, 스프라이트를 그리는 과정을 친절히 알려 줍니다.

- **배경**: 게임 화면의 주변을 장식하는 그림입니다. 하나의 고정된 배경을 만들 수도 있고, 플랫폼 게임을 만들 때는 배경을 여러 개 그려서 바꾸어 가며 쓰기도 합니다. 배경도 에디터에서 그릴 수 있습니다.

목 차

첫째 마당

아케이드 설정

게임을 바로 만들고 싶겠지만 진정한 게임 프로그래머가 되려면 첫째 마당이 매우 중요합니다. 내용도 나름 재미있고 실습 위주로 구성했으니 꼭 끝까지 읽어 보기 바랍니다. 첫째 마당은 DAY 세 개로 구성되어 있는데, 스크래치에 익숙해질 수 있게 도와줍니다. 먼저 스크래치의 작업 공간을 둘러보고 에디터를 사용하는 방법을 배운 후 간단한 프로그램을 만들어 봅시다.

특히 DAY 03은 그냥 지나치지 말고 꼭 읽어 보세요. 코딩에 관한 여덟 가지 핵심 개념을 설명합니다. 즉, 여기서는 프로그램의 시작 방법, X좌표와 Y좌표, 조건문, 반복문, 변수, 불, 복제, 신호 보내기를 배웁니다. 이는 게임을 만들 때마다 등장하는 개념이니 시간을 내어 DAY 03을 꼼꼼히 읽어 보세요. 핵심 개념을 이해하지 못하면 다음 내용으로 넘어갈 수 없습니다.

스크래치 알아보기

MAKING SCRATCH GAME FOR EVERYONE

스크래치는 매사추세츠공과대학, 즉 MIT에서 만든 드래그 앤 드롭(drag and drop) 방식의 프로그래밍 언어입니다. 스크래치에서는 마치 레고처럼 가상의 블록을 조립해 게임을 만듭니다. 그러면 스크래치는 여러분이 만든 코드를 자동으로 변환하고 실행합니다. 이러한 방식을 비주얼 프로그래밍 언어 또는 드래그 앤 드롭 프로그래밍 언어라고 합니다. 각 블록에는 MIT 프로그래머들이 만든 코드가 들어 있기에 누구나 손쉽게 이 블록들을 조립해 프로그램을 만들 수 있습니다.

그럼 스크래치로 무엇을 만들 수 있을까요? **뭐든지 가능합니다.** 책에서는 여러 단계의 플랫폼 게임, 빠른 속도의 슈팅 게임, 진정한 아케이드 게임인 순발력 테스트 게임 등을 만드는 방법을 배웁니다. 더는 게임 회사들이 차기작을 언제 내놓을까 하면서 목이 빠지게 기다리지 않아도 되고, 모두가 플레이하고 싶은 게임을 만드는 제작자도 될 수 있습니다.

먼저 스크래치 작업 공간을 이곳저곳 살펴봅시다. DAY 01에서는 다음을 배웁니다.

- 스크래치 작업 공간의 다섯 가지 주요 영역 살펴보기
- 게임 제작에 사용할 툴 위치 알아 두기
- 블록을 조립하고 프로그램 만들기
- 스프라이트 다루기

우선 가볍게 스크래치를 구경한다고 생각하세요. 잠시 시간을 내서 작업 공간을 구석구석 살펴보고 알아 두면, 게임을 더 빠르게 만들 수 있을 것입니다.

1 첫 프로그램 만들기

안녕하세요. 가브리엘입니다. 몇 년 전 스크래치를 처음 시작했을 때가 생각나네요. 저는 독학으로 스크래치를 배웠어요. 처음에는 대체 무엇을 어떻게 하는지 하나도 몰랐어요. 아무 블록이나 막 조립하면서 한참을 헤맸죠. 하지만 책에서 설명하는 대로 작업 공간을 잘 알아 두면 저처럼 헤매는 일 없이 바로 게임을 만들 수 있을 것이에요.

이제 웹 브라우저를 열고 https://scratch.mit.edu에 접속해서 스크래치를 시작해 봅시다. 작업 내용을 보관하려면 스크래치 계정을 만들어야 하는데, 가입은 무료입니다. 화면 오른쪽 위에 있는 스크래치 가입을 클릭하면 가입할 수 있습니다.

그림 1-1 스크래치 웹 사이트

계정을 만들어 로그인까지 했다면 화면 왼쪽 위에 있는 만들기를 클릭해 프로젝트 에디터 화면으로 이동합니다.

그림 1-2는 프로젝트 에디터 화면입니다. 이 화면은 여섯 가지 영역으로 나눕니다. 화면 왼쪽에 블록 팔레트가 있습니다. 가운데 하얀색 사각 영역을 스크립트 영역이라고 합니다. 그리고 오른쪽 위에 고양이가 있는 하얀색 사각 영역을 게임 무대라고 하며, 그 아래에는 스프라이트 영역이 있습니다. 바로 옆에는 배경 영역이 있습니다. 마지막으로 화면 맨 위에 있는 파란색 띠는 툴바입니다.

스크립트 영역

무대

스프라이트 영역

블록 팔레트

배경 영역

그림 1-2 스크래치 작업 공간

DAY 01에서 설명하는 내용이 어느 부분을 말하는지 모르겠다면 그림 1-2를 다시 보세요. 이제 블록 팔레트에 있는 블록들을 스크립트 영역으로 옮겨 봅시다.

1.1 첫걸음

화면 오른쪽 위에 있는 하얗고 커다란 사각 영역은 무대입니다. 지금 무대에는 스프라이트 가 하나 있는데, 이 스프라이트는 새로운 프로젝트를 만들 때마다 등장하는 '기본' 고양이입 니다. 이제 이 고양이를 그림 1-3과 같이 무대를 가로 질러서 움직이게 합시다.

그림 1-3 고양이를 화살표 방향으로 움직이는 프로그램 만들기

방법은 고양이를 움직이는 프로그램을 만들어 컴퓨터에 명령하는 것입니다. 블록 팔레트에 있는 블록들을 스크립트 영역으로 드래그해서 만들면 됩니다.

이제 블록 팔레트에서 다음 순서대로 만들어 봅시다.

1 블록 팔레트에서 **이벤트** ●를 클릭합니다.

2 `클릭했을 때` 블록을 찾아봅시다. 이 블록을 스크립트 영역으로 드래그해 가져옵니다. 스크립트 영역 아무 데나 놓아도 됩니다.

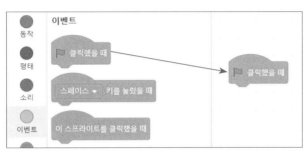

그림 1-4 블록 팔레트의 블록들을 스크립트 영역에 드래그해 놓기

이렇게 하면 무대 위에 있는 시작하기 🏳를 클릭했을 때 프로그램이 시작됩니다. 이제 시작하기 🏳를 클릭하면 무엇을 할지를 정해야 합니다.

1.2 고양이 움직이기

무대에 있는 고양이를 보니 지루하게 서 있네요. 이제 고양이를 움직여 봅시다. 블록 팔레트로 돌아가서 다음 순서대로 만들어 봅시다.

1 **동작 팔레트** ●를 클릭합니다.

2 `10만큼 움직이기` 블록을 찾아 스크립트 영역에 있는 `클릭했을 때` 블록 아래로 드래그해 가까이 붙여 봅시다. 그러면 `클릭했을 때` 블록 아래에 회색 그림자가 생기는 것을 볼 수 있습니다.

그림 1-5 두 블록 사이에 회색 그림자가 생기면 마우스 왼쪽 버튼을 놓아서 두 블록 조립

3 마우스 왼쪽 버튼을 놓으면 그림 1-6과 같이 원래 있던 블록에 새로운 블록이 붙습니다.

그림 1-6 두 블록을 조립해 고양이를 10만큼 움직이는 프로그램 완성

이제 프로그램을 잘 만들었는지 확인해 보겠습니다. 무대 위에 있는 시작하기 🏳를 클릭하면 고양이가 오른쪽으로 약간 움직일 것입니다. 시작하기 🏳는 프로그램을 실행하는 역할을 합니다. 파란색 동작 블록은 스프라이트가 해야 할 일을 스크래치에 전달합니다. 즉, 10만큼 움직이라는 의미죠.

잠깐만요

고양이가 움직이지 않아요

시작하기 🏳를 클릭해도 고양이가 움직이지 않나요? 두 블록이 제대로 조립되지 않으면 프로그램은 동작하지 않습니다. 10만큼 움직이기 블록이 스크립트 영역에 있어도 클릭했을 때 블록과 붙어 있지 않다면, 다시 올바르게 조립해 봅시다. 회색 그림자가 생길 때까지 가까이 드래그해야 합니다. 이제 마우스 왼쪽 버튼을 놓으면 두 블록이 잘 조립될 것입니다.

이제 시작하기 🏳를 클릭할 때마다 고양이가 10만큼 움직입니다.

1.3 블록 내용 바꾸기

스크래치에 있는 블록을 그대로 사용할 수도 있지만, 내용을 바꿀 수도 있습니다. 블록 안에
다른 블록도 넣을 수 있고, 목록에서 항목을 선택할 수 있는 블록도 있습니다. 또 새로운 값
을 키보드로 입력할 수 있는 블록도 있습니다. `10만큼 움직이기` 블록 안에 있는 숫자 10도 새
로운 값으로 바꿀 수 있습니다.

잠깐만요

블록이 어디 있는지 못 찾겠어요

스크래치를 하면서 게임에 필요한 블록을 찾아 헤맬 때가 많습니다. 또는 책에서 말하는 블록과 거의 비슷
한 블록을 찾았지만, 다른 숫자가 써 있거나 선택 목록에 다른 항목이 써 있기도 합니다. 예를 들어 블록 팔
레트에는 `10만큼 움직이기` 블록이 있지만, 책에서는 `100만큼 움직이기` 블록을 사용할 수도 있습니다. 하지
만 이것은 사실 같은 블록입니다. 책에서 말하는 블록을 블록 팔레트에서 찾을 수 없다면 이름이 비슷한 블
록이 있는지 다시 한 번 찾아보세요. 블록 이름 중에서 '만큼'이나 '움직이기' 같은 단어들은 항상 동일하지
만, 값을 바꿀 수 있는 숫자나 단어는 원하는 값으로 바꿀 수 있습니다.

이제 블록 값을 10에서 100으로 수정해 보겠습니다.

1 `10만큼 움직이기` 블록 안에 있는 **10**을 클릭합니다.

2 키보드를 사용해 10을 지우고 **100**을 입력합니다.

그림 1-7 새로운 값을 입력하거나 목록에서 값을 선택할 수 있는 블록이 많은 스크래치

이제 무대 위에 있는 시작하기 📕를 클릭하면 고양이가 아까보다 훨씬 더 멀리 움직이는 것
을 볼 수 있습니다. 고양이는 이제 한 번에 10 대신 100만큼 움직입니다.

스프라이트가 무대를 나가 버렸어요

시작하기 |▶|를 계속 클릭하면 고양이가 무대 오른쪽으로 사라지고, 다리와 꼬리만 살짝 보일 것입니다. 고양이가 없어졌다고 당황하지 마세요. 고양이를 무대 왼쪽으로 다시 데려와서 계속 움직이게 할 수 있습니다. 스프라이트는 무대 어디로든 옮길 수 있습니다. 무대 오른쪽으로 벗어난 고양이를 클릭한 채 원하는 위치까지 드래그해 놓으면 됩니다.

지금까지 만든 프로그램은 고양이를 움직이려면, 매번 시작하기 |▶|를 클릭해야 했습니다. 하지만 프로그램이 멈출 때까지 같은 행동을 반복하게 할 수 있습니다.

1.4 반복하기

프로그램이 끝날 때까지 고양이를 계속 움직이게 하려면 공간을 조금 더 확보해야 합니다. 무대에 있는 고양이를 가장 왼쪽으로 옮겨 주세요. 이제 시작하기 |▶|를 한 번만 클릭해도 고양이가 계속 움직이게 만들어 봅시다.

1   `100만큼 움직이기` 블록 값을 다시 100에서 **10**으로 수정합니다.

2   블록 팔레트에 있는 **제어 ●**를 클릭합니다.

3   `무한 반복하기` 블록을 찾아봅시다. 악어 입처럼 생겼네요. `10만큼 움직이기` 블록을 여기에 끼워 넣을 수 있습니다.

   `무한 반복하기` 블록을 `클릭했을 때` 블록 아래에 가까이 붙이면 `클릭했을 때` 블록 아래에 회색 그림자가 생깁니다. 클릭하고 있던 마우스 왼쪽 버튼을 놓으면 `무한 반복하기` 블록이 `클릭했을 때` 블록과 조립되고 `10만큼 움직이기` 블록은 `무한 반복하기` 블록 안으로 들어갑니다.

스크립트를 그림 1-8과 같이 조립했는지 확인해 봅시다.

그림 1-8 스크래치에서는 블록 안에 다른 블록을 넣는 것이 가능

이제 무대 위에 있는 시작하기 를 클릭하면 고양이가 화면을 가로지르며 천천히 움직이는 것을 볼 수 있습니다.

잠깐만요

이런! 블록을 반대로 조립했네요

그림 1-8과 같이 블록을 만들기 어렵다면 `10만큼 움직이기` 블록을 제거하고 다시 시도해 봅시다. 블록을 블록 팔레트에 드래그하고 놓으면 제거됩니다. 이제 `무한 반복하기` 블록을 먼저 조립합니다. 그런 다음 **동작 팔레트** ⬤를 클릭하고 `10만큼 움직이기` 블록을 새로 가져와서 `무한 반복하기` 블록 안에 넣으면 됩니다.

`무한 반복하기` 블록 안에 넣은 스크립트는 계속 반복됩니다. 우리가 만든 스크립트는 프로그램을 멈출 때까지 고양이를 10만큼 계속 움직입니다. 무대 위에 있는 멈추기 ⬤를 클릭해 프로그램을 멈춥니다.

질문있어요 **멈추기 ⬤는 어디에 쓰나요?**

Q 무대 위에 있는 멈추기 ⬤를 클릭하면 움직이던 고양이는 어떻게 될까요?

A 고양이가 멈춥니다. 고양이를 무대 왼쪽으로 끌어 놓고 다시 합시다. 시작하기 를 클릭하면 고양이가 움직이기 시작합니다. 고양이가 무대 오른쪽 끝에 닿기 전에 멈추기 ⬤를 클릭해 봅시다. 고양이가 멈추었나요? 다시 한 번 해 봅시다. 이번에는 고양이가 움직일 때 스크립트 영역이 어떻게 되는지 보세요. 프로그램 주위에 노란색 빛이 납니다. 이 스크립트가 사용 중이라는 의미입니다. 그럼 멈추기 ⬤를 클릭하면 노란색 빛은 어떻게 될까요?

무대에 스프라이트를 여러 개 놓을 수도 있습니다. 프로젝트에 스프라이트를 여러 개 추가하면 어떤 일이 생기는지 알아볼까요?

1.5 새로운 스프라이트 추가하기

화면 오른쪽 아래에 있는 스프라이트 영역을 한번 볼까요? 게임에 추가한 스프라이트는 모두 이 스프라이트 영역으로 들어옵니다. 또 스프라이트 영역에서 현재 스프라이트를 변경하고 각 스프라이트에 프로그램을 적용할 수도 있습니다. 현재 스프라이트 영역에는 그림 1-9와 같이 기본 고양이만 있습니다.

그림 1-9 스프라이트 영역에 있는 게임의 모든 스프라이트

머지않아 우리가 그린 스프라이트들로 스프라이트 영역은 가득 찰 것입니다. 하지만 우선은 스크래치에서 제공하는 스프라이트를 빌려 씁시다.

이제 다음 순서대로 새로운 스프라이트를 추가하겠습니다.

1 스프라이트 영역 오른쪽 아래에 있는 **스프라이트 고르기** 를 클릭합니다.

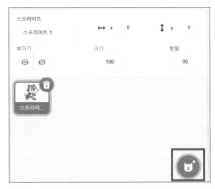

그림 1-10 스프라이트 고르기를 클릭해 스크래치에서 제공하는 스프라이트 보기

2 스프라이트 고르기에서 **바나나 스프라이트**를 찾아 클릭하면 스프라이트 영역에 바나나 스프라이트가 추가됩니다.

이제 스프라이트 영역에는 그림 1-11과 같이 스프라이트가 두 개 있습니다. 무대에도 스프라이트가 두 개 모두 보입니다.

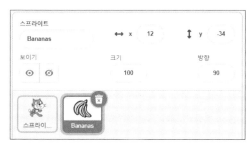

그림 1-11 스프라이트 영역에 있는 스프라이트 두 개

새로 추가한 바나나 스프라이트에 파란색 테두리가 둘러 있네요. 스크래치에서 스크립트를 만들면 스프라이트 하나에만 적용됩니다. 예를 들어 지금 스크립트를 만들면 바나나에만 프로그램이 적용됩니다. 지금은 파란색 테두리가 바나나 스프라이트에 둘러 있기 때문이죠. 바나나가 아니라 고양이에 프로그램을 심으려면 고양이를 클릭하면 됩니다. 그림 1-12와 같이 고양이에 파란색 테두리를 둘러야 합니다.

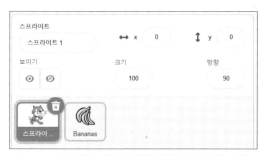

그림 1-12 바나나 대신 고양이에 파란색 테두리가 둘러 있는 것은 바나나가 아니라 고양이에 프로그램을 만든다는 의미

잠깐만요

고양이가 아니라 바나나가 움직였어요

스크래치 프로그래머가 가장 자주 하는 실수는 엉뚱한 스프라이트에 프로그램을 심는 것입니다. 고양이가 바나나한테 걸어가는 프로그램을 만들었는데, 막상 시작하기 ⚑를 클릭하니 바나나가 고양이한테 걸어가면 정말 당황스럽겠죠. 그러니 프로그램을 만들기 전에 항상 스프라이트 영역에서 대상 스프라이트에 파란색 테두리가 정확히 둘러 있는지 확인해야 합니다.

이제 DAY 01에서 배울 마지막 스크립트를 만들어 봅시다. 그 전에 먼저 스크립트 영역을 깨끗이 지워야 합니다. 클릭했을 때 블록을 클릭한 채 블록 팔레트로 드래그해 놓으면 조립된 모든 블록이 같이 움직이면서 스크립트를 한꺼번에 지울 수 있습니다.

1.6 미지의 블록들 실험하기

스크래치는 여러분이 마음껏 뛰어놀 수 있는 놀이터입니다. 블록을 자유자재로 조립해도 괜찮으니 다양하게 실험해 봅시다. 하지만 스크립트를 바꾸다 보면 자칫 엉망이 될 수도 있어요. 프로젝트가 복잡할수록 꼬이기 쉽지만 너무 걱정하지 마세요. 프로젝트를 복사해 두면 망치는 일 없이 안심하고 이런저런 실험을 할 수 있습니다. 스크래치에 빠르게 적응하려면 모든 블록을 조립하고 선택 목록과 값도 바꾸면서 어떻게 동작하는지 살펴보는 것이 좋습니다.

이번에는 다른 종류의 이벤트 블록을 사용해서 프로그램을 만듭니다.

1 **이벤트 팔레트** ●를 클릭합니다.

2 스페이스 키를 눌렀을 때 블록을 찾아 스크립트 영역에 드래그해 놓습니다.

3 블록 안에 위치한 **스페이스**를 클릭하면 선택 목록에서 다양한 항목을 선택할 수 있습니다. 예를 들어 **a**를 선택해 봅시다.

그림 1-13 선택 목록에서 다양한 항목 선택

또 다른 블록을 살펴봅시다. 고양이를 회전시켜 볼까요?

동작 팔레트 ●에서 ⟳ 방향으로 15도 회전하기 블록을 사용하면 됩니다. 고양이 울음소리를 내볼까요? 소리 팔레트 ●에서 야옹 재생하기 블록을 사용해 봅시다.

이 블록들로 어떤 프로그램을 만들 수 있을까요? 그림 1-13과 같이 스페이스 키를 눌렀을 때 블록의 선택 목록에서 마음에 드는 키를 고르고, 여기에 다른 블록을 조립해 나만의 스크립트를 만들어 보세요. 목록에서 선택한 키를 누르면 프로그램을 시작할 수 있습니다. 예를 들어 '스페이스 키'를 선택했다면 키보드의 SpaceBar 를 눌러 프로그램을 시작할 수 있습니다.

지금까지 첫 스크래치 스크립트를 만들어 보았습니다. 스크래치는 누구나 쉽게 사용할 수 있습니다. 물론 복잡한 게임을 만들려면 이보다 훨씬 긴 스크립트가 필요하지요. 그러나 게임이 아무리 크고 복잡해도 스크립트 영역에서 블록을 하나씩 조립해 가면서 얼마든지 만들 수 있습니다.

이제 작업 공간 안에서 반드시 알아야 할 몇몇 기능을 살펴봅시다.

2 스크래치 화면 살펴보기

지금까지 스크립트 영역과 무대를 살펴보았습니다. 다음으로 툴바, 블록 팔레트, 스프라이트 영역에서 각각 어떤 기능을 제공하는지 알아봅시다.

2.1 툴바 살펴보기

스크래치 화면 위에는 그림 1-14와 같이 툴바가 있습니다. 툴바에는 몇 가지 메뉴가 있는데, 왼쪽부터 어떤 메뉴가 있는지 살펴봅시다.

그림 1-14 툴바에는 게임 제작에 도움을 주는 여러 가지 메뉴 위치

- [SCRATCH] : 로고를 클릭하면 스크래치 웹 사이트로 이동합니다. 웹 사이트를 다 둘러보았다면 이제 화면 왼쪽 위에 있는 [만들기]를 클릭하거나 웹 브라우저의 **뒤로가기**를 눌러 작업 공간 화면으로 돌아옵시다.
- [⊕▾] : 지구 모양 아이콘을 클릭하면 언어 목록이 나타납니다. 에디터에서 사용하는 언어를 바꿀 수 있습니다.
- [파일] : 프로젝트를 새로 만들거나 저장할 수 있습니다. 또는 컴퓨터에 저장한 프로젝트를 가져올 수 있습니다.

툴바에 있는 메뉴를 자유롭게 클릭해 보고 어떤 기능을 제공하는지 알아 둡시다.

잠깐만요

이것저것 클릭했더니 작업 공간이 엉망이 되었어요

작업 공간을 깨끗이 지우는 방법을 다시 떠올려 봅시다. 화면 왼쪽 위에 있는 [SCRATCH]를 클릭해서 웹 사이트로 이동한 후 [만들기]를 클릭하면 됩니다. 또는 [파일] 〉 [새로 만들기]를 클릭하면 새 작업 공간에서 다시 시작할 수 있습니다.

2.2 블록 팔레트 살펴보기

앞서 블록 팔레트에 있는 몇 가지 블록을 사용해 보았습니다. 블록 팔레트는 스프라이트를 움직이고 사라지게 하며 소리를 재생하는 블록이 모두 모여 있는 곳입니다.

블록 팔레트에는 코드 탭, 모양 탭, 소리 탭이 있습니다. 코드 탭이 선택되었는지 확인합니다. 이미 눈치챘겠지만 블록 색으로 종류를 구별할 수 있습니다. 예를 들어 파란색 블록은 동작 블록이고, 보라색 블록은 형태 블록입니다.

이제 각 블록 유형을 클릭해서 어떤 기능을 하는지 알아봅시다. 이때 블록을 일일이 스크립트 영역으로 옮길 필요는 없습니다. 블록 팔레트에 있는 블록을 클릭만 해도 무대에 있는 고양이를 움직일 수 있습니다.

동작 팔레트 살펴보기

프로젝트를 열면 동작 팔레트 ●가 기본으로 선택되어 있습니다. 그림 1-15에는 블록이 세 개만 보이지만 실제로는 더 많은 동작 블록으로 스프라이트를 이리저리 옮길 수 있답니다. 화면의 스프라이트를 움직이려면 항상 동작 블록들을 사용해야 합니다.

맨 위에 있는 `10만큼 움직이기` 블록을 클릭합니다. 무대에 있는 고양이가 오른쪽으로 10만큼 움직이는 것을 볼 수 있습니다. 블록을 한 번 더 클릭하면 오른쪽으로 10만큼 조금 더 움직입니다.

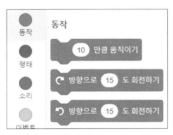

그림 1-15 동작 팔레트

형태 팔레트 살펴보기

이제 형태 팔레트 ●를 클릭해 봅시다. 그림 1-16과 같이 블록들을 표시합니다. 여기서는 블록이 네 개밖에 보이지 않지만, 실제로는 더 많습니다.

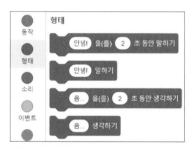

그림 1-16 형태 팔레트

형태 블록들은 스프라이트가 화면에 표시되는 방식을 바꿀 수 있습니다. 스크래치가 기본으로 제공하는 스프라이트를 사용하면 스프라이트 모양을 바꿀 수도 있습니다. 하지만 책에서는 스프라이트를 직접 만드므로, 주로 플랫폼 게임의 배경을 바꾸거나 스프라이트를 게임 화면에서 사라지고 나타나게 할 때 형태 블록을 사용할 것입니다.

안녕!을(를) 2초 동안 말하기 블록을 클릭해 봅시다. 고양이가 '안녕!'이라고 말하는 말풍선이 나타났다가 2초 뒤에 사라집니다.

소리 팔레트 살펴보기

다음 소리 팔레트 ●를 클릭하면 그림 1-17과 같이 블록들을 표시합니다.

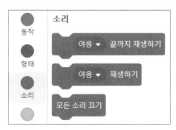

그림 1-17 소리 팔레트

소리 블록을 사용해 게임에 음악을 넣을 수 있습니다. 또 스크래치의 소리 고르기에서 효과음을 찾아 넣을 수도 있습니다. 예를 들어 DAY 05에서 만들 〈아침밥 전쟁〉에서 계란이 프라이팬에 부딪힐 때마다 '팡' 하고 소리가 나도록 넣을 수 있습니다.

이제 야옹 재생하기 블록을 클릭해 봅시다. 작은 고양이 울음소리가 날 것입니다. 소리가 나지 않는다면 컴퓨터의 스피커 볼륨을 확인하고 다시 클릭하세요.

이벤트 팔레트 살펴보기

이벤트 팔레트 ●를 클릭하면 그림 1-18과 같이 블록들을 표시합니다.

그림 1-18 이벤트 팔레트

이벤트 블록은 스크래치에서 가장 중요합니다. 이벤트 블록을 사용하지 않으면 스크립트를 실행할 수 없습니다. 이벤트 블록은 프로그램을 시작하는 일종의 방아쇠입니다. 예를 들어 클릭했을 때 블록은 시작하기 ⚑를 방아쇠로 사용합니다. 스크래치에서는 이벤트 블록들을 **모자** 블록이라고 합니다. 항상 프로그램 맨 위쪽에 위치해 있기 때문이죠.

이벤트 블록 가운데 아무 블록이나 클릭해 보세요. 아무런 일도 일어나지 않습니다. 이 블록은 다른 블록과 함께 사용해야 합니다. 이벤트 블록은 스크립트를 시작하는 역할을 하기 때문에 스스로는 아무것도 할 수 없습니다.

제어 팔레트 살펴보기

제어 팔레트 ●를 클릭하면 그림 1-19와 같이 블록들을 표시합니다.

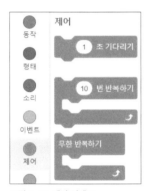

그림 1-19 제어 팔레트

제어 블록은 어떤 조건을 만족할 때까지 스프라이트가 해야 할 일을 지정합니다. 이벤트 블록처럼 제어 블록도 스크립트로 조립하기 전까지는 스스로 아무것도 할 수 없습니다. 단 나 자신 복제하기 블록만 다릅니다. 이 블록을 클릭하면 두 마리 고양이를 완전히 겹쳐 마치 한 마리처럼 표시합니다. 고양이를 드래그하면 두 마리를 볼 수 있습니다.

나 자신 복제하기 블록으로 만든 두 번째 고양이를 삭제하려면 어떻게 해야 할까요? 무대 위에 있는 멈추기 ●를 클릭하면 됩니다. 멈추기를 클릭하면 모든 블록의 실행이 멈춥니다.

감지 팔레트 살펴보기

이제 감지 팔레트 ●를 클릭하면 그림 1-20과 같이 블록들을 표시합니다.

그림 1-20 감지 팔레트

감지 블록은 게임에서 일어난 일들을 잡아내는 역할을 합니다. 예를 들어 스프라이트들이 서로 닿았는지 또는 플레이어가 마우스 왼쪽 버튼을 눌렀는지 알 수 있습니다.

● 색에 닿았는가? 블록을 클릭해 봅시다. '색'이라는 단어가 블록에 써 있지만, 색을 칠한 동그라미도 볼 수 있습니다. 그림 1-20에서 동그라미는 진보라색입니다. 이 블록을 클릭하면 말풍선 **false**가 표시됩니다. 이것은 스프라이트 주변에 진보라색(또는 동그라미에 칠한 다른 색)이 없다는 의미입니다. 지금 화면 배경은 하얀색이기 때문이죠.

다음으로 타이머 블록을 찾아 클릭하면 말풍선에 숫자가 나올 것입니다.

질문 있어요 **타이머는 무엇을 세나요?**

Q 타이머 블록이 보여 준 숫자는 무슨 의미일까요?

A 이 숫자는 스크래치 작업 공간을 연 후부터 지금까지 흐른 시간을 초 단위로 센 것입니다. 블록을 클릭할 때마다 숫자가 커지는 것을 볼 수 있습니다. 타이머를 사용하면 제한 시간을 설정하거나 퍼즐을 푸는 데 시간이 얼마나 걸렸는지 표시할 수 있습니다.

연산 팔레트 살펴보기

그다음 연산 팔레트 ●를 클릭해 봅시다. 그림 1-21과 같이 블록들을 표시합니다.

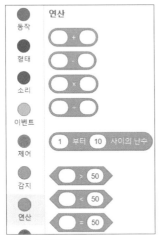

그림 1-21 연산 팔레트

연산 블록을 사용하면 게임을 하면서 주어지는 수학 문제들을 빠르게 계산할 수 있습니다. 컴퓨터 과학에서는 항상 숫자가 등장하므로 수학이야말로 프로그램이 동작하는 근본 원리라고 할 수 있습니다.

이제 1부터 10 사이의 난수 블록을 클릭해 봅시다. 1과 10 사이에 있는 숫자 가운데 하나가 표시될 것입니다. 여러 번 클릭해서 어떤 숫자가 표시되는지 봅시다.

질문 있어요 **블록 안 숫자를 수정하면 어떻게 될까요?**

Q 1부터 10 사이의 난수 블록에 있는 숫자를 수정하면 무슨 일이 일어날까요?

A 아무 숫자나 쓴 후 블록을 다시 클릭합니다. 또는 왼쪽 동그라미에 더 큰 수를 쓰고, 오른쪽 동그라미에 더 작은 수를 써 봅시다. 숫자 순서가 뒤바뀌어도 여전히 이 범위 안의 숫자가 표시됩니다.

변수 팔레트 살펴보기

변수 팔레트를 클릭하면 그림 1-22와 같이 블록들을 표시합니다.

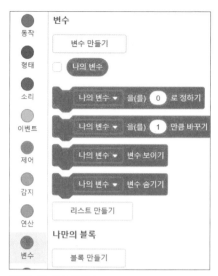

그림 1-22 변수 팔레트

여기서는 변수와 리스트를 만들 수 있습니다. 변수와 리스트는 모든 프로그래밍 언어가 사용하는 중요한 개념입니다. DAY 03에서 자세히 알아봅니다.

나만의 블록 팔레트 살펴보기

블록 팔레트 아래에는 그림 1-23과 같이 나만의 블록 팔레트가 있습니다. 추가 블록들은 진분홍색으로 표시됩니다.

나만의 블록 팔레트에서는 나만의 스크래치 블록을 만들 수 있습니다. 예를 들어 길고 복잡하게 만든 스크립트를 여러 번 재사용해야 한다고 합시다. 이 스크립트를 사용할 때마다 처음부터 다시 조립하는 대신 스크립트를 블록 하나로 만들 수 있습니다. 이 블록을 사용하면 마치 전체 스크립트를 다시 만든 것처럼 실행할 수 있습니다.

그림 1-23 나만의 블록 팔레트

2.3 스프라이트 영역 살펴보기

앞서 새로운 스프라이트를 추가하는 방법을 배웠습니다. 이외에도 스프라이트 영역에서 몇 가지 유용한 기능을 사용할 수 있습니다. 오른쪽 아래에 있는 스프라이트 고르기 에 마우스 포인터를 가져가 봅시다.

메뉴	설명
스프라이트 고르기	**스프라이트 고르기**: 돋보기 아이콘을 클릭하면 내장된 스프라이트를 골라 무대에 추가할 수 있습니다.
그리기	**그리기**: 붓 아이콘을 클릭하면 나만의 스프라이트를 만들 수 있는 에디터 화면을 열 수 있습니다(스프라이트를 만드는 방법은 DAY 02에서 자세히 알아봅니다).
서프라이즈	**서프라이즈**: 반짝이 아이콘을 클릭하면 내장된 스프라이트가 랜덤으로 나타납니다.
스프라이트 업로드하기	**스프라이트 업로드하기**: 업로드 아이콘을 클릭하면 로컬 디스크 드라이브의 메뉴가 나옵니다. 업로드할 이미지 파일을 찾아 스크래치 작업 공간에 추가할 수 있습니다.

표 1-1 스프라이트 영역 메뉴

이제 마지막 내용입니다. 새로운 스프라이트를 만들면 자동으로 이름이 부여됩니다. 예를 들어 스프라이트 1, 스프라이트 2, 스프라이트 3 등이죠. 하지만 직접 이름을 바꿀 수도 있습니다.

그림 1-24를 보면, 고양이 스프라이트가 클릭된 상태에서 텍스트 박스에 '스프라이트 1'이라고 써 있습니다. 고양이 스프라이트 이름이 '스프라이트 1'이라는 의미입니다. '스프라이트 1'을 클릭해 자신이 원하는 이름으로 바꿀 수 있습니다. 텍스트 박스에 써 있는 스프라이트 1을 지우고 새 이름으로 **야옹이**를 입력한 후 Enter 를 누릅니다.

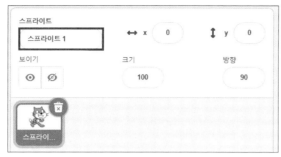

그림 1-24 스프라이트를 클릭하면 이름 표시

이제 고양이는 그림 1-25와 같이 식상한 이름인 스프라이트 1 대신 '야옹이'라는 어엿한 이름을 가졌습니다.

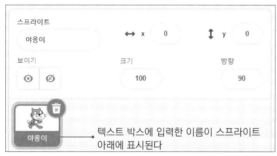

텍스트 박스에 입력한 이름이 스프라이트 아래에 표시된다

그림 1-25 스프라이트 이름을 정해 프로그램을 더욱 편하게 만들기

 3 ## 정리하기

지금까지 스크래치 작업 공간을 둘러보았습니다. 게임을 만들다 필요한 메뉴가 어디에 있는지 모를 때는 언제든지 DAY 01로 돌아와 찾아보세요.

3.1 마음껏 해 보아요

여기서는 게임을 개선할 수 있는 도전 과제를 제시합니다. 지금까지 새롭게 배운 내용들을 게임에 활용할 수 있는 좋은 기회입니다.

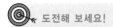 도전해 보세요!

블록 팔레트에 있는 다양한 블록을 계속 실험해 보세요. 스크래치로 무엇을 할 수 있는지 알아 두면 게임을 설계할 때 많은 도움을 받을 수 있습니다. 다양한 블록을 스크립트 영역으로 가져와서 이리저리 조립하고 어떻게 동작하는지 관찰해 보세요.

3.2 무엇을 배웠나요?

DAY 02로 넘어가기 전에 여기서 배운 내용을 복습합니다. 잘 기억나지 않는 내용이 있다면 다시 돌아가서 읽어 봅시다.

이제 DAY 01에서 무엇을 배웠는지 정리해 봅시다.

- 스크래치 작업 공간의 여섯 가지 주요 영역을 살펴보았습니다.
- 블록을 조립해 간단한 프로그램을 만들었습니다.
- 스크립트 영역을 지우고 프로그램을 새로 만드는 방법을 배웠습니다.
- 새로운 스프라이트를 게임에 추가했습니다.
- 스프라이트 이름을 바꾸었습니다.
- 정확한 스프라이트에 프로그램을 심고 있는지 확인하는 방법을 배웠습니다.
- 게임 제작에 필요한 도구들을 사용하는 방법을 배웠습니다.

작업 공간을 활용하는 것에 자신감이 생겼다면, 이제 DAY 02로 넘어가서 스크래치 에디터를 배워 봅시다.

에디터 알아보기

MAKING SCRATCH GAME FOR EVERYONE

코딩은 게임 제작에서 전부가 아닙니다. 미국 학교에서는 STEAM이란 단어를 자주 사용하는데 이는 과학(Science), 기술(Technology), 공학(Engineering), 미술(Art), 수학(Math)을 줄인 말입니다. 이 주제들은 서로 완전히 다른 것 같지만, 사고방식은 비슷합니다. 다시 말해 그림을 잘 그리는 사람은 과학이나 수학도 잘한다는 의미입니다.

미술에서 핵심은 각도와 비율입니다. 또 미술로 창의적인 문제 해결 능력을 기르고, 머릿속에 있는 생각을 밖으로 꺼내는 방법도 배웁니다. 화가는 그림에 어떤 색이 어울리는지, 한 물체를 어떻게 나누는지, 어디에 그림자를 그리면 원근감을 실감 나게 표현할 수 있는지 등을 고민합니다. 이 모든 것을 책에서 배울 수 있습니다.

그림에 전혀 소질이 없다고요? 여러분도 할 수 있으니 안심하세요. 픽셀 아트는 수채화나 유화보다 그리기 쉽기 때문이죠. 피카소 같은 대가의 작품을 그리는 것이 아니라 〈팩맨〉[1]처럼 귀여운 스프라이트를 그릴 것입니다.

DAY 02에서는 스크래치 에디터가 제공하는 여러 편리한 툴(선 툴, 직사각형 툴, 원 툴 등)을 사용해 스프라이트 형태를 그리는 방법을 배웁니다. 컴퓨터 화면에 마우스로 직접 그림을 그리는 것은 종이에 그리는 것과 차원이 다르지만, 따라 하면 금방 익숙해질 수 있습니다. 또 픽셀을 하나하나 찍어서 〈디그 더그〉[2]나 〈슈퍼 마리오〉 등 레트로 게임에 나오는 이미지처럼 스프라이트를 그리는 방법도 배웁니다.

DAY 02에서도 에디터를 가볍게 둘러봅시다. 에디터의 모든 툴을 하나씩 써 보고 스프라이트를 그리는 방법을 알아보겠습니다.

---

1 역주 일본 남코(Namco)에서 1980년에 출시한 게임입니다. 영화 〈픽셀〉에도 팩맨이 지구를 침략하는 장면이 나오죠.
2 역주 역시 남코에서 1982년에 만든 것으로 땅속 괴물을 물리치는 일종의 퍼즐 게임이죠.

DAY 02에서는 다음 내용을 배웁니다.

- 에디터 살펴보기
- 스프라이트를 그릴 수 있는 다양한 툴 알아보기
- 두 가지 방식으로 고양이 스프라이트 그리기
- 스프라이트와 배경 색칠하기

이제 예술 작품을 그려 볼까요?

1 첫 작품 그리기

스크래치에는 에디터가 두 개 있습니다. 둘은 비슷해 보이지만, 하나는 스프라이트를 그리는 데 사용하고 다른 하나는 배경을 그리는 데 사용합니다. 이들을 사용해 나만의 픽셀 아트를 그리고, 레트로 느낌의 게임을 만들 수 있습니다.

이제 새로운 스프라이트를 그려 봅시다.

1 스프라이트 영역에 있는 고양이 스프라이트 오른쪽 위의 **휴지통** 🗑을 클릭해 고양이를 무대에서 지웁니다.

2 스프라이트 영역에 있는 스프라이트 고르기 🐱에 마우스 포인터를 올리고 **그리기** 🖌를 클릭합니다. 어디에 있는지 모르겠다면 그림 2-1을 참고합시다.

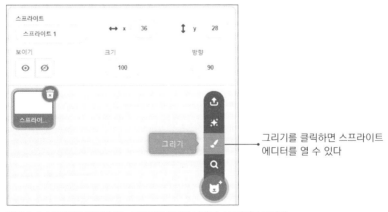

그림 2-1 스프라이트 영역에 있는 그리기를 클릭해 나만의 스프라이트 그리기

3 그림 2-2와 같이 스크립트 영역이 에디터 영역으로 바뀌었습니다.

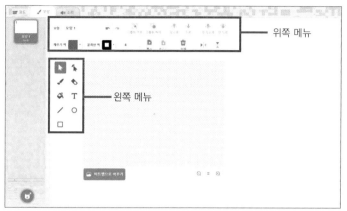

그림 2-2 에디터 모양 영역: 가운데 캔버스는 비어 있고, 도구 영역은 두 개 있음

작업 공간 가운데는 회색과 하얀색의 격자 무늬가 그려진 캔버스가 있습니다. 캔버스 주위에는 도구 영역이 두 개 있는데, 캔버스 위에는 위쪽 메뉴, 왼쪽에는 왼쪽 메뉴가 있습니다. 에디터 툴을 하나씩 사용하기 전에 먼저 아케이드 게임 그래픽의 기본 단위인 픽셀을 알아봅시다.

 잠깐만요

에디터가 보이지 않아요

그리기를 클릭해도 회색과 하얀색의 격자 무늬가 그려진 캔버스가 보이지 않는다면 어떻게 해야 할까요? 블록 팔레트 위에 있는 모양 탭 ✏️이 선택되었는지 확인해 보세요.

1.1 픽셀이란?

픽셀은 화소라고도 하며, 디지털 이미지 크기를 나타내는 측정 단위입니다. 픽셀 하나는 컴퓨터 화면의 작은 점, 즉 모니터 화면에서 나오는 작은 사각형 모양의 빛 한 개와 동일합니다. 우리 몸이 작은 세포 수백만 개로 구성되어 있듯이, 디지털 이미지도 작은 그림 세포로 만듭니다. 그림 세포 하나가 바로 픽셀 하나입니다. 컴퓨터 화면에 나오는 이미지는 이 작은 사각형이 모여 만든 것입니다. 사각형이 작고 화면에 많을수록 이미지가 더 부드럽게 그려집니다.

그럼 픽셀은 얼마나 작을까요? 예를 들어 아이폰 화면에는 1인치당(약 2.5센티미터당) 픽셀이 총 326개 있습니다. 종이에 한 면이 1인치인 정사각형을 그린 후 작은 사각형 326개로 나눈다고 생각해 보세요. 연필심 굵기보다 더 작은 사각형을 그려야 합니다.

그럼 인치당 픽셀 25개는 어떨까요? 다시 큰 사각형을 작은 사각형 25개로 나누어 봅시다. 각 사각형은 여전히 작지만, 이번에는 눈으로 볼 수 있을 정도가 되었습니다. 인치당 픽셀 개수가 적을수록 화면에 표시된 사각형은 커집니다.

고전 비디오 게임도 인치당 픽셀 개수가 적어서 그래픽이 울퉁불퉁하고 픽셀이 잘 보입니다. 예를 들어 그림 2-3의 기본 스크래치 고양이와 픽셀로 그린 스크래치 고양이를 비교해 보세요. 우리는 픽셀로 그린 오른쪽 스프라이트처럼 그릴 것입니다.

기본 스크래치 고양이　　　픽셀로 그린 스크래치 고양이

그림 2-3 왼쪽은 매끄럽고 현대적인 모습의 고양이, 오른쪽은 픽셀로 그린 레트로 스타일의 고양이

이제 에디터 왼쪽 메뉴에 있는 툴을 하나씩 살펴보고, 스프라이트를 어떻게 그리는지 알아볼까요?

1.2 에디터로 스프라이트 그리기

DAY 02에서는 스프라이트를 두 개 그리겠습니다. 회색과 하얀색 격자 무늬가 그려진 에디터 캔버스는 마치 눈금자처럼 스프라이트 모양을 잡는 데 사용할 수 있습니다. 먼저 그릴 스프라이트는 스크래치 기본 고양이를 닮은 고양이입니다.

그림 2-4 에디터 기본 도형을 사용해 간단한 고양이 스프라이트 그리기

채우기 색에서 색을 선택하는 방법을 알아봅니다. 그리고 왼쪽 메뉴에 있는 모든 툴을 순서대로 사용해 고양이를 그리겠습니다. 고양이를 완성할 때쯤이면 에디터에 있는 모든 툴을 실습하게 될 것입니다.

색 고르기

우선 고양이를 칠할 색부터 고릅시다. 그림 2-4에서 그린 고양이는 주황색이지만, 원한다면 다른 색을 선택해도 됩니다.

 잠깐만요

색을 잘 골랐는지 모르겠어요

앞으로는 색을 고르느라 고민하지 않고 학습에 조금 더 집중할 수 있도록 스프라이트를 만들 때마다 사용할 색을 알려 줍니다. 하지만 사실 아무 색이나 선택해도 됩니다. 프로그램 코드에 색을 지정할 때도 책에서 알려 준 색 대신 각자 고른 색을 사용하세요. 예를 들어 책에서 스프라이트가 빨간색에 닿았을 때 멈추게 하는 코드가 있을 때, 다른 색을 지정했다면 동일하게 바꾸면 됩니다. 책에서 쓴 짙은 파란색과 동일한 색을 선택하려고 애쓰지 말고 가장 마음에 드는 색으로 선택하세요.

다음과 같이 색을 선택해 봅시다.

1 **채우기 색** 오른쪽에 있는 사각형을 클릭하면 그림 2-5와 같이 색상, 채도, 명도를 조절해 색을 선택할 수 있습니다. **마음에 드는 색**을 선택해 클릭합니다. 무슨 색을 선택해야 할지 잘 모르겠다면 그림 2-5를 참고하세요. 색상 10, 채도 60, 명도 90이 되게 슬라이더를 움직입니다.

그림 2-5 채우기 색에서 색상, 채도, 명도를 조절해 색 선택

색을 골랐다면 이제 고양이를 그려 봅시다.

붓 툴로 사각형 그리기

먼저 고양이 머리를 그리겠습니다. 왼쪽 메뉴에서 붓 툴 🖌을 클릭해 그림 2-6과 같이 사각형을 그려 봅시다.

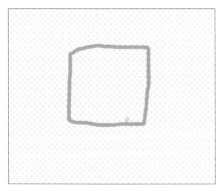

그림 2-6 붓 툴로 그려서 울퉁불퉁한 사각형

붓 툴은 마우스를 펜이나 연필처럼 사용해 그림을 그리는 도구입니다. 그러나 붓 툴로 직선을 그리려면 마우스를 흔들림 없이 안정적으로 움직여야 합니다.

이제 다음 순서대로 붓 툴을 사용해 봅시다.

1 왼쪽 메뉴에서 **붓 툴**을 클릭합니다.

2 캔버스 위로 적당한 위치를 잡아 봅시다. 마우스 왼쪽 버튼을 누른 채 끌어 선을 그리기 시작합니다. 마우스 왼쪽 버튼을 놓으면 완성된 사각형이 캔버스와 무대에 모두 표시됩니다.

붓 툴 말고 다른 툴로 고양이 머리를 다시 그려 봅시다. 캔버스 위쪽 메뉴에서 **되돌리기 툴** 🔙을 클릭해 울퉁불퉁한 사각형을 지웁니다. 다음으로 선 툴 🖊을 사용해 보겠습니다.

잠깐만요

실수로 선을 잘못 그렸다면?

선을 하나 그렸는데 마음에 들지 않는다면 어떻게 해야 할까요? 위쪽 메뉴에 여러분을 도와줄 툴이 두 개 있습니다. 이 툴들로 가장 마지막 실행을 되돌리거나 다시 실행할 수 있습니다. 반시계 방향의 둥근 화살표 모양의 툴 🔙은 되돌리기 툴로 캔버스에 마지막으로 그린 선을 지울 수 있습니다. 시계 방향의 둥근 화살표 모양의 툴 🔜은 재실행 툴입니다. 이 툴을 사용하면 되돌리기 툴로 지운 선을 가져와서 다시 그릴 수 있습니다.

선 툴로 사각형 그리기

이제 선 툴 🖊로 직선을 그려 봅시다. 선을 수직이나 수평으로 그릴 수도 있고, 대각선을 그릴 수도 있습니다. 선을 짧게 그리거나 길게 그릴 수도 있어요. 선을 연결하면 그림 2-7과 같이 직사각형이나 다양한 모양도 얼마든지 그릴 수 있습니다.

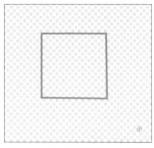

<u>그림 2-7</u> 선 툴로 깔끔하게 그린 사각형

이제 선 툴을 사용해 다음 순서대로 사각형을 그려 봅시다.

1 스프라이트 영역에서 붓 툴로 그린 사각형 스프라이트를 삭제합니다. 스프라이트 영역에서 스프라이트 오른쪽 위의 **휴지통**을 클릭하거나 스프라이트에서 마우스 오른쪽 버튼을 눌러 **삭제**를 선택합니다.

2 왼쪽 메뉴에서 **선 툴**을 클릭하고 윤곽선 색에서 **갈색**을 선택합니다. 그림 2-5와 같이 고르면 됩니다.

3 캔버스 위로 사각형을 그릴 위치를 잡아 마우스 왼쪽 버튼을 누른 채 끌어 첫 번째 선을 그립니다. 마우스를 끌어 선이 적당한 길이가 될 때까지 그립니다. 마우스 왼쪽 버튼을 놓으면 완성된 선이 캔버스와 무대에 표시됩니다.

4 첫 번째 선이 끝난 지점부터 또 다른 선을 그립니다. 이렇게 선을 네 개 연결해서 사각형을 만드세요.

붓 툴로 그렸을 때보다 선 툴로 그린 사각형이 조금 더 깔끔하네요. 하지만 아직 끝나지 않았습니다. 사각형을 더 잘 그릴 수 있는 세 번째 방법이 있습니다. 이 방법으로 고양이 머리를 완성해 보겠습니다. 그 전에 먼저 캔버스를 다시 깨끗이 지워야겠지요? 되돌리기 툴을 여러 번 클릭해 에디터에 그린 모든 선을 지웁니다.

직사각형 툴로 사각형 그리기

왼쪽 메뉴의 직사각형 툴 □로는 그림 2-8과 같이 완벽한 모양의 정사각형이나 직사각형을 그릴 수 있습니다.

그림 2-8 드디어 그린 고양이 머리

이제 직사각형 툴로 고양이 머리를 그려 보겠습니다.

1 왼쪽 메뉴에서 **직사각형 툴**을 클릭합니다.

2 속이 꽉 찬 사각형을 그려 봅시다. 위쪽 메뉴를 보면 채우기 색과 윤곽선 색이 있습니다.
채우기 색과 윤곽선 색 모두 **갈색**을 선택하면 속이 꽉 찬 사각형을 그릴 수 있습니다.

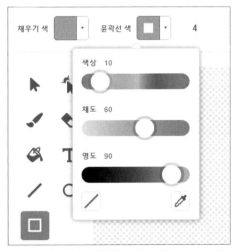

그림 2-9 속이 꽉 찬 사각형을 그리려면 채우기 색과 윤곽선 색을 똑같이 선택

3 캔버스 위에서 마우스 왼쪽 버튼을 누른 채 끌어 사각형을 그립니다. 마우스를 멀리 끌
수록 사각형을 더 크게 그릴 수 있습니다. 사각형 크기가 적당하다면 마우스 왼쪽 버튼
을 놓습니다.

직사각형 툴을 사용하면 완벽한 모양의 사각형을 빠르게 그릴 수 있습니다. 선 툴은 삼각형이나 다른 모양을 그릴 때 좋고, 반듯한 모양의 사각형을 그릴 때는 직사각형 툴이 더 좋습니다.

 질문 있어요 **윤곽선만 그려야 할까요? 아니면 속을 채워서 그려야 할까요?**

Q 고양이 머리를 한 가지 색으로만 칠해야 하나요? 머리 윤곽선을 약간 어두운 음영으로 그린 후 그보다 약간 더 밝은 주황색으로 얼굴을 칠하면 어떨까요?

A 직사각형 툴 ▢과 원 툴 ◯은 채우기 색과 윤곽선 색을 따로 선택할 수 있으니 원하는 대로 하면 됩니다. 예제에서는 윤곽선과 같은 색으로 사각형 속을 칠했지만, 다른 색으로도 칠할 수 있습니다. 채우기 색과 윤곽선 색을 바꾸어 가며 사각형(또는 원)을 그려 보세요. 색 하나로 꽉 찬 사각형이 나올까요? 아니면 약간 어두운 윤곽선에 약간 밝은색을 칠하는 것이 나올까요? 여러분이 선택하면 됩니다.

원 툴로 원 그리기

이번에는 원 툴 ◯로 고양이의 작은 눈을 한번 그려 봅시다. 동그라미를 완벽하게 그리기가 생각보다 어렵지만, 원 툴을 사용하면 타원이나 원을 손쉽게 그릴 수 있습니다. 고양이 눈도 그림 2-10과 같이 완벽하게 그릴 수 있지요.

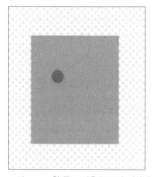

그림 2-10 원 툴로 작은 눈부터 커다란 머리까지 다양한 크기의 원 그리기

이제 원 툴로 고양이 눈을 그려 보겠습니다.

1 　왼쪽 메뉴에서 **원 툴**을 클릭합니다.

2 　눈은 현재 선택된 주황색보다 어두운 갈색으로 칠합니다. 채우기 색과 윤곽선 색에서 **적**
　　당히 진한 갈색을 선택합니다.

3 　앞서 그린 주황색 사각형 위 1/3 지점쯤(고양이 눈이 있을 법한 위치)에서 마우스 왼쪽
　　버튼을 누른 채 끌어 작은 원을 그립니다. 마우스를 멀리 끌수록 원을 더 크게 그릴 수
　　있습니다. 원 크기가 적당하다면 마우스 왼쪽 버튼을 놓습니다.

고양이에게 눈이 생겼지만 아직 한 개뿐입니다. 나머지 눈은 조금 뒤에 다른 툴로 그려 보겠
습니다. 아직 고양이를 완성하지 않았지만 고양이 울음소리를 한번 표현해 봅시다.

텍스트 툴로 텍스트 넣기

이제 그림 2-11과 같이 고양이가 '야옹' 하고 우는 모습을 그릴 것입니다. 어떻게 그려야 할
까요?

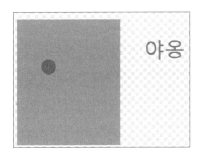

그림 2-11 텍스트 툴로 스프라이트에 글자 쓰기(스프라이트에 프로그램을
적용해 움직이게 하면 글자도 스프라이트와 함께 움직인다)

텍스트 툴 **T**을 사용하면 이미지에 글자를 넣을 수 있습니다. 예를 들어 게임이 끝날 때 화
면에 게임 오버 아이콘을 보여 주거나 스프라이트 옷 위에 이름을 쓸 수 있습니다.

이제 다음 순서대로 고양이가 '야옹' 하고 우는 모습을 그려 봅시다.

1 　왼쪽 메뉴에서 **텍스트 툴**[3]을 클릭합니다.

2 　고양이 머리 바로 옆을 클릭하면 빈 텍스트 박스가 생깁니다. 키보드로 **야옹**을 입력합
　　니다.

3 　 역주 　T는 텍스트 박스(Text Box)의 앞 글자를 딴 것입니다.

3 텍스트 폰트도 바꾸어 봅시다. 캔버스 위를 보면 Sans Serif라고 적혀 있습니다. 클릭하면 그림 2-12와 같이 폰트 선택 목록이 열립니다. 마음에 드는 폰트를 선택해 보세요.

그림 2-12 캔버스 위에 있는 선택 목록에서 폰트 변경

이제 글자 '야옹'은 말 그대로 스프라이트 일부가 되었습니다. 무대에서 스프라이트를 움직이면 글자도 같이 따라 움직입니다.

채우기 색 툴로 색칠하기

가끔은 픽셀을 하나씩 일일이 색칠하기 번거로울 것입니다. 어떤 도형을 한 색으로만 칠할 때는 채우기 색 툴 🖌을 사용할 수 있습니다. 이 툴로 그림 2-13과 같이 고양이 귀를 색칠해 봅시다.

그림 2-13 삼각형 두 개를 그리고 채우기 색 툴로 칠해서 만든 고양이 귀

1   **선 툴**로 고양이 머리 위에 귀를 그립시다. 그림 2-14와 같이 삼각형을 두 개 그립니다. 선 세 개가 서로 이어지게 그려야 삼각형이 완성되고 색을 채울 수 있습니다.

그림 2-14 먼저 윤곽선을 그려서 색을 채울 공간 만들기(채우기 색 툴을 사용하려면 색을 채울 공간이 있어야 한다)

2   이제 귀를 색칠해 봅시다. **채우기 색 툴**을 클릭하고 **고양이 머리를 칠했던 주황색**과 같은 색 (또는 비슷한 색)을 선택합니다.

3   왼쪽에 그린 첫 번째 삼각형 안에 마우스 포인터를 가져가 클릭하면 귀를 색칠합니다.

4   오른쪽도 마저 색칠합니다.

고양이 귀가 빈틈없이 채워졌습니다.

선택 툴과 지우개 툴로 지우기

스프라이트를 그리면서 무언가 실수를 했다면 위쪽 메뉴에 있는 되돌리기 툴로 즉시 지울 수 있습니다. 아까 그렸던 부분을 지우고 싶은데 그 사이에 그렸던 다른 부분까지 지우고 싶지 않을 때는 되돌리기 툴 대신 선택 툴 ▶을 사용할 수 있습니다. 예를 들어 고양이 옆에 그렸던 글자 '야옹'이 마음에 들지 않는다면 그림 2-15와 같이 선택 툴로 글자를 클릭하고 Delete 를 눌러 지우면 됩니다.

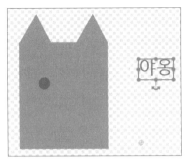

그림 2-15 선택 툴로 도형이나 글자 선택

이제 다음 순서대로 '야옹'을 지워 보겠습니다.

1 **선택 툴**을 클릭합니다.

2 캔버스에 있는 **야옹**을 클릭해 선택합니다.

3 키보드의 Delete 를 눌러 글자를 지웁니다.

이제 글자를 모두 지웠습니다.

질문있어요 **지우개 툴로 글자를 지울 수는 없나요?**

Q 지우개 툴 ◆은 무슨 역할을 하나요? 글자를 지우면 안 되나요?

A 스크래치 3.0의 벡터 모드에서는 지우개 툴로 글자를 지울 수 없습니다. 그 대신에 지우개 툴은 도형 모양을 바꿀 수 있습니다. 예를 들어 그림 2-16과 같이 삼각형 끝을 평평하게 지우면 사다리꼴 모양을 만들 수도 있습니다.

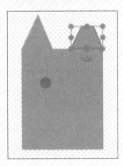

그림 2-16 지우개 툴로 도형 모양을 자유롭게 바꾸기

단 비트맵 모드로 그릴 때는 지우개 툴로 글자를 지울 수 있습니다. 비트맵 모드는 이어지는 '1.3 픽셀로 고양이 그리기'에서 설명합니다.

선택 툴로 스프라이트 옮기기

선택 툴 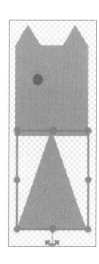은 그림 일부를 옮길 수 있습니다. 옮기려는 도형을 클릭하거나 도형 주위에 가상
의 사각형을 그리고 마우스로 드래그하면 화면 어디로든 옮길 수 있습니다. 예를 들어 그림
2-17과 같이 고양이 몸을 머리 아래에 놓을 수 있습니다.

그림 2-17 선택 툴로 도형을 클릭하면 주위에 파란색 사각 테두리가 표시
(이 파란색 사각 테두리는 도형을 움직일 준비가 되었다는 의미다)

캔버스 다른 곳에 삼각형 모양으로 고양이 몸을 그리고 고양이 머리 아래로 옮겨 봅시다.

1 그림 2-18과 같이 **선 툴**로 삼각형을 그린 후 **채우기 색 툴**로 색을 칠합니다.

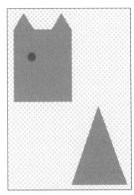

<u>그림 2-18</u> 삼각형을 캔버스 아무 데나 그린 후 선택 툴로 옮기기

2 왼쪽 메뉴에서 **선택 툴**을 클릭하고 고양이 몸인 **삼각형**을 클릭합니다.

3 마우스로 고양이 몸인 삼각형을 감싸는 사각형을 드래그해 그립니다.

4 그림 2-17과 같이 삼각형에 파란색 사각 테두리가 표시됩니다. 이 파란색 사각 테두리는 윤곽선으로 감싼 삼각형과 그 외 윤곽선 안에 있는 모든 것을 옮길 수 있다는 의미입니다. 윤곽선 안으로 마우스 포인터를 가져갑니다.

5 마우스 왼쪽 버튼을 누른 채 고양이 몸을 머리 아래로 끌어 봅시다. 몸이 머리에 닿으면 마우스 왼쪽 버튼을 놓습니다.

이제 좀 고양이 같아 보이네요.

NOTE

레이어

고양이 몸을 머리에 더 가까이 가져가 봅시다. 몸이 얼굴을 덮는 것을 볼 수 있습니다. 몸을 머리 위쪽에서 아래쪽으로 끌어도 마찬가지입니다. 이것은 **레이어**라는 개념 때문입니다. 스크래치 에디터를 포함한 모든 종류의 아트 프로그램은 그림에 무언가를 그릴 때 레이어를 적용합니다. 고양이 머리를 그린 사각형은 가장 바닥에 있는 레이어입니다. 고양이 눈은 그 다음 레이어입니다.

그리고 고양이 몸을 그린 삼각형은 세 번째 레이어입니다. 스프라이트에 무언가를 그리면 항상 마지막 레이어 위에 그립니다. 그러니 스프라이트를 그릴 때는 도형을 그리는 순서도 생각해야 합니다. 종이에 먼저 그려 보면 화면에 어떤 순서로 그려야 할지 알 수 있습니다. 예를 들어 고양이 얼굴을 그린 후 눈을 그리는 것은 가능하지만, 눈을 그린 후 얼굴을 그리는 것은 안 됩니다. 눈을 먼저 그리면 그보다 더 큰 머리가 눈을 덮어 버립니다.

스프라이트 복사하고 붙이기

불쌍한 외눈 고양이에게 두 번째 눈을 달아 줄 때가 되었습니다. 원 툴로 그릴 수도 있지만, 두 원의 크기가 다르면 자칫 짝눈이 될 수 있습니다. 먼저 그린 눈을 선택하고 복사하면 똑같은 크기로 눈을 그릴 수 있습니다.

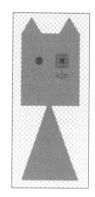

그림 2-19 복사하고 붙여 두 눈을 정확하게 똑같이 그리기

이제 다음 순서대로 첫 번째 눈을 복사해 두 번째 눈을 그려 봅시다.

1 왼쪽 메뉴에서 **선택 툴**을 클릭하고 고양이 눈인 **원**을 클릭합니다.

2 위쪽 메뉴에서 **복사** 를 클릭한 후 바로 옆에 있는 **붙이기** 를 클릭합니다.

3 복사된 원이 나타납니다. 적당한 위치로 옮겨 주세요.

고양이에게 두 눈이 생겼습니다.

고양이 완성하기

이제 거의 다 되었습니다. 고양이 귀를 그렸던 것처럼 꼬리도 한번 그려 봅시다. 무슨 툴을 사용했는지 기억을 더듬어 보세요. 이번에는 그림 2-20과 같이 고양이 몸에 삼각형을 그릴 것입니다.

그림 2-20 삼각형을 그려서 고양이 꼬리 만들기

이제 선 툴로 다음 순서대로 꼬리를 그려 봅시다.

1   현재 선택된 색이 고양이 몸과 머리를 칠했던 주황색과 같은지 확인합니다.

2   **선 툴**을 클릭하고 그림 2-20과 같이 꼬리인 삼각형을 그립니다.

3   **채우기 색 툴**을 클릭하고 삼각형 안을 클릭해 색칠합니다.

고양이에게 주황색 꼬리가 생겼습니다. 다음으로 얼굴에 입과 수염을 그려 봅시다. 그림 2-21은 고양이 얼굴을 완성한 모습입니다. 입이 아니라 코라고 볼 수도 있겠지만 각자 상상에 맡기겠습니다.

그림 2-21 입과 수염 여섯 개를 그려서 완성한 고양이 얼굴(입이 아니라 코일까?)

이제 다음 순서대로 고양이 얼굴을 완성합시다.

1   **채우기 색**에서 **검은색**을 선택합니다.

2   왼쪽 메뉴에서 **원 툴**을 클릭하고 고양이 얼굴 아랫부분에 작은 원을 그립니다. 되도록 두 눈 사이의 중간 지점에 그려 봅시다.

3   **선 툴**을 클릭하고 윤곽선 색을 **검은색**으로 선택합니다. 앞서 그린 원에서 뻗어 나가는 직선 여섯 개를 그림 2-21과 같이 그립니다.

드디어 첫 스프라이트를 완성했습니다! 이제 왼쪽 메뉴에 있는 여러 툴을 배웠으니 다른 스프라이트도 그려 보고 이런저런 시도도 해 보세요. 지금까지 배운 것을 충분히 익혔다면 다음으로 넘어가 스프라이트를 그리는 두 번째 방법을 알아봅시다. 이 방법을 사용하면 고전 아타리 게임[4]의 캐릭터처럼 생긴 스프라이트를 그릴 수 있습니다.

---

4   [역주] 아타리(Atari)는 1972년에 창립한 미국의 게임 회사로 세계 최초 비디오 게임인 〈퐁〉을 만들었죠.

1.3 픽셀로 고양이 그리기

스프라이트를 그리는 두 번째 방법은 에디터를 확대해서 픽셀을 하나하나 그리는 것입니다. 그림 2-22와 같이 생긴 고양이를 하나 더 그려 봅시다.

그림 2-22 점으로 윤곽선을 찍고 채우기 색 툴로 채워서 그린 고양이

먼저 고양이를 그렸던 캔버스를 깨끗이 지우고 새로 그리거나 또 다른 스프라이트를 만듭니다. 이제 다음과 같이 스프라이트를 그려 봅시다.

1 캔버스 왼쪽 아래에 있는 **비트맵으로 바꾸기** 비트맵으로 바꾸기 를 클릭하고 오른쪽 아래에 있는 돋보기 아이콘 에서 **더하기 기호가 그려진 돋보기**를 네 번 정도 클릭합니다. 그림 2-23과 같이 벡터로 바꾸기 벡터로 바꾸기 로 바뀌었고 캔버스 화면도 확대되었습니다.

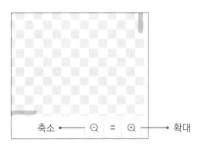

축소 ●———— ⊖ = ⊕ ————● 확대

그림 2-23 픽셀로 스프라이트를 그릴 때 필요한 돋보기 두 개

비트맵과 벡터

비트맵으로 바꾸기를 클릭하면 어떤 일이 일어나는지 눈치챘나요? 왼쪽 메뉴를 보세요. 그림 2-24와 같이 바뀌었을 것입니다. 비트맵으로 바꾸기를 클릭하면 비트맵으로 스프라이트를 그릴 수 있습니다. 다시 벡터로 바꾸기를 클릭하면 벡터로 그릴 수 있습니다.

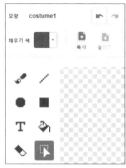

그림 2-24 비트맵 왼쪽 메뉴

그럼 비트맵과 벡터는 무엇이고, 서로 어떻게 다를까요? 바로 컴퓨터가 디지털 이미지를 저장하는 방식이 다릅니다. 앞서 디지털 이미지가 무수히 많은 픽셀로 구성되어 있다고 배웠습니다. 비트맵은 이미지 픽셀을 일일이 저장하는 방식입니다. 예를 들어 '화면 정중앙에는 검은색 픽셀이 있고, 그 오른쪽에도 검은색 픽셀이 있고, 그 아래에는 노란색 픽셀이 있다' 이렇게 하나하나 저장하는 것입니다.

반면 벡터는 픽셀을 일일이 저장하는 대신 도형 정보를 저장하는 방식입니다. 예를 들어 '화면 정중앙에는 반지름이 10픽셀인 검은색 동그라미가 있고, 오른쪽으로 100만큼 떨어진 곳에는 한 변의 길이가 픽셀 다섯 개인 노란색 직사각형이 있다' 이렇게 저장합니다. 이렇게 저장하면 도형을 옮기거나 도형 모양과 색을 바꾸기도 훨씬 편합니다. 훌륭한 게임 디자이너가 되려면 벡터를 잘 다룰 줄 알아야 합니다.

질문 있 어 요 스프라이트를 너무 작게 그리는 것은 아닐까요?

Q 스프라이트를 그릴 때 크기는 상관없나요?

A 크게 상관없습니다. 스프라이트를 다 그렸는데 크기가 너무 작다면 **선택 툴** ▶로 드래그해서 모든 도형을 선택하고 파란색 테두리 크기를 조절해 보세요. 스프라이트 크기를 자유자재로 바꿀 수 있습니다. 픽셀을 하나씩 그릴수록 무대에 있는 스프라이트도 커질 테니 스프라이트 크기가 적당한지 판단할 수 있을 것입니다. 그러니 스프라이트가 너무 크거나 작다고 그리던 것을 지우고 새로 시작하지는 마세요.

어두운 주황색으로 고양이 외곽선을 그린 후 밝은 주황색으로 고양이 몸과 얼굴을 칠하겠습니다.

먼저 고양이 머리가 될 사각형을 그려 봅시다. 이번에는 선이 아니라 점으로 그려 볼까요?

1 **채우기 색**에서 **어두운 주황색**을 선택하고 왼쪽 메뉴에서 **붓 툴** 을 클릭합니다.

2 캔버스 위에서 선 굵기를 바꿀 수 있는 메뉴를 찾아봅시다. 그림 2–25와 같이 생겼습니다. 붓 툴로 점을 하나 찍었을 때 사각형 대신 동그란 점이 그려지도록 선 굵기를 **8**로 조절합니다. 붓 크기가 어느 정도인지 잘 모르겠다면 캔버스 위에 실제로 점을 찍어 보세요. 사각형 대신 왜 점을 쓸까요? 점으로 그리면 마치 털처럼 거친 가장자리를 그릴 수 있기 때문입니다. 또 점의 가장자리를 보고 다음 점을 캔버스 어디에 찍을지 쉽게 가늠할 수도 있습니다.

그림 2–25 선 굵기를 숫자로 조절

3 캔버스 위에 어두운 주황색 점들을 찍어서 사각형을 만듭니다. 사각형의 한 변에 점을 여섯 개씩 찍으세요.

4 사각형의 위쪽 양 모서리 바로 위에 점을 두 개 나란히 찍습니다. 그림 2–26과 같이 두 점 사이에 점을 하나 더 얹어서 삼각형을 만듭니다. 삼각형에 빈 공간이 보인다면 마우스 포인터를 살짝 옆으로 옮겨서 점을 하나 더 찍어서 빈 공간을 메꿉시다.

그림 2–26 점을 찍어서 사각형 머리를 그리고, 그 위에 각진 두 귀를 얹음

이제 사각형 아래에 고양이 몸통과 꼬리를 그릴 차례입니다. 어두운 주황색을 그대로 사용합시다. 다음 순서대로 고양이 목과 몸통 윗부분을 그려 봅시다.

1 사각형 밑변을 그린 점 여섯 개에서 가운데 두 점의 위치를 확인합니다. 바로 아래에 또 다른 점을 두 개 나란히 찍어서 고양이 목을 그립니다.

2 목 아래에 다시 점을 네 개 나란히 그려서 몸통을 시작합니다. 그런 다음 그림 2–27과 같이 선의 양 끝 바로 아래에 다시 점을 두 개 찍습니다.

그림 2–27 점들을 찍어서 고양이 몸통 절반 그리기

우리가 그릴 고양이는 앉아 있기 때문에 아래로 갈수록 몸통이 더 넓어집니다. 마치 계단을 그리듯이 점 아래에 점을 찍고 다시 그 옆에 점을 찍어서 몸통을 옆으로 늘립시다.

다음 순서대로 몸통의 나머지 부분을 그립니다.

1 아래로 향하는 선 양쪽에 점을 하나씩 더 찍고 두 점 아래에 새로운 모서리를 만듭니다.

2 1을 한 번 더 반복합니다.

3 계단처럼 그린 고양이 몸통의 바닥을 가로지르는 점을 여덟 개 찍어서 몸통을 완성합니다.

4 몸통 아랫부분에서 왼쪽 또는 오른쪽으로 동그랗게 점을 찍어서 고양이 꼬리를 만듭니다. 그림 2–28은 고양이 윤곽선을 완성한 모습입니다.

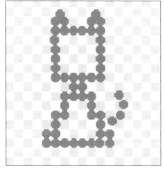

그림 2–28 어두운 주황색 점들을 이어서 고양이 윤곽선 그리기

이제 채우기 색 툴 을 사용해 고양이 몸통을 밝은 주황색으로 칠해 봅시다.

1 윤곽선을 그렸던 주황색보다 **약간 더 밝은 주황색**을 선택합니다.

2 **채우기 색 툴**을 클릭합니다.

3 빈 공간을 클릭해서 고양이를 밝은 주황색으로 칠합니다. 이때 반드시 윤곽선 안쪽에 있는 회색과 하얀색 격자 무늬의 캔버스를 클릭해야 합니다. 윤곽선 자체를 클릭하지 않게 주의하세요.

색칠을 다 하면 그림 2-29와 같이 보입니다. 윤곽선에 더 어두운색을 써서 입체감을 약간 더했습니다.

그림 2-29 아직 얼굴이 없는 주황색 고양이

잠깐만요

주황색 페인트가 화면 전체를 채워 버렸어요

분명 귀 안쪽을 클릭한 것 같은데 페인트가 화면 전체를 채우면서 고양이가 사라져 버렸다고요? 걱정하지 마세요. 되돌리기 툴을 클릭하면 방금 색칠한 페인트를 지우고 다시 시도할 수 있습니다. 채우기 색 툴은 보통 도형 안을 색칠할 때 사용합니다. 하지만 도형에 픽셀 하나만큼 구멍만 있어도 페인트가 도형을 새어 나와 캔버스 전체를 덮어 버릴 것입니다. 이때는 붓 툴이나 선 툴을 사용해 도형을 잘 틀어막고 채우기 색 툴을 다시 시도해 봅시다.

실수로 윤곽선을 클릭했다면?

가끔 윤곽선 안쪽 대신 윤곽선 자체를 클릭할 때가 있습니다. 그러면 윤곽선 색도 같이 바뀝니다. 하지만 당황하지 마세요. 위쪽 메뉴에 있는 되돌리기 툴을 사용하면 실수하기 이전 상태로 되돌아갈 수 있습니다. 마우스 포인터 위치를 한 번 더 잘 확인하고 다시 클릭해 봅시다.

마지막으로 고양이 얼굴을 그리겠습니다. 이번에는 선 툴 을 사용해 선 굵기를 바꾸어 가면서 그려 보겠습니다.

다음 순서대로 고양이의 눈과 입, 수염을 그려 봅시다.

1 **채우기 색**에서 **검은색**을 클릭하고 **붓 툴**을 클릭합니다. 머리 가운데쯤에 점을 두 개 찍어서 고양이 두 눈을 그립니다.

2 **선 툴**을 클릭하고 선 굵기를 3으로 조절합니다.

3 두 눈 사이에서 아래쪽으로 내려가는 선을 하나 그린 후 마치 뒤집힌 T처럼 선 바닥을 가로지르는 선을 짧게 하나 더 그립니다.

4 고양이 얼굴에서 바깥으로 뻗어 나가는 선을 여섯 개 그려서 고양이 수염을 만듭니다.

그림 2-30 완성한 두 번째 고양이 스프라이트

그림 2-30과 같이 이제 무대에 픽셀로 그린 고양이가 완성되었습니다. 앞서 그렸던 고양이와 비교해 어떤 것이 더 마음에 드나요?

지금까지 스프라이트를 그리는 방법을 배웠습니다. 이제 게임에 사용할 배경을 그리는 방법으로 넘어갑시다. 배경을 만드는 방법도 스프라이트와 비슷합니다. 그리고 배경을 그리는 에디터도 스프라이트 에디터와 거의 비슷합니다.

2 첫 배경 그리기

배경 에디터는 스프라이트 에디터와 거의 비슷합니다. 위쪽 메뉴, 왼쪽 메뉴가 같으므로 다시 설명할 필요는 없을 것 같습니다. 모든 툴은 스프라이트 에디터와 같은 방식으로 작동합니다.

2.1 배경 에디터 열기

다음 순서대로 배경 에디터를 열어 봅시다.

1 툴바에서 **파일 > 새로 만들기**를 선택합니다.

2 배경 영역에서 위쪽에 있는 **하얀색 사각형**을 클릭합니다.

그림 2-31 배경 영역에서 하얀색 사각형을 클릭해 배경 에디터 열기

3 블록 팔레트 위에 있는 **배경 탭** 을 클릭하면 배경 에디터가 열립니다.

2.2 배경 그리기

레트로 게임에서는 보통 스프라이트에 집중할 수 있게 배경을 단순하게 만듭니다. 플레이어가 배경에 있는 자잘한 그림에 집중하기보다는 전면에 있는 스프라이트만 보도록 만드는 것이 좋습니다. 따라서 그림 2-32와 같이 파란색 하늘과 초록색 잔디가 있는 초원을 간단한 배경으로 그려 보겠습니다.

그림 2-32 초록색 초원을 걸어가는 스크래치 고양이

먼저 수평선을 그린 후 선 위와 아래 넓은 영역을 채우기 색 툴로 채울 것입니다. 이 수평선은 마치 2차원 화면에 3차원 공간이 있는 것처럼 느끼게 합니다.

이제 다음 순서대로 수평선을 그려 봅시다.

1   캔버스 왼쪽 아래에 있는 **비트맵으로 바꾸기**를 클릭합니다.

2   **선 툴**을 클릭하고 그림 2-33과 같이 화면을 가로지르는 검은색 직선을 그립니다. 캔버스 위에 그린 선이 무대에도 똑같이 그려집니다. 무대를 보면 방금 그린 선이 배경 양 끝까지 닿았는지 쉽게 알 수 있습니다.

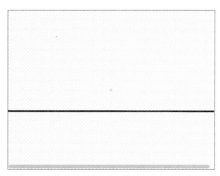

그림 2-33 캔버스 전체를 가로지르는 직선 그리기

선을 너무 짧게 그렸어요

선이 무대의 양 끝에 닿지 않았다면 캔버스 바로 아래쪽에 있는 슬라이더를 사용해 직선을 이어 그리면 됩니다. 화면을 왼쪽 또는 오른쪽으로 움직이면서 선을 계속 그리세요(수직선을 그릴 때는 캔버스 오른쪽에 있는 슬라이더를 위쪽 또는 아래쪽으로 움직이면 됩니다). 캔버스 크기를 100%로 놓으면 슬라이더가 나타나지 않습니다. 캔버스를 확대했을 때만 슬라이더가 나타납니다.

3 이제 수평선의 위와 아래 공간을 초원과 하늘처럼 보일 만한 색으로 칠해 봅시다. **채우기 색 툴**을 클릭하고 **채우기 색**에서 **적당한 파란색**을 선택합니다.

4 검은색 선 위의 영역에서 마우스 왼쪽 버튼을 눌러 하늘 영역을 파랗게 색칠합니다.

5 다시 **채우기 색**에서 **적당한 초록색**을 선택해 검은색 선 아래 영역에서 마우스 왼쪽 버튼을 누릅니다. 초원 영역을 초록색으로 칠했습니다.

완성된 배경은 그림 2-34와 같습니다. 이제 이 배경을 게임에 사용할 수 있습니다.

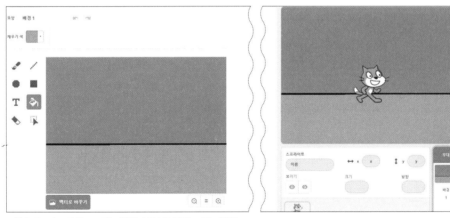

그림 2-34 스프라이트 그리는 방법과 비슷한 배경 그리는 방법

3 정리하기

지금까지 스크래치 작업 공간에 이어 에디터를 둘러보았습니다. 스프라이트를 그리다가 어디에 필요한 툴이 있는지 모르겠다면 언제든지 DAY 02로 돌아와 찾아보세요.

3.1 마음껏 해 보아요

왼쪽 메뉴에 있는 여러 툴을 살펴보았는데, 아직 소개하지 않은 툴이 하나 있습니다. 그것은 형태 고치기 툴 입니다. 이 툴은 도형 모양을 자유자재로 바꿀 수 있습니다.

> **도전해 보세요!**
>
> 형태 고치기 툴 을 사용해 봅시다. 직사각형 툴 로 사각형을 그리고 형태 고치기 툴로 모양을 바꾸어 보세요. 사각형의 꼭짓점을 움직이거나 새로운 꼭짓점을 추가할 수도 있습니다. 새로운 꼭짓점을 추가하면 사각형에 곡선이 생기지만, 위쪽 메뉴의 꺾인 모양 을 클릭하면 각진 오각형으로 바뀝니다. 또는 꼭짓점을 클릭하고 위쪽 메뉴의 삭제 를 클릭하면 꼭짓점이 없어지면서 삼각형이 됩니다. 진부한 삼각형이나 사각형 대신 나만의 독특한 도형을 마음껏 그려 보세요.

3.2 무엇을 배웠나요?

에디터를 둘러보며 많은 내용을 다루었습니다. 새로운 것을 배우기 전에 여기서 배운 것을 복습합시다. 잘 기억나지 않는다면 되돌아가서 다시 읽어 보세요.

이제 DAY 02에서 무엇을 배웠는지 정리해 봅시다.

- 컴퓨터 화면의 디지털 공간을 구성하는 픽셀 원리를 알아보았습니다.
- 에디터 이곳저곳을 살펴보았습니다.
- 왼쪽 메뉴에 있는 다양한 툴로 그림을 그려 보았습니다.
- 픽셀을 하나씩 그려서 스프라이트를 만들었습니다.
- 스프라이트의 뒷부분을 장식하는 배경을 만드는 방법을 배웠습니다.

DAY 03에서는 본격적으로 게임을 만들기 앞서, 게임에서 자주 사용하는 블록과 코딩의 핵심 개념을 먼저 소개하려고 합니다. 본격적인 게임을 빨리 만들고 싶은 마음은 이해하지만 DAY 03만 마치면 드디어 첫째 마당이 끝나니 조금만 더 힘을 냅시다. DAY 03에서는 앞으로도 게임을 만들 때 도움이 될 다양한 스크립트를 간단하게 만들어 보고 어떻게 동작하는지 살펴봅니다. 이제 페이지를 넘겨 DAY 03으로 가 볼까요?

DAY 03 스크래치의 핵심 블록과 코딩 개념 배우기

MAKING SCRATCH GAME FOR EVERYONE

빨리 게임을 만들고 싶은데 자꾸 무언가를 더 배워야 한다니 지루하죠? 하지만 컴퓨터 과학의 핵심 개념을 잘 알아야 게임을 더 쉽게 만들 수 있습니다. 또 책 코드도 잘 이해할 수 있고, 앞으로 게임을 설계할 때도 도움이 됩니다. 그뿐만 아니라 파이썬이나 자바스크립트 같은 프로그래밍 언어를 본격적으로 배울 때도 도움이 됩니다. 다시 말해 DAY 03에서 다루는 내용은 앞으로 만들 모든 게임과 배울 모든 프로그래밍 언어에 두루 해당되니 잘 배워 둡시다.

처음 학교에 갔던 날을 떠올려 보세요. 새로운 친구들을 만나서 설레었을 것입니다. 그때 느낀 설렘처럼 DAY 03을 읽다 보면 재미있고 새로운 컴퓨터 과학의 개념을 만나게 됩니다. 앞으로 게임을 만들면서 이 개념을 실제로 적용해 보면 더욱 친해질 수 있습니다. 책에서 만들 모든 게임에서도 이 개념을 계속 만날 테니 이 책을 다 읽었을 무렵에는 상당히 익숙하게 될 것입니다.

DAY 03에서는 다음 내용을 배웁니다.

- 게임을 만들 때 자주 사용하는 핵심 블록 여덟 개의 사용 방법을 알아봅니다. 또 이 블록들에서 컴퓨터 과학의 핵심 개념을 배웁니다.
- 간단한 스크립트를 여덟 개 만들어 보고 컴퓨터 과학 개념을 알아봅니다.

스크래치의 모든 블록은 화면 왼쪽 블록 팔레트에 있습니다. 표 3-1에서 자주 사용하는 핵심 블록 여덟 개와 어떤 기능이 있는지 알아봅시다.

블록 이름	어디에 있나요?	어떻게 생겼나요?	무슨 일을 하나요?
클릭했을 때	이벤트	클릭했을 때	프로그램을 언제 실행해야 할지 지정합니다.
X좌표를 10만큼 바꾸기	동작	x 좌표를 10 만큼 바꾸기	입력한 숫자만큼 스프라이트의 X좌표를 움직입니다.
만약 ~(이)라면	제어	만약 (이)라면	특정 조건을 만족할 때 블록을 실행합니다.
무한 반복하기	제어	무한 반복하기	블록을 반복 실행합니다.
변수 만들기	변수	변수	점수나 생명력처럼 게임에 필요한 정보를 저장합니다.
[ ] 색에 닿았는가?	감지	색에 닿았는가?	지정한 색에 닿았는지 검사합니다.
나 자신 복제하기	제어	나 자신 ▾ 복제하기	게임 실행 중 스프라이트를 복제합니다.
메시지1 신호 보내기	이벤트	메시지1 ▾ 신호 보내기	서로 다른 스크립트들이 신호를 주고받습니다.

표 3-1 게임을 만들 때 가장 많이 사용하는 블록

TIP

DAY 03에서는 각 절이 끝날 때마다 작업 공간을 깨끗이 지우고 스크립트를 새로 만들어야 합니다. 툴바에서 **파일 > 새로 만들기**를 선택하면 새로운 작업 공간이 나타납니다. 또는 스크립트의 가장 첫 블록(대부분 클릭했을 때 블록)을 클릭한 채 블록 팔레트에 드래그해 놓으면 연결된 모든 블록을 한 번에 지울 수 있습니다.

깨끗한 작업 공간에서 실습해 볼까요? 툴바에서 **파일 > 새로 만들기**를 선택해 스크래치의 기본 고양이에게 코드를 적용할 준비를 합시다.

자, 다들 준비되었나요?

1 프로그램 시작하기

가장 먼저 이벤트 팔레트에 있는 클릭했을 때 블록을 살펴봅시다. 이 블록은 이미 DAY 01에서 배웠지만 앞으로 만들 모든 게임 스크립트에서 중요한 역할을 하므로 다시 설명하겠습니다. 이 블록은 스페이스 키를 눌렀을 때 블록처럼 프로그램을 시작하는 데 필요한 조건을 지정합니다. 다시 말해 시작하기 ▶는 플레이어가 게임을 플레이할 준비가 되었을 때 클릭하는 일종의 전원 스위치입니다. 이제 시작하기를 사용해 스프라이트를 그림 3-1과 같이 오른쪽으로 100만큼 움직이는 스크립트를 만들어 봅시다.

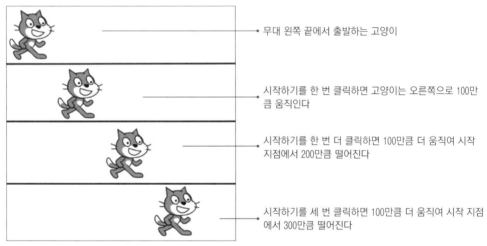

무대 왼쪽 끝에서 출발하는 고양이

시작하기를 한 번 클릭하면 고양이는 오른쪽으로 100만큼 움직인다

시작하기를 한 번 더 클릭하면 100만큼 더 움직여 시작 지점에서 200만큼 떨어진다

시작하기를 세 번 클릭하면 100만큼 더 움직여 시작 지점에서 300만큼 떨어진다

그림 3-1 시작하기를 클릭할 때마다 오른쪽으로 100만큼 움직이는 고양이(네 번 정도 클릭하면 무대 끝까지 갈 수 있다)

1.1 프로그램에 전원 스위치가 필요한 이유

클릭했을 때 블록은 이름만 보아도 무슨 뜻인지 알 수 있지만, 모든 게임 스크립트에 전원 스위치가 왜 필요한지 설명하겠습니다.

시험 삼아 10만큼 움직이기 블록을 스크립트 영역으로 옮긴 후 **시작하기**를 클릭해 봅시다. 무슨 일이 일어날까요? 무대 위 고양이 스프라이트는 전혀 움직이지 않습니다. 스크립트에 전원 스위치가 없기 때문이죠. 이렇듯 게임을 구성하는 스크립트를 시작하려면 항상 전원 스위치가 필요합니다.

1.2 클릭했을 때 블록 사용하기

이제 그림 3-2와 같이 고양이 스프라이트를 오른쪽으로 100만큼 움직이는 스크립트를 만들어 봅시다. DAY 01에서도 같은 스크립트를 만들었지만 여기서는 스크립트의 각 블록이 무엇을 하는지 자세히 알아보겠습니다.

그림 3-2 모든 프로그램에는 프로그램을 시작하는 전원 스위치가 필요한데, 고양이를 100만큼 움직이는 스크립트도 마찬가지

다음 순서대로 클릭했을 때 블록을 사용해 봅시다.

1 블록 팔레트에서 **이벤트 팔레트**를 클릭합니다. 클릭했을 때 블록을 스크립트 영역에 드래그해 놓습니다.

2 **동작 팔레트**를 클릭하고 10만큼 움직이기 블록을 드래그해 클릭했을 때 블록 바로 아래에 조립합니다. 두 블록이 서로 잘 조립되어 있지 않으면 프로그램을 실행했을 때 아무 일도 일어나지 않습니다.

3 10만큼 움직이기 블록을 보면 하얀색 동그라미 안에 숫자 10이 있습니다. 키보드를 사용해 이 숫자를 **100**으로 수정합니다.

두 블록을 연결해 그림 3-3과 같이 스크립트를 완성했습니다. 이제 시작하기 🏁를 클릭해 고양이 스프라이트에 무슨 일이 일어나는지 살펴봅시다. 고양이가 오른쪽으로 움직이는 것을 볼 수 있습니다.

그림 3-3 클릭했을 때 블록으로 만든 간단한 스크립트

그림 3-3의 스크립트는 매우 간단하지만, 스크립트에 항상 전원 스위치가 필요하다는 점을 잘 보여 주고 있습니다. 스크립트는 클릭했을 때 블록으로 시작합니다. 이 블록은 시작하기 ▶를 클릭하면 프로그램이 시작한다는 의미입니다. 아래에 있는 10만큼 움직이기 블록은 시작하기를 클릭한 이후에 일어날 동작, 즉 스프라이트를 오른쪽으로 100만큼 움직이게 합니다. 따라서 이 스크립트는 초록색 깃발이 클릭될 때마다 고양이를 움직입니다.

잠깐만요

프로그램이 시작하지 않아요

프로그램이 시작하지 않는다면 어떻게 해야 할까요? 먼저 모든 스크립트를 하나씩 살펴보면서 코드를 시작하는 블록(예를 들어 클릭했을 때 블록이나 스페이스 키를 눌렀을 때 블록)에 다른 블록이 연결되어 있는지 확인합니다. '코드를 시작하는 블록'과 '다른 블록'이 연결되지 않은 스크립트가 있다면 '코드를 시작하는 블록'을 추가하고 문제가 해결되는지 시험해 봅시다.

2 X좌표와 Y좌표로 위치 지정하기

앞에서 고양이를 100만큼 움직이는 스크립트를 만들었습니다. 여기서 100은 좌표 공간 내 거리를 의미합니다. 좌표는 화면에서 스프라이트 위치를 표현한 숫자입니다.

스크래치에서 스프라이트를 움직일 때 좌표를 사용하지만, 사실 좌표는 컴퓨터 프로그래밍에서만 사용하는 개념이 아닙니다. 수학 시간에 직선에 대해 배웠다면 X좌표를 본 적이 있을 것입니다. 그림 3-4를 보면 블록에 써 있는 100과 화면 좌표의 100이 같다는 것을 알 수 있습니다. 시작하기 ▶를 클릭할 때마다 고양이가 100만큼 움직인다는 것은 곧 좌표 100만큼 움직인다는 의미입니다.

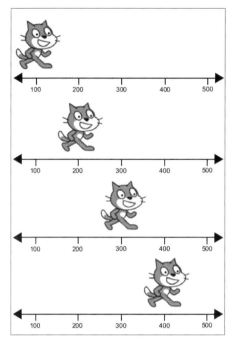

그림 3-4 시작하기를 클릭할 때마다 고양이는 오른쪽으로 100만큼 이동

좌표 개념은 격자 용지를 사용하는 미술 시간이나 지도 그리기를 배우는 지리 시간 등 학교에서 배우는 여러 과목에 등장합니다. 좌표를 사용해 어떤 장소나 물체가 정확히 어디에 있는지 표현할 수 있습니다.

2.1 스프라이트의 X좌표와 Y좌표

모든 프로그래밍 언어는 컴퓨터에 명령을 내릴 때 숫자를 사용합니다. X좌표와 Y좌표도 물론 숫자입니다. 이렇게 숫자를 사용하는 이유는 결과가 항상 똑같기 때문입니다. 2 더하기 2는 항상 4가 되는 것처럼 말이죠.

예를 들어 스크래치는 "고양이 스프라이트를 오른쪽으로 10만큼 옮겨라." 같은 명령을 이해할 수 있습니다. 이것은 분명 숫자를 사용한 명령이죠. 하지만 "고양이를 집 근처로 옮겨라."라는 명령은 이해할 수 없습니다. 집 위치를 숫자로 정확히 알려 주지 않으면 스크래치는 집이 화면 어디에 있는지 전혀 알 도리가 없습니다.

다시 말해 스프라이트를 옮기려는 방향이나 물체를 놓으려는 위치는 항상 숫자로 표현해야 합니다.

스프라이트 영역에는 현재 스프라이트 이미지와 알파벳 두 개(x, y), 스프라이트 현재 위치를 나타내는 숫자가 두 개 표시됩니다. 예를 들어 그림 3-5에서는 고양이 스프라이트 이미지와 현재 위치를 볼 수 있습니다.

그림 3-5 스프라이트 영역 아래에는 스프라이트를, 위에는 스프라이트 위치를 나타내는 X좌표와 Y좌표 표시(현재 스프라이트는 무대 중앙에 있으므로 x 값과 y 값이 모두 0이다)

무대 위에 있는 고양이를 이리저리 드래그해 봅시다. 고양이의 새로운 위치에 따라 x와 y 옆의 숫자가 계속 바뀔 것입니다.

무대는 무수히 많은 수평선(X축)과 수직선(Y축)으로 구성된 일종의 모눈종이입니다. 무대 안에서 고양이 위치는 결국 그중 한 수평선과 한 수직선이 만나는 점이며, 그 점이 바로 X좌표와 Y좌표입니다. 이해하기 어렵다면 스크래치가 기본으로 제공하는 격자 배경을 사용해 봅시다.

1 배경 영역으로 가 봅시다. 이래에서 **배경 고르기** ◙를 클릭합니다.

2 배경 고르기 화면이 나타납니다. 스크롤을 아래쪽으로 내려서 **Xy-grid**를 클릭합니다.

이제 그림 3-6과 같이 고양이 뒤로 수평선과 수직선이 보일 것입니다. 선이 만나는 지점마다 100이나 -100 같은 숫자가 써 있습니다. 이 배경은 무대 좌표를 100씩 널찍하게 나눈 것으로, 10만큼이 어느 정도인지 보려면 모눈 하나를 10으로 나누면 됩니다. 고양이를 모눈 하나만큼 움직이려면 프로그램에는 100만큼 움직이라고 명령해야 합니다.

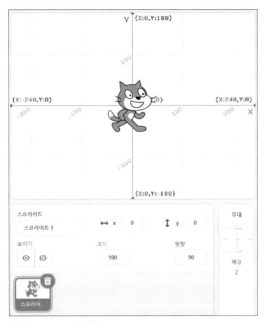

그림 3-6 Xy-grid 배경

X좌표는 왼쪽에서 오른쪽으로 갈수록 숫자가 커지고, Y좌표는 아래쪽에서 위쪽으로 갈수록 커집니다. 빨간색 수평선과 파란색 수직선이 만나는 화면 중앙의 점은 X좌표, Y좌표가 모두 0인 지점입니다. 그림 3-5에서 본 숫자들도 스프라이트가 화면 중앙에 있기 때문에 0이었습니다. 새로운 프로젝트를 만들면 스크래치 고양이가 항상 무대 중앙에 있습니다.

- X좌표를 양의 방향으로 증가시키면(예를 들어 0에서 10) 스프라이트는 오른쪽으로 움직입니다.
- Y좌표를 양의 방향으로 증가시키면(예를 들어 0에서 10) 스프라이트는 위쪽으로 움직입니다.
- X좌표를 음의 방향으로 감소시키면(예를 들어 0에서 -10) 스프라이트는 왼쪽으로 움직입니다.

- Y좌표를 음의 방향으로 감소시키면(예를 들어 0에서 −10) 스프라이트는 아래쪽으로 움직입니다.

2.2 x 좌표를 10만큼 바꾸기 블록 사용하기

스프라이트를 옮기는 스크립트를 간단히 만들어 봅시다. 그림 3-7의 고양이는 현재 무대 중앙에 있습니다. 시작하기를 클릭하면 이 고양이가 새로운 위치, 즉 무대 중앙에서 위쪽으로 100만큼 떨어진 곳에 놓일 것입니다.

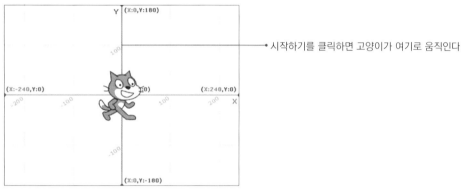

그림 3-7 고양이를 무대 중앙에서 위쪽으로 100만큼 떨어진 곳으로 옮기는 스크립트 만들기

먼저 다음 순서대로 작업 공간을 준비해 봅시다.

1 블록 팔레트 위에 있는 **코드 탭** 을 클릭합니다.

2 스프라이트 영역에 있는 **고양이 스프라이트**를 클릭합니다. 고양이가 잘 선택되었는지 확인하세요.

사실 이 작업을 매번 해야 하는 것은 아닙니다. 지금은 배경 탭이 선택되어 있으니 코드 탭으로 돌아왔습니다.

이제 실습을 시작할 준비가 되었습니다. 다음 순서대로 y 좌표를 0(으)로 정하기 블록을 사용합시다.

1 블록 팔레트에서 **이벤트 팔레트**를 클릭합니다. 클릭했을 때 블록을 스크립트 영역에 드래그해 놓습니다.

2 **동작 팔레트**를 클릭합니다. 블록을 드래그해 `클릭했을 때` 블록 아래에 조립합니다.

3 블록 안에 있는 숫자 0을 **100**으로 수정합니다.

그림 3-8은 완성된 스크립트입니다. 이제 **시작하기**를 클릭해 봅시다.

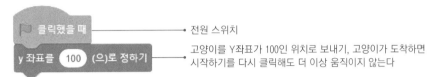

→ 전원 스위치

고양이를 Y좌표가 100인 위치로 보내기, 고양이가 도착하면
시작하기를 다시 클릭해도 더 이상 움직이지 않는다

그림 3-8 y좌표를 0(으)로 정하기 블록을 사용해 만든 스크립트

 잠깐만요

스프라이트가 전혀 움직이지 않아요

잠시만요. 프로그램을 적용해도 고양이가 움직이지 않는다고요? 프로그램이 생각대로 동작하지 않는다면, 정확한 스프라이트에 프로그램을 적용하지 않았기 때문일 수 있습니다. 스프라이트 영역에서 고양이 스프라이트에 파란색 테두리가 둘러 있는지(선택되어 있는지) 확인했나요? 우리는 이 스크립트를 만들기 앞서 배경을 추가했기 때문에 새로운 배경에 파란색 테두리가 둘러 있었을 것입니다. 배경을 움직이려는 것이 아니므로 고양이를 움직여야 합니다. 프로그램이 계획대로 동작하지 않았다면 가장 먼저 스크립트가 어느 스프라이트에 만들어져 있는지 확인하세요. 스프라이트 영역에 있는 스프라이트를 클릭하면 이 스프라이트에 만들어진 모든 스크립트가 스크립트 영역에 표시됩니다.

고양이는 Y좌표가 100인 위치로 순식간에 이동했습니다. 게임이 시작될 때도 이러한 방식으로 스프라이트를 시작 위치에 놓을 수 있습니다.

질문 있어요 **고양이를 무대 중앙에서 아래쪽으로 100만큼 떨어진 곳에 놓으려면?**

Q 우리는 스프라이트를 위쪽으로 옮기는 방법을 배웠습니다. 그럼 반대 방향으로 움직이려면 어떻게 해야 할까요?

A 숫자 앞에 뺄셈 기호를 붙이면(예: −100) 음수를 만들 수 있습니다. 음수는 스프라이트를 아래쪽이나 왼쪽 방향으로 움직인다는 것을 기억하세요. 양수는 스프라이트를 위쪽이나 오른쪽 방향으로 움직입니다.

스프라이트의 X위치와 Y위치를 동시에 바꾸어 대각선 방향으로 움직일 수도 있습니다. 스크립트 영역에서 조립했던 `y 좌표를 100(으)로 정하기` 블록을 `x 좌표를 10만큼 바꾸기` 블록과 `y 좌표를 10만큼 바꾸기` 블록으로 바꾸어 봅시다. 그림 3-9와 같이 순서에 상관없이 `클릭했을 때` 블록 아래에 조립합니다. X좌표를 바꾸는 블록 안에 있는 숫자 10을 –20으로 수정해 고양이가 좌표 공간의 왼쪽으로 움직이게 만들고, Y좌표를 바꾸는 블록은 10을 그대로 유지해서 위쪽으로 10만큼 움직이게 만듭시다. 이제 시작하기 🏁를 클릭하면 고양이가 왼쪽과 위쪽으로 동시에 움직이면서 대각선 방향으로 움직입니다.

그림 3-9 X위치, Y위치를 동시에 바꿀 수 있는 스크립트

이제 스크립트 영역에 있는 스크립트를 지우고 다음 실습으로 넘어갑시다. 단 격자 배경은 스프라이트 위치를 확인하는 데 도움이 되니 그대로 두세요.

 잠깐만요

거리와 좌표

스크립트에서는 `10만큼 움직이기` 블록과 `x 좌표를 10만큼 바꾸기` 블록의 결과가 같습니다. `10만큼 움직이기` 블록은 단순하게 동작을 하는 것 같지만 실제로는 스프라이트가 바라보는 방향에 따라 다르게 움직입니다 (즉, 바라보고 있는 방향으로 10만큼 움직입니다). 반면 `x 좌표를 10만큼 바꾸기` 블록은 명확합니다. 이 블록은 스프라이트의 현재 X좌표에 10을 더합니다. 결국 두 블록은 스크립트의 고양이 스프라이트를 오른쪽으로 10만큼 움직이는 같은 작업을 합니다. 여기서 프로그래밍의 한 가지 중요한 점을 엿볼 수 있습니다. 그것은 바로 같은 작업을 달성하는 방법은 여러 개일 수 있고, 어떤 코드를 만들지 프로그래머 스스로 선택할 수 있다는 것입니다.

3 조건문 사용하기

조건문이라는 개념이 생소할 수 있겠지만, 사실 일상에서 쉽게 찾을 수 있습니다. 조건문이란 어떤 일이 일어나려면 무엇이 먼저 필요한지 정의한 문장을 의미합니다. 예를 들어 부모가 자녀에게 "야채를 다 먹으면 디저트를 줄게."라고 말하는 것도 일종의 조건문입니다. 여기서 조건은 간단합니다. 디저트를 먹으려면 야채를 다 먹어야 합니다. 초콜릿 케이크가 먹고 싶다면 그릇에 남은 당근을 마저 먹어야 하는 것이죠.

그럼 부모는 자녀가 야채를 다 먹었는지 어떻게 알 수 있을까요? 그릇을 보면 됩니다. 그릇에 당근이 아직 그대로 있다면 조건문이 만족되지 않았으므로 디저트를 줄 수 없고, 반대로 그릇에 당근이 없다면(그렇다고 식탁 아래에 숨기면 안 되죠!) 디저트를 먹을 수 있습니다.

컴퓨터 조건문도 이와 똑같이 동작합니다.

3.1 조건문은 어디에 사용하나요?

예를 들어 게임에서 "고양이 스프라이트가 빨간색에 닿았다면 멈추세요."처럼 조건문을 지정할 수 있습니다. 이 조건문은 그림 3-10과 같이 고양이 스프라이트가 빨간색에 닿았는지 검사합니다.

그림 3-10 고양이가 빨간색 픽셀에 닿았는지 알려면 고양이 발 끝 보기

무지개 바깥쪽은 빨간색으로 되어 있습니다. 고양이가 무지개의 빨간색 부분에 닿으면 프로그램은 움직이던 고양이를 멈춥니다. 반대로 고양이 스프라이트가 무지개의 빨간색 부분에 닿지 않았다면 프로그램은 이 조건이 만족될 때까지 고양이를 계속 움직일 것입니다.

그렇다면 조건문은 어떻게 만들까요? 스크립트를 소리 내어 읽어 보면 조건문은 항상 '만약'이라는 말로 시작한다는 것을 알 수 있습니다.

3.2 만약 ~(이)라면 블록 사용하기

스크래치의 조건문은 `만약 ~(이)라면` 블록을 사용해 만들 수 있습니다. 이 블록으로 스프라이트 위치를 추적하고 특정 지점을 지났을 때 무언가를 실행하는 스크립트를 만들어 봅시다. 이번에 만들 예제는 그림 3-11과 같이 고양이의 X좌표가 50을 넘었을 때 고양이를 멈춥니다.

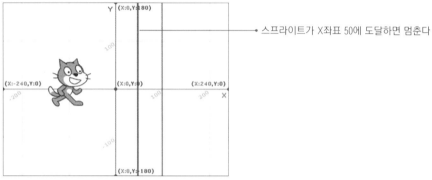

그림 3-11 고양이가 빨간색 선(X좌표: 50)을 넘으면 고양이를 멈추는 스크립트 만들기

이제 다음 순서대로 `만약 ~(이)라면` 블록을 사용해 봅시다.

1 **이벤트 팔레트**를 클릭하고 `클릭했을 때` 블록을 스크립트 영역에 드래그해 놓습니다.

2 **제어 팔레트**를 클릭하고 `만약 ~(이)라면` 블록을 스크립트 영역으로 드래그해 `클릭했을 때` 블록 아래에 조립합니다. 비슷하게 생긴 `만약 ~(이)라면 ~아니면` 블록도 있지만, 이 예제에서는 `만약 ~(이)라면` 블록을 사용합시다.

3 **연산 팔레트**를 클릭하고 `● < 50` 블록을 드래그해 그림 3-12와 같이 `만약 ~(이)라면` 블록의 빈 육각형 위에 놓습니다.

그림 3-12 예제에서는 [ ] < 50 블록을 만약 ~(이)라면 블록의 빈 육각형 위에 놓기

4 **동작 팔레트**를 클릭하고 메뉴 맨 아래에서 x 좌표 블록을 그림 3-13과 같이 ● < 50 블록의 왼쪽 동그라미 안에 넣습니다. 이제 제어 블록 안에 연산 블록을 넣었고, 그 연산 블록 안에 동작 블록을 넣었습니다.

그림 3-13 [　] < 50 블록의 왼쪽 동그라미 안에 x 좌표 블록 넣기

5 맨 위에 있는 10만큼 움직이기 블록을 만약 ~(이)라면 블록 안에 넣습니다.

그림 3-14의 완성된 스크립트는 지금까지 만들었던 스크립트들보다 조금 더 복잡합니다. 이제 시작하기 ▶를 여러 번 클릭해 보고 고양이 스프라이트가 오른쪽으로 충분히 움직였을 때 어떤 일이 일어나는지 확인해 봅시다.

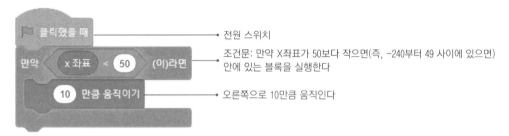

그림 3-14 만약 ~(이)라면 블록으로 스프라이트의 X좌표가 50보다 작으면 스프라이트를 오른쪽으로 10만큼 움직이는 조건문 만들기

고양이의 X좌표가 50이거나 50보다 크면 조건이 더 이상 만족되지 않으므로 고양이가 더는 움직이지 않습니다. 프로그램을 다시 실행하려면 고양이를 무대 왼쪽에 끌어다 놓으면 됩니다.

실제 게임에서 조건문을 사용하려면 설정한 조건이 참인지, 즉 조건문이 만족되었는지 반복적으로 확인해야 합니다. 이는 곧 조건문 블록 하나를 계산하는 데 매우 많은 에너지가 필요하다는 의미입니다. 실제 게임에서도 이러한 방법으로 조건문을 만들 때가 많습니다. 머지 않아 다른 프로그래밍 언어를 배울 때도 조건문을 만드는 각 언어의 고유한 방식을 만나게 될 것입니다.

> **NOTE 작다(〈), 크다(〉), 같다(=)**
>
> 컴퓨터 프로그래밍에서는 일반적으로 연산자를 사용해 조건문을 만듭니다. 연산자는 컴퓨터가 간단한 수학 문제의 답을 계산하도록 명령하는 블록입니다. 조건문에서 가장 자주 사용하는 연산 블록에는 그림 3-15와 같이 ● 〉 50 (크다 블록), ● 〈 50 (작다 블록), ● = 50 (같다 블록)이 있습니다.

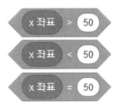

그림 3-15 스크래치에서 자주 사용하는 세 가지 연산 블록

그림 3-15의 세 연산 블록은 서로 다른 조건 세 개에서 각각 참이 됩니다. 첫 번째 블록은 스프라이트의 X좌표가 50보다 크면 참이 됩니다. 두 번째 블록은 X좌표가 50보다 작으면 참이 되고, 마지막 세 번째 블록은 X좌표가 50이면 참이 됩니다.

 4 반복문 만들기

어떤 동작을 한 번만 실행할 수도 있지만, 여러 번 반복해서 실행해야 할 때도 있습니다. **반복문**을 사용하면 특정 조건을 만족할 때까지, 멈추기 ● 를 클릭하기 전까지 코드를 계속 실행할 수 있습니다. 예를 들어 그림 3-16과 같이 무한 반복하기 블록 안에 ↻ 방향으로 15도 회전하기 블록을 넣으면 고양이를 빙글빙글 돌게 만들 수 있습니다.

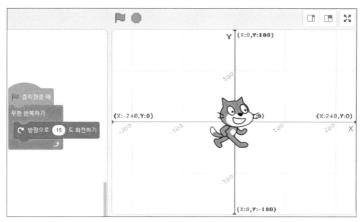

그림 3-16 완성된 스크립트에서 무한 반복하기 블록은 시작하기를 여러 번 클릭하지 않아도 고양이를 계속 돌게 함

4.1 반복문은 어디에 사용하나요?

스크래치에서 사용할 수 있는 반복문 블록들은 제어 팔레트에 있습니다. 그중 무한 반복하기 블록을 가장 많이 사용합니다. 스크래치는 무한 반복하기 블록 안에 있는 블록들을 계속 실행합니다.

플레이어가 무언가를 입력하지 않아도 자동으로 코드가 실행되게 하려면 어떻게 해야 할까요? 예를 들어 시작하기를 여러 번 클릭하지 않고 고양이를 계속 움직이려면 어떻게 해야 할까요? 반복문을 사용하면 한 번 만든 코드를 계속 반복해 화면 위의 스프라이트를 부드럽게 움직일 수 있습니다.

4.2 무한 반복하기 블록 사용하기

무한 반복하기 블록 안에 넣은 모든 블록은 시작하기 █를 한 번 클릭해서 반복문이 시작되면 아무것도 입력하지 않아도 계속 실행합니다. 이 블록을 사용해 고양이 스프라이트를 그림 3-17과 같이 무한정 회전시키는 간단한 스크립트를 만들어 봅시다.

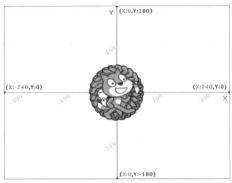

그림 3-17 무한 반복하기 블록은 코드를 반복 실행하기에 고양이가 너무 빠르게 회전해 마치 수십 마리를 겹친 것처럼 표시

이제 다음 순서대로 무한 반복하기 블록을 사용해 봅시다.

1   **이벤트 팔레트**를 클릭하고 클릭했을 때 블록을 스크립트 영역에 드래그해 놓습니다. 스크립트 영역의 윗부분에 놓으세요.

2   **제어 팔레트**를 클릭하고 무한 반복하기 블록을 드래그해 클릭했을 때 블록 아래에 조립합니다.

3   **동작 팔레트**를 클릭한 후 방향으로 15도 회전하기 블록을 찾아봅시다. 이 블록을 드래그해 그림 3-18과 같이 무한 반복하기 블록 안에 넣습니다.

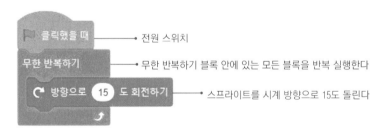

그림 3-18 무한 반복하기 블록을 사용해 고양이가 제자리에서 회전하게 하기

이제 시작하기 █를 클릭하면 스프라이트가 바람개비처럼 도는 것을 볼 수 있습니다. 원은 360도이므로 15도 돌린다는 것은 원의 1/24만큼 돌린다는 의미입니다. 하지만 한 번에 15도씩 돌려도 중간에 쉬지 않기 때문에 부드럽게 회전하는 것처럼 보입니다.

지금까지 블록 세 개와 클릭 한 번으로 영원히 돌아가는 스크립트를 만드는 데 성공했습니다.

5 변수 사용하기

'변수'는 정보를 저장하는 역할을 합니다. 변수에 저장된 정보를 값이라고 하는데, 값은 숫자 하나일 수도 있고 단어 하나일 수도 있습니다. 또는 조건이 참인지 거짓인지 판단한 결과일 수도 있습니다. 예를 들어 고양이가 떨어지는 풍선을 잡는 게임을 만드는데, 플레이어에게 기회를 세 번 준다고 합시다. 고양이가 풍선을 놓칠 때마다 기회는 하나씩 없어져야 합니다. 즉, 변수는 플레이어가 풍선을 잡으려고 지금까지 몇 번 시도했는지 저장할 수 있습니다. 이때 변수 이름을 '남은 기회'라 하고 변수 값을 3으로 저장했다면 이는 플레이어에게 풍선을 잡을 기회를 세 번 준다는 의미입니다. 플레이어가 풍선을 놓칠 때마다 '남은 기회' 변수 값이 1씩 줄어듭니다. 변수 값이 0이 되면 게임은 끝납니다.

그림 3-19는 고양이가 떨어지는 풍선을 잡는 게임 화면입니다. 화면 위를 보면 회색 사각형 안에 주황색 사각형이 있고, 그 안에 숫자 3이 있습니다. 이는 플레이어에게 남은 기회가 세 번 있다는 의미입니다. 풍선은 고양이와 꽤 멀리 떨어져 있습니다. 고양이가 무대를 가로질러 이 풍선을 잡을 수 있을까요?

그림 3-19 게임 정보를 저장할 수 있는 변수

또 '점수' 변수를 만들어 플레이어가 풍선을 하나씩 잡을 때마다 변수 값에 1을 더할 수도 있습니다. 변수를 뭐든지 넣을 수 있는 일종의 빈 상자라고 생각하면 쉽습니다.

5.1 변수 유형

한 게임에 변수를 여러 개 만들 수도 있습니다. 예를 들어 '생명력'이란 변수를 만들어 플레이어에게 남은 생명력을 저장하면서 동시에 '점수'라는 두 번째 변수로 플레이어가 획득한 점수를 저장할 수도 있습니다. 또는 게임 내 물체에 변수를 지정할 수 있어 스프라이트가 도구를 주웠는지 보석을 주웠는지 알아낼 수도 있습니다. 게임에서 무언가를 저장하려면 항상 변수를 사용해야 합니다.

변수는 표 3-2와 같이 세 가지 유형의 값을 가질 수 있습니다.

유형	예
숫자	3
단어(프로그래밍에서는 문자열이라고 함)	다이아몬드
참 또는 거짓(프로그래밍에서는 불이라고 함)	참

표 3-2 변수에 저장할 수 있는 값 유형 세 가지

그림 3-19에서 만든 변수 값은 숫자입니다. 게임이 시작되면 변수 값으로 3이 저장되며, 이는 플레이어에게 기회를 세 번 준다는 의미입니다. 변수 값에 단어를 저장할 수도 있습니다. 프로그래밍에서는 이를 문자열이라고 합니다. 문자열은 어떤 물체를 지칭할 수 있는 모든 종류의 단어를 의미합니다. 예를 들어 '보석'이라는 변수에 '다이아몬드', '루비', '사파이어', '에메랄드' 등 문자열 값을 저장할 수 있습니다. 또 변수에는 참 또는 거짓을 저장할 수 있습니다. 프로그래밍에서는 이러한 참 또는 거짓을 불(boolean)이라고 합니다. 불은 다음 절에서 ● 색에 닿았는가? 블록을 실습할 때 자세히 알아보겠습니다.

5.2 변수 블록 사용하기

떨어지는 풍선을 잡는 게임을 만들려면 복잡한 스크립트가 필요하니 더 단순한 스크립트로 변수 블록을 실습해 봅시다. 그림 3-20과 같이 '생명력' 변수를 사용해 고양이가 무대 오른쪽 끝에 닿을 때마다 생명력을 하나씩 줄이는 스크립트를 만들어 보겠습니다.

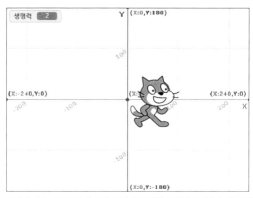

그림 3-20 고양이가 오른쪽 끝에 부딪히면 생명력을 3에서 2로 줄이기

스크래치에서 변수를 사용하려면 먼저 변수를 만들어야 합니다. 변수를 만들면 변수의 초깃 값으로 숫자 0을 저장합니다. 이 초깃값을 숫자나 문자열, 불 값으로 바꿀 수 있습니다.

먼저 변수를 만들어야 하니 다음 순서대로 따라 해서 변수 블록을 만들어 봅시다.

1 **변수 팔레트**를 클릭하고 **변수 만들기** 변수 만들기 를 클릭하면 팝업 창이 나타납니다.

2 새로운 변수 이름으로 **생명력**을 입력하고 [모든 스프라이트에서 사용]으로 체크된 것은 그대로 두고 **확인**을 누릅니다. 변수 팔레트에 생명력 변수 블록이 생겼습니다. 무대 왼쪽 위에도 작은 사각형이 생긴 것을 볼 수 있습니다. 이제 이 변수에 값을 저장하고 사용할 수 있습니다.

3 **이벤트 팔레트**를 클릭하고 클릭했을 때 블록을 스크립트 영역에 드래그해 놓습니다.

4 **변수 팔레트**를 클릭하고 나의 변수을(를) 0로 정하기 블록을 찾아봅시다. 이 블록을 드래그해 클릭했을 때 블록 아래에 조립합니다.

5 나의 변수을(를) 0로 정하기 블록에서 **나의 변수**를 클릭해 **생명력**으로 바꾸고, 숫자 0을 **3**으로 수정합니다. 이제 플레이어는 생명력 3으로 게임을 시작합니다.

6 **제어 팔레트**를 클릭하고 무한 반복하기 블록을 생명력을(를) 3로 정하기 블록 아래에 조립합니다.

7 **동작 팔레트**를 클릭하고 10만큼 움직이기 블록을 드래그해 무한 반복하기 블록 안에 넣습니다.

8 다시 **제어 팔레트**로 돌아가서 만약 ~(이)라면 블록을 드래그해 무한 반복하기 블록 안에 있는 10만큼 움직이기 블록 아래에 조립합니다.

9 **감지 팔레트**를 클릭하고 마우스 포인터에 닿았는가? 블록을 만약 ~(이)라면 블록의 빈 육각형 위에 놓습니다.

10 이제 그림 3-21과 같이 마우스 포인터에 닿았는가? 블록에서 **마우스 포인터**를 클릭해 선택 목록을 봅시다. 마우스 포인터 대신 **벽**을 선택하면 블록이 바뀝니다.

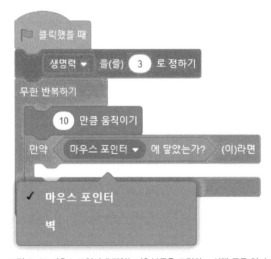

그림 3-21 마우스 포인터에 닿았는가? 블록을 조립하고 선택 목록 열기

마지막으로 스프라이트가 벽에 부딪히면 생명력이 줄어드는 스크립트를 만들어야 합니다. 다음 순서대로 만약 ~(이)라면 블록 내부를 완성합시다.

1 **변수 팔레트**를 열고 나의 변수을(를) 1만큼 바꾸기 블록을 찾아 만약 ~(이)라면 블록 안에 넣습니다.

2 나의 변수을(를) 1만큼 바꾸기 블록에서 나의 변수를 **생명력**으로 바꾸고, 숫자 1을 **–1**로 수정합니다. 이 블록은 이제 생명력을 더하지 않고 오히려 뺏어 갑니다.

3 **동작 팔레트**에 있는 x 좌표를 0(으)로 정하기 블록을 드래그해 만약 ~(이)라면 블록 안에 있는 생명력을(를) –1만큼 바꾸기 블록 아래에 조립합니다.

4 x 좌표를 0(으)로 정하기 블록에서 0을 **−200**으로 수정합니다. 이렇게 하면 스프라이트를 무대 맨 왼쪽(X좌표: −200)으로 돌려보낼 수 있습니다.

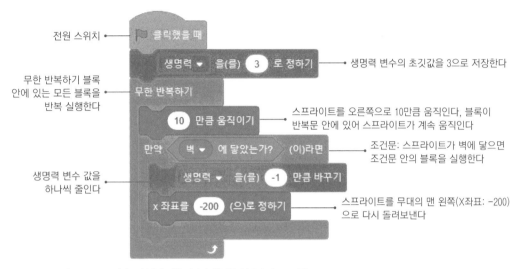

전원 스위치

무한 반복하기 블록 안에 있는 모든 블록을 반복 실행한다

생명력 변수 값을 하나씩 줄인다

생명력 변수의 초깃값을 3으로 저장한다

스프라이트를 오른쪽으로 10만큼 움직인다, 블록이 반복문 안에 있어 스프라이트가 계속 움직인다

조건문: 스프라이트가 벽에 닿으면 조건문 안의 블록을 실행한다

스프라이트를 무대의 맨 왼쪽(X좌표: −200)으로 다시 돌려보낸다

그림 3-22 스프라이트가 벽에 닿을 때마다 생명력이 줄어드는 스크립트

완성된 스크립트는 그림 3-22에서 볼 수 있습니다. 이렇게 길고 복잡한 스크립트는 처음 만들어 보았지요? 이제 시작하기를 클릭하면 고양이는 오른쪽으로 움직입니다. 고양이가 오른쪽 벽에 닿으면 생명력이 하나 줄어들면서 무대 왼쪽으로 튕겨 나갑니다. 하지만 게임을 종료하는 조건을 만들지 않았기에 게임을 종료하지 않으면 생명력이 계속 줄어들면서 음수가 됩니다.

시작하기를 다시 클릭하면 게임이 시작되면서 '생명력'은 3이 됩니다. 이 부분이 매우 중요합니다. 게임을 시작할 때 변수 값을 설정하지 않으면 마지막으로 플레이했던 당시의 값이 그대로 남습니다. 다른 친구가 생명력을 다 써 버린 상태에서 플레이한다면 게임은 엄청 재미없겠죠!

하지만 생명력을(를) 3로 정하기 블록은 게임이 시작된 후 딱 한 번만 실행해야 하므로 무한 반복하기 블록 앞에 놓아야 합니다. 무한 반복하기 블록 안에는 게임 도중에 실행되어야 할 블록들을 넣습니다.

지금까지 변수를 알아보았습니다. 다음 절에서는 감지 블록으로 참 또는 거짓, 즉 불을 사용하는 방법을 알아보겠습니다.

 6 ## 불 사용하기

앞서 잠깐 소개했듯이 프로그래밍에서는 참 또는 거짓을 불이라고 합니다. 그림 3-23에 있는 유니콘 스프라이트를 보세요. 고양이 스프라이트가 유니콘 스프라이트에 닿았는지 확인한다면 결과는 '닿았다(참)'와 '닿지 않았다(거짓)' 가운데 하나가 될 것입니다. 고양이와 유니콘이 서로 닿아 있으면서 닿지 않았을 수는 없으니까요.

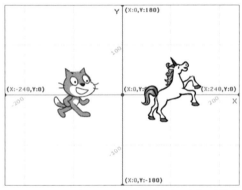

그림 3-23 불을 사용해 스프라이트 두 개가 서로 닿았는지 확인 가능

불을 사용해 조건문을 만들면 스크래치는 조건의 참 또는 거짓을 확인합니다. 조건이 참이면 조건문 안에 넣은 블록들을 실행하며, 거짓이면 블록들을 실행하지 않습니다.

6.1 불은 어디에 사용하나요?

프로그래머들은 불을 참 좋아합니다. 애매하지 않고 명확하기 때문이죠. 예를 들어 고양이 스프라이트가 다른 스프라이트에 닿았는지 또는 무대 벽에 닿았는지는 참 아니면 거짓입니다.

● 색에 닿았는가? 블록을 사용해 보면 불이 얼마나 편리한지 알 수 있습니다. 이 블록으로 불을 쉽게 실습할 수도 있습니다. 스프라이트가 블록에 설정한 색에 아주 살짝, 픽셀 하나만 닿아도 조건은 참이 됩니다. 반대로 스프라이트가 블록에 설정한 색에 닿지 않으면 조건은 거짓이 됩니다. 조건문 안에 블록들을 넣어 두면 조건이 참일 때 이 블록들을 실행합니다.

6.2 색에 닿았는가? 블록과 불 사용하기

이제 고양이가 사과에 닿았는지 확인하는 스크립트를 만들어 봅시다. 그림 3-24와 같이 고양이가 사과에 닿으면 "맛있겠다!"라고 2초 동안 외치게 해 볼까요?

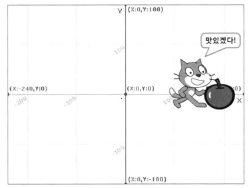

그림 3-24 고양이가 사과의 검은색 윤곽선에 닿았을 때 "맛있겠다!"라고 외치는 고양이(고양이 스프라이트의 어느 부분이든 사과에 조금이라도 닿으면 스크립트가 동작한다)

이제 다음 순서대로 스프라이트 고르기에서 사과 스프라이트를 추가합시다.

1　스프라이트 영역 오른쪽 아래에 있는 **스프라이트 고르기** 를 클릭합니다.

2　스프라이트 고르기에서 **사과 스프라이트**를 클릭해 추가합니다.

3　그림 3-25와 같이 고양이 스프라이트를 왼쪽으로 옮기고 사과를 오른쪽으로 옮겨서 무대를 준비합시다.

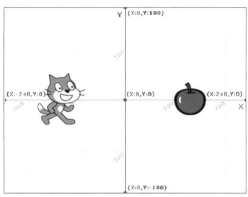

그림 3-25 고양이를 화면 왼쪽에 놓고 사과를 오른쪽에 놓아서 무대 준비

사과 스프라이트에는 검은색 윤곽선이 둘러 있습니다. 이 스크립트에서는 고양이를 한 번에 아주 조금씩 움직이기 때문에 고양이가 사과의 안쪽 빨간색보다 검은색 윤곽선에 먼저 닿게 됩니다.

 잠깐만요

스프라이트가 닿은 색이 생각과 다르다면?

스크래치 프로그래머들이 가장 자주 하는 실수 가운데 하나는 ● 색에 닿았는가? 블록에 물체 윤곽선이 아닌 물체 내부 색을 지정하는 것입니다. 예를 들어 사과의 검은색 윤곽선이 아니라 빨간색을 지정하는 것이죠. 스크립트에 따라 다르겠지만 스프라이트는 물체 내부보다 윤곽선에 먼저 닿을 테니 윤곽선 색을 항상 염두에 두세요. ● 색에 닿았는가? 블록을 사용할 때는 모든 스프라이트의 윤곽선을 색 여러 개 대신 하나로 통일하면 좋습니다.

프로그램을 만들기 전에 스프라이트 영역에서 고양이 스프라이트에 파란색 테두리가 둘러 있는지 반드시 확인합니다. 사과에 파란색 테두리가 둘러 있다면 고양이가 아닌 사과에 프로그램이 입력됩니다!

이제 다음 순서대로 ● 색에 닿았는가? 블록을 사용합시다.

1 **이벤트 팔레트**를 클릭하고 클릭했을 때 블록을 스크립트 영역에 드래그해 놓습니다.

2 **제어 팔레트**를 클릭하고 ~까지 반복하기 블록을 찾아 클릭했을 때 블록 아래에 조립합니다.

3 **감지 팔레트**를 클릭하고 █ 색에 닿았는가? 블록을 ~까지 반복하기 블록의 빈 육각형 위에 놓습니다. █ 색에 닿았는가? 블록에는 색 이름을 선택하는 목록 대신 감지할 색이 칠해진 동그라미가 있습니다.

4 █ 색에 닿았는가? 블록의 **동그라미**를 클릭하면 색상, 채도, 명도를 조절할 수 있고, 마지막에는 스포이드 아이콘 █이 있습니다. **스포이드 아이콘**을 클릭하면 무대만 밝아지고, 마우스 포인터를 무대로 가져가면 돋보기처럼 커집니다. **사과의 윤곽선**을 클릭합니다. 블록의 동그라미가 검은색으로 바뀔 것입니다.

5 블록 팔레트로 돌아와서 **동작 팔레트**를 클릭합니다. 10만큼 움직이기 블록을 ~까지 반복하기 블록 안에 넣습니다.

6 **제어 팔레트**에 있는 만약 ~(이)라면 블록을 ~까지 반복하기 블록 안에 있는 10만큼 움직이기 블록 아래에 조립합니다.

7 █ 색에 닿았는가? 블록을 복사해 봅시다. 윈도에서는 블록에 마우스 포인터를 놓고 마우스 오른쪽 버튼을 누르면 됩니다.

> **TIP**
> macOS에서는 control 을 누른 채 마우스를 클릭하면 됩니다.

그림 3-26과 같은 메뉴가 나타나면 **복사하기**를 클릭하고 복사된 █ 색에 닿았는가? 블록을 드래그해 만약 ~(이)라면 블록의 빈 육각형 위에 놓습니다.

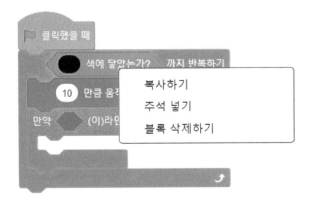

그림 3-26 스크립트에 있는 코드 복사 가능

8 **형태 팔레트**를 클릭하고 [안녕!을(를) 2초 동안 말하기] 블록을 찾아 [만약 ~(이)라면] 블록 안에 넣습니다.

9 [안녕!을(를) 2초 동안 말하기] 블록에서 글자 안녕!을 지우고 **맛있겠다!**를 입력합니다.

그림 3-27은 완성된 스크립트입니다. 이제 시작하기를 클릭해 스크립트가 잘 실행되는지 봅시다. 고양이가 사과에 닿으면 2초 동안 "맛있겠다!"를 외칩니다.

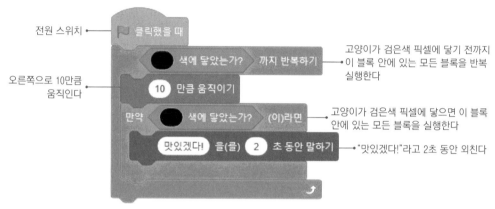

그림 3-27 고양이가 검은색 픽셀에 닿으면 "맛있겠다!"라고 외치는 스크립트

마치 무대에서 고양이가 사과를 보고 걸어간 후 먹기 직전에 "맛있겠다!"라고 외치는 것 같습니다. [● 색에 닿았는가?] 블록과 불을 사용하면 이러한 효과를 줄 수 있습니다.

하지만 무대에 다른 스프라이트가 많고 스프라이트들이 모두 검은색 윤곽선을 가졌다면 [● 색에 닿았는가?] 블록은 고양이가 어느 스프라이트에 닿았는지 알 수 없습니다. 책에 나오는 게임을 약간 바꾸어 새롭게 만들거나 앞으로 다른 게임을 만들 때도 이 점을 꼭 기억하기 바랍니다.

> **프로그래머는 어떻게 생각할까요?**
>
> 아무리 프로그래밍이 재미있어도 하루 종일 할 수는 없죠. 때로는 컴퓨터 앞을 벗어나 다른 일을 합니다. 반드시 컴퓨터 앞에서만 프로그래밍을 생각할 수 있는 것은 아닙니다. 주변에는 불, 즉 참 또는 거짓을 판단할 수 있는 상황이 많이 있습니다. 여러분 일상이 비디오 게임이라고 상상하면서 참 또는 거짓을 판단할 수 있는 상황을 찾아보세요. 예를 들어 아침을 먹으면서도 조건문을 생각할 수 있습니다. 내 그릇이 비었다면 아침을 다 먹은 것이죠. 이제 계속 그릇을 확인해 보세요. 그릇이 비었다면 조건은 참이 됩니다. 그릇에 아직 밥이 남았다면 조건은 아직 거짓입니다. 모든 것을 불 조건으로 생각하는 습관을 들이면 나중에 비디오 게임을 만들 때도 창의적인 아이디어를 생각해 낼 수 있습니다.

이제 다음 실습을 위해 사과 스프라이트를 지웁시다. 무대를 왜 이렇게 열심히 치우느냐고요? 다음 실습에서 고양이가 엄청나게 많이 등장하니까요!

7 스프라이트 복제하기

비밀을 하나 알려 주죠. 프로그래머들은 어떻게 하면 자신의 일을 줄일 수 있을지 항상 생각합니다. 우주에 떠다니는 운석을 부수는 고정 슈팅 게임이나 떨어지는 블록을 이리저리 맞추는 테트리스 같은 순발력 테스트 게임을 플레이해 보았다면 여기서 소개할 복제 개념을 알고 있을 것입니다. 프로그래머가 몇 가지 종류의 적 캐릭터, 즉 이런저런 모양의 운석이나 테트리스 블록을 만들어 두면 컴퓨터는 게임을 하면서 적 캐릭터를 계속 복제할 수 있습니다. 예를 들어 풍선을 하나만 만들어 놓으면 그림 3-28과 같이 풍선 여러 개가 하늘에서 떨어지게 할 수도 있죠.

그림 3-28 복제 스크립트로 만든 무수히 떨어지는 풍선(풍선 스프라이트를 하나만 만들면 스크래치는 복제 스크립트를 사용해 게임 도중에 새로운 복제 풍선을 계속 만들 수 있다)

여기서 소개할 복제란 게임이 진행되는 도중에 스프라이트를 복사하는 코드를 작성하는 것입니다.

7.1 스프라이트는 어떻게 복제하나요?

이번 예제에서는 처음으로 스크립트를 여러 개 함께 동작해 한 작업을 수행하게 만들어 보겠습니다. 스프라이트를 복제하려면 최소한 스크립트를 두 개 만들어야 합니다. 첫 번째 스크립트에서는 스프라이트를 복제하며, 두 번째 스크립트에서는 복제된 스프라이트를 사용합니다.

예를 들어 게임에 사용할 풍선 스프라이트를 하나 만들어 두면 첫 번째 스크립트에서 게임 도중 이 풍선을 복제할 수 있습니다. 그런 다음 두 번째 스크립트를 만들어 복제된 풍선을 사용하는 블록을 넣을 수 있습니다. 가령 풍선을 매초마다 하늘에서 떨어뜨릴 수 있습니다. 스크래치에서는 같은 스프라이트에 스크립트를 여러 개 적용해도 각 스크립트가 스프라이트의 동작을 잘게 나누어 실행하게 할 수 있습니다. 책 예제에서도 이 방식으로 게임을 만드는 경우가 많으니 미리 연습해 봅시다.

스프라이트는 모두 복제할 수 있는 대상입니다. 다시 말해 주인공인 고양이 스프라이트마저도 복제할 수 있다는 의미죠. 이번 예제에서는 무수히 많은 복제 고양이를 찍어 내는 스크립트를 만들 것입니다.

7.2 나 자신 복제하기 블록 사용하기

우리가 만들 스크립트 두 개는 무대를 복제된 고양이로 가득 채울 것입니다. 첫 번째 스크립트는 매초 새로운 고양이 스크립트를 복제하고, 두 번째 스크립트는 복제된 고양이를 왼쪽이나 오른쪽으로 행진하게 합니다. 스크립트를 실행하면 그림 3-29와 같이 무대가 매우 붐빌 것입니다.

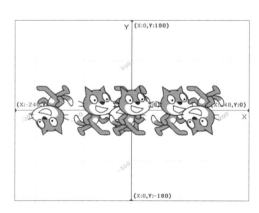

그림 3-29 고양이를 계속 복제하고 무대를 행진하는 프로그램을 스크립트 두 개로 나누어 만들기

이제 다음 순서대로 스프라이트를 복제해 봅시다.

1 **이벤트 팔레트**를 클릭하고 `클릭했을 때` 블록을 스크립트 영역에 드래그해 놓습니다.

2 **제어 팔레트**를 클릭하고 `무한 반복하기` 블록을 `클릭했을 때` 블록 아래에 조립합니다.

3 `나 자신 복제하기` 블록을 찾아 `무한 반복하기` 블록 안에 넣습니다.

4 `1초 기다리기` 블록을 찾아봅시다. 이 블록을 `무한 반복하기` 블록 안의 `나 자신 복제하기` 블록 아래에 조립합니다.

첫 번째 스크립트를 완성했습니다. 이제 첫 번째 스크립트 바로 아래에 다음 순서대로 두 번째 스크립트를 만들어 봅시다.

1 첫 번째 스크립트와 약간 떨어진 곳에 두 번째 스크립트를 만듭니다. **제어 팔레트**에 있는 `복제되었을 때` 블록을 스크립트 영역에 드래그해 놓습니다.

2 `무한 반복하기` 블록을 `복제되었을 때` 블록 아래에 조립합니다.

3 **동작 팔레트**를 클릭합니다. `10만큼 움직이기` 블록을 드래그해 `무한 반복하기` 블록 안에 넣습니다.

4 `벽에 닿으면 튕기기` 블록을 드래그해 `무한 반복하기` 블록 안의 `10만큼 움직이기` 블록 아래에 조립합니다.

이제 시작하기 🏴를 클릭해 봅시다. 고양이들이 매초마다 하나씩 복제되면서 무대를 행진하는 것을 볼 수 있습니다. 완성된 스크립트를 그림 3-30과 비교해 보세요.

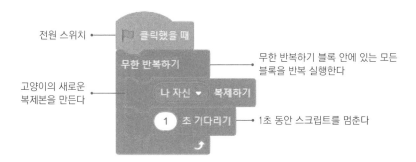

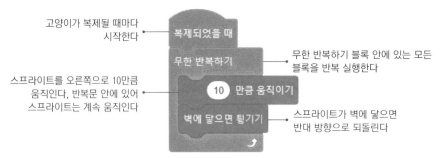

고양이가 복제될 때마다
시작한다

무한 반복하기 블록 안에 있는 모든
블록을 반복 실행한다

스프라이트를 오른쪽으로 10만큼
움직인다. 반복문 안에 있어
스프라이트는 계속 움직인다

스프라이트가 벽에 닿으면
반대 방향으로 되돌린다

그림 3-30 고양이를 무한대로 복제하는 스크립트 두 개

프로그램에 1초 기다리기 블록을 왜 넣었을까요? 이 블록을 넣지 않으면 고양이들이 서로 겹쳐 각 고양이가 움직이는 모습을 제대로 볼 수 없습니다. 이 1초의 기다림이 고양이 사이의 간격을 만들어 줍니다.

스크립트에 종료 조건을 만들지 않아 스크립트 두 개가 모두 무한히 실행됩니다. 따라서 프로그램을 시작하고 한동안 방치하면 무대 좌우가 고양이들로 꽉 차게 됩니다.

화면을 고양이로 채우는 데 성공했습니다! 여기서 배운 것을 잘 응용하면 작업량도 줄이고 게임도 더욱 재미있게 만들 수 있습니다.

질문 있어요 **고양이가 거꾸로 뒤집히지 않게 하려면 어떻게 해야 할까요?**

Q 거꾸로 서 있는 고양이들은 조금 힘들어 보이네요. 몇 마리는 거꾸로 서 있고 나머지는 제대로 서 있는데 이유가 무엇일까요?

A 우리는 고양이가 무대 왼쪽 벽이나 오른쪽 벽에 닿으면 벽에서 튕겨 나와 방향을 바꾸게 만들었습니다. 하지만 고양이는 반대 방향으로 튕겨 나갈 때 좌우 방향만 바꾼 것이 아니라 아예 위아래까지 뒤집혀 버렸습니다. 고양이를 제대로 서 있게 만들고 싶다면 스프라이트 영역에서 방향을 찾아봅시다. 방향 아래에 숫자 90이 있습니다. 방향이나 90을 클릭하면 그림 3-31과 같은 메뉴가 나옵니다. 둥근 화살표 대신 좌우 방향의 화살표 모양인 왼쪽/오른쪽 ↔ 을 클릭하고 메뉴를 닫습니다. 이제 시작하기를 다시 클릭해 봅시다. 고양이가 제대로 서 있나요?

◑ 계속

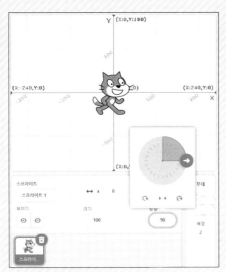

그림 3-31 방향을 클릭해 스프라이트가 회전하는 방식 바꾸기

질문 있어요 **복사한 스프라이트는 스프라이트 영역에 나오지 않나요?**

Q 스프라이트 영역에서도 스프라이트에 마우스 오른쪽 버튼을 눌러 복사할 수 있던데요.
`나 자신 복제하기` 블록은 다른가요?

A 스프라이트 영역의 복사 기능은 스프라이트와 스프라이트에 만든 모든 스크립트를 복사하지만,
`나 자신 복제하기` 블록은 게임 도중에 스프라이트 복제를 임시로 만듭니다. 임시로 만든 복제 스프라이트에는 스크립트가 복사되지 않습니다.

예를 들어 꽃게 두 마리를 게임에 넣어야 한다고 합시다. 먼저 첫 번째 꽃게를 그립니다. 그런 다음 게임을 시작하기 전에 "복사" 기능을 사용해 두 번째 꽃게를 만들고, 두 꽃게에 비슷한 코드를 적용할 수 있습니다. "복사" 기능은 스프라이트를 두 번 만드는 시간과 노력을 절약해 줍니다.

반면 `나 자신 복제하기` 블록은 게임이 **실행 중**일 때 스프라이트를 임시로 복제합니다. DAY 06과 DAY 07에서 만들 〈마법사 대 유령〉 슈팅 게임에서도 `나 자신 복제하기` 블록을 사용합니다. 화면에 유령 스프라이트를 계속 복제하고, 마법사가 유령을 쏘아서 맞출 수 있게 만들 것입니다.

지금까지 스크립트 두 개가 함께 동작해 스프라이트를 복제하고 사용했습니다. 다음으로 실습할 DAY 03의 마지막 스크립트에서는 완전히 다른 스크립트들이 서로 신호를 주고받는 방법을 알아봅니다.

8 신호 보내기

이어달리기를 해 본 적이 있나요? 이어달리기에서는 배턴을 전달받아야 달리기를 시작할 수 있습니다. 스크래치에서도 서로 다른 두 스크립트 사이에 신호를 보낼 수 있는 방법이 있습니다. 첫 번째 스크립트가 두 번째 스크립트에 가상의 배턴을 전달하면 두 번째 스크립트가 실행되는 방식이죠. 예를 들어 앞서 만들었던 '생명력' 변수로 가상의 배턴을 만들 수 있습니다. 즉, '생명력'이 0이 되면 두 번째 스크립트에 신호를 보내서 그림 3-32와 같이 게임 오버 스프라이트를 화면에 표시할 수도 있습니다.

그림 3-32 플레이어의 '생명력'이 바닥나면 신호를 보내서 화면에 게임 오버 메시지 표시

8.1 신호는 어떻게 보내나요?

신호는 스크립트 두 개가 대화할 수 있는 수단입니다. 첫 번째 스크립트가 두 번째(또는 더 많은) 스크립트에 신호를 보내서 이제 동작을 시작해야 할 때라고 알려 줍니다.

이러한 방식은 앞서 스크립트 두 개가 함께 동작하며 스프라이트를 복제했던 예제와 분명히 다릅니다. 스프라이트를 복제했던 스크립트는 첫 번째 동작이 일어나야 두 번째 동작이 일어나는 일종의 도미노처럼 동작했지만, 신호는 첫 번째 스크립트가 무언가를 만들거나 실행하지 않아도 두 번째 스크립트에 신호를 보내서 시작하게 할 수 있습니다.

이번 실습에서도 스크립트를 두 개 만들 것입니다. 두 번째 스크립트는 첫 번째 스크립트가 신호를 보내기 전까지 아무런 동작도 하지 않습니다. 신호가 오면 두 번째 스크립트가 깨어나 동작을 시작합니다.

8.2 메시지1 신호 보내기 블록 사용하기

고양이가 원숭이에게 다가갑니다. 고양이가 무대 어느 지점을 지나면 첫 번째 스크립트는 두 번째 스크립트를 시작하라는 신호를 보냅니다. 그러자 원숭이가 그림 3-33과 같이 "안녕!"이라고 외칩니다. 원숭이가 상냥하네요.

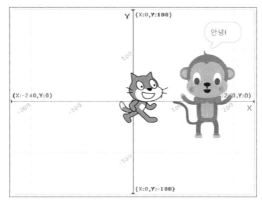

그림 3-33 고양이가 무대 어느 지점을 지나자 "안녕!" 하며 인사하는 원숭이

자, 무대 뒤의 스크래치 프로그램은 어떻게 동작할까요? 첫 번째 스크립트는 먼저 고양이를 움직입니다. 정확히 말하면 고양이를 움직이는 블록을 반복문 안에 넣어 조건이 만족될 때까지 고양이를 계속 움직입니다. 그렇다면 이 조건은 무엇이고, 조건이 만족되면 무슨 일이 일어날까요? 첫 번째 스크립트는 고양이가 화면 중앙에 도달하면 신호를 보냅니다. 이 신호는 다음 두 번째 스크립트로 전달되는 가상의 배턴과 같아서 두 번째 스크립트는 신호를 받고 블록을 실행합니다. 사실 실습에서 실행할 블록은 딱 하나입니다. 즉, 첫 번째 스크립트가 보낸 신호가 두 번째 스크립트에 도착하면 상냥한 원숭이가 "안녕!"이라고 외칩니다. 두 번째 스크립트를 첫 번째 스크립트 신호 없이 실행하게 하면 원숭이는 고양이가 근처에 오기도 전에 "안녕!"이라고 외치게 됩니다. 그럼 고양이는 원숭이가 친절한지 모르겠죠?

이번 예제에서는 스프라이트가 두 개 필요합니다. 따라서 정확한 스프라이트에 프로그램을 적용했는지 잘 확인해야 합니다. 신호를 보내는 쪽이 고양이고, 받는 쪽이 원숭이입니다.

먼저 무대에 두 번째 스프라이트인 원숭이를 추가합시다. 스프라이트 영역에서 **스프라이트 고르기**를 클릭하면 스프라이트 고르기가 나타납니다. **원숭이 스프라이트**를 찾아 클릭합니다. 그런 다음 고양이는 무대 왼쪽으로 옮기고, 원숭이는 무대 오른쪽으로 옮겨서 준비합시다. 이제 고양이에 프로그램을 적용할 준비가 되었습니다. 스프라이트 영역에서 고양이 스프라이트가 선택되었는지 꼭 확인하세요.

다음 순서대로 첫 번째 스크립트를 만들어 봅시다.

1 **이벤트 팔레트**를 클릭하고 클릭했을 때 블록을 스크립트 영역에 드래그해 놓습니다.

2 **제어 팔레트**를 클릭하고 무한 반복하기 블록을 드래그해 클릭했을 때 블록 아래에 조립합니다.

3 **동작 팔레트**에 있는 x 좌표를 10만큼 바꾸기 블록을 드래그해 무한 반복하기 블록 안에 넣습니다.

4 **제어 팔레트**를 클릭하고 만약 ~(이)라면 블록을 드래그해 무한 반복하기 블록 안에 있는 x 좌표를 10만큼 바꾸기 블록 아래에 조립합니다.

5 **연산 팔레트**에 있는 ● > 50 블록을 드래그해 만약 ~(이)라면 블록의 빈 육각형 위에 놓습니다.

6 **동작 팔레트** 아래쪽에서 x 좌표 블록을 찾아봅시다. 이 블록을 ● > 50 블록의 왼쪽 동그라미 안에 넣습니다. 오른쪽 동그라미에 숫자 50을 0으로 수정합니다.

7 다시 **이벤트 팔레트**로 되돌아가서 메시지1 신호 보내기 블록을 드래그해 만약 ~(이)라면 블록의 빈 육각형 위에 놓습니다. 그런 다음 블록 안의 **메시지1**을 클릭해 선택 목록을 열고 **새로운 메시지**를 클릭합니다. 팝업 창이 나타나면 새로운 메시지 이름에 **인사**를 입력하고 **확인**을 누릅니다.

8 **제어 팔레트**로 되돌아가서 1초 기다리기 블록을 인사 신호 보내기 블록 아래에 조립합니다. 블록에 있는 숫자 1을 3으로 수정합니다. 이렇게 하면 스크립트가 잠시 멈추고 원숭이가 언제 인사하는지 쉽게 볼 수 있습니다.

그림 3-34는 고양이 스프라이트가 신호를 보내는 첫 번째 스크립트를 완성한 모습입니다.

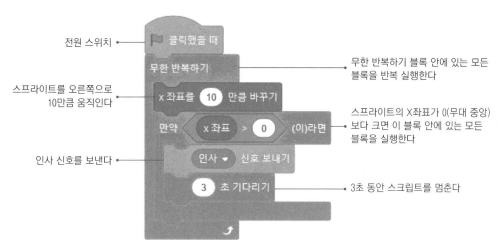

전원 스위치

스프라이트를 오른쪽으로
10만큼 움직인다

인사 신호를 보낸다

무한 반복하기 블록 안에 있는 모든
블록을 반복 실행한다

스프라이트의 X좌표가 0(무대 중앙)
보다 크면 이 블록 안에 있는 모든
블록을 실행한다

3초 동안 스크립트를 멈춘다

그림 3-34 고양이가 무대 중앙을 지나면 인사 신호를 보내는 스크립트

이제 원숭이가 신호를 받을 차례입니다. 스프라이트 영역에서 원숭이 스프라이트를 클릭해 프로그램을 적용할 대상을 바꿉니다.

 잠깐만요

만들어 놓은 스크립트가 사라졌어요

원숭이 스프라이트를 클릭하고 스크립트 영역을 보면 아무것도 없음을 알 수 있습니다. 당황스럽겠지만, 걱정하지 마세요. 여러분이 만든 스크립트는 무사합니다. 단지 다른 스프라이트에 있을 뿐이죠. 스크립트 영역에는 현재 선택된 스프라이트에 있는 스크립트만 표시됩니다. 원숭이 스프라이트를 클릭하면 고양이 스프라이트에 작성한 스크립트는 스크립트 영역에서 사라집니다. 고양이 스프라이트를 클릭하면 스크립트가 다시나타납니다. 방금까지 만든 스크립트가 어디 있는지 잘 모를 때는 스프라이트 영역의 모든 스프라이트를 클릭하면서 스크립트 영역을 확인해 보세요. 스크립트가 사라진 것이 아니라 다른 스프라이트에 붙어 있을 확률이 높습니다.

이제 다음 순서대로 신호를 받는 스크립트를 만들어 봅시다.

1   **이벤트 팔레트**에서 인사 신호를 받았을 때 블록을 찾아봅시다. 이 블록을 스크립트 영역의 윗 부분에 드래그해 놓습니다.

2   **형태 팔레트**에서 안녕!을(를) 2초 동안 말하기 블록을 드래그해 인사 신호를 받았을 때 블록 아래 에 조립합니다.

그림 3-35는 신호를 받는 두 번째 스크립트를 완성한 모습입니다. 이제 시작하기 🏴를 클릭해 봅시다. 고양이가 움직이면서 무슨 일이 벌어지나요?

그림 3-35 원숭이가 신호를 받고 "안녕!"이라고 외치는 스크립트

지금까지 서로 다른 스크립트를 두 개 사용해 고양이가 무대 중앙을 지나면 원숭이가 "안녕!"이라고 외치는 프로그램을 만들어 보았습니다. 첫 번째 스크립트는 신호를 보내는 역할을 하면서 고양이 위치를 계속 확인해 고양이 X좌표가 0보다 큰지를 검사합니다. X좌표가 0인 지점은 X축 가운데입니다. 첫 번째 스크립트는 고양이가 이 가운데 지점을 지나면 두 번째 스크립트에 신호를 보냅니다. 그런 다음 고양이가 갑자기 느려지면서 아주 조금씩 움직이는 것을 볼 수 있습니다. 이것은 원숭이가 말하는 모습을 조금 더 잘 보려고 넣었던 3초 기다리기 블록 때문입니다. 이 블록은 신호 보내는 것을 잠시 멈출 뿐만 아니라 고양이 움직임도 잠시 멈춥니다. 무대 중앙을 지난 고양이는 여전히 한 번에 10만큼 움직이지만 이제부터는 3초에 한 번씩 움직이는 것이죠.

반면 원숭이 스크립트는 상당히 단순합니다. 스크립트의 첫 번째 블록인 인사 신호를 받았을 때 블록은 인사 신호를 받습니다. 마치 원숭이 손에 배턴을 쥐어 주고 '이제 네가 달릴 차례'라고 알려 주는 것과 같죠. 원숭이 스프라이트는 이어서 스크립트의 두 번째 블록을 실행해 2초 동안 "안녕!"이라고 인사합니다.

지금까지 살펴본 신호 보내기 기능을 잘 활용하면 스크래치에서도 꽤 복잡한 게임을 만들 수 있습니다.

9 정리하기

컴퓨터 과학 세계에 오신 것을 환영합니다. 여러분은 컴퓨터 과학을 이루는 여덟 가지 핵심 개념을 모두 배웠습니다. 책의 나머지 부분을 읽으면서 게임을 직접 만들면 이 개념을 조금 더 깊이 이해하게 될 것입니다. 여기서 배운 개념은 나중에 프로그래밍을 배울 때도 매우 중요합니다. 이 개념은 루비, 자바, 그리고 미래에 나올 모든 프로그래밍 언어의 기초를 이루기 때문이죠. 스크래치로 이 개념을 잘 알아 두면 컴퓨터 과학의 더 큰 세상으로 가는 발판을 만들 수 있습니다.

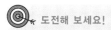 도전해 보세요!

DAY 03에서 실습한 내용을 담은 나만의 예제 스크립트를 만들면서 코딩의 핵심 개념을 확실히 이해해 봅시다. 간단한 조건문을 만들 수 있나요? 변수를 어디에, 어떻게 사용하는지 완벽하게 이해했나요? 반복문을 사용하는 방법을 잘 알았나요? 스스로에게 물어보고 잘 모르겠다면 더 확실히 공부합시다.

지금까지 무엇을 배웠는지 정리해 봅시다.

- 프로그램을 실행하려면 반드시 시작 블록이 필요합니다.
- 스프라이트의 X좌표, Y좌표로 무대 위에 있는 스프라이트의 정확한 위치를 알아낼 수 있습니다.
- 조건문을 사용해 특정 조건에서만 블록을 실행합니다.
- 반복문을 사용하면 블록을 여러 번 실행할 수 있습니다.
- 변수를 사용해 정보를 저장합니다.
- 불이 무엇인지, 프로그래밍에서 불이 얼마나 중요한 개념인지 이해합니다.
- 게임 도중에 스프라이트를 복제할 수 있습니다.
- 두 스크립트는 신호를 주고받을 수 있습니다.

여기서 배운 프로그래밍 개념은 책에서 만들 게임에도 사용하게 됩니다. DAY 04에서 만들 첫 번째 게임에서도 마찬가지입니다. '아침밥 전쟁'이라는 2인용 공 주고받기 게임을 만들어 보겠습니다. 이제 드디어 첫째 마당의 모든 학습을 마치고 둘째 마당으로 넘어갑니다. DAY 04와 DAY 05에서는 〈아침밥 전쟁〉 게임을 만드는 방법을 단계별로 차근차근 알아봅니다. 물론 지금까지 배운 내용도 다시 친절하게 설명할 것입니다. 자, 지금까지 배운 컴퓨터 과학 지식을 직접 활용하러 떠나 봅시다.

게임기
전원 켜기

지금까지 스크래치의 이곳저곳을 살펴보고 프로그래밍 기초 개념도 알아보았습니다. 드디어 아케이드 게임을 만들 차례입니다. 책에서는 모든 제작 과정을 하나하나 안내할 것입니다. 어떤 블록과 툴을 써야 하고 어떤 색을 선택해야 하는 것까지도 말이죠.

게임 제작 과정은 DAY 04와 DAY 05에 걸쳐 설명합니다. DAY 04에서는 게임에 사용할 스프라이트를 그리는 방법을 소개하고, DAY 05에서는 여러 스크립트를 조합해 전체 게임 코드를 만듭니다. 게임을 만들기 전에 한 가지 알아야 할 것이 있는데, 게임 스크립트를 완성하기 전까지는 게임을 플레이할 수 없습니다. 그렇다고 게임이 잘 실행되게 두 손 모아 기도하는 수밖에 없다는 말은 아닙니다. 스크립트가 제대로 만들어졌는지 확인하는 방법은 책의 스크립트와 비교하는 것입니다. 스크립트 두 개가 똑같다면 잘 실행될 것입니다. 게임에 문제가 있다면 DAY 05 맨 마지막에 있는 '게임이 잘 실행되지 않나요?' 부분을 참고하세요.

DAY 04 아침밥 전쟁: 디자인하기

MAKING SCRATCH GAME FOR EVERYONE

전쟁은 아침을 먹다가 시작되었습니다. 이 전쟁을 끝낼 수 있는 방법은 오직 하나뿐이죠. 프라이팬을 사용해 계란프라이를 벽에 부딪치지 않고 상대방에게 튕겨 보내야 합니다. 상대방이 계란프라이를 놓치면 1점을 얻고, 7점을 먼저 획득한 사람이 이깁니다. 〈아침밥 전쟁〉 게임은 최초의 공 주고받기 게임인 〈퐁〉[1]을 리메이크한 것입니다. 〈퐁〉에서 나왔던 하얀색 라켓은 프라이팬이 되고, 하얀색 공은 계란프라이가 된 것이죠. 그림 4-1은 우리가 만들 〈아침밥 전쟁〉 게임 화면입니다.

그림 4-1 〈아침밥 전쟁〉 게임 화면(보라색 배경, 계란프라이, 프라이팬 두 개, 벽 역할을 하는 직선 두 개로 구성)

〈아침밥 전쟁〉을 완성하면 집 안에서도 컴퓨터로 탁구를 즐길 수 있습니다.

세상에서 하나뿐인 게임을 만들려면 유일한 스프라이트를 만들어야겠죠. 그 과정에서 다음 미술의 기본 개념을 배웁니다.

---

1 [역주] 최초의 아케이드 게임으로, 탁구를 모방한 스포츠 게임이죠.

- 색상환과 1차색, 2차색, 3차색을 배웁니다.
- 배경과 스프라이트의 색을 조화롭게 구성하는 방법을 배웁니다.
- 게임에 사용할 색을 어떻게 선택하는지 알아봅니다.

가장 먼저 보라색 배경부터 만들어 보겠습니다.

1 색상환으로 배경 준비하기

배경은 주로 게임 장면을 설정하는 역할을 합니다. 즉, 플레이어에게 이 게임이 어떤 것인지 알려 줍니다. 우주에서 펼치는 게임 배경에는 검은색 바탕에 하얀색 별을 그릴 수 있고, 농장에서 펼치는 게임 배경에는 초록색 초원을 그릴 수 있겠죠. 〈아침밥 전쟁〉 배경은 보라색으로 단순하게 그려서 플레이어가 움직이는 계란프라이에 온전히 집중하게 만들어 봅시다.

1.1 배경 그리기

보라색 벽지가 있는 작은 부엌을 생각해 보세요. 그림 4-2와 같이 한 색으로만 배경을 그릴 것입니다. 보라색은 화면에서 계란프라이를 눈에 더 잘 띄게 해 줍니다.

그림 4-2 채우기 색 툴로 간단하게 그린 보라색 배경

이제 다음 순서대로 새로운 배경을 만들어 봅시다.

1 배경 영역에서 **하얀색 사각형**을 클릭하고 블록 팔레트 위에 있는 **배경 탭** ✏️을 클릭합니다.

2 캔버스 왼쪽 아래에 있는 **비트맵으로 바꾸기** 🖼️ 비트맵으로 바꾸기 를 클릭합니다.

3 채우기 색이 기본으로 보라색으로 설정되어 있습니다. 보라색이 아니라면 **채우기 색**을 클릭해 **보라색**으로 선택합니다.

4 **채우기 색 툴** 🪣을 클릭하고 **캔버스**를 클릭하면 보라색으로 가득 채워집니다.

보라색은 플레이어가 계란프라이 위치를 쉽게 알 수 있게 뚜렷한 대비 효과를 줍니다. 원작인 〈퐁〉에서도 검은색 배경과 하얀색 점을 사용해 대비 효과를 만들어 냈습니다.

1.2 색상환이란?

페인트를 사야 하는데 세 통밖에 살 돈이 없다면 빨간색, 노란색, 파란색 페인트를 사는 것이 현명합니다. 이 세 가지 색을 섞으면 다른 모든 색을 만들 수 있기 때문이죠. 따라서 빨간색, 노란색, 파란색을 1차색(또는 삼원색)이라고 합니다. 그림 4-3은 색상환입니다. 1차색이 어디 있는지 찾아보세요. 1차색 사이에는 2차색과 3차색이 있습니다. 1차색 두 개를 섞으면 그 사이에 2차색을 만들 수 있습니다. 예를 들어 빨간색과 노란색을 섞으면 주황색이 됩니다. 또 1차색과 2차색을 섞으면 3차색을 만들 수 있습니다.

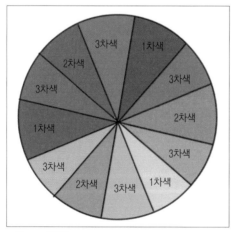

그림 4-3 색상환

그림 4-3에는 다음 색이 있습니다.

- **1차색**: 빨간색, 노란색, 파란색
- **2차색**: 주황색(빨간색+노란색), 초록색(노란색+파란색), 보라색(파란색+빨간색)
- **3차색**: 다홍색(빨간색+주황색), 귤색(주황색+노란색), 연두색(노란색+초록색), 청록색(초록색+파란색), 남색(파란색+보라색), 자주색(보라색+빨간색)

색상환에서 볼 수 있는 색 12개, 즉 1차색, 2차색, 3차색을 말합니다. 이 12색에 하얀색이나 검은색, 회색 등을 섞으면 더 많은 종류의 색을 만들 수 있습니다.

색상환의 색 배치를 잘 이해하면 다음 절에서 보색과 유사색을 배울 때도 도움이 됩니다. 보색은 서로 대조되는 색상이며, 유사색은 서로 잘 어울리는 색상입니다.

2 게임에 사용할 스프라이트 준비하기

플레이어가 스프라이트에 더 집중할 수 있게 게임 배경을 단순하게 그렸습니다. 이제 〈아침밥 전쟁〉의 스프라이트인 계란프라이와 프라이팬 두 개를 그려 봅시다.

이 게임에서 동물은 필요 없습니다. 즉, 지금 무대에 있는 스크래치 고양이는 무대를 떠나야 합니다. 스프라이트 영역에서 고양이 스프라이트를 클릭해 삭제합니다. 이제 게임의 첫 번째 스프라이트를 만들 준비가 되었습니다.

2.1 계란 스프라이트 그리기

보색과 유사색 개념을 사용해 계란프라이 스프라이트를 그릴 것입니다. 보색과 유사색은 책의 다른 예제에서도 자주 사용하니 여기서 확실하게 알아 둡시다.

보색이란 색상환의 정 반대편에 있는 두 색상을 의미합니다. 그림 4-3을 보면 빨간색 반대편에는 초록색이 있고, 주황색 반대편에는 파란색이 있습니다. 이 두 색의 조합, 예를 들어 빨간색과 초록색은 서로를 보완합니다. 여기서 보완이란 서로 대비를 이루며 완전하게 만든다는 의미입니다. 예를 들어 그림 4-4의 보라색 배경과 노란색 계란 노른자는 보색 관계를 이룹니다.

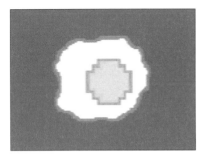

그림 4-4 보라색은 노란색과 대조되며 노란색을 더욱 부각(이러한 색 배합은 플레이어가 계란이 화면 어디에 있는지 찾는 데 도움을 준다)

또 계란 노른자는 노란색이고 색이 진할수록 건강에 더 좋죠. 우리는 노른자를 주황색과 노란색으로 그릴 것입니다. 이 둘은 유사색이죠.

유사색이란 색상환에 나란히 위치한 세 개 또는 그보다 더 많은 색을 의미합니다. 예를 들어 노른자를 그리는 데 사용할 주황색, 귤색, 노란색은 유사색입니다(그림 4-5 참고). 또는 초록색, 청록색, 파란색 조합이나 보라색, 자주색, 빨간색 조합도 유사색입니다. 유사색은 색상환에서 나란히 위치해 눈을 편안하게 합니다. 픽셀 아트에서 유사색은 그림 깊이를 표현하는 데 사용됩니다. 즉, 한 가지 색을 칠하고, 또 다른 색을 약간 더 많이 칠한 후 마지막 색을 더 많이 칠하는 방식으로 표현할 수 있습니다. 예를 들어 노른자 윤곽선을 주황색으로 그리고, 노른자 일부를 귤색으로 칠하고, 나머지를 노란색으로 칠합니다. 이러한 방법으로 색 자체를 레이어할 수 있을 뿐만 아니라, 색을 칠하는 면적도 단계적으로 구성할 수 있습니다. 단색, 즉 한 색으로만 칠한 스프라이트에 약간의 다양성을 주고 싶다면 유사색으로 픽셀을 몇 개 색칠해서 깊이를 표현해 봅시다.

그림 4-5 유사색 세 개를 사용해 계란 노른자 그리기

노른자를 그리기 전에 책의 예제에서 자주 사용하는 계단 기법을 배워 봅시다. 계단 기법이란 픽셀로 곡선을 그릴 때 자주 사용하는 방법입니다.

NOTE

계단 기법

앞으로는 예제에서 계단 기법을 사용해 곡선을 그리라고 자주 언급할 것입니다. 노른자는 동그란 모양이니 곡선이 무엇보다 많습니다. 계단 기법은 먼저 픽셀 두 개를 옆으로 나란히 찍는 것부터 시작합니다(두 개보다 더 많이 찍어도 됩니다). 그런 다음 가장 오른쪽 픽셀의 아래에 픽셀 두 개를 수직으로 나란히 이어서 찍습니다. 그리고 맨 아래쪽 픽셀의 오른쪽에 픽셀 두 개를 수평으로 나란히 이어서 찍습니다. 이 과정을 거꾸로 찍을 수도 있고 계단을 뒤집어서 다른 방향으로 곡선을 그릴 수도 있습니다. 그림 4-6을 한 번 보세요. 다시 말해 계단 기법은 픽셀 두 개를 좌우로 또는 위아래로 나란히 찍어서 잇는 기법입니다. 반면 대각선은 두 픽셀의 모서리가 서로 맞닿게 그립니다.

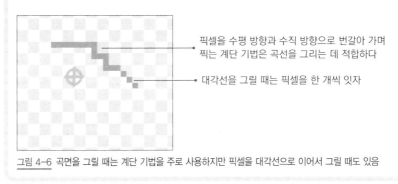

픽셀을 수평 방향과 수직 방향으로 번갈아 가며 찍는 계단 기법은 곡선을 그리는 데 적합하다

대각선을 그릴 때는 픽셀을 한 개씩 잇자

그림 4-6 곡면을 그릴 때는 계단 기법을 주로 사용하지만 픽셀을 대각선으로 이어서 그릴 때도 있음

이제 새 스프라이트를 그려 봅시다.

1 **스프라이트 영역**에서 스프라이트 고르기 ⊙에 마우스 포인터를 올린 후 **그리기** ✏를 클릭합니다.

2 캔버스 왼쪽 아래에 있는 **비트맵으로 바꾸기**를 클릭하고 오른쪽 아래에 있는 돋보기 아이콘 ⊕ ═ ⊕ 에서 **더하기 기호가 그려진 돋보기**를 네 번 정도 클릭합니다.

3 왼쪽 메뉴에서 **붓 툴** ✏을 클릭합니다. DAY 02에서 고양이를 그렸던 점보다 더 작은 픽셀로 그려야 하므로 붓 굵기를 **4**로 조절합니다.

4 **채우기 색**에서 **주황색**을 선택합니다.

5 픽셀 여덟 개를 나란히 찍어서 선을 그리는데 길이는 캔버스의 격자 네 개와 같습니다. 계단으로 치면 이 선은 계단 위층이 될 것입니다.

6 가장 오른쪽 픽셀 아래에 픽셀 두 개를 아래쪽으로 나란히 찍습니다.

7 다시 오른쪽으로 픽셀 두 개를 찍어서 곡선을 잇습니다. 이 과정을 한 번 더 반복해서 계단 모양의 노른자 모서리를 그립니다.

8 수직 방향으로 픽셀 일곱 개를 더 찍은 후 노른자 안쪽으로 향하는 계단을 그립니다. 두 픽셀을 나란히 왼쪽 → 아래쪽 → 왼쪽 → 아래쪽으로 찍으면 됩니다. 그림 4-7을 참고 하세요.

9 수평 방향으로 픽셀 여덟 개를 찍어서 노른자 바닥을 그립니다.

10 노른자 왼쪽 위와 아래 모서리를 같은 방법으로 그려서 원을 완성합니다.

11 이제 노른자 안쪽에 윤곽선을 그릴 차례입니다. **채우기 색**에서 **귤색**을 선택합니다. 노른 자 위 중간부터 왼쪽 방향으로 노른자 아래 끝까지 윤곽선을 그립니다. 그림 4-7의 오 른쪽처럼 따라 그리세요.

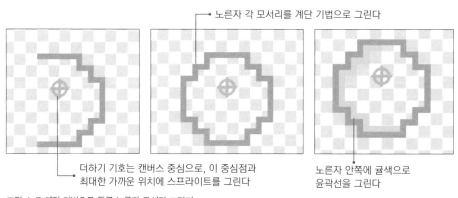

노른자 각 모서리를 계단 기법으로 그린다

더하기 기호는 캔버스 중심으로, 이 중심점과 최대한 가까운 위치에 스프라이트를 그린다

노른자 안쪽에 귤색으로 윤곽선을 그린다

그림 4-7 계단 기법으로 둥근 노른자 모서리 그리기

12 **채우기 색**에서 **노란색**을 선택합니다. **채우기 색 툴**을 사용해 노른자의 남은 부분을 색칠합 니다.

이제 노른자를 감싸는 흰자를 그릴 차례입니다. 계란프라이를 만들어 보았다면 흰자 테두리 가 다른 부분보다 약간 더 어둡고 바삭하다는 것을 알 수 있습니다. 따라서 흰자 테두리는 회색이나 갈색으로 그립시다.

1 회색이나 갈색을 사용해 그림 4-8과 같이 계란 흰자의 울퉁불퉁한 테두리를 그립니다.

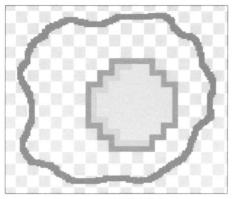

그림 4-8 계란 흰자를 색칠하기 전에 갈색 테두리 그리기

2 **채우기 색 툴**을 사용해 계란 흰자를 **하얀색**으로 칠합니다.

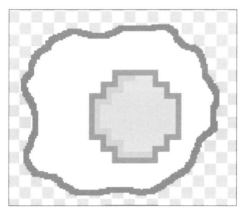

그림 4-9 완성된 계란 스프라이트

 잠깐만요

페인트가 화면 전체를 채워 버렸어요

계란 흰자만 색칠해야 하는데 화면 전체가 하얗게 칠해져 버렸나요? DAY 02에서도 설명했듯이, 채우기 색 툴을 사용했을 때 흰자 테두리에 픽셀 하나라도 구멍이 있으면 페인트가 흰자 밖으로 새어 나옵니다. 되돌리기 툴 ↰을 클릭해 새어 나간 페인트를 지우고 흰자 테두리를 한 번 더 확인합시다. 캔버스 오른쪽 아래에 있는 돋보기 아이콘을 클릭해 캔버스를 더 확대하면 구멍을 쉽게 찾을 수 있습니다. 붓 툴을 사용해 구멍을 막읍시다.

드디어 그림 4-9와 같이 픽셀로 그린 계란 스프라이트를 완성했습니다. 스프라이트 영역에서 텍스트 박스에 스프라이트 1을 **계란**으로 고쳐 스프라이트 이름을 바꿉니다.

2.2 회색조로 프라이팬 스프라이트 그리기

다음으로 프라이팬을 두 개 그려 봅시다. 프라이팬을 하나만 그린 후 복제하고 방향을 바꾸면 시간을 약간 절약할 수 있습니다. 그림 4-10과 같이 검은색과 회색만 사용해 프라이팬을 그리겠습니다. 또 DAY 05에서는 이 색을 프로그램에 사용해 계란프라이가 프라이팬에 닿았는지 검사합니다.

그림 4-10 프라이팬 윗부분을 회색으로 그리기
(이것은 단순히 장식용이 아니며 DAY 05에서 회색 부분과 검은색 부분을 사용해 프로그램을 만든다)

회색조

회색조란 하얀색과 검은색 사이의 모든 회색을 의미합니다. 하얀색과 검은색, 그리고 이 두 색 사이의 회색은 그림 4-11과 같이 스펙트럼을 이룹니다. 스펙트럼의 가장 왼쪽 하얀색에 검은색 잉크를 한 방울 떨어뜨리면 아주 옅고 뿌연 회색이 됩니다. 두 방울 더 떨어뜨리면 스펙트럼 오른쪽 블록으로 넘어가면서 더욱 어두운 회색을 얻을 수 있습니다. 중간 지점은 하얀색과 검은색을 반반씩 섞은 회색이며, 가장 오른쪽 끝은 하얀색이 전혀 없는 완전한 검은색입니다. 그럼 하얀색과 검은색도 색의 일종이라고 할 수 있을까요? 답은 아닙니다. 비록 책에서는 검은'색'이나 하얀'색'이라고 부르지만 말이죠. 하얀색은 모든 색이 하나로 모여 만들어진 것입니다. 검은색은 빛이나 색이 전혀 없는 곳에 생깁니다. 회색은 하얀색과 검은색의 중간 어딘가에 해당합니다.

그림 4-11 이 스펙트럼에 있는 모든 색은 회색조에 해당

이제 다음 순서대로 프라이팬을 그려 봅시다.

1 스프라이트 영역에서 **스프라이트 고르기**에 마우스 포인터를 올린 후 **그리기**를 클릭합니다.

2 캔버스 왼쪽 아래에 있는 **비트맵으로 바꾸기**를 클릭하고 오른쪽 아래에 있는 돋보기 아이콘에서 **더하기 기호가 그려진 돋보기**를 세 번 정도 클릭합니다.

3 왼쪽 메뉴에서 **선 툴** ☑을 클릭합니다. **채우기 색**은 **검은색**으로 선택하고, 선 굵기는 **4**로 조절합니다.

4 그림 4-12와 같이 옆으로 누운 사다리꼴을 그립니다. 먼저 짧은 대각선을 그리고 조금 더 긴 수직선을 그린 후 다시 짧은 대각선을 하나 더 그립니다. 긴 수직선을 마저 그려서 모양을 완성합니다.

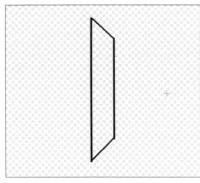

그림 4–12 옆으로 누운 사다리꼴 그리기

선이 튀어나왔다면 어떻게 해야 할까요?

선 툴로 도형을 그리다 보면 그림 4–13과 같이 두 선이 완벽하게 맞지 않아 선이 튀어나오는 경우가 있습니다. 이때는 캔버스를 확대하고 지우개 툴 ◉로 튀어나온 선을 조심스럽게 지우면 말끔하게 만들 수 있습니다.

지우개 툴로 튀어나온 부분을 지운다,
돋보기 아이콘을 사용해 캔버스를 확대
하면 작은 픽셀도 쉽게 지울 수 있다

그림 4–13 두 선이 완벽하게 맞지 않았다면 지우개 툴로 지우기

이제 프라이팬 왼쪽 아래에 손잡이를 그리겠습니다.

1 그림 4–14와 같이 사다리꼴 아래에 사각형을 그리면 됩니다.

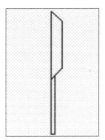

그림 4-14 사다리꼴 아래에 직사각형을 그려서 프라이팬 손잡이 만들기

2 **채우기 색**에서 **회색**을 선택한 후 그림 4-15의 왼쪽처럼 프라이팬의 왼쪽 위 모서리에서 중심으로 향하는 대각선을 그립니다.

3 프라이팬 중심에서 왼쪽 아래 모서리로 향하는 대각선을 이어서 그립니다. 그리고 앞서 검은색으로 그렸던 프라이팬의 왼쪽 수직선을 회색 선으로 덧그려서 검은색 선이 보이지 않게 그립니다.

4 **채우기 색 툴**을 클릭하고 회색 삼각형 안쪽을 클릭해서 프라이팬 윗부분을 색칠합니다.

5 다시 **검은색**으로 바꾸고 **채우기 색 툴**로 사다리꼴의 나머지 부분과 손잡이를 그림 4-15의 오른쪽처럼 색칠합니다.

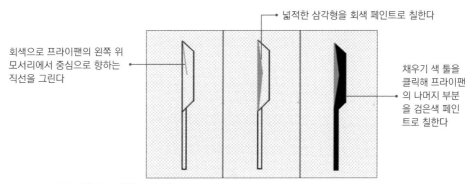

넓적한 삼각형을 회색 페인트로 칠한다

회색으로 프라이팬의 왼쪽 위 모서리에서 중심으로 향하는 직선을 그린다

채우기 색 툴을 클릭해 프라이팬의 나머지 부분을 검은색 페인트로 칠한다

그림 4-15 회색과 검은색으로 칠한 프라이팬

스프라이트 영역에서 스프라이트 이름을 **오른쪽 프라이팬**으로 바꿉시다.

〈아침밥 전쟁〉에는 오른쪽 프라이팬과 왼쪽 프라이팬이 필요하지만 왼쪽 프라이팬을 다시 그리지 않아도 됩니다. 오른쪽 프라이팬을 복사한 후 좌우를 뒤집어서 왼쪽 프라이팬을 만들 수 있습니다.

이제 다음 순서대로 프라이팬을 복사하고 뒤집어 봅시다.

1 프라이팬과 계란 스프라이트가 무대 위에서 서로 닿았는지 확인합시다. 서로 닿았다면 스프라이트를 무대 빈 곳으로 옮깁니다.

2 스프라이트 영역에서 **오른쪽 프라이팬**을 클릭합니다. **마우스 오른쪽 버튼**을 눌러 **복사**를 선택합니다.

3 스프라이트 영역에 복사된 오른쪽 프라이팬2가 있습니다. 캔버스 위쪽 메뉴에서 **좌우 뒤집기** ▶◀를 클릭합니다.

좌우 뒤집기를 클릭하면 스프라이트 좌우를 뒤집을 수 있다

그림 4-16 프라이팬을 하나 그린 후 복사하고 좌우로 뒤집어서 또 다른 프라이팬 만들기

스프라이트 영역에서 스프라이트 이름을 오른쪽 프라이팬2에서 **왼쪽 프라이팬**으로 바꿉니다. 두 프라이팬 스프라이트를 모두 완성했습니다. 이제 프로그램을 만들 준비는 거의 다 되었습니다. 코딩을 편하게 만들어 주는 몇 가지 소품만 준비하면 됩니다.

3 소품 준비하기

게임을 만들다 보면 게임 캐릭터뿐만 아니라 오직 프로그램에만 사용하는 스프라이트를 만들어야 할 때가 많습니다. 〈아침밥 전쟁〉에서는 게임 경계선으로 사용할 선이 두 개 필요합니다.

3.1 벽 스프라이트 만들기

선을 두 개 각각 그려서 벽 스프라이트를 만들겠습니다. 하나는 캔버스 가장 오른쪽에 그리고, 나머지 하나는 가장 왼쪽에 그릴 것입니다. 새로운 스프라이트는 스프라이트 영역에서 **그리기**를 클릭해 만듭니다.

다음 순서대로 오른쪽 벽을 그려 봅시다.

1 캔버스 왼쪽 아래에 있는 **비트맵으로 바꾸기**를 클릭합니다.

2 **선 툴**을 클릭합니다. 캔버스를 확대하지 말고 100%로 되어 있는지 확인합시다. 확대되어 있다면 캔버스 오른쪽 아래에 있는 **돋보기 아이콘**에서 **가운데 아이콘**을 클릭합니다.

3 **채우기 색**에서 **자주색**을 선택합니다. 배경을 칠했던 보라색보다 약간 더 어두운색을 선택하면 됩니다. 선 굵기는 **5**로 조절합니다.

4 캔버스 오른쪽 끝에 수직선을 하나 그립니다. 캔버스의 맨 위부터 맨 아래까지 전부 덮도록 그려야 합니다. 너무 오른쪽에 그리면 직선이 무대에 보이지 않을 수도 있습니다.

스프라이트 영역에서 스프라이트 이름을 **오른쪽선**으로 바꿉니다. 완성된 자주색 직선은 그림 4-17과 같습니다.

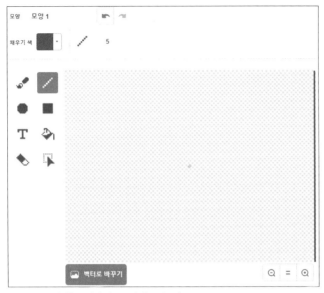

그림 4-17 직선을 그려서 벽 스프라이트 만들기

왼쪽 벽도 같은 방법으로 그립니다. 새로운 스프라이트를 만들어 캔버스 맨 왼쪽에 자주색 직선을 그리고 스프라이트 이름은 **왼쪽선**으로 바꿉시다.

간혹 스프라이트를 그려도 무대에 보이지 않을 때가 있습니다. 하지만 스프라이트 영역에서 스프라이트를 볼 수 있다면 스프라이트는 안전하게 잘 있는 것입니다. 특히 캔버스 가장자리 부근에 스프라이트를 그리면 무대에 잘 보이지 않습니다.

 4 정리하기

이제 게임 코드를 만들 준비가 다 되었습니다. 게임을 만들기 전에 여기서 배운 것을 잠시 복습합시다.

4.1 마음껏 해 보아요

우리는 보라색으로 단순한 배경을 그렸습니다. 하지만 배경에 다른 색을 써 보면 어떨까요? 그러면 계란 색도 바꾸어야 할까요?

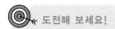 **도전해 보세요!**

게임에 사용할 수 있는 보색은 노란색과 보라색 외에도 많습니다. 예를 들어 초록색 계란 노른자를 상상해 보세요. 초록색 계란을 화면에서 돋보이게 하려면 어떤 색으로 배경을 칠해야 할까요? 빨간색이라고요? 맞았습니다. 다른 보색은 어떤 것이 있을까요?

4.2 무엇을 배웠나요?

색을 배우니 어땠나요? 게임 제작이나 STEAM의 다른 과목에도 잘 활용할 수 있을까요? 새로운 색을 만드는 것도 단순한 덧셈입니다. 빨간색 더하기 파란색은 보라색인 것처럼 말이죠. 또 하얀색, 회색, 검은색을 적당히 섞어서 원하는 틴트, 셰이드, 톤을 만들 수 있다면 이미 분수 개념도 이해한 것입니다. 스크래치의 스크립트도 색과 마찬가지입니다. 프로그램의 다른 부분들과 보색처럼 대비되는 코드가 있고, 유사색처럼 조화를 이루는 코드가 있습니다. 스크립트까지 미술과 엮는 것은 약간 무리일 수도 있지만, 색을 신중하게 선택하는 연습을 하면 어떤 코드를 만들어야 할지 결정할 때 도움이 된다 말하고 싶습니다. 색을 선택할 때와 마찬가지로 두 블록을 조립할 때는 항상 이유가 있습니다.

이제 DAY 04에서 무엇을 배웠는지 정리해 봅시다.

- 색상환을 12색으로 나누는 1차색, 2차색, 3차색을 배웠습니다.
- 보색을 사용해 스프라이트를 화면에서 돋보이게 할 수 있습니다.
- 유사색을 사용해 스프라이트를 보기 편하게 만들 수 있습니다.
- 다양한 색을 만들 수 있는 틴트, 셰이드, 톤을 배웠습니다.

지금까지 게임에 사용할 스프라이트를 다섯 개 그렸습니다. DAY 05에서는 〈퐁〉의 리메이크작인 〈아침밥 전쟁〉을 만드는 방법을 배워 봅시다.

〈퐁〉은 대중적으로 성공한 최초의 아케이드 게임입니다. 많은 사람이 자신의 첫 아케이드 게임으로 공 주고받기 게임인 〈퐁〉을 꼽습니다.

1972년 창업한 아타리는 〈퐁〉을 제작할 엔지니어로 앨런 알콘을 영입했습니다. 이들은 캘리포니아 한 식당에 〈퐁〉을 플레이할 수 있는 아케이드 게임기를 가져다 놓았는데, 다음날이 되자 많은 사람이 플레이를 하려고 줄을 섰습니다. 〈퐁〉의 인기를 지켜본 다른 게임 제작사들도 앞다투어 아케이드 게임을 출시하면서 게임 역사는 그렇게 시작되었습니다.

여기서 한 가지 중요한 점이 있습니다. 지금까지 비디오 게임을 본 적도 없던 사람들이 어떻게 〈퐁〉을 플레이할 수 있었을까요? 그 해답이 바로 〈퐁〉의 성공을 이끈 열쇠인데, 무엇보다 직관적이고 이해하기 쉬웠다는 점입니다. 모든 사람이 이미 알고 있는 탁구의 디지털 버전이기 때문이죠. 〈퐁〉은 가상 라켓으로 하얀색 LED 점을 쳐내 상대방에게 보내는 게임으로 목표는 단 하나입니다. 탁구와 마찬가지로 높은 점수를 따려면 공을 놓치지 말아야 합니다.

초창기 컴퓨터 칩과 그래픽 카드는 나름 많은 정보를 저장할 수 있었지만 〈퐁〉은 훨씬 단순했고, 따라서 이해하기도 쉬웠습니다. 검은색 화면에는 하얀색 라켓 두 개와 하얀색 공만 있었고, 다채로운 색의 배경 같은 것은 없었습니다. 물론 라켓을 어떻게 잘 조작해야 공을 놓치지 않는지 알아내는 데 시간은 좀 걸렸지만, 사람들이 계속해서 기계에 동전을 넣을 정도로 쉽고 재미있었습니다.

따라서 좋은 비디오 게임이 되려면 이해하기 쉬워야 하고, 연습하면 더 잘할 수 있어야 하며, 플레이어가 도전하고 싶은 흥미를 잃지 않게 해야 합니다. 게임이 너무 복잡하면 플레이어는 기계에 동전을 넣기도 전에 포기할 수도 있습니다. 반대로 게임이 너무 쉽다면 플레이어는 금세 식상해 할 것입니다. 〈퐁〉은 너무 어렵지도 않고 쉽지도 않은 이른바 골디락스 영역[1]을 정확하게 짚었습니다.

책에서는 그림 5-1과 같이 〈퐁〉을 더 재미있고 화려하게 만들 것입니다. 〈퐁〉의 단조로운 라켓은 무쇠 프라이팬으로 변신했고, 하얀색 공은 계란프라이로 변신했습니다.

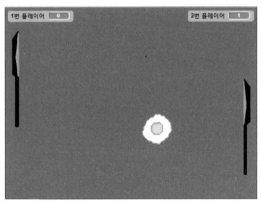

그림 5-1 프라이팬을 위아래로 움직이면서 계란을 화면 반대 방향으로 튕겨 내야 아침밥 전쟁에서 승리

우리도 〈퐁〉의 성공 비결을 본받아 게임을 만들어야 합니다. 게임을 단순하게 만들고, 기본적이고 복잡하지 않은 배경과 그래픽을 사용합니다. 그리고 게임이 재미있고 도전적으로 느껴지게 프로그램을 만듭시다.

DAY 05에서는 다음 내용을 배웁니다.

- 만약 ~(이)라면 블록과 같은 조건문을 사용해 게임을 만드는 방법을 배웁니다.
- 스프라이트 좌표를 알아내는 방법을 배웁니다.
- 스프라이트를 움직이는 방법을 배웁니다.
- 공이 라켓에 부딪혀 튕겨 나가는 것처럼 보이게 각도를 조절할 수 있습니다.

DAY 04에서 스프라이트를 그린 아침밥 전쟁 프로젝트를 열고 블록을 조립할 준비를 합시다.

---

1 역주 〈골디락스와 곰 세 마리〉 동화에 나오는 소녀 골디락스는 적당하게 따뜻한 죽을 먹고, 적당한 크기의 의자와 침대를 선택합니다. 이처럼 골디락스 영역은 뭐든지 딱 알맞고 적당하다는 의미입니다.

1 프로그램 준비하기

프로그램을 만들 준비를 거의 마쳤지만, 무대를 준비하려면 몇 가지 더 해야 할 일이 있습니다.

1.1 스프라이트를 그리지 않았다면?

스프라이트를 직접 그리지 않고 DAY 04를 건너뛰었다면 길벗출판사 웹 사이트 자료실에서 스프라이트를 내려받아 사용할 수 있습니다. 물론 스프라이트를 직접 그려 보면 좋겠지만 게임부터 바로 만들고 싶을 수도 있겠죠. 게임에 필요한 계란, 왼쪽과 오른쪽 프라이팬, 왼쪽선과 오른쪽선 스프라이트를 모두 잘 내려받았는지 확인하세요.

스프라이트를 내려받았다면 새로운 스크래치 프로젝트를 만들고 에디터를 여세요. 스프라이트 영역에서 스프라이트 고르기 ●에 마우스 포인터를 올리면 그림 5-2와 같이 스프라이트 업로드하기가 있습니다. **스프라이트 업로드하기**를 클릭하면 컴퓨터 하드 디스크에 저장된 파일을 볼 수 있는 팝업 창이 나타납니다. 스프라이트를 내려받은 폴더로 가서 필요한 스프라이트들을 선택해 프로젝트에 업로드하세요. 윈도에서는 Ctrl 을 누른 채 스프라이트를 클릭하면 여러 개를 한꺼번에 선택할 수 있습니다.

TIP macOS에서는 Command 를 사용하면 됩니다.

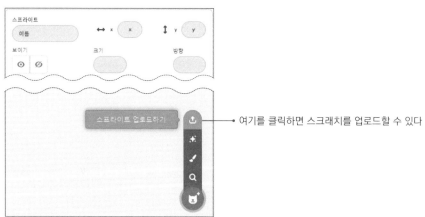

여기를 클릭하면 스크래치를 업로드할 수 있다

그림 5-2 하드 디스크에 있는 스프라이트를 업로드하려면 스프라이트 업로드하기 클릭

1.2 무대 준비하기

이제 무대를 준비합시다. 왼쪽 프라이팬을 무대 왼쪽으로 옮겨서 프라이팬이 무대 중앙을 바라보게 만드세요. 왼쪽 벽과 0.5센티미터 정도 떨어진 곳에 놓으면 됩니다. 마찬가지로 오른쪽 프라이팬도 무대 오른쪽 벽과 0.5센티미터 정도 떨어진 곳으로 옮기세요. 계란 스프라이트는 무대 중앙 아무 데나 놓아도 됩니다.

이제 프라이팬 크기와 계란 크기가 알맞은지 보고 적당히 조절해 봅시다. 스프라이트 영역에서 숫자로 크기를 조절할 수 있습니다. 왼쪽선과 오른쪽선은 무대 맨 위부터 맨 아래까지 전부 덮을 정도로 만들고, 프라이팬 길이는 무대 세로 길이의 절반이 되게 조정합니다. 계란은 프라이팬의 1/3 정도 크기로 조절합니다.

2 프라이팬 스프라이트에 프로그래밍하기

두 프라이팬은 〈퐁〉의 라켓과 같은 역할을 합니다. 즉, 계란을 쳐서 반대편으로 보내는 것이죠. 라켓은 위아래로만 움직일 수 있으므로 프라이팬을 움직이는 스크립트 또한 하나만 만들면 됩니다. 스프라이트 영역에서 **왼쪽 프라이팬**을 클릭하세요. 스프라이트에 따라 사용할 블록 값이 조금씩 달라지니 주의하세요. 책의 완성된 스크립트와 비교하면서 정확한 블록을 사용하고 있는지 계속 확인합니다.

2.1 프라이팬을 움직이는 스크립트 만들기

그림 5-3을 보세요. 프라이팬을 움직이지 않으면 계란을 놓칠 것 같습니다. 날아오는 계란을 막으려면 프라이팬을 움직여야 합니다.

계란을 막으려면 프라이팬을 위나 아래로 움직일 수 있어야 한다

그림 5-3 플레이어가 프라이팬을 위아래로 움직일 수 있게 하기

이제 키보드의 특정 키를 눌러 왼쪽 프라이팬을 위아래로 움직일 수 있는 스크립트를 만들어 보겠습니다. 다음 순서대로 만듭니다.

1 **코드 탭**을 클릭합니다.

2 **이벤트 팔레트**를 클릭하고 `클릭했을 때` 블록을 스크립트 영역에 드래그해 놓습니다.

3 **제어 팔레트**를 클릭하고 `무한 반복하기` 블록을 `클릭했을 때` 블록 아래로 드래그해 놓습니다. 두 블록을 조립해 서로 맞닿게 하세요. DAY 03에서 배웠듯이 `무한 반복하기` 블록은 반복문을 만듭니다.

4 `만약 ~(이)라면` 블록을 `무한 반복하기` 블록 안에 넣습니다. 이렇게 하면 반복문 안에 조건문을 넣을 수 있습니다.

5 **감지 팔레트**를 클릭하고 `스페이스 키를 눌렀는가?` 블록을 `만약 ~(이)라면` 블록에 있는 빈 육각형 위에 놓습니다.

6 `스페이스 키를 눌렀는가?` 블록에 있는 **스페이스**를 클릭하면 선택 목록이 열립니다. 그림 5-4와 같이 목록을 아래쪽으로 내려서 **w**를 선택합니다. 플레이어가 키보드에서 ⓦ를 누르면 프라이팬이 위로 올라가게 만든 것입니다.

그림 5-4 스페이스 키를 눌렀는가? 블록의 선택 목록 열기

7 **동작 팔레트**를 클릭하고 y 좌표를 10만큼 바꾸기 블록을 만약 ~(이)라면 블록 안에 넣습니다. 숫자 10을 그대로 두면 프라이팬이 너무 빨리 움직이므로 숫자를 5로 수정합니다. DAY 03에서 배웠듯이 Y좌표에 양수를 더하면 스프라이트가 위로 올라가고 음수를 더하면 스프라이트가 아래로 내려갑니다.

8 **제어 팔레트**를 다시 클릭하고 만약 ~(이)라면 블록을 무한 반복하기 블록 안에 넣습니다. 그림 5-5와 같이 앞서 넣었던 만약 ~(이)라면 블록 아래에 조립하면 됩니다.

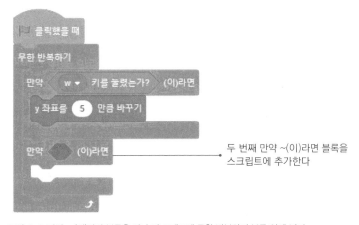

두 번째 만약 ~(이)라면 블록을
스크립트에 추가한다

그림 5-5 만약 ~(이)라면 블록을 하나 더 드래그해 무한 반복하기 블록 안에 넣기

9 **감지 팔레트**를 다시 클릭해 `스페이스 키를 눌렀는가?` 블록을 새로 추가한 `만약 ~(이)라면` 블록에 있는 빈 육각형 위에 놓습니다.

10 `스페이스 키를 눌렀는가?` 블록의 선택 목록을 열어 **s**를 선택합니다. 플레이어가 `s`를 누르면 프라이팬이 아래로 내려오게 만들겠습니다.

11 **동작 팔레트**에 있는 `y 좌표를 10만큼 바꾸기` 블록을 두 번째 `만약 ~(이)라면` 블록 안에 넣어 조립하고 숫자를 **–5**로 수정하세요.

질문 있어요 `w`와 `s`를 사용하는 특별한 이유가 있나요?

Q `↑`와 `↓`는 알겠는데, `w`와 `s`는 조금 생소합니다. 이 평범한 키를 조작 키로 사용하는 특별한 이유가 있나요?

A 실제 게임에서는 `w`, `a`, `s`, `d`를 자주 사용합니다. 2인용 게임에서 키보드를 사용해 스프라이트를 움직이려면 서로 적당히 떨어져야 하기 때문이죠. 또는 키보드와 마우스를 동시에 사용하는 게임에서도 `w`, `a`, `s`, `d`를 주로 사용합니다. 일반적으로 `w`는 게임 캐릭터를 위쪽으로, `s`는 아래쪽으로, `a`는 왼쪽으로, `d`는 오른쪽으로 움직입니다.

좋아요! 우리는 첫 번째 게임 스크립트를 완성했습니다. 또 게임의 첫 번째 조건문을 만들었습니다. 그림 5-6은 완성된 스크립트와 각 블록에 대한 설명입니다. 여러분이 만든 스크립트와 똑같나요?

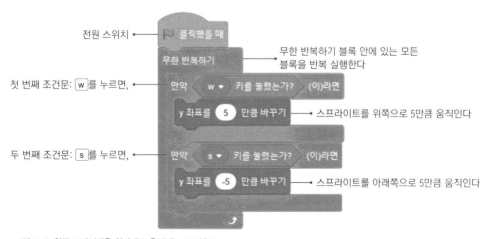

그림 5-6 왼쪽 프라이팬을 위아래로 움직이는 스크립트

DAY 03에서 배운 조건문을 다시 떠올려 볼까요? 우리가 만든 조건문은 플레이어가 프라이팬을 움직일 수 있는 직관적인 역할을 합니다. 스크립트는 플레이어가 ⓦ 또는 ⓢ를 누르면 스프라이트를 위쪽 또는 아래쪽으로 5만큼 움직입니다. ⓦ나 ⓢ를 누르지 않으면 아무 일도 하지 않습니다.

2.2 프라이팬을 움직이는 스크립트 복사하기

2인용 게임을 제작할 때는 1번 플레이어 스크립트를 먼저 만든 후 이 스크립트를 복사해 2번 플레이어 스크립트를 만들 때가 많습니다. 두 프라이팬이 똑같은 방식으로 움직이게 해야 하기 때문이죠. 스크립트를 다른 스프라이트로 끌어 놓으면 동일한 스크립트를 양쪽에 만들 수 있습니다.

이제 다음 순서대로 왼쪽 프라이팬의 스크립트를 오른쪽 프라이팬으로 복사해 봅시다.

1 앞서 만든 왼쪽 프라이팬 스크립트의 맨 위에는 `클릭했을 때` 블록이 있습니다. 이 블록을 클릭한 채 스프라이트 영역으로 드래그해 봅시다. 스크립트의 모든 블록이 똑같이 움직일 것입니다.

2 스크립트를 스프라이트 영역에 있는 오른쪽 프라이팬 위에 놓습니다. 그림 5-7에서 볼 수 있듯이 파란색 테두리가 오른쪽 프라이팬으로 옮겨 가지는 않지만, 마우스 왼쪽 버튼을 놓으면 스크립트가 복사됩니다.

3 **오른쪽 프라이팬**을 클릭해 스크립트가 잘 복사되었는지 확인해 보세요. 왼쪽 프라이팬의 스크립트가 스크립트 영역에 나타나야 합니다.

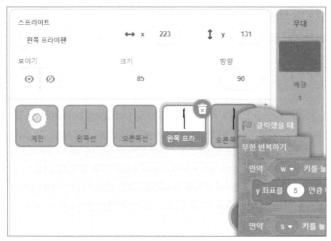

그림 5-7 완성된 스크립트를 스프라이트 영역의 오른쪽 프라이팬 위로 드래그

하지만 왼쪽 프라이팬과 오른쪽 프라이팬을 똑같은 조작 키로 움직일 수는 없겠죠. 조작 키를 바꾸어 봅시다.

먼저 첫 번째 `만약 ~(이)라면` 블록 안에 있는 `w 키를 눌렀는가?` 블록의 조작 키를 **위쪽 화살표**로 바꾸세요. 또 두 번째 `만약 ~(이)라면` 블록 안에 있는 `s 키를 눌렀는가?` 블록의 조작 키도 **아래쪽 화살표**로 바꾸어야 합니다.

그림 5-8은 완성된 스크립트입니다.

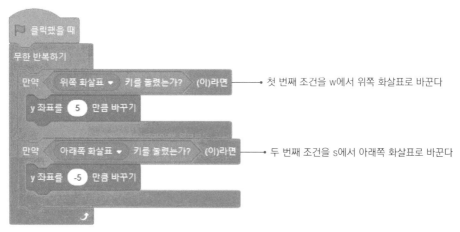

그림 5-8 왼쪽 프라이팬을 움직이는 스크립트를 복제한 후 오른쪽 프라이팬에 맞게 조작 키 바꾸기

프라이팬에 만들 스크립트는 이 두 개로 충분합니다. 반면 〈퐁〉의 공 역할을 할 계란 스프라이트는 이리저리 부딪히며 다양한 방향으로 튀어야 하므로 조금 더 복잡한 스크립트가 필요합니다. 또 계란 스프라이트에 적용할 스크립트 개수도 훨씬 더 많습니다.

 ## 3 계란 스프라이트에 프로그래밍하기

계란 스프라이트는 〈퐁〉에서 이리저리 튀는 하얀색 공과 같습니다. 이 계란 스프라이트의 움직임을 제어하려면 다음과 같이 스크립트를 여러 개 만들어야 합니다.

- **1번 스크립트**: 게임이 시작되면 계란을 무대 중앙으로 옮깁니다.
- **2번 스크립트**: 계란을 움직이게 합니다.
- **3번 스크립트**: 계란이 위아래 벽에 부딪혀도 계속 움직이게 합니다.
- **4–1번, 4–2번 스크립트**: 계란이 왼쪽 또는 오른쪽 벽에 닿으면 상대방 플레이어에게 1점을 줍니다.
- **5번 스크립트**: 점수가 7점이 되면 게임을 종료합니다.
- **6번 스크립트**: 계란이 프라이팬에 부딪히면 튕겨 나옵니다.

스크립트들은 모두 조건문을 사용해 무대 안 계란 위치와 움직임을 판단합니다. 스프라이트 영역에서 계란 스프라이트를 클릭합니다. 이 모든 스크립트를 다 만들기 전까지 다른 스프라이트를 클릭하지 마세요.

3.1 1번 스크립트: 게임 시작하기

〈퐁〉의 게임 규칙에는 "공은 자동으로 나타납니다."라는 문장이 있습니다. 게임 목표인 "점수를 따려면 공을 놓치지 마세요."처럼 정확한 지침은 담지 않았지만 한 가지 중요한 뜻을 내포하고 있습니다. 플레이어를 즉시 몰입하게 하려면 게임을 쉽게 시작할 수 있게 만들어야 합니다.

그림 5-9를 보면 계란 스프라이트가 무대 오른쪽으로 치우쳐 있습니다. 이러면 공정하지 못하겠죠. 저 상태로 게임을 시작하면 2번 플레이어가 프라이팬을 움직이기도 전에 계란이 오른쪽 벽에 부딪치게 될 것입니다.

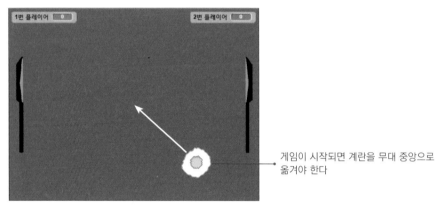

게임이 시작되면 계란을 무대 중앙으로 옮겨야 한다

<u>그림 5-9</u> 계란이 무대 오른쪽으로 치우친 채 시작한 게임 화면(공정한 게임을 위해 계란을 중앙으로 옮기는 스크립트를 만들어야 한다)

이 문제를 해결하려면 계란을 무대 중앙으로 옮겨야 합니다. 우리가 만들 1번 스크립트는 계란을 옮긴 후 계란이 움직일 각도를 정하고, 다른 스크립트에 계란을 움직이라는 신호를 보냅니다.

1번 스크립트는 다음 순서대로 만듭니다.

1 **이벤트 팔레트**를 클릭하고 `클릭했을 때` 블록을 스크립트 영역에 드래그해 놓습니다.

2 **동작 팔레트**를 클릭하고 `x:0 y:0(으)로 이동하기` 블록을 `클릭했을 때` 블록 아래에 조립합니다. 블록 안의 X좌표와 Y좌표를 모두 **0**으로 입력해 계란을 무대 중앙으로 보냅시다.

3 `90도 방향 보기` 블록을 찾아 `x:0 y:0(으)로 이동하기` 블록 아래에 조립합니다. 숫자 90을 **45**로 수정합니다. 이 블록은 계란 각도를 기울여서 게임이 시작되면 계란이 대각선 방향으로 움직이게 합니다.

4 **제어 팔레트**를 클릭하고 `1초 기다리기` 블록을 `45도 방향 보기` 블록 아래에 조립합니다. 이 블록은 플레이어가 키보드에 손을 가져가 프라이팬을 움직일 준비를 할 수 있게 시간을 벌어 줍니다.

5 **이벤트 팔레트**를 클릭하고 `메시지1 신호 보내기` 블록을 `1초 기다리기` 블록 아래에 조립합니다.

6 메시지1 신호 보내기 블록의 **메시지1**을 클릭해 선택 목록을 열고 **새로운 메시지**를 클릭합니다. 메시지 이름에 **움직여!**라고 입력합니다.

그림 5-10은 완성된 1번 스크립트입니다.

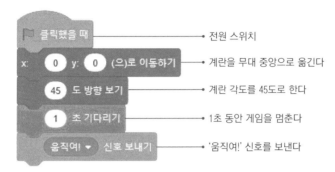

클릭했을 때 ────────● 전원 스위치

x: 0 y: 0 (으)로 이동하기 ────────● 계란을 무대 중앙으로 옮긴다

45 도 방향 보기 ────────● 계란 각도를 45도로 한다

1 초 기다리기 ────────● 1초 동안 게임을 멈춘다

움직여! ▾ 신호 보내기 ────────● '움직여!' 신호를 보낸다

<u>그림 5-10</u> 게임이 시작되면 계란을 움직일 준비를 하는 1번 스크립트

여러 스크립트가 동일한 전원 스위치를 가지고 있다면 이 스크립트들은 모두 동시에 시작합니다. 즉, 〈아침밥 전쟁〉에서 클릭했을 때 블록을 사용해 만든 모든 스크립트는 시작하기 🏳 를 클릭하면 동시에 실행됩니다.

DAY 03에서 신호 보내기 개념을 배웠습니다. 신호 보내기 블록이 신호를 보내면 이를 일종의 배턴처럼 다른 스크립트에 전달해 스크립트를 시작하게 합니다. 하지만 신호를 받을 스크립트를 아직 만들지 않아 1번 스크립트가 아무리 신호를 보내도 듣는 이가 없습니다. 아직은 말이죠. 어쨌든 1번 스크립트는 계란을 무대 중앙으로 옮기고, 각도를 기울인 후 신호를 보냅니다. 이 신호를 받을 스크립트가 계란을 실제로 움직이고 게임을 시작할 것입니다.

스프라이트 각도를 바꾼 것도 매우 중요합니다. 90도 방향 보기 블록의 숫자 90을 그대로 두었다면 게임은 상당히 지루할 것입니다. 지금처럼 45도가 아니라 각도가 90인 채로 게임이 시작되면 계란 스프라이트는 좌우로만 왔다 갔다 합니다. 이러면 플레이어들은 프라이팬을 움직일 필요조차 없겠죠.

각도를 조금 더 알아봅시다. 종이 가운데에 점을 하나 찍고 이 점에서 출발하는 두 선을 그려 봅시다. 두 선 사이의 공간이 바로 각도입니다. 각도는 도(°)라는 단위로 측정됩니다(예: 180도, 360도).

무슨 뜻인지 잘 모르겠다면 피자 한 판을 상상해 보세요. 피자를 하나의 원이라고 한다면 피자 중심점을 기준으로 360도를 이룹니다. 피자를 잘라 볼까요? 두 번 자르면 피자를 네 등분으로 나눌 수 있고, 각 조각은 360도의 1/4, 즉 90도가 됩니다. 이 조각을 다시 반으로 나누어 봅시다. 그림 5-11과 같이 여덟 조각이 되고 각 조각은 360도의 1/8, 즉 45도가 됩니다.

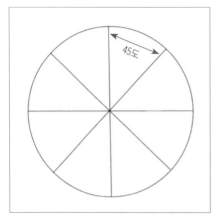

그림 5-11 피자를 여덟 조각으로 나누면 각 조각은 45도

스프라이트를 다양한 방식으로 움직이려면 각도를 잘 이해해야 합니다. 우리가 만든 시작 스크립트는 계란을 화면 중앙으로 보내고 각도를 45도로 기울였습니다. 계란이 움직이기 시작하면 그림 5-12의 두 번째 고양이처럼 45도 방향으로 향하게 됩니다. 고양이가 바라보는 방향이 고양이가 움직일 방향입니다. 물론 **45도 방향 보기** 블록에 다른 숫자도 입력할 수 있습니다. 예를 들어 그림 5-12의 네 번째 고양이처럼 계란을 오른쪽 아래로 움직이고 싶다면 135를 입력하면 됩니다. 블록에 다양한 숫자를 넣어 보고 어떻게 움직이는지 실험해 봅시다. 원은 360도이니까 1과 360 사이에 있는 숫자를 넣으면 됩니다.

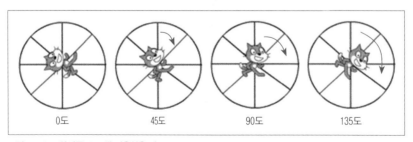

그림 5-12 고양이를 45도씩 기울였을 때

3.2 2번 스크립트: 계란 움직이기

1번 스크립트는 '움직여!'라는 신호를 보냈습니다. 하지만 계란을 그림 5–13과 같이 움직이려면 신호를 받는 다른 스크립트가 필요합니다.

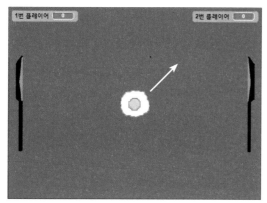

그림 5–13 신호를 받은 계란은 45도 방향으로 움직여야 함

다음으로 만들 스크립트는 움직여! 신호 보내기 블록의 신호를 받은 후에 플레이어가 게임을 플레이할 수 있게 계란 스프라이트를 움직이는 역할을 합니다.

질문 있어요 **스크립트를 어떻게 배치해야 할까요?**

Q 스크립트 영역에 여러 스크립트를 만들면 각 스크립트의 위치도 신경 써야 할까요?

A 스크립트 영역을 깔끔하게 관리하고 싶다면 신경을 써야겠지만, 스크립트를 놓는 위치는 프로그램 동작과 관계가 없습니다. 물론 개별 스크립트 안에서 블록을 조립하는 순서는 매우 중요하지만, 스프라이트에 적용된 스크립트들을 놓는 순서는 전혀 중요하지 않습니다. 스크립트를 서로 겹치거나 조립하지만 않으면 됩니다. 그러니 신경 쓰지 말고 스크립트 영역을 넓게 쓰세요. 스크립트가 너무 많아 화면 밖을 벗어나도 스크립트 영역은 그에 맞게 확장됩니다.

이번 스크립트는 겹겹이 조립해야 하니 더 주의 깊게 만들어야 합니다. 지금까지는 블록 안에 블록을 한 개 정도만 넣었습니다. 여기에 다른 블록을 하나 더 넣어 블록을 3겹으로 구성할 수도 있지만, 이번에 만들 스크립트에는 무려 4겹짜리 조건문이 있습니다. 그러니 이번 스크립트는 그림을 따라 천천히 만들어 봅시다. 스크립트를 완성하면 마저 설명하겠습니다.

다음 순서대로 2번 스크립트를 만들어 보세요.

1 **이벤트 팔레트**를 클릭하고 메시지1 신호를 받았을 때 블록을 스크립트 영역에 드래그해 놓습니다. 앞서 만든 1번 스크립트 바로 아래에 놓으세요. 두 스크립트가 서로 겹치지만 않으면 되니까 가까이 놓아도 됩니다. 이 블록은 1번 스크립트가 보낸 신호를 받습니다. 즉, 이 스크립트는 신호를 보낸 이후에 실행됩니다. 반면 이 블록 대신 클릭했을 때 블록을 사용했다면 게임이 시작되자마자 바로 실행됩니다.

2 **메시지1**을 클릭해 선택 목록을 열고 **움직여!**를 선택합니다.

3 **제어 팔레트**에서 무한 반복하기 블록을 가져다가 움직여! 신호를 받았을 때 블록 아래에 조립합니다.

4 **동작 팔레트**를 클릭하고 10만큼 움직이기 블록을 무한 반복하기 블록 안에 넣습니다. 그런 다음 블록 값을 7로 수정하세요. 한 번에 10만큼 움직이는 것은 너무 빠르므로 한 번에 7만큼 움직이게 속도를 낮춥시다.

5 **제어 팔레트**를 클릭하고 만약 ~(이)라면 블록을 무한 반복하기 블록 안의 7만큼 움직이기 블록 바로 아래에 조립합니다.

6 **연산 팔레트**에서 ~ 또는 ~ 블록을 찾아봅시다. 이 블록을 만약 ~(이)라면 블록의 빈 육각형 위에 놓습니다. 그런 다음 ~ 또는 ~ 블록의 양쪽 빈 육각형 위에 또 다른 ~ 또는 ~ 블록 두 개를 각각 놓습니다. 그림 5-14와 같이 블록을 만들어야 합니다.

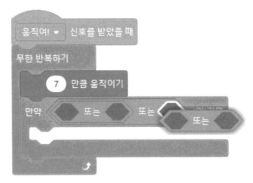

그림 5-14 ~ 또는 ~ 블록 위에 ~ 또는 ~ 블록 두 개 놓기

7 그림 5-15와 같이 ● = 50 블록 두 개를 ～ 또는 ～ 블록의 오른쪽 빈 육각형 위에 각각 놓습니다.

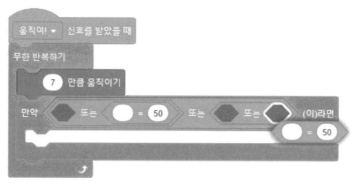

그림 5-15 ～ 또는 ～ 블록의 오른쪽 빈 육각형 위에 [ ] = 50 블록을 각각 놓기

8 **감지 팔레트**를 클릭하고 마우스 포인터에 닿았는가? 블록 두 개를 ～ 또는 ～ 블록의 왼쪽 빈 육각형 위에 각각 놓습니다(그림 5-16 참고).

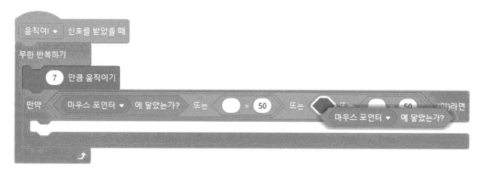

그림 5-16 ～ 또는 ～ 블록의 왼쪽 빈 육각형 위에 마우스 포인터에 닿았는가? 블록을 각각 놓기

9 왼쪽 마우스 포인터에 닿았는가? 블록의 선택 목록을 열어 **왼쪽선**을 선택합니다. 오른쪽 마우스 포인터에 닿았는가? 블록 값도 **오른쪽선**으로 선택합니다.

10 **동작 팔레트**를 클릭하고 x 좌표 블록 두 개를 ● = 50 블록의 왼쪽 동그라미에 각각 놓습니다.

11 `● = 50` 블록에서 숫자를 수정하겠습니다. 왼쪽선을 선택한 왼쪽 블록에는 **–240**을 입력합니다. 즉, 이 블록은 계란 위치가 무대 왼쪽 끝에 닿았는지 검사합니다. 반대로 오른쪽선을 선택한 오른쪽 블록에는 무대 오른쪽 끝에 닿았는지 검사하도록 **240**을 입력합니다.

12 **제어 팔레트**를 클릭하고 `멈추기 모두` 블록을 `만약 ~(이)라면` 블록 안에 넣습니다. 블록의 선택 목록을 열어 모두 대신 **이 스크립트**를 선택합니다. 즉, 이 블록은 앞서 만든 조건문이 만족되면 게임의 모든 스크립트가 아닌 특정 스크립트 동작만 멈춥니다.

스크립트가 정말 복잡하네요! 각자 만든 스크립트를 그림 5-17과 비교해 보세요.

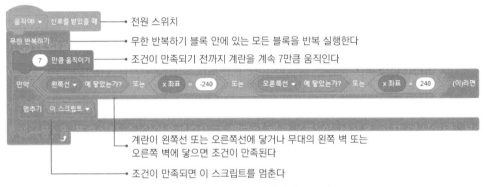

그림 5-17 네 가지 조건 중 하나라도 만족하기 전까지 계란을 7만큼 계속 움직이는 스크립트

우리가 만든 조건문 블록은 계란이 왼쪽선, 무대 왼쪽 벽, 오른쪽선, 무대 오른쪽 벽 중에서 하나라도 닿으면 스크립트를 종료합니다. 하지만 왼쪽선이나 오른쪽선은 무대 벽과 나란히 그려져 있어 거의 동일한데, 왜 굳이 조건을 두 개나 만들었을까요? 무대 벽을 스프라이트로 그리는 편이 더 정확하기 때문입니다. 〈아침밥 전생〉에서는 벽이 점수를 계산하는 중요한 역할을 하므로 스프라이트를 사용하는 편이 낫습니다.

그렇다면 계란이 벽이나 선에 닿지 않았을 때는 어떻게 될까요? 예를 들어 계란이 프라이팬에 부딪혔거나 아무 데도 닿지 않은 경우에는 어떻게 될까요? 이때는 스크립트에 반복문이 있어 계란이 계속 움직입니다. 계란이 프라이팬에 부딪혀도 계속 움직이게 하려면 이렇게 반복문을 사용해야 합니다. 또 계란이 위쪽 벽이나 아래쪽 벽에 부딪혀도 튕겨 나와야 합니다. 이제 이 스크립트도 만들어 봅시다.

3.3 3번 스크립트: 계란 튕기기

그림 5-18을 한번 봅시다. 계란이 무대의 위쪽 벽이나 아래쪽 벽에 부딪히면 무슨 일이 일어날까요? 계란이 그대로 멈추거나 화면 밖을 벗어나면 안 되겠죠. 계란이 벽에 튕겨 나와야 합니다.

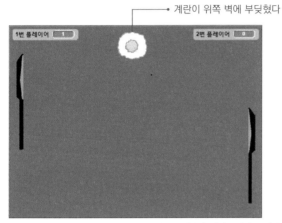

그림 5-18 게임을 계속할 수 있게 계란이 위쪽 벽이나 아래쪽 벽에 부딪히면 튕겨 나오기

이번에도 블록을 여러 겹으로 쌓은 복잡한 스크립트를 만들 테니 마음의 준비를 합시다. 이제 다음 순서대로 블록을 조립하세요.

1 **이벤트 팔레트**를 클릭하고 `클릭했을 때` 블록을 드래그해 새로운 스크립트를 시작합니다. 이번에도 스크립트 영역에 만들어 둔 스크립트와 겹치지 않게 가까이 놓으세요.

2 **제어 팔레트**를 클릭하고 `무한 반복하기` 블록을 `클릭했을 때` 블록 아래에 조립합니다. 이 블록 안에 넣을 모든 블록은 반복됩니다.

3 `만약 ~(이)라면` 블록을 `무한 반복하기` 블록 안에 넣습니다.

4 **연산 팔레트**를 클릭해 `~이(가) 아니다` 블록을 찾아 `만약 ~(이)라면` 블록에 있는 빈 육각형 위에 놓습니다.

5 `~ 또는 ~` 블록을 `~이(가) 아니다` 블록의 빈 육각형 위에 놓습니다.

6 **감지 팔레트**를 클릭하고 `마우스 포인터에 닿았는가?` 블록 두 개를 `~ 또는 ~` 블록의 양쪽 빈 육각형 위에 각각 놓습니다.

7 `마우스 포인터에 닿았는가?` 블록의 선택 목록을 열어 값을 변경합니다. 왼쪽 블록은 **왼쪽선**을 선택하고, 오른쪽 블록은 **오른쪽선**을 선택합니다. 앞서 `~이(가) 아니다` 블록 안에 이 조건을 넣었습니다. 즉, 이 스크립트는 계란이 왼쪽선과 오른쪽선에 닿지 않으면 조건문 안의 블록을 실행합니다.

8 **동작 팔레트**를 클릭합니다. `벽에 닿으면 튕기기` 블록을 `만약 ~(이)라면` 블록 안에 넣습니다. 이 블록은 계란이 무대의 위쪽 벽이나 아래쪽 벽에 부딪혀도 반대 방향으로 계속 움직일 수 있게 튕겨 냅니다.

그림 5-19는 완성된 3번 스크립트입니다.

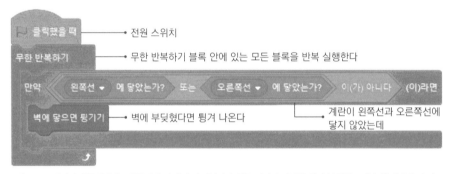

그림 5-19 계란이 왼쪽선이나 오른쪽선에 아직 닿지 않았다면 위쪽 벽이나 아래쪽 벽에 부딪혀도 계속 움직이게 만드는 스크립트

계란이 왼쪽선이나 오른쪽선에 닿지 않으면 조건문 안의 블록이 실행되게 했습니다. 조건문 안의 블록은 계란이 무대 벽에 닿았을 경우 튕겨 냅니다. 이 블록에서 말하는 벽은 X좌표가 −240이거나 240인 경우를 포함하기 때문에(물론 Y좌표가 −180이거나 180인 경우도 포함) 이전에 만든 스크립트와 달리 X좌표에 조건을 넣을 필요가 없습니다.

계란 스프라이트가 왼쪽선이나 오른쪽선에 닿았을 때는 조건문이 만족되지 않아 조건문 안의 블록도 실행되지 않습니다. 따라서 또 다른 조건문을 만들지 않아도 됩니다.

3.4 4–1번 스크립트: 오른쪽 벽에 닿았는지 검사하기

그림 5–20에서는 2번 플레이어가 계란을 놓쳤습니다. 이때는 앞서 만든 2번 스크립트(계란 움직이기)의 조건문이 만족됩니다. 즉, 계란 스프라이트가 왼쪽선이나 오른쪽선 또는 무대의 왼쪽 벽이나 오른쪽 벽에 닿으면 스프라이트는 멈춥니다.

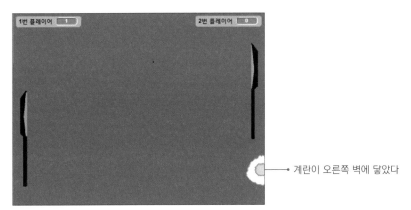

● 계란이 오른쪽 벽에 닿았다

그림 5–20 2번 플레이어가 계란을 놓쳐 현재 오른쪽 벽에 닿은 계란

계란이 한쪽 벽에 닿으면 반대편 플레이어에게 1점을 주는 스크립트를 만들어야 합니다. 다시 말해 계란이 왼쪽 벽에 닿으면 2번 플레이어가 1점을 받고, 오른쪽 벽에 닿으면 1번 플레이어가 1점을 받아야 합니다. 또 이 스크립트는 계란을 다시 무대 중앙에 되돌려 놓고 게임의 다음 라운드를 시작해 계란이 다시 움직이게 만들어야 합니다. "공은 자동으로 나타납니다."라는 〈퐁〉의 게임 규칙이 게임 도중에도 마찬가지로 적용됩니다.

이제 다음 순서대로 계란이 벽에 닿았는지 검사하는 스크립트를 만들어 봅시다.

1 **이벤트 팔레트**를 클릭하고 `클릭했을 때` 블록을 스크립트 영역에 드래그해 놓습니다.

2 **제어 팔레트**를 클릭하고 `무한 반복하기` 블록을 `클릭했을 때` 블록 아래에 조립합니다. `무한 반복하기` 블록 안에 있는 모든 블록은 반복 실행됩니다.

3 `만약 ~(이)라면` 블록을 `무한 반복하기` 블록 안에 넣습니다.

4 **연산 팔레트**를 클릭합니다. `~ 또는 ~` 블록을 `만약 ~(이)라면` 블록 안에 있는 빈 육각형 위에 놓습니다.

5 **감지 팔레트**를 클릭하고 `마우스 포인터에 닿았는가?` 블록을 `~ 또는 ~` 블록의 왼쪽 빈 육각형 위에 놓습니다.

6 `마우스 포인터에 닿았는가?` 블록의 선택 목록을 열고 **오른쪽선**을 선택합니다. 즉, 계란이 오른쪽선에 닿으면 조건문이 만족됩니다.

7 **연산 팔레트**를 클릭하고 `● = 50` 블록을 `~ 또는 ~` 블록의 오른쪽 빈 육각형 위에 놓습니다.

8 **동작 팔레트**를 클릭하고 `x 좌표` 블록을 `● = 50` 블록의 왼쪽 동그라미 안에 넣습니다. 숫자 50을 **240**으로 수정합니다. 이 숫자는 무대 오른쪽 끝을 의미하는 좌표입니다.

9 이제 각 플레이어의 점수를 저장할 변수를 만들어야 하므로 **변수 팔레트**를 클릭합니다. **변수 만들기** `변수 만들기`를 클릭하고 변수 이름에 **1번 플레이어**를 입력합니다. [모든 스프라이트에서 사용]이 체크된 채로 **확인**을 누릅니다. **변수 만들기** `변수 만들기`를 다시 클릭해 **2번 플레이어** 변수를 만듭니다. 두 변수 모두 무대 왼쪽 위에 표시될 것입니다. 그림 5-21과 같이 2번 플레이어 변수를 화면 오른쪽 모서리에 드래그해 놓으세요.

변수를 양쪽 모서리에 드래그해 놓자

그림 5-21 두 변수를 무대 양쪽 각 모서리에 놓기

10 `1번 플레이어을(를) 1만큼 바꾸기` 블록을 `만약 ~(이)라면` 블록 안에 넣습니다. 블록 값이 1번 플레이어가 아니라면 선택 목록에서 1번 플레이어를 선택해야 합니다. 이제 계란이 오른쪽선이나 무대 오른쪽 벽에 닿으면 1번 플레이어에게 1점이 주어집니다.

11 **동작 팔레트**를 클릭하고 `x:0 y:0(으)로 이동하기` 블록을 `1번 플레이어을(를) 1만큼 바꾸기` 블록 아래에 놓습니다. 숫자는 X 값과 Y 값을 모두 0으로 수정합니다. 이 블록은 게임의 다음 라운드를 시작할 수 있게 계란을 무대 중앙으로 옮기는 역할을 합니다.

12 **이벤트 팔레트**를 클릭하고 `메시지1 신호 보내기` 블록을 `x:0 y:0(으)로 이동하기` 블록 아래에 놓습니다. 블록의 선택 목록을 열어 **움직여!**를 선택합니다. 이 블록은 2번 스크립트에 메시지 신호를 보내서 게임을 다시 시작하게 합니다.

그림 5-22는 완성된 스크립트입니다. 이제 실제 탁구에서 공을 네트 너머로 서브해 다음 라운드를 시작하듯이, 〈아침밥 전쟁〉의 다음 라운드도 처음과 동일한 위치에 계란을 놓고 시작할 수 있습니다.

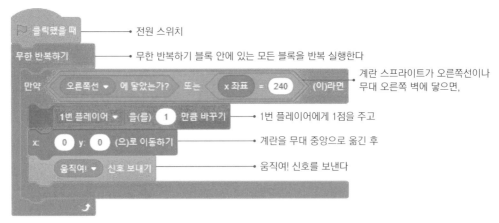

전원 스위치

무한 반복하기 블록 안에 있는 모든 블록을 반복 실행한다

계란 스프라이트가 오른쪽선이나
무대 오른쪽 벽에 닿으면,

1번 플레이어에게 1점을 주고

계란을 무대 중앙으로 옮긴 후

움직여! 신호를 보낸다

그림 5-22 2번 플레이어가 계란을 놓칠 경우에 대한 스크립트

3.5 4-2번 스크립트: 왼쪽 벽에 닿았는지 검사하기

앞서 프라이팬을 움직이는 스크립트를 복사했던 것처럼, 4-1번 스크립트를 복사해 값이나 변수 이름을 바꾸어 4-2번 스크립트를 완성할 수 있습니다.

하지만 이번에는 동일한 계란 스프라이트에 스크립트를 복사해야 하므로 프라이팬 스크립트를 복사했을 때와 방법이 약간 다릅니다. 먼저 4-1번 스크립트의 가장 위에 있는 클릭했을 때 블록에서 마우스 오른쪽 버튼을 눌러 **복사하기**를 선택합니다.

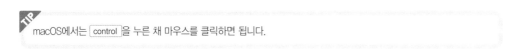

macOS에서는 control 을 누른 채 마우스를 클릭하면 됩니다.

복사된 스크립트는 마우스 포인터에 붙어 있습니다. 마우스 포인터를 스크립트 영역의 빈 곳으로 옮기고 마우스 왼쪽 버튼을 누르면 복사된 스크립트가 놓입니다.

이제 원래 스크립트와 반대가 되게 블록을 바꾸어야 합니다. 먼저 오른쪽선에 닿았는가? 블록 값을 **왼쪽선**으로 바꿉니다. 그리고 240 대신 **-240**을 입력합니다. 마지막으로 1번 플레이어 변수는 **2번 플레이어**가 되어야 합니다. 그림 5-23은 완성된 스크립트입니다.

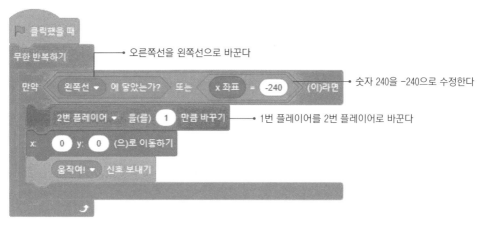

오른쪽선을 왼쪽선으로 바꾼다

숫자 240을 -240으로 수정한다

1번 플레이어를 2번 플레이어로 바꾼다

그림 5-23 4-1번 스크립트를 복사해서 수정한 왼쪽 벽에 닿았는지 확인하는 스크립트

 질문 있어요 **비슷한 스크립트를 왜 두 개씩 만드나요?**

Q 마지막에 만든 두 스크립트는 조건문이 약간 다르지만 전체적으로 거의 비슷합니다. 게다가 만약 ~(이)라면 블록 두 개를 무한 반복하기 블록 안에 위아래로 나란히 조립해 스크립트 하나로도 만들 수 있을 것 같습니다. 그렇게 하지 않은 이유가 있나요?

A 큰 프로그램을 작은 스크립트로 나누면 프로그램 흐름을 조금 더 쉽게 볼 수 있기 때문입니다. 이때도 두 스크립트로 나누어 1번 플레이어 점수와 2번 플레이어 점수를 어떻게 계산하는지 명확하게 볼 수 있었습니다. 또 스크립트를 최대한 작은 조각으로 나누면 모든 코드를 빈틈없이 만들었는지 쉽게 확인할 수 있습니다.

3.6 5번 스크립트: 게임 종료하기

〈퐁〉에서는 한쪽이 11점을 먼저 얻으면 게임이 끝납니다. 〈아침밥 전쟁〉도 어느 순간에는 끝나야 하겠죠. 이제 한쪽이 7점을 얻으면 게임을 종료하는 스크립트를 만들어 보겠습니다. 그림 5-24에서는 1번 플레이어가 이겼군요!

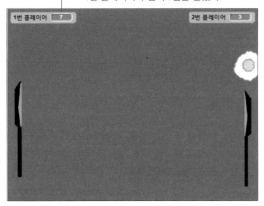

1번 플레이어가 먼저 7점을 얻었다

그림 5-24 〈아침밥 전쟁〉은 어느 한쪽이 먼저 7점을 얻으면 게임 종료

이제 다음 순서대로 5번 스크립트를 만들겠습니다.

1. **이벤트 팔레트**를 클릭하고 `클릭했을 때` 블록을 드래그해 새로운 스크립트를 시작합니다.

2. **변수 팔레트**를 클릭하고 `1번 플레이어을(를) 0로 정하기` 블록을 `클릭했을 때` 블록 아래에 조립합니다. 그런 다음 `1번 플레이어을(를) 0로 정하기` 블록을 한 번 더 드래그해 그 아래에 이어서 조립합니다. 두 번째 `1번 플레이어을(를) 0로 정하기` 블록에서 1번 플레이어를 **2번 플레이어**로 바꿉니다.

   블록 안의 숫자 0은 그대로 두세요. 새로운 게임을 공정하게 시작하려면 두 변수 값을 모두 0으로 만들어야 합니다.

3. **제어 팔레트**에서 `무한 반복하기` 블록을 `2번 플레이어을(를) 0로 정하기` 블록 아래에 조립합니다. 그런 다음 `만약 ~(이)라면` 블록을 `무한 반복하기` 블록 안에 넣어 조건문을 만듭니다.

4. **연산 팔레트**를 클릭하고 `~ 또는 ~` 블록을 `만약 ~(이)라면` 블록의 빈 육각형 위에 놓습니다.

5. `~ 또는 ~` 블록의 양쪽 빈 육각형 위에 `● = 50` 블록을 각각 놓습니다. 이제 빈 공간을 네 개 채워서 조건문을 완성해야 합니다.

6 **변수 팔레트**를 클릭하고 [1번 플레이어] 블록을 가장 왼쪽 동그라미 안에 넣습니다. 그다음 두 번째 동그라미에는 **7**을 입력합니다. 세 번째 동그라미에는 [2번 플레이어] 블록을 놓고 마지막 오른쪽 동그라미에는 **7**을 입력합니다. 즉, 이 조건은 1번 플레이어나 2번 플레이어가 7점을 얻으면 만족합니다. 스크립트는 플레이어 점수를 두 변수에 저장하고 변수 값이 7이 되었는지 계속 검사합니다.

7 **제어 팔레트**에서 [멈추기 모두] 블록을 [만약 ~(이)라면] 블록 안에 넣습니다. 즉, 이 블록은 1번 플레이어나 2번 플레이어가 7점을 얻으면 모든 스크립트를 멈춥니다.

그림 5-25는 종료 스크립트를 완성한 모습입니다.

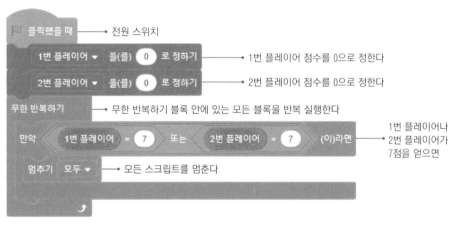

그림 5-25 1번 플레이어나 2번 플레이어가 7점을 얻으면 게임을 종료하는 스크립트

게임 점수는 변수에 저장됩니다. 변수가 잘 기억나지 않는다면 DAY 03을 다시 읽어 보세요. 무대 위 양쪽 모서리를 보면 박스 안에 숫자가 있습니다. 이 숫자는 현재 변수 값입니다. 즉, 이 변수는 플레이어의 현재 점수를 보여 줍니다. 게임을 시작하면 점수가 0입니다. 4-1번과 4-2번 스크립트에서는 계란이 프라이팬을 지나 무대 왼쪽 또는 오른쪽 벽에 부딪히면 점수를 더하게 만들었습니다. 따라서 게임을 하면 점수 숫자가 바뀝니다.

이 스크립트는 [무한 반복하기] 블록 안에서 하나씩 늘어나는 변수 값을 계속 검사하며, 값이 7이 될 때까지 기다립니다.

이제 거의 다 되었습니다. 다음으로 계란이 프라이팬에 부딪혔을 때 효과음이 나게 해 봅시다.

3.7 6번 스크립트: 프라이팬으로 계란 쳐 내기

프라이팬 윗부분이나 손잡이로 계란을 치면 어떤 소리를 낼까요? 〈아침밥 전쟁〉에서는 팡하고 살짝 터지는 소리를 골랐습니다. 그림 5-26과 같이 소리가 보이지는 않지만 마치 라켓으로 테니스 공을 치는 듯한 소리가 날 것입니다.

그림 5-26 프라이팬으로 계란을 칠 때마다 팡 소리가 나게 만들기

사실 효과음뿐만 아니라 다른 것도 만들어야 합니다. 게임에서 가장 중요한 부분이 아직 남았죠. 계란이 프라이팬에 부딪히면 방향을 바꾸어 튕겨 나가게 해야 합니다.

칩튠

칩튠이란 아케이드 게임에서 나오는 음악 스타일을 의미합니다. 컴퓨터의 사운드 칩에서 나오는 기계음이죠. 30년 전 컴퓨터는 복잡한 악기 소리를 재생할 수 없었습니다. 삐 소리만 음높이를 바꾸어 가며 낼 수 있었죠. 그 당시 게임들은 삐 소리만으로 단순한 음악을 만들어 냈습니다. 하지만 요즘에도 칩튠은 인기가 많습니다. 〈디즈니 길건너 친구들〉처럼 최신 게임에서도 레트로 스타일의 칩튠을 들을 수 있죠. 나만의 칩튠을 만들고 싶다면 beepbox.co를 사용해 보세요. 여기서 작곡한 음악을 스크래치 게임에도 넣을 수 있습니다.

이번에 만들 스크립트는 조금 길지만 주목할 점이 하나 있습니다. 바로 스프라이트의 디자인이 게임 제작을 더 편리하게 만들 때도 있다는 것입니다. 프라이팬의 회색 영역은 단순한 장식이 아니라 계란이 움직이는 방향을 결정하는 중요한 역할을 합니다.

이제 다음 순서대로 스크립트를 만드세요.

1 **이벤트 팔레트**에 있는 클릭했을 때 블록부터 시작하세요. 이 블록을 스크립트 영역에 드래그해 놓습니다.

2 **제어 팔레트**를 클릭하고 무한 반복하기 블록을 클릭했을 때 블록 아래에 조립합니다.

3 만약 ~(이)라면 블록을 무한 반복하기 블록 안에 넣어 조건문을 만듭니다.

4 **연산 팔레트**를 클릭합니다. ~ 또는 ~ 블록을 만약 ~(이)라면 블록의 빈 육각형 위에 놓습니다.

5 **감지 팔레트**를 클릭해 마우스 포인터에 닿았는가? 블록 두 개를 ~ 또는 ~ 블록의 양쪽 빈 육각형 위에 각각 놓습니다.

6 왼쪽에 놓은 마우스 포인터에 닿았는가? 블록의 선택 목록을 열고 **왼쪽 프라이팬**을 선택합니다. 오른쪽 블록도 **오른쪽 프라이팬**으로 선택합니다.

7 **제어 팔레트**로 다시 돌아갑시다. 만약 ~(이)라면 블록 두 개를 앞서 조립한 만약 ~(이)라면 블록 안에 위아래로 나란히 넣습니다. 그림 5-27과 같이 만약 ~(이)라면 블록 한 개 안에 만약 ~(이)라면 블록 두 개가 들어가면 됩니다.

<u>그림 5-27</u> 계란이 왼쪽이나 오른쪽 프라이팬에 닿았는지 검사하는 조건문을 만들고 그 안에 다시 조건문 두 개 넣기

8 `1초 기다리기` 블록을 바깥쪽 `만약 ~(이)라면` 블록 안에 넣습니다. 즉, 안쪽 두 번째 `만약 ~(이)라면` 블록 바로 아래에 조립하면 됩니다. 그림 5-28을 참고하세요.

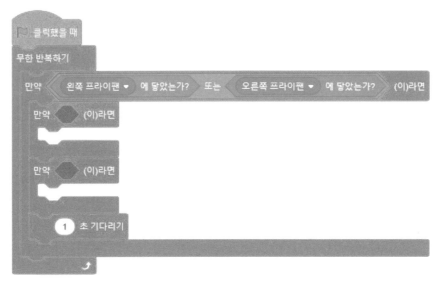

그림 5-28 1초 기다리기 블록을 두 번째 조건문 아래 넣기

`1초 기다리기` 블록 안의 숫자를 1에서 **0.01**로 수정합니다. 계란이 프라이팬에 닿았는지 검사하는 조건문 안에 조건문 두 개를 더 만들었습니다.

9 **감지 팔레트**에서 `● 색에 닿았는가?` 블록을 찾아봅시다. 이 블록 안에는 색 이름 대신 동그라미에 색이 채워져 있습니다. 이 블록을 안쪽 첫 번째 `만약 ~(이)라면` 블록과 두 번째 `만약 ~(이)라면` 블록의 빈 육각형 위에 각각 놓습니다. 계란이 프라이팬의 검은색 부분에 부딪혔을 때 일어날 일과 회색 부분에 부딪혔을 때 일어날 일을 다르게 만들 것입니다.

10 첫 번째 `● 색에 닿았는가?` 블록 안에 있는 **동그라미**를 클릭하고 **스포이드 아이콘** 🖌을 클릭합니다. 그다음 마우스 포인터를 무대로 옮겨서 **프라이팬 검은색 부분**을 클릭합니다. 동그라미 색도 똑같이 검은색으로 바뀌었는지 확인합니다.

11 두 번째 `● 색에 닿았는가?` 블록 안에 있는 **동그라미**를 클릭하고 **스포이드 아이콘** 🖌을 클릭합니다. 똑같이 마우스 포인터를 무대로 옮겨서 **프라이팬 회색 부분**을 클릭합니다. 동그라미 색도 똑같이 회색으로 바뀌었는지 확인합시다.

12 **동작 팔레트**를 클릭하고 `방향으로 15도 회전하기` 블록을 안쪽 첫 번째 `만약 ~(이)라면` 블록 안에 넣습니다. 블록 안의 화살표가 시계 방향인지 꼭 확인하세요. 그런 다음 블록의 숫자를 **180**으로 수정합니다. 이 블록은 이제 계란 각도를 시계 방향으로 180도 돌립니다.

13 `방향으로 15도 회전하기` 블록을 안쪽 두 번째 `만약 ~(이)라면` 블록 안에 넣습니다. 블록 안의 화살표가 반시계 방향인지 꼭 확인하세요. 그런 다음 블록 안에 숫자를 **90**으로 수정합니다. 이 블록은 이제 계란 각도를 반시계 방향으로 90도 돌립니다.

14 블록 팔레트 위에 있는 **소리 탭** 을 클릭합니다. 왼쪽 아래에 있는 **소리 고르기** 를 클릭해 **Pop**를 찾아 더블클릭하면 이 소리를 작업 공간으로 가져올 수 있습니다.

15 다시 **코드 탭**으로 돌아가서 **소리 팔레트**를 클릭합니다. `pop 재생하기` 블록을 `0.01초 기다리기` 블록 위에 조립합니다. 이 블록은 계란이 프라이팬에 부딪힐 때마다 터지는 소리를 재생합니다.

완성된 스크립트는 그림 5-29에서 볼 수 있습니다. 길이가 긴 만큼 하는 일도 참 많네요!

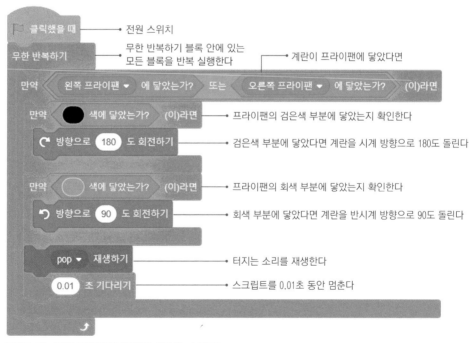

그림 5-29 계란이 프라이팬에 부딪히면 실행되는 스크립트

스크립트 마지막에 있는 0.01초 기다리기 블록은 무슨 역할을 할까요? 이 블록은 컴퓨터에 약간의 시간을 벌어 줍니다. 이 0.01초 동안 스크립트를 멈추지 않으면 어떤 일이 생길까요? 계란이 프라이팬에 붙어서 계속 헛도는 문제가 발생합니다. 즉, 0.01초 기다리기 블록은 계란이 프라이팬에서 튕겨 나와 헛돌지 않게 시간을 벌어 줍니다.

자, 이제 마지막 스크립트만 완성하면 게임을 플레이할 수 있습니다.

4 소품 준비하기

왼쪽선과 오른쪽선이 지금 어디에 놓여 있는지 확인해 보세요. 아마도 그림 5-30과 같이 아직 무대 중앙에 있을 것입니다. 이 선들을 제자리에 놓지 않으면 공이 프라이팬에 닿기도 전에 게임이 끝나 버릴 것입니다.

그림 5-30 왼쪽선과 오른쪽선을 각각 무대 맨 왼쪽과 맨 오른쪽으로 옮기기

물론 마우스를 사용해 이 스프라이트를 직접 무대 맨 왼쪽과 맨 오른쪽으로 드래그해 놓을 수도 있겠지만, 프로그램에 X좌표와 Y좌표를 지정하면 스프라이트를 항상 정확한 위치로 옮길 수 있습니다. 왼쪽선에 프로그램을 정확하게 적용하려면 스프라이트 영역에서 **왼쪽선**이 선택되어 있는지 꼭 확인하세요.

이제 왼쪽선에 다음 순서대로 스크립트를 만들어 적용합니다.

1 **이벤트 팔레트**를 클릭하고 `클릭했을 때` 블록을 스크립트 영역에 놓습니다.

2 **제어 팔레트**를 클릭하고 `무한 반복하기` 블록을 `클릭했을 때` 블록 아래에 조립합니다.

3 **동작 팔레트**에서 `x:0 y:0(으)로 이동하기` 블록을 `무한 반복하기` 블록 안에 넣습니다. X좌표 값을 **−240**으로 수정하세요. 이 좌표는 무대 맨 왼쪽을 의미합니다. Y좌표 값이 **0**인지도 확인하세요. 왼쪽선을 Y축 가운데 놓아야 무대 위아래를 모두 막을 수 있습니다.

스크립트는 여기까지가 전부입니다. 그림 5−31과 같이 매우 단순하죠.

그림 5−31 왼쪽선을 무대 맨 왼쪽으로 옮기는 스크립트

이제 이 스크립트를 오른쪽선으로 복사하고 X좌표 값을 수정해야 합니다. 먼저 스크립트를 복사합시다.

스크립트 가장 위에 있는 `클릭했을 때` 블록을 클릭한 채 전체 스크립트를 드래그해 스프라이트 영역으로 가져갑니다. 스크립트를 오른쪽선 스프라이트에 놓으면 됩니다. 이전에도 설명했듯이 마우스 왼쪽 버튼을 놓아도 파란색 테두리 위치가 바뀌지 않으나 스크립트는 분명 오른쪽선 스프라이트로 복사됩니다.

오른쪽선 스프라이트를 클릭하면 스크립트 영역에 복사된 스크립트를 확인할 수 있습니다. 오른쪽선 스프라이트는 무대 가장 오른쪽에 놓아야 합니다. 블록의 X좌표 값을 −240에서 **240**으로 수정합니다.

드디어 첫 번째 게임을 완성했습니다! 이제 게임을 플레이할 수 있습니다. 같이 플레이할 친구를 데려와서 〈아침밥 전쟁〉을 시작해 보세요.

5 게임이 잘 실행되지 않나요?

복잡한 게임을 만들면 누구든 조금씩 실수할 수 있습니다. 책 스크립트와 똑같이 만들려고 노력해도 프로그램에 버그[2]가 있을 수 있죠. 여기서는 〈아침밥 전쟁〉에서 발생할 수 있는 문제 해결책을 제공합니다. 그 전에 먼저 여러분이 만든 스크립트를 책의 스크립트와 꼼꼼하게 하나씩 비교해 보고 뭔가 실수한 점은 없는지 확인하세요. 실수하지 않은 것 같은데도 여전히 게임에 문제가 있다면 다음 몇 가지 내용을 살펴봅시다.

5.1 레이어 문제

스크래치의 각 스프라이트에는 투명한 레이어가 하나 더 있습니다. 비유로 이해해 봅시다. 진짜 계란프라이를 하나 구웠다고 생각해 보세요. 이제 식탁에 비닐랩을 한 장 깔고 그 위에 계란프라이를 올립니다. 그런 다음 비닐랩을 한 장 더 뜯어서 계란 위에 올립니다. 그럼 마치 계란이 샌드위치처럼 비닐랩 사이에 놓이게 됩니다. 이제 진짜 프라이팬을 들고 〈아침밥 전쟁〉처럼 계란 옆을 톡톡 쳐 봅시다. 계란이 비닐랩 사이에 있기 때문에 잘 움직이지 않을 것입니다. 스크래치에서도 이와 비슷한 문제가 발생할 수 있습니다. 스프라이트에 붙어 있는 투명한 레이어가 다른 스프라이트에 문제를 일으킬 수 있습니다.

이 문제를 해결하는 방법은 간단합니다. 무대 위 계란을 드래그해 왼쪽이나 오른쪽으로 살짝 옮겨 봅시다. 이러면 계란의 레이어가 맨 위로 올라갑니다. 다른 스프라이트를 옮긴 후에도 항상 계란을 한 번 더 움직여서 레이어가 맨 위로 올라오게 하세요.

5.2 계란이 흔들려요

계란이 프라이팬에 맞을 때 간혹 계란이 빠르게 흔들리다가 다시 튕겨 나오는 것을 볼 수 있습니다. 마치 진짜 계란프라이가 프라이팬 위에서 튀어 오르는 것처럼 말이죠. 이 문제는 우리가 만든 프로그램 코드에서 발생하는 것이 아닙니다. 스크래치가 스프라이트의 이동 방향을 잠시 혼동해서 발생하는 문제입니다.

2 　역주　컴퓨터 같은 소프트웨어에서 프로그램 오작동이나 오류가 발생하는 것을 의미합니다.

이 버그를 해결하려면 6번 스크립트를 살펴보아야 합니다. 앞서 계란을 시계 방향으로 180도 돌리는 블록과 반시계 방향으로 90도 돌리는 블록을 사용했습니다. 버그의 원인은 스프라이트 크기가 이 각도에 맞지 않기 때문입니다.

이 문제는 두 가지 방법으로 해결할 수 있습니다. 첫 번째 방법은 스프라이트 영역에서 계란 크기를 약간 더 줄이는 것입니다. 두 번째 방법은 버그가 발생하지 않는 다른 각도를 사용하는 것입니다. 계란 크기를 줄이는 방법부터 시도하면 쉽습니다. 계란 크기를 줄이고 싶지 않다면 ` ↻ 방향으로 180도 회전하기 ` 블록의 숫자를 90으로 수정해 보세요.

6 정리하기

첫 번째 게임을 완성한 여러분은 이제 공식적으로 프로그래머가 되었습니다. 이제 코드를 마음껏 만들어 볼 차례입니다. 〈아침밥 전쟁〉을 크게 바꿀 수 있는 여러 도전 과제를 살펴봅시다.

6.1 마음껏 해 보아요

〈아침밥 전쟁〉 같은 게임에서는 속도가 게임 재미를 좌우합니다. 이 게임 속도를 바꾸는 방법은 두 가지가 있습니다. 그것은 바로 프라이팬 속도를 바꾸거나 계란 속도를 바꾸는 것입니다.

 도전해 보세요!

프라이팬이 움직이는 속도를 빠르게 하거나 느리게 하고 싶다면 어떻게 해야 할까요? 프라이팬을 움직이는 스크립트에서 사용했던 ` y 좌표를 5만큼 바꾸기 ` 블록에 다른 숫자를 입력하면 됩니다. 5보다 작은 숫자를 입력하면 프라이팬이 더 느리게 움직이고, 반대로 5보다 큰 숫자를 입력하면 더 빠르게 움직입니다. 게임을 더 어렵게 만들고 싶거나 더 쉽게 만들고 싶다면 여러 값을 실험해 보고 적당한 속도를 고르세요.

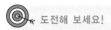

그렇다면 계란이 움직이는 속도를 빠르게 하거나 느리게 하려면 어떻게 해야 할까요? 계란을 움직이는 2번 스크립트에서는 [7만큼 움직이기] 블록으로 계란 속도를 조절했습니다. 7보다 더 큰 숫자를 입력하면 계란 속도가 빨라집니다. 반면 계란이 너무 빠르다면 3에서 5 사이 숫자를 시도해 보세요. 계란이 느려서 게임이 너무 쉽다면 10이나 12 정도로 올려 보세요. 계란이 빨라도 충분히 이길 수 있나요? 아니면 게임 난이도를 두 개로 나누어 보세요. 어린이 플레이어를 위한 느린 계란과 어른 플레이어를 위한 빠른 계란을 만들 수 있을 것입니다.

계란이 프라이팬에 부딪히면 터지는 소리가 나게 만들었습니다. 하지만 스크래치에는 다른 효과음도 많습니다. 스크래치의 소리 고르기에 있는 여러 소리를 들어 보고 게임에 넣어 봅시다. 블록 팔레트 위에 있는 소리 탭을 클릭하면 소리 화면으로 바뀝니다. 소리 고르기 🎵 를 클릭하면 소리 고르기를 열 수 있습니다. 소리 고르기에 마우스 포인터를 올리고 녹음하기 🎤 를 클릭해 효과음을 직접 녹음할 수도 있습니다.

6.2 무엇을 배웠나요?

게임을 신나게 플레이하기 전에 DAY 03에서 배운 컴퓨터 과학 개념을 어떻게 사용했는지 생각해 봅시다.

- 모든 스크립트에서 전원 스위치를 사용했습니다.
- X좌표와 Y좌표를 지정해 계란 스프라이트를 무대 중앙으로 옮겼습니다.
- 조건문을 사용해 계란을 움직였습니다.
- 반복문을 사용해 플레이어가 다른 명령을 입력하지 않아도 게임이 계속 실행되게 만들었습니다.
- 변수를 만들고 플레이어 점수를 저장했습니다.
- ⬤ 색에 닿았는가? 블록과 불을 사용해 계란이 프라이팬에 부딪혔을 때 방향을 바꾸었습니다.
- 신호를 보내서 멈추어 있던 계란을 움직이게 만들었습니다.

DAY 03에서 배운 여덟 가지 핵심 개념 중에서 일곱 가지를 실제로 사용해 보았습니다. 책의 남은 게임에도 이 개념을 실습할 수 있는 다양한 예제가 담겨 있습니다. 이외에 다음 내용도 배웠습니다.

- 각도를 사용해 계란의 이동 방향을 바꾸고 게임을 더욱 흥미진진하게 만들었습니다.
- 프라이팬이라는 가상의 라켓을 화면 위아래로 움직이게 하는 방법을 배웠습니다.
- 게임에 효과음을 넣을 수 있습니다.
- 게임 점수를 저장하고 사용하는 방법을 배웠습니다.

〈아침밥 전쟁〉을 충분히 즐겼다면 이제 다음으로 넘어갈 마음의 준비를 합시다. 다음에 만들 것은 제목이 〈마법사 대 유령〉인 재미있는 순발력 테스트 게임입니다. 여러분은 마법사가 되어서 마법 지팡이로 유령을 없애야 합니다.

셋째 마당

게임 만들고
플레이하기

마지막 셋째 마당은 총 아홉 개의 DAY로 구성되고, 둘째 마당과 같은 형식으로 게임 네 개를 만듭니다. 하지만 둘째 마당과 다르게 보조 바퀴를 제거하고 두발자전거를 타듯 빠르게 진행하겠습니다. 지금쯤이면 게임을 직접 설계할 수 있고, 코드에 필요한 블록을 쉽게 찾을 정도로 스크래치에 충분히 익숙해졌을 것입니다.

그럼 이제 두발자전거로 갈아탈 준비가 되었나요? DAY 06에서 DAY 13까지는 게임을 만드는 방법을 설명합니다. 마지막 DAY 14에서 게임을 공유하는 방법까지 모두 배우면 여러분도 스크래치 커뮤니티의 어엿한 일원이 될 수 있습니다.

마법사 대 유령: 디자인하기

아주 오래 전 강력한 마법사가 있었습니다. 하지만 마법사에게는 골칫거리 숙적이 있었죠. 바로 유령이었습니다. 유령을 퇴치하려면 마법 지팡이로 주문을 걸어야 합니다. 어느 날 밤 마법사는 이 귀찮은 유령을 다 쓸어버리기로 결심하고는 넓은 들판으로 나가 유령이 날아오기를 기다렸습니다. 잠시 후 하늘에서 유령들이 마법사를 향해 내려오기 시작했습니다. 마법사는 유령이 땅에 닿기 전에 모두 물리쳐야 합니다. 마법사가 주문을 걸기 시작하면 그림 6-1과 같이 마법 지팡이에서 빨간색 불꽃이 발사됩니다.

그림 6-1 마법사 대 유령 게임 화면(들판과 밤하늘을 그린 배경, 마법사, 유령, 빨간 불꽃, 경계선으로 구성되었고, 경계선은 화면에 보이지 않는다)

〈마법사 대 유령〉 게임은 인텔리비전의 〈아스트로스매시〉와 비슷한 고정 슈팅 게임입니다. 〈아스트로스매시〉는 하늘에서 떨어지는 소행성들이 지면에 닿기 전에 우주 대포로 블라스터 빔을 발사해 떨어트리는 게임입니다. 〈마법사 대 유령〉에서는 마법사 지팡이로 빨간색 불꽃을 발사해 유령을 물리쳐야 합니다. 또 마법사는 초원 위를 좌우로 움직이면서 하늘에서 내려오는 유령을 피해야 합니다. 플레이어는 유령이 지면에 닿으면 점수를 잃고, 유령을 맞히면 점수를 얻습니다.

DAY 04와 마찬가지로 게임에 사용할 스프라이트를 그리면서 미술의 기본 개념을 배웁니다.

- 스프라이트 크기를 알맞게 조절할 수 있습니다.
- 스프라이트가 주변 사물과 어울리게 비율을 조절하는 방법을 배웁니다.
- 스프라이트를 구성하는 요소의 비례를 조절해 스프라이트 균형을 유지합니다.
- 삼분할 법칙을 사용해 배경을 그립니다.
- 플레이어 시선이 화면 어디를 향할지 생각하고, 스프라이트를 적절한 위치에 놓는 방법을 배웁니다.

DAY 04에서 진행한 순서처럼 먼저 밤하늘 배경부터 만들어 봅시다.

1 비율, 축척, 삼분할 법칙으로 배경 준비하기

유령은 밤에 출몰합니다. 어두운 파란색이나 검은색 배경은 하얀색 유령이 눈에 더 잘 보이게 합니다. 배경은 세 부분으로 나뉩니다. 배경 위에는 별이 무수히 펼쳐지고 화면 아래에는 초록색 잔디가 있습니다.

1.1 밤하늘 배경 그리기

그림 6-2 배경은 게임 색감을 결정합니다. 배경 역할은 유령이나 마법사처럼 주목을 받는 것이 아니라 이들을 보조합니다.

그림 6-2 〈마법사 대 유령〉 게임의 배경을 장식할 초원과 밤하늘 그리기

플레이어는 으스스한 밤에 유령을 피하거나 맞혀야 합니다. 이러한 전개는 게임 긴장감을 높여 줍니다. 밤하늘 배경은 이러한 분위기에 잘 어울립니다. 밤은 오싹하고 사악한 모든 존재가 놀러 나와 저주의 속삭임을 노래하는 시간이죠.

이제 블록 팔레트 위에 있는 **배경 탭** 을 클릭해 밤하늘 배경을 그릴 준비를 하세요.

1 캔버스 왼쪽 아래에 있는 **비트맵으로 바꾸기** 비트맵으로 바꾸기 를 클릭합니다.

2 **채우기 색**에서 **가장 어두운 초록색**을 클릭하고 **선 툴** 을 클릭합니다.

3 캔버스 아래쪽에서 위쪽으로 1/3 정도 높이에 초록색 수평선을 그립니다.

4 **채우기 색 툴** 을 클릭하고 수평선 아래 영역을 클릭해 초록색으로 칠합니다.

5 **채우기 색**에서 **가장 어두운 파란색**이나 **검은색**을 선택합니다. 수평선 위 영역을 클릭해서 밤하늘을 그립니다.

6 **채우기 색**에서 **옅은 노란색**이나 **하얀색**을 선택합니다. 이 색으로 별을 그릴 것입니다. 별이 눈에 잘 띌 수 있도록 밤하늘을 그렸던 색과 대조를 이루는 색을 선택하세요. 예를 들어 밤하늘을 검은색으로 그렸다면 하얀색을 선택합시다.

7 **붓 툴** 을 사용해 그림 6-3과 같이 무대 위 1/3 지점에 이곳저곳 점을 찍습니다. 점을 나란히 찍지 말고 최대한 흩뿌려서 찍어 보세요. 별자리가 어떻게 생겼는지 알고 있다면 몇 개 그려도 좋습니다. 무대 맨 윗부분의 별들은 서로 가깝게 그리고, 무대 아래쪽으로 내려갈수록 조금씩 별 사이 간격을 늘려 줍시다.

그림 6-3 무대 윗부분에 노란색 점으로 별 그리기

게임에 사용할 배경이 완성되었습니다.

하늘을 검은색으로 칠하는 것이 좋을까요? 파란색으로 칠하는 것이 좋을까요?

Q 검은색 하늘이 좋을까요? 파란색 하늘이 좋을까요?

A 이러한 종류의 질문에는 딱히 정답이 없습니다. 하지만 어떤 색이 좋을지 고민하는 것부터가 좋은 아티스트가 되는 길이라고 생각합니다. 미술에서 무언가를 결정할 때는 내 마음이 가는 대로, 내가 좋아 보이는 것으로 결정하면 됩니다. 이런저런 것을 시도해 보고 어느 것이 제일 나아 보이는지 직접 비교하는 것도 좋습니다. 배경 하늘을 검은색으로 그렸다면 배경을 복사해서 하늘을 파란색으로 바꾸고 비교해 봅시다. 이제 여러분도 어엿한 아티스트입니다.

마법사와 유령을 그리기 전에 스프라이트와 무대가 잘 어울리는 비율과 비례를 먼저 알아봅시다.

1.2 비율과 비례란?

안녕하세요. 새디입니다. 우리 집 거실에는 제가 어렸을 때 그린 우리 가족 그림이 있어요. 우리 엄마는 키가 작은데 저는 엄마를 제일 크게 그렸죠. 우리 아빠는 키가 진짜 큰데, 그림에서는 제일 작게 그렸어요. 제 모습은 엄마만큼이나 크게 그렸고, 가브리엘 몸은 반쪽만 그렸지요. 정말 비율이 안 맞는 그림이에요.

여러분도 비율과 비례를 들어 본 적이 있을 것입니다. 비율은 두 사물의 크기를 비교한 것입니다. 예를 들어 그림 6-4와 같이 커다란 참나무는 당연히 사람보다 훨씬 더 큽니다. 아티스트는 그림의 모든 사물과 사람 비율을 생각하고, 이들이 서로 어울리게 그려야 합니다. 예를 들어 풍선을 들고 있는 남자를 그린다고 가정해 봅시다. 풍선이 남자 얼굴보다 약간 작게 보인다면 그림에서도 풍선을 얼굴보다 작은 타원으로 그려야 합니다. 그림을 그럴듯하게 그리려면 비율을 잘 생각해야 합니다.

이 고양이는 비율이 잘 맞지 않는데, 나무보다 커서 비현실적이다

이 고양이는 나무와 비율이 잘 맞는데, 보통 고양이는 나무보다 훨씬 더 작다

그림 6-4 스프라이트 고르기에 있는 나무와 기본 고양이가 있는 무대(왼쪽 고양이는 나무와 비율이 잘 맞는 반면, 오른쪽 고양이는 너무 커서 비현실적으로 보인다)

반면 비례는 전체 중 일부분의 크기를 의미합니다. 예를 들어 얼굴 전체에서 눈이 얼마나 큰지 보는 것이죠. 비례를 잘 맞추면 사물의 모든 부분을 알맞게 놓으면서 균형 잡힌 그림을 그릴 수 있습니다. 한 가지 예를 들어 볼까요? 보통 사람의 두 눈 사이 간격은 눈 하나의 길이와 똑같습니다. 믿기지 않는다면 왼손 엄지손가락과 검지손가락을 벌려서 왼쪽 눈 양 끝에 대고 길이를 재 봅시다. 그런 다음 손가락 사이의 거리를 유지한 채 손을 오른쪽으로 옮겨서 엄지손가락이 왼쪽 눈 끝에 닿고 검지손가락이 오른쪽 눈 끝에 닿게 합니다. 길이가 똑같다는 것을 알 수 있습니다. 이제 손을 펴고 여러분 얼굴을 감싸면 손이 얼굴보다 약간 더 작을 것입니다. 발은 어떨까요? 보통 발은 손보다 더 깁니다. 그림 6-5를 한번 보세요. 이제 사람을 그릴 때는 두 눈의 크기와 눈 사이의 거리에 신경을 쓰세요. 또 머리와 손, 발도 적당한 크기로 그려야 합니다. 이 비례 법칙은 픽셀로 그린 사람을 그릴 때도 마찬가지입니다.

두 눈이 눈 하나 길이만큼 떨어져 있다

손은 얼굴보다 약간 작다

발은 손보다 크다

그림 6-5 스프라이트 고르기에 있는 Devin으로 만화인데도 신체 비례가 잘 맞음

비율은 외형적인 개념입니다. 서로 다른 두 물체의 크기가 잘 어울리는지 보는 것이죠. 반면 비례는 내면적인 개념입니다. 한 물체 안의 여러 부분이 잘 어울리는지 봅니다. 좋은 게임을 디자인하려면 각 스프라이트를 비례에 맞게 잘 그려야 하고, 무대와 배경의 모든 사물도 잘 어울릴 수 있게 비율에 신경을 써야 합니다.

앞서 그렸던 밤하늘 배경은 비율이 잘 맞습니다. 배경 아래쪽에 그린 초원은 화면의 1/3 정도를 차지합니다. 화면 위 1/3 지점에는 별들을 그렸습니다. 이렇게 화면을 나누는 방식을 삼분할 법칙이라고 합니다.

1.3 삼분할 법칙이란?

A4 용지를 하나 준비합시다. 종이를 세로 방향으로 들고 양 끝을 잡으세요. 양 끝을 가운데로 모아서 종이를 삼등분해 접습니다. 종이를 다시 펴고 이번에는 가로 방향이 되게 돌립니다. 그런 다음 양 끝을 잡고 다시 삼등분해 접습니다. 종이를 다시 펴면 그림 6-6과 같이 사각형 아홉 개를 볼 수 있습니다.

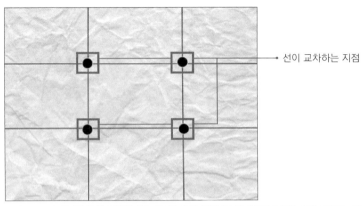

선이 교차하는 지점

그림 6-6 A4 용지를 두 번 접어서 가로, 세로로 각각 삼등분한 결과(종이가 접힌 선이 교차하는 지점은 총 네 개다)

이제 이 종이에서 삼분할 법칙을 찾을 수 있습니다. 삼분할 법칙은 종이에 생긴 교차점 네 개 위에 중요한 사물들을 모아 놓으면 보기 좋은 그림을 그릴 수 있다는 것입니다. 사람의 눈은 생각보다 깐깐합니다. 어딘가 균형이 안 맞는 그림을 보면 거슬린다는 느낌을 받습니다. 사물이 중앙으로 몰린 그림을 보면 불편하지는 않지만 지루하다고 느끼며, 사물이 오른쪽이나 왼쪽 끝에 몰려 있으면 무언가 불편합니다. 하지만 그림 6-7과 같이 사물들이 오른쪽에 몰려 있어도 교차점 위에 있으면 그림이 보기 좋습니다. 보기 편안한 그림을 그리려면 삼분할 법칙을 사용해 구도를 잡는 것이 좋습니다.

그림 6-7 고양이와 나무를 무대 중앙에 그리지 않고 삼분할 법칙을 사용해 배치

하지만 종이와 달리 컴퓨터 화면은 접을 수 없습니다. 따라서 종이를 접었던 선들이 화면 어디에 있는지 눈으로 어림짐작해야 합니다. 다행히 앞서 그린 밤하늘 배경에서는 조금 더 쉽

게 구도를 잡을 수 있었습니다. 배경의 아래 1/3 지점에는 초원을 그렸고, 배경의 위 1/3 지점에는 별을 그렸습니다. 따라서 이 가상의 선 위에 손쉽게 스프라이트들을 배치할 수 있습니다. 이 명당에 먼저 마법사 스프라이트를 그려 봅시다.

2 스프라이트 그리기

삼분할 법칙은 게임의 사물을 배치하는 데 사용하지만 마법사 스프라이트를 그릴 때도 사용할 수 있습니다. 이 마법의 숫자 3을 사용해 마법사를 세 부분으로 나누어서 그릴 것입니다. 또 유령의 뿌연 가장자리를 회색으로 그릴 때도 이 숫자를 활용합니다. 앞으로 다른 게임을 만들 때도 숫자 3을 어디에 활용할 수 있을지 고민해 보세요. 이제 마법사 스프라이트를 그려 봅시다. 먼저 스프라이트 영역에 있는 기본 고양이를 지우세요.

2.1 마법사 그리기

그림 6-8과 같이 보라색 망토와 모자를 쓴 마법사를 그릴 것입니다. 그리고 마법사는 유령에게 불꽃을 발사할 지팡이를 들었습니다.

그림 6-8 보라색 망토와 모자를 걸친 마법사 그리기

마법사가 그럴듯하게 보이려면 앞서 배운 비례를 잘 활용해야 합니다. 물론 이 세상에 유령이나 마법사 같은 것은 없죠. 하지만 여전히 비례의 기본 법칙을 활용할 수 있습니다. 예를 들어 마법사의 눈을 그린 후 눈 크기에 따라 입 크기를 결정할 수 있습니다. 아니면 마법사의 머리 크기에 따라 모자를 얼마나 크게 그릴지 생각할 수도 있습니다.

이제 스프라이트 영역에서 **그리기** 를 클릭해 다음 순서대로 마법사를 그리세요.

1 캔버스 왼쪽 아래에 있는 **비트맵으로 바꾸기**를 클릭합니다.

2 캔버스 오른쪽 아래에 있는 돋보기 아이콘 에서 **더하기 기호가 그려진 돋보기**를 네 번 정도 클릭합니다.

3 **붓 툴**을 클릭하고 굵기는 **4**로 조절한 후 채우기 색에서 그림 6-9와 비슷한 **색**을 선택합니다.

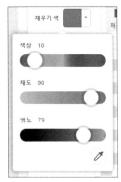

그림 6-9 채우기 색에서 마법사 얼굴을 그릴 색 선택

4 캔버스 중앙에 있는 더하기 기호 근처에 가로는 격자 무늬 5칸(픽셀 열 개), 세로는 격자 무늬 4칸(픽셀 여덟 개) 크기의 사각형을 그려서 마법사 머리를 만들어 줍시다. 그런 다음 **채우기 색 툴**을 사용해 그림 6-10과 같이 사각형을 채웁니다.

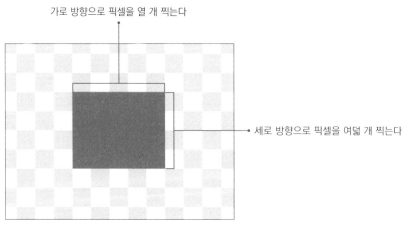

가로 방향으로 픽셀을 열 개 찍는다

세로 방향으로 픽셀을 여덟 개 찍는다

그림 6-10 붓 툴로 픽셀을 찍어서 마법사 머리가 될 사각형 그리기

5 **채우기 색**에서 **어두운 보라색**을 선택하고 **선 툴**을 클릭합니다. 사각형 바로 아래에 같은 길이로 보라색 선을 그립니다.

6 다음으로 계단 기법을 사용해 대각선을 그립시다. 먼저 **붓 툴**을 클릭하고 보라색 선의 오른쪽 끝 바로 아래에 픽셀을 하나 찍습니다. 그 오른쪽에도 하나 더 찍습니다. 이 과정을 한 번 더 반복합니다. 그 아래에 픽셀을 찍고, 그 오른쪽에 하나 더 찍습니다. 이 과정을 네 번 더, 즉 총 여섯 번 반복하세요. 그런 다음 마지막 픽셀 아래에 픽셀을 하나 더 찍습니다. 잘 모르겠다면 그림 6-11을 참고하세요.

7 마지막에 찍은 픽셀 바로 아래에 수평선을 그립니다. 머리 바로 아래에 그렸던 보라색 선과 평행하도록 그리고 왼쪽 끝을 나란히 맞추세요. 그림 6-11과 같이 마법사 옷의 바닥 부분을 그리는 것입니다.

8 두 수평선을 잇는 마지막 수직선을 그려서 옷의 윤곽선을 완성한 후 옷 전체를 보라색으로 칠합니다. 픽셀을 하나하나 찍어도 되지만 시간을 절약하기 위해 **채우기 색 툴**을 사용합시다. 이제 마법사 옷을 완성했습니다.

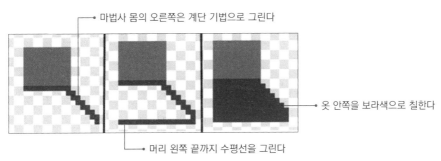

그림 6-11 계단 기법을 사용해 마법사 옷을 그리고 보라색으로 칠하기

9 이제 머리 위쪽으로 가 봅시다. **5**에서 그렸던 선과 마찬가지로 **붓 툴**을 사용해 머리 바로 위에 보라색 선을 그립니다.

10 선 맨 왼쪽 바로 위에 픽셀 세 개를 위로 나란히 찍습니다. 맨 오른쪽 위에도 똑같이 그리세요.

11 **10**에서 그린 왼쪽과 오른쪽 선의 끝에서 가운데로 모이는 대각선을 그립니다. 픽셀을 네 개 찍으면 그림 6-12와 같이 두 대각선의 양 끝 픽셀이 맞닿게 될 것입니다. 그런 다음 이 두 픽셀의 가운데 위에 픽셀을 하나 더 찍어서 끝을 뾰족하게 만듭니다.

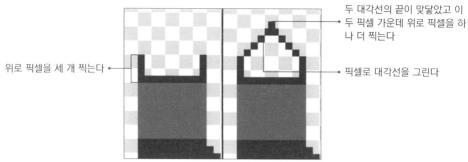

위로 픽셀을 세 개 찍는다 →

두 대각선의 끝이 맞닿았고 이 두 픽셀 가운데 위로 픽셀을 하나 더 찍는다

픽셀로 대각선을 그린다

그림 6-12 마법사 모자를 오각형 모양으로 그리기

12 **채우기 색 툴**로 모자를 색칠합니다. 보라색 모자도 완성했습니다.

13 이제 마법사 팔을 그려 봅시다. **채우기 색**을 클릭하고 **스포이드 아이콘** 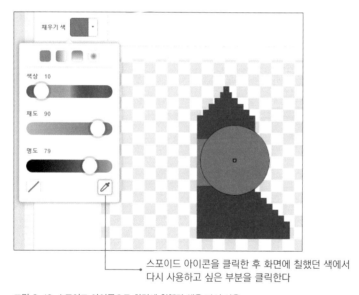을 클릭합니다. 그림 6-13과 같이 **스포이드 아이콘**으로 이전에 칠했던 색을 다시 사용할 수 있습니다.

스포이드 아이콘을 클릭한 후 화면에 칠했던 색에서 다시 사용하고 싶은 부분을 클릭한다

그림 6-13 스포이드 아이콘으로 화면에 칠했던 색을 다시 사용

14 마법사 얼굴을 클릭하면 현재 색이 다시 피부색으로 바뀝니다.

15 **붓 툴**을 클릭합니다. 마법사의 옷 중간쯤에 픽셀 세 개를 대각선으로 찍어서 왼팔을 그립니다. 오른팔도 왼팔과 비슷한 높이에 있어야 합니다. 왼팔 맨 위에 찍은 픽셀에서 왼쪽으로 마우스를 움직인 후 마법사 옷에서 픽셀 네 개를 왼쪽으로 나란히 찍으세요. 이제

오른팔에 지팡이를 쥐어 줍시다. **채우기 색**에서 **어두운 갈색**을 선택한 후 그림 6-14와 같이 수직으로 픽셀을 다섯 개 찍어서 지팡이가 마법사 오른팔과 교차하도록 만드세요.

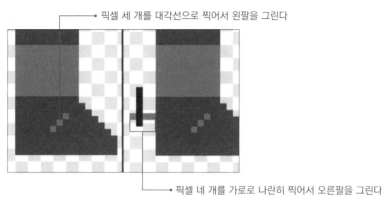

픽셀 세 개를 대각선으로 찍어서 왼팔을 그린다

픽셀 네 개를 가로로 나란히 찍어서 오른팔을 그린다

그림 6-14 픽셀 몇 개로 마법사 팔 그리기

16 다음으로 마법사 눈을 그려 줍시다. **채우기 색**에서 **하얀색**을 선택합니다. 마법사 얼굴 가운데에 픽셀을 네 개 찍어서 사각형을 하나 그립니다. 왼쪽에 사각형을 하나 더 그려서 두 눈을 만들어 주세요. 그림 6-15의 1단계처럼 그리면 됩니다.

17 **채우기 색**에서 **검은색**을 선택한 후 양쪽 눈 안에 픽셀을 하나씩 찍어서 눈동자를 그립니다. 눈동자를 어디에 그릴지는 자유입니다. 그림 6-15의 2단계에서는 왼쪽 위에 찍었습니다.

18 **채우기 색**에서 **빨간색**을 선택하고 얼굴 아래쪽에 픽셀 두 개를 나란히 찍어서 입을 그려줍니다. 그림 6-15의 3단계처럼 그리면 됩니다.

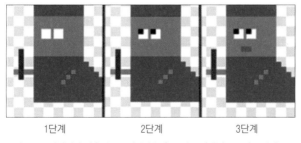

1단계   2단계   3단계

그림 6-15 하얀색과 검은색으로 마법사 눈을 그리고 빨간색으로 입 그리기

다 그렸습니다! 그림 6-16과 같이 걱정스러운 표정의 마법사가 완성되었습니다. 스프라이트 영역으로 가서 스프라이트 이름을 **마법사**로 바꾸어 줍시다.

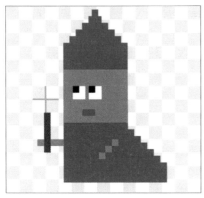

그림 6-16 유령들과 싸울 준비가 된 마법사 스프라이트

마법사는 지금 무대 중앙쯤에 놓여 있을 것입니다. 하지만 플레이어가 마법사에 주목할 수 있게 하려면 보기 좋은 위치에 놓아야 합니다.

이제 삼분할 법칙을 사용해 무대를 영역 아홉 개로 나누어 봅시다. 종이처럼 접을 수 없으니 대강 상상으로 나누어야 합니다. 잘 떠오르지 않는다면 그림 6-17을 보세요. 그림 위치를 잘 보고 무대에 있는 마법사를 옮겨 봅시다.

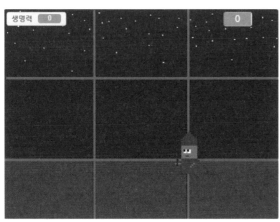

그림 6-17 무대 위 마법사를 눈에 잘 띄는 위치로 옮기기(삼분할 법칙을 사용해 화면을 가상의 선으로 나누고 선이 교차하는 지점 위에 놓자)

질문 있어요 **우리가 그린 마법사는 비례가 잘 맞나요?**

Q 마법사를 픽셀로 그렸지만, 비례가 잘 맞는지 모르겠어요.

A 비례가 좋다고 할 수도 있고, 나쁘다고 할 수도 있습니다. 예를 들어 마법사의 양 팔은 길이가 같아야 할 것입니다. 그리고 마법사의 몸은 입보다 훨씬 더 커야 합니다. 그러나 비례를 잘 이해하고 마법사를 유심히 살펴보면 어떤 느낌을 강조하는 데 비례를 활용할 수도 있다는 것을 알 수 있습니다. 예를 들어 책에서는 마법사가 연약해 보이도록 눈을 다소 크게 그렸습니다. 유령과 싸우는 것은 무서우니까요. 그림 일부분을 크게 강조하거나 축소하면 그림의 개성을 강조할 수 있습니다. 예를 들어 평범해 보이는 동물을 무섭게 그리고 싶다면 이빨을 크게 그려 보세요. 다른 예로 사람 목을 유난히 길게 그리면 우아해 보입니다. 이외에도 비례를 약간 왜곡하면 어떤 느낌을 줄 수 있는지 생각해 보세요.

2.2 유령 그리기

이제 마법사를 공격할 유령을 만들어 봅시다. 〈마법사 대 유령〉 게임에서는 그림 6-18과 같이 생긴 유령이 여럿 출몰하지만 스프라이트는 하나만 그리면 됩니다. 나머지 유령은 게임 도중에 복사할 것입니다.

그림 6-18 하늘에 멈추어 있는 그다지 무서워 보이지 않는 유령(하지만 땅으로 떨어질 때는 조심해야 한다)

다시 스프라이트 영역에서 **그리기**를 클릭해 다음 순서대로 유령 스프라이트를 그리세요.

1 캔버스 왼쪽 아래에 있는 **비트맵으로 바꾸기**를 클릭합니다.

2 캔버스 오른쪽 아래에 있는 돋보기 아이콘에서 **더하기 기호가 그려진 돋보기**를 네 번 정도 클릭합니다.

3 **붓 툴**을 클릭하고 굵기는 **4**로 조절합니다. **채우기 색**에서 **조금 짙은 회색**을 선택합니다. 우리는 회색 레이어 세 개로 유령을 그릴 것입니다. 그러니 이보다 더 옅은 회색이 최소한 두 개는 더 필요합니다.

4 캔버스 가운데 근처에 격자 무늬 6칸짜리(픽셀 12개인) 수평선을 그립니다. 유령은 좌우 대칭이 되게 그릴 것입니다. 즉, 유령의 좌우를 잡고 가운데로 나누면 양쪽이 똑같아야 합니다. 유령의 오른쪽에 무언가를 그렸다면 왼쪽에도 똑같이 그려야 합니다.

5 수평선 양 끝에 아래쪽으로 내려가는 대각선을 두 개 그립니다. 대각선 길이는 각각 픽셀 세 개씩입니다.

6 대각선 양 끝에서 아래쪽으로 내려가는 수직선을 두 개 그립니다. 수직선 길이는 각각 격자 무늬 6.5칸(픽셀 13개)입니다.

7 두 수직선을 이어서 유령을 완성할 차례입니다. 그냥 직선으로 그리면 밋밋하니 그림 6-19와 같이 대각선을 위아래로 반복해 그립시다.

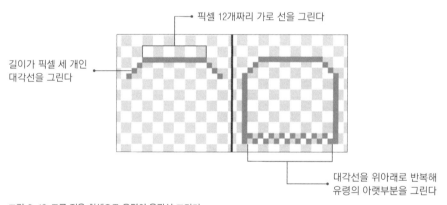

픽셀 12개짜리 가로 선을 그린다

길이가 픽셀 세 개인 대각선을 그린다

대각선을 위아래로 반복해 유령의 아랫부분을 그린다

그림 6-19 조금 짙은 회색으로 유령의 윤곽선 그리기

8 색을 **한 단계 더 옅은 회색**으로 바꾼 후 유령의 윤곽선 바로 안쪽에 윤곽선을 하나 더 그립니다. 그림 6-20과 같이 옅은 회색과 진한 회색이 맞닿게 그리면 됩니다.

9 **8**보다 **한 단계 더 옅은 회색**으로 바꾼 후 그림 6-20과 같이 유령의 안쪽에 한 번 더 윤곽선을 그립니다. 마찬가지로 옅은 회색과 진한 회색이 맞닿게 그립니다.

10 **채우기 색 툴**을 클릭하고 **채우기 색**에서 **하얀색**을 선택합니다. 유령 안쪽을 클릭해 나머지 부분을 하얀색으로 칠합니다.

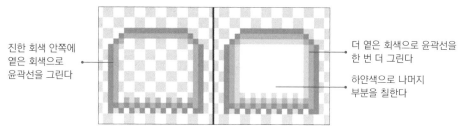

진한 회색 안쪽에 옅은 회색으로 윤곽선을 그린다

더 옅은 회색으로 윤곽선을 한 번 더 그린다

하얀색으로 나머지 부분을 칠한다

그림 6-20 회색 두 개로 유령의 윤곽선 안쪽에 다시 윤곽선을 그리고 하얀색으로 마무리

 잠깐만요

어디에 픽셀을 찍어야 할지 모르겠어요, 도와주세요!

유령을 그릴 회색과 캔버스 회색이 비슷해서 어디에 픽셀을 찍어야 할지 헷갈릴 수도 있습니다. 이때는 회색 세 개 대신 파란색 세 개를 사용해서 유령을 그려 보세요. 파란색 유령을 다 그렸다면 채우기 색 툴을 사용해 각 파란색을 같은 밝기의 회색으로 바꿀 수 있습니다. 예를 들어 그림 6-19에서 사용한 어두운 회색 대신 어두운 파란색을 사용하는 것입니다. 그렇게 스프라이트를 다 그린 후 현재 색을 어두운 회색으로 바꾸고 채우기 색 툴을 클릭합니다. 이제 어두운 파란색 픽셀을 하나 클릭해 보세요. 이 픽셀과 연결된 다른 어두운 파란색 픽셀들이 모두 회색으로 바뀔 것입니다. 그렇지만 회색이 더 옅은 파란색으로 번지지는 않습니다. 이제 더 옅은 회색으로 옅은 파란색을 덧칠하세요. 회색으로 그리는 것보다 이 방법이 더 쉬울 것입니다.

11 다시 붓 툴을 클릭하고 **채우기 색**에서 **검은색**을 선택합니다. 유령 가운데에 두 수직선을 그려 유령의 눈을 만들어 줍니다.

12 **채우기 색**에서 **빨간색**을 선택하고 눈 아래에 픽셀을 하나 찍어서 입을 만들어 줍니다.

그림 6-21은 완성된 유령 스프라이트입니다. 투명한 유령이 참 으스스해 보이네요.

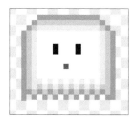

그림 6-21 마법사를 공격할 준비를 마친 유령 스프라이트

스프라이트 영역에서 스프라이트 이름을 **유령**으로 바꾸세요. 마법사와 유령이 서로 싸울 태세를 갖추었습니다. 이제 마법사 지팡이에서 발사될 빨간색 불꽃을 그려 봅시다.

2.3 지팡이 불꽃 그리기

마법사는 지팡이를 들고 있지만 아직 주문은 외울 수 없습니다. 이제 마법사가 유령과 싸울 수 있게 그림 6-22와 같이 불꽃을 발사하는 마법을 만들어 줍시다.

그림 6-22 지팡이에서 발사되는 불꽃과 살짝 놀란 듯한 마법사

스프라이트 영역에서 그리기를 클릭해 불꽃 스프라이트를 그려 봅시다.

1 캔버스 왼쪽 아래에 있는 **비트맵으로 바꾸기**를 클릭합니다.

2 캔버스 오른쪽 아래에 있는 돋보기 아이콘에서 **더하기 기호가 그려진 돋보기**를 네 번 정도 클릭합니다.

3 **붓 툴**을 클릭하고 굵기는 **4**로 조절합니다. **채우기 색**에서 **빨간색**을 선택합니다.

4 픽셀을 듬성듬성 찍어서 불꽃이 발사되는 모습을 그립니다. 픽셀 사이에 적당한 간격을 두세요. 지팡이에서 발사되게 보이려면 맨 아래에는 점을 하나만 찍고 위쪽으로 갈수록 퍼져 나가는 것처럼 그려야 합니다. 그림 6-23을 참고하세요.

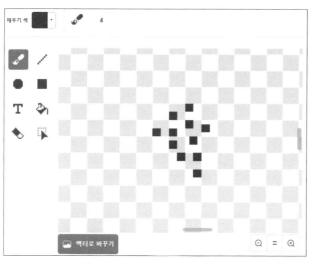

<u>그림 6-23</u> 작은 점들을 듬성듬성 찍어서 마법사의 불꽃 마법 그리기

이제 스프라이트 영역으로 가서 스프라이트 이름을 **불꽃**으로 바꾸세요. 무대 위 불꽃을 드래 그해 마법사의 지팡이 바로 위에 올려놓아 보세요. 그럴듯해 보이죠?

3 소품 준비하기

게임 프로그램을 만들기 전에 마지막으로 경계선으로 사용할 수평선 스프라이트를 그려야 합 니다. 그리기 귀찮을 정도로 하찮게 생겼지만 프로그램을 조금 더 정확하게 만들어 줍니다.

3.1 경계선 만들기

우리에게 필요한 경계선은 무대 바닥에 깔리는 수평선입니다. 새 캔버스를 열고 다음 순서 대로 경계선을 그리세요.

1 **선 툴**을 클릭하고 선 굵기는 **5**로 조절합니다. 윤곽선 색에서 **어두운 초록색**을 선택합니다. 캔버스 크기는 원래 크기대로 설정하세요.

2 그림 6-24와 같이 캔버스 왼쪽 아래 모서리에서 오른쪽 아래 모서리로 이어지는 수평선을 그립니다. 키보드에서 [Shift]를 누른 채 마우스를 드래그하면 정확하게 수평으로 그릴 수 있습니다.

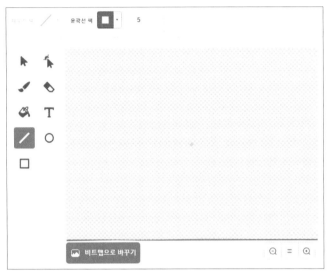

그림 6-24 캔버스 바닥을 가로지르는 초록색 선 그리기(이 선을 게임 경계선으로 사용한다)

이제 스프라이트 영역으로 가서 스프라이트 이름을 **경계선**으로 바꾸세요.

4 정리하기

DAY 06에서는 디자인의 여러 개념을 알아보았습니다. 게임을 만들기 전에 배운 것을 복습하고 어떤 것을 더 할 수 있을지 알아봅시다.

4.1 마음껏 해 보아요

지금까지는 스프라이트의 비율과 비례에 신경 쓰며 무대를 균형 있게 꾸몄습니다. 그런데 이들의 비율이나 비례를 확 바꾸면 어떻게 될까요?

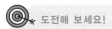

믿기지 않을 수도 있겠지만 스프라이트 비율에 따라 게임 분위기가 크게 바뀝니다. 예를 들어 유령 크기를 거대하게 키우면 어떻게 될까요? 거대한 유령이 달려든다면 게임의 분위기는 어떨까요? 반대로 유령을 작게 만들고 마법사를 거대하게 키우면 어떻게 될까요? 마법사가 여전히 연약해 보일까요?

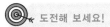 도전해 보세요!

우리는 마법사가 연약하게 보이도록 눈을 크게 그렸고, 입도 무언가 걱정하는 듯이 그렸습니다. 마법사 얼굴을 실제 얼굴에 비례해 고치려면 어떻게 해야 할까요? 아니면 마법사 코를 그려 주는 것은 어떨까요? 여러 가지를 시도해 보고 원래 마법사와 비교해 보세요.

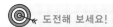 도전해 보세요!

앞서 배경의 1/3 지점에만 별을 그렸습니다. 이 별을 무대 중간 지점까지 그리거나 밤하늘 전체를 덮으면 어떨까요? 게임 느낌이 많이 바뀔까요? 아니면 배경 균형이 이상해질까요?

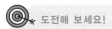 도전해 보세요!

불꽃을 빨간색으로만 그렸습니다. 하지만 여러 밝기의 빨간색을 섞어서 더 멋진 불꽃을 그릴 수도 있습니다. 또는 주황색이나 노란색 픽셀을 추가해 실제 불꽃처럼 보이게 그려 봅시다.

4.2 무엇을 배웠나요?

비례와 비율은 STEAM의 다른 분야에서도 중요합니다. 예를 들어 엔지니어가 스마트폰을 디자인할 때도 사람의 손 크기를 생각해야 합니다. 집을 지을 때도 문을 너무 작게 만들면 아무도 집에 들어갈 수 없을 것입니다. 제품을 잘 만들려면 비례뿐만 아니라 사용자 비율도 고려해야 합니다.

이제 DAY 06에서 무엇을 배웠는지 정리해 봅시다.

- 비율과 비례의 차이를 배웠습니다.
- 비례를 왜곡해 스프라이트 특징을 강조할 수 있습니다.
- 비율에 따라 게임 느낌이 달라질 수 있다는 것을 배웠습니다.
- 삼분할 법칙으로 게임을 보기 좋게 만들 수 있습니다.

게임에 사용할 스프라이트를 네 개 완성했습니다. DAY 07에서 순발력 테스트 게임을 만드는 방법을 배워 봅시다.

DAY 07 마법사 대 유령: 조건문을 이용해 코딩하기

MAKING SCRATCH GAME FOR EVERYONE

간혹 새로운 비디오 게임을 만들 때 예전 게임을 흉내 내려는 사람들이 있습니다. 어느 게임 하나가 크게 성공하면 이를 모방하는 것이죠. 게임 메커니즘은 그대로 두고 게임 목표나 그래픽만 살짝 바꾸어 다른 게임을 출시하는 사례가 있었습니다. 아타리의 〈아스테로이드〉가 성공하는 모습을 지켜본 인텔리비전[1]도 그중 하나였습니다.

1979년에 출시된 〈아스테로이드〉의 인기는 대단했습니다. 게임 목표는 먼 우주에서 우주 대포를 이리저리 돌리며 날아오는 운석을 쏘아 맞히는 것입니다. 인텔리비전은 이와 비슷한 〈아스트로스매시〉 게임을 1981년에 내놓았습니다. 대포는 우주가 아닌 지상에서 좌우로 움직이고, 운석에도 다양한 색을 입혔습니다. 또 운석뿐만 아니라 폭탄 같은 것도 떨어지게 만들었죠.

하지만 인텔리비전이 아타리를 표절했다고 해서 마냥 나쁘게 볼 수 없습니다. 아타리의 〈아스테로이드〉도 〈스페이스워!〉[2]에서 영감을 받았습니다. 〈스페이스워!〉도 최초의 비디오 게임이 아니었다면 다른 무언가에서 영감을 받았겠죠. 게임 업계는 오랫동안 비슷한 게임을 만들어 왔습니다. 새로운 게임이 이전과 비슷하면 플레이어가 쉽게 구매하고 게임에 빠르게 적응할 수 있기 때문이죠.

우리가 만들 〈마법사 대 유령〉도 〈아스트로스매시〉와 비슷합니다. 플레이어는 몰려오는 유령을 피하면서 지팡이로 마법 불꽃을 발사해 맞혀야 합니다. 마법 불꽃에 맞은 유령은 〈아스테로이드〉나 〈아스트로스매시〉의 운석처럼 부서지지 않는 대신 화면에서 사라집니다.

---

1 역주 인텔리비전은 미국의 장난감 제조 회사 메텔전자가 1979년에 만든 가정용 게임기입니다. 아타리에서 만든 아타리 2600 게임기와 쌍벽을 이루며 큰 인기를 누렸습니다.

2 역주 〈스페이스워!〉는 MIT의 스티브 러셀이 1962년에 만든 게임입니다. 여러 컴퓨터에 설치된 최초의 비디오 게임으로 알려져 있습니다.

그림 7-1은 〈마법사 대 유령〉을 완성한 모습입니다. 플레이어는 마법사를 앞뒤로 움직여 가며 지팡이로 마법을 발사합니다. 마법사가 유령에 부딪히면 생명력이 하나 깎입니다. 유령이 땅에 닿을 때마다 점수를 한 점씩 잃고, 유령을 맞출 때마다 한 점씩 얻습니다.

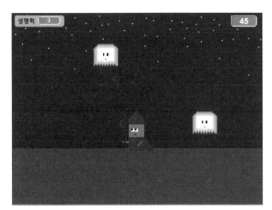

그림 7-1 〈마법사 대 유령〉 게임 화면

〈마법사 대 유령〉은 고정형 슈팅 게임입니다. 즉, 마법사 스프라이트는 화면의 일정한 선에서 앞뒤로만 움직일 수 있고, 유령을 뛰어넘을 수도 없으며, 유령을 피해 잔디 속으로 숨지도 못합니다. 오직 잔디밭을 누비며 유령과 싸울 수밖에 없습니다. 게임 배경도 고정되어 있습니다. 잔디밭이 끝없이 펼쳐져 있는 것이 아니라 한정된 공간을 게임 내내 사용합니다. 플레이어는 마치 눈앞에서 벌어지는 것처럼 화면을 바라보게 됩니다.

슈팅 게임에는 다양한 유형이 있습니다. 대체로 플레이어가 게임 화면을 보는 방향이나 주인공 스프라이트의 이동 방식에 따라 나눕니다. 예를 들어 고정형 슈팅 게임 외에도 종스크롤이나 횡스크롤 슈팅 게임(플레이어가 한 방향으로만 날아가는 게임), 레일 슈팅 게임(스프라이트는 자동으로 움직이고 플레이어는 적을 맞히는 것에만 집중하는 게임), 전방향 슈팅 게임(스프라이트가 모든 방향으로 움직일 수 있는 게임) 등이 있습니다.

유형 이름에 슈팅이라는 단어가 계속 나와 폭력적이라고 생각할 수도 있습니다. 폭력성은 비디오 게임에서 큰 비중을 차지합니다. 대부분 슈팅 게임에서 플레이어는 적과 싸우죠. 물론 게임에서는 현실 세계에서 절대 할 수 없는 것을 마음껏 할 수 있지만(우리가 언제 운석을 쏠 수 있겠어요!), 그렇다고 모든 슈팅 게임이 폭력적인 장면을 적나라하게 보여 주지는 않습니다. 어쩌면 고정형 슈팅 게임이라도 총이나 대포 같은 무기 없이 다른 방식으로 적과 싸우는 게임이 가장 창의적이지 않을까요? 〈마법사 대 유령〉에서는 유령을 퇴치할 무기로 마법 지팡이를 쓸 것입니다.

DAY 07에서는 다음 내용을 배웁니다.

- 조건문을 사용해 플레이어가 SpaceBar 를 눌렀는지 알아보는 방법을 배웁니다.
- 반복문을 사용해 스프라이트를 계속 움직이게 합니다.
- 변수를 사용해 게임 점수를 올리고 내릴 수 있습니다.

호그와트에서 편지를 받지 못한 머글들에게 마법사가 될 수 있는 기회가 왔습니다. 호그와트 성에 사는 피브스[3]처럼 성가신 유령을 다 쓸어버릴 수 있죠. 이제 DAY 06에서 만든 마법사 대 유령 프로젝트를 열고 코딩을 시작해 봅시다.

1 프로그램 준비하기

프로그램을 만들 준비는 거의 마쳤지만 시작하기 전에 준비할 일이 조금 있습니다.

1.1 스프라이트를 그리지 않았다면?

스프라이트를 그리지 않고 DAY 06을 건너뛰었다면 다시 되돌아가 스프라이트를 그려 보는 것도 좋습니다. 그리고 싶지 않다면 길벗출판사 웹 사이트 자료실에서 〈마법사 대 유령〉의 배경과 스프라이트를 내려받을 수 있습니다. DAY 05에서 설명한 방식대로 스프라이트를 내려받으면 됩니다. 게임을 만들려면 마법사 스프라이트, 유령 스프라이트, 불꽃 스프라이트, 경계선 스프라이트, 밤하늘 배경이 필요합니다.

---

3 [역주] 피브스는 「해리포터」 시리즈에 등장하는 유령입니다. 영화 1편 〈해리포터와 마법사의 돌〉에서 등장할 뻔했지만 통편집되었죠. 원작 소설에는 꾸준히 등장했고, 레고 해리포터 게임에도 많이 나옵니다.

1.2 무대 준비하기

그림 7-1을 보면서 마법사와 유령 스프라이트의 크기를 조절해야 할 것입니다. 스프라이트 영역의 크기 빈칸에 숫자를 입력해 조절할 수 있습니다. 불꽃과 경계선 스프라이트는 지금 크기가 적당할 것입니다.

마법사가 잔디 위에 있지 않고 붕 떠 있다면 적당한 위치에 놓으세요. 위치는 잔디 바로 위, 무대 아래 1/3 지점이 적당합니다. 다른 스프라이트들은 프로그램으로 위치를 옮길 것이므로 지금 옮길 필요는 없습니다.

2 마법사 스프라이트에 프로그래밍하기

마법사 스프라이트는 〈아스트로스매시〉의 우주 대포와 똑같습니다. ⬅, ➡를 사용해 마법사를 좌우로 움직일 수 있고, [SpaceBar]를 눌러 마법 불꽃을 발사할 수 있습니다. 마법사에 적용할 스크립트는 마법사를 움직이는 스크립트, 게임 종료 스크립트 이렇게 두 개입니다. 이 스크립트들은 모두 마법사 스프라이트에만 적용해야 합니다. 그러니 유령 스프라이트에 프로그램을 만들기 전까지 스프라이트 영역의 파란색 테두리를 마법사 스프라이트에 고정하세요. 프로그램에 넣을 블록 값은 조금씩 다를 수 있으니 완성된 스크립트를 그림과 비교해 보고 정확한 블록을 골랐는지 확인하세요.

2.1 1번 스크립트: 마법사 움직이기

마법사는 잔디 위에 서 있지만 아직은 움직일 수 없습니다. 움직이지 못한다면 그림 7-2와 같이 떨어지는 유령도 물리치기 어렵겠죠.

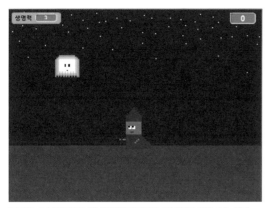

그림 7-2 불꽃을 발사해 유령을 맞히려면 마법사를 왼쪽으로 이동

마법사를 움직이는 스크립트를 만들어 봅시다. 플레이어가 ←, →를 누르면 마법사가 좌우로 움직이는 스크립트를 만들어 보겠습니다. 다음 순서대로 만드세요.

1   **이벤트 팔레트**의 클릭했을 때 블록을 사용해 스크립트를 시작합니다.

2   **제어 팔레트**의 무한 반복하기 블록을 아래에 조립해 반복문을 시작합니다.

3   만약 ~(이)라면 블록 두 개를 무한 반복하기 블록 안에 넣습니다. 위아래로 나란히 조립하세요. 우리는 두 가지 조건문을 나란히 만들 것입니다.

4   **감지 팔레트**의 스페이스 키를 눌렀는가? 블록을 만약 ~(이)라면 블록의 빈 육각형 위에 놓습니다. 위아래 블록에 각각 놓으세요. 위쪽 스페이스 키를 눌렀는가? 블록의 선택 목록을 열어 **왼쪽 화살표**를 선택합니다. 아래쪽 스페이스 키를 눌렀는가? 블록에는 **오른쪽 화살표**를 선택합니다. 이제 조건문 안에 ←나 →를 눌렀을 때 일어날 일들을 만들어야 합니다.

5   **동작 팔레트**의 x 좌표를 10만큼 바꾸기 블록을 만약 ~(이)라면 블록 안에 넣습니다. 위아래 블록에 각각 넣으세요. 위쪽 x 좌표를 10만큼 바꾸기 블록의 숫자를 –10으로 수정합니다. 이 블록은 이제 마법사를 왼쪽으로 10만큼 움직이게 합니다. 아래쪽 블록은 이미 오른쪽으로 10만큼 움직이므로 바꾸지 않아도 됩니다.

첫 번째 스크립트가 끝났습니다. 완성된 스크립트를 그림 7-3과 비교해 봅시다.

그림 7-3 잔디 위에서 마법사가 좌우로 움직이는 스크립트

질문 있 어 요 왜 10만큼 움직이죠?

Q 마법사를 왜 10만큼 움직이나요? 1만큼 움직이면 안 될까요?

A 블록에 음수를 넣으면 스프라이트가 왼쪽으로 움직이고, 양수를 넣으면 오른쪽으로 움직인다는 것은 이 제 다들 잘 알고 있습니다. 하지만 스프라이트를 움직일 때는 방향뿐만 아니라 속도도 고민해야 합니다. 숫자가 작을수록 마법사는 무대 위를 더 천천히 움직입니다. 반대로 숫자가 클수록 빠르게 움직입니다. 한 번에 10만큼 움직이면 떨어지는 유령을 놓칠 정도로 크게 움직이는 것도 아니고, 굼벵이처럼 느릿느 릿 기어갈 정도도 아니라서 딱 좋습니다. 그래도 다른 숫자로 실험해 보면 더 좋습니다.

마법사가 한 번에 10만큼 움직이게 만들었습니다. 더 큰 숫자를 넣으면 스프라이트를 더욱 빨리 움직이게 할 수 있습니다.

2.2 2번 스크립트: 게임 종료하기

아직 게임이 끝나는 조건을 만들지 않았습니다. 마법사에 적용할 마지막 스크립트를 만들어 이 문제를 해결합시다. 물론 게임을 시작하면 플레이어에게 기회가 세 번 주어지지만, 종료 스크립트를 만들지 않으면 그림 7-4와 같이 기회를 세 번 다 써 버려도 게임이 계속될 것입 니다.

유령에 39번이나 닿았다

그림 7-4 게임 종료 조건을 만들지 않으면 게임은 영원히 끝나지 않음

종료 스크립트는 플레이어 생명력이 얼마나 남았는지 검사하고 1보다 작으면 게임을 종료합니다. 다음 순서대로 만들어 봅시다.

1 **이벤트 팔레트**의 `클릭했을 때` 블록을 사용해 스크립트를 시작합니다.

2 **제어 팔레트**의 `무한 반복하기` 블록을 아래에 조립해 반복문을 시작합니다.

3 `만약 ~(이)라면` 블록을 `무한 반복하기` 블록 안에 넣어 조건문을 만듭니다.

4 **연산 팔레트**의 `● ‹ 50` 블록을 `만약 ~(이)라면` 블록의 빈 육각형 위에 놓습니다.

5 **변수 팔레트**의 **변수 만들기** `변수 만들기` 를 클릭하고 새로운 **생명력** 변수를 만듭니다. 그런 다음 `생명력` 블록을 `● ‹ 50` 블록의 왼쪽 동그라미 안에 넣고 오른쪽 동그라미에는 1을 입력합니다. 이 조건문은 이제 생명력이 1보다 작으면 어떤 일을 실행합니다. 이제 그 어떤 일이 무엇인지 만들어야 합니다.

6 **제어 팔레트**의 `멈추기 모두` 블록을 `만약 ~(이)라면` 블록 안에 넣습니다. 조건문이 만족되면 모든 스크립트가 멈추고 게임도 종료됩니다.

종료 스크립트가 그림 7-5와 같이 완성되었습니다. 마법사 스프라이트에 적용할 스크립트는 이것이 마지막이니까 여러분이 만든 스크립트도 그림 7-5와 똑같은지 확인해 보세요.

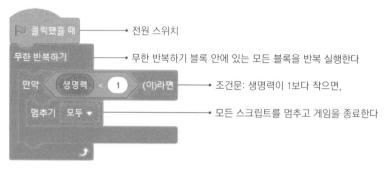

그림 7-5 마법사와 유령 싸움이 언제 끝날지 알고 있는 종료 스크립트

지금까지 마법사 스프라이트에 스크립트와 반복문을 각각 세 개씩 만들었습니다. 〈마법사 대 유령〉은 속도가 빠르고 박진감 넘치는 게임입니다. 이렇게 반복문을 만들면 전원 스위치 하나로 모든 코드를 무한 반복할 수 있습니다. 여기서 전원 스위치는 바로 초록색 깃발이죠.

이어서 유령에도 반복문을 여러 개 넣을 것입니다. 게임이 진행되는 동안 유령이 끊임없이 생겨나고 내려와야 하기 때문이죠.

3 유령 스프라이트에 프로그래밍하기

유령 스프라이트를 하나만 그렸지만 사실 게임에는 유령이 여러 개 필요합니다. 즉, 프로그램 코드 안에서 유령을 복제해야 한다는 의미죠. 유령은 〈아스트로스매시〉의 운석과 같습니다. 유령에 적용할 스크립트는 유령 위치를 정하는 스크립트, 유령을 복제하는 스크립트, 유령을 움직이는 스크립트 이렇게 세 개입니다. 세 스크립트를 완성할 때까지 스프라이트 영역에서 유령 스프라이트를 클릭해 파란색 테두리를 고정하세요.

3.1 3번 스크립트: 유령 위치 정하기

아직 마법사를 공격하러 떠나지 않은 유령들은 어디서 기다려야 할까요? 이 게임의 유령은 마법사를 덮치러 오기 좋게 모두 하늘에 삽니다. 그림 7-6과 같이 마법사를 항상 노리고 있죠.

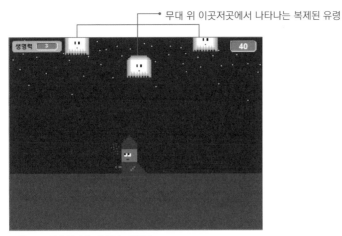

무대 위 이곳저곳에서 나타나는 복제된 유령

그림 7-6 무대 위에서 내려오는 유령들

이제 무대 위에서 유령 스프라이트가 나타나게 해 봅시다.

1 **이벤트 팔레트**의 `클릭했을 때` 블록을 사용해 스크립트를 시작합니다.

2 **제어 팔레트**의 `무한 반복하기` 블록을 아래에 조립해 반복문을 시작합니다.

3 **동작 팔레트**의 `x:0 y:0(으)로 이동하기` 블록을 `무한 반복하기` 블록 안에 넣습니다. 이 블록에 유령을 옮길 좌표(즉, 화면에서 위치)를 하나 지정할 수 있습니다. 유령은 화면 한곳이 아닌 이곳저곳에서 나타나게 해야 합니다. 따라서 X좌표 부분에 숫자가 아니라 블록을 넣어야 합니다.

4 **연산 팔레트**의 `1부터 10 사이의 난수` 블록을 그림 7-7과 같이 `x:0 y:0(으)로 이동하기` 블록의 첫 번째 동그라미에 놓습니다. 이 블록으로 X좌표 범위를 지정하면 유령을 복제할 때마다 서로 다른 지점으로 옮길 수 있습니다. `1부터 10 사이의 난수` 블록의 두 숫자를 각각 **−240**과 **240**으로 수정하세요. 이는 바로 무대의 X좌표 범위입니다. Y좌표의 빈칸에는 **180**을 입력합니다. 이러면 유령의 Y축 위치를 무대 위에 고정할 수 있습니다.

유령의 첫 번째 스크립트를 완성했습니다. 그림 7-7을 보면 이 스크립트도 반복문을 사용하는 것을 알 수 있습니다. 이 반복문은 유령 스프라이트가 화면 위에서 내려올 시작 위치를 매번 새로 선택합니다.

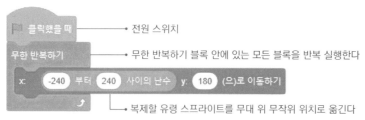

전원 스위치

무한 반복하기 블록 안에 있는 모든 블록을 반복 실행한다

복제할 유령 스프라이트를 무대 위 무작위 위치로 옮긴다

그림 7-7 유령 스프라이트를 복제할 시작 위치를 무작위로 고르는 스크립트

3.2 4번 스크립트: 유령 복제하기

유령 스프라이트를 하나만 그렸는데, 유령을 더 만들지 않으면 게임은 지루하겠죠! 그림 7-8의 마법사는 하나뿐인 유령을 물리치고 10점을 얻었습니다. 그리고 더 이상 할 일이 없어 서 있습니다.

그림 7-8 유령을 더 만들지 않아 할 일이 없어진 마법사

유령을 끊임없이 복제해서 마법사를 공격하게 하면 게임이 훨씬 더 재미있겠죠. 이제 매초 유령 스프라이트를 복제하는 스크립트를 만들어 봅시다.

1 **이벤트 팔레트**의 클릭했을 때 블록을 사용해 스크립트를 시작합니다.

2 **형태 팔레트**의 숨기기 블록을 클릭했을 때 블록 아래에 조립합니다. 이 블록은 유령 스프라이트를 보이지 않게 숨겨서 어디에서 내려올지 예측할 수 없게 합니다.

3 **제어 팔레트**의 무한 반복하기 블록을 아래에 조립해 반복문을 시작합니다.

4 나 자신 복제하기 블록과 1초 기다리기 블록을 무한 반복하기 블록 안에 차례대로 넣습니다. 이 스크립트는 게임이 실행되는 동안 유령을 복제하고 1초 기다리고, 또 다시 복제하고 1초 기다리는 행동을 끊임없이 반복합니다.

그림 7-9는 완성된 스크립트입니다. 이 작은 스크립트 하나로 마법사와 싸울 유령을 무수히 많이 만들 수 있습니다.

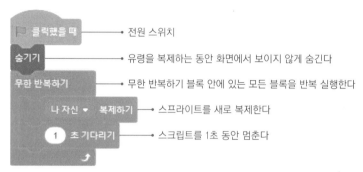

그림 7-9 유령 스프라이트를 복제하는 스크립트

질문 있어요 **왜 스크립트를 1초 동안 멈추어야 하나요?**

Q 스크립트 마지막에 넣은 1초 기다리기 블록은 정말 필요한가요? 무슨 역할을 하나요?

A 이렇게 생각해 봅시다. 매초 한 명씩 달려드는 유령하고 싸우는 것이 좋을까요? 아니면 한 번에 수백만 명이 몰려오는 것이 좋을까요? 1초를 기다리지 않으면 엄청나게 복제된 유령들이 마치 커다란 구름처럼 떼를 지어 내려오게 될 것입니다. 불쌍한 마법사에게 이길 기회를 주어야 하지 않겠어요? 어쨌든 기다리는 시간을 바꾸고 싶다면 블록 안에 다른 숫자를 넣으면 됩니다. 숫자 1을 2로 수정하면 어린이 플레이어도 재미있게 할 수 있겠죠. 반면 더 긴장감 넘치는 게임으로 만들고 싶다면 0.5로 수정해 보세요.

3.3 5번 스크립트: 유령 움직이기

이제 유령이 매우 많이 생겼습니다. 하지만 그림 7-10과 같이 아직 화면 맨 위에 몰려 있고 다들 숨어 있습니다. 우리 불쌍한 마법사는 싸울 준비를 다 했지만 잔뜩 긴장했네요.

유령들은 무대 맨 위에 숨어 있는데, 유령들을
보이게 하고 움직이는 스크립트를 만들자

그림 7-10 마법사는 싸울 준비를 마쳤지만 유령은 움직이지 않는 상황

이번에 만들 스크립트는 유령을 움직이는 것 외에도 한 가지 임무를 더 수행해야 합니다. 그것은 바로 플레이어의 점수와 생명력을 계산하는 일이죠.

유령에 만들 스크립트는 이것이 마지막이지만 꽤 깁니다. 블록을 조립하면서 틈틈이 책과 비교하고 잘 만들었는지 확인하세요. 스크립트는 점수 변수와 생명력 변수를 관리하고 반복문을 사용해 유령이 화면 어디에 있는지, 유령이나 불꽃에 닿았는지 계속 검사하는 등 여러 복잡한 작업을 수행합니다. 이제 다음 순서대로 만들어 보세요.

1 **제어 팔레트**의 복제되었을 때 블록으로 새로운 스크립트를 시작합니다. 다른 스크립트들은 이벤트 팔레트로 시작하는데 이번에는 조금 다르죠? 이번 스크립트는 4번 스크립트가 유령을 복제할 때마다 실행되게 만들 것입니다.

2 **형태 팔레트**의 보이기 블록을 복제되었을 때 블록 아래에 조립합니다. 이렇게 하면 복제된 유령이 화면에 나타납니다.

3 **제어 팔레트**의 ~까지 반복하기 블록을 보이기 블록 아래에 조립합니다. 이 블록으로 반복문을 만든 것은 처음이네요. 이 블록은 어떤 조건이 만족되기 전까지 블록을 반복해 실행합니다.

4 **감지 팔레트**의 마우스 포인터에 닿았는가? 블록을 ~까지 반복하기 블록의 빈 육각형 위에 놓습니다. 그런 다음 선택 목록을 열어 **경계선**을 선택합니다. 이제 스크립트는 유령 스프라이트가 화면 바닥, 즉 경계선에 닿기 전까지 ~까지 반복하기 블록 안에 넣은 모든 블록을 반복합니다.

5 **동작 팔레트**의 y 좌표를 10만큼 바꾸기 블록을 ~까지 반복하기 블록 안에 넣습니다. 그런 다음 블록의 숫자 10을 **-3**으로 수정합니다. 이 블록에 음수를 넣으면 유령 스프라이트는 무대 아래쪽 방향으로 움직일 것입니다. 그리고 속도는 -3 정도면 적당합니다. 게임을 다 만들면 여기에 다른 숫자도 넣어 보세요. 예를 들어 -1을 넣으면 유령은 더 느리게 내려오고 -5를 넣으면 훨씬 빨리 내려오겠죠.

6 **제어 팔레트**의 만약 ~(이)라면 블록 세 개를 그림 7-11과 같이 y 좌표를 -3만큼 바꾸기 블록 아래에 나란히 조립합니다. 우리는 세 가지 조건문을 만들 것입니다.

그림 7-11 만약 ~(이)라면 블록 세 개로 다른 조건문 세 개 만들기

7   **감지 팔레트**의 `마우스 포인터에 닿았는가?` 블록을 `만약 ~(이)라면` 블록의 빈 육각형 위에 놓습니다. 조건문 세 개에 각각 넣고 블록의 선택 목록을 열어 그림 7–12와 같이 선택하세요. 첫 번째 조건문에는 **경계선**을, 두 번째 조건문에는 **불꽃**을, 세 번째 조건문에는 **마법사**를 선택합니다.

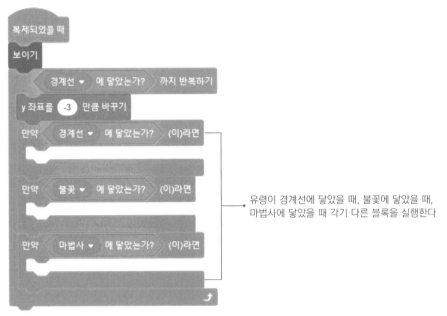

그림 7–12 유령이 경계선에 닿았을 때, 불꽃에 닿았을 때, 마법사에 닿았을 때 실행하는 각 조건문 만들기

8   **변수 팔레트**의 **변수 만들기** `변수 만들기`를 클릭하고 **점수**라는 이름으로 바꿉니다. 무대 위에 생긴 변수 박스를 오른쪽 위로 옮깁니다. 변수 박스에서 마우스 오른쪽 버튼을 누르면 선택 목록이 열립니다. **변수값 크게 보기**를 선택하면 화면에 숫자만 보입니다.

> **TIP**
> macOS를 사용한다면 변수 박스에서 `control`을 클릭한 채 마우스 오른쪽 버튼을 누르면 선택 목록이 열립니다.

9   `나의 변수을(를) 1만큼 바꾸기` 블록 세 개를 `만약 ~(이)라면` 블록 안에 각각 넣습니다. 첫 번째 블록의 선택 목록을 열어 **점수**를 선택하고 값을 **–10**으로 수정합니다. 이 블록은 유령이 불꽃에 맞지 않고 경계선에 닿으면 플레이어 점수를 10점 감점합니다. ⌐나음 두 번째 블록의 선택 목록을 열어 **점수**를 선택하고 값을 **10**으로 수정합니다. 여기서는 반대로

플레이어에게 10점을 줍니다. 마지막 세 번째 블록의 선택 목록을 열어 **생명력**을 선택하고 값에는 **-1**을 입력합니다. 이 블록은 유령이 마법사에 닿으면 생명력을 줄입니다. 그림 7-13과 같이 만들었는지 다시 확인해 보세요.

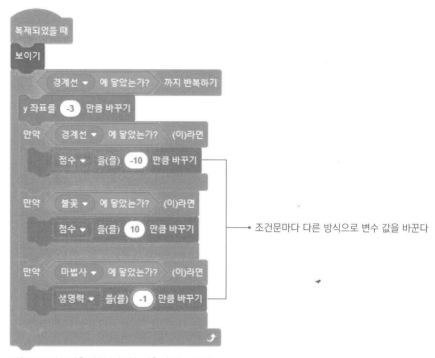

그림 7-13 각 조건을 만족하면 변수 값을 바꾸는 스크립트

10 **제어 팔레트**의 이 복제본 삭제하기 블록을 변수 값을 변경하는 세 블록 아래에 각각 조립합니다. 즉, 유령이 경계선이나 불꽃, 마법사에 닿으면 화면에서 지웁니다.

11 이 복제본 삭제하기 블록을 하나 더 드래그해 스크립트의 맨 아래, 즉 ~까지 반복하기 블록 아래에 조립합니다. 이 블록은 스크립트가 만에 하나 스프라이트를 지우지 못했을 때를 대비하는 것입니다. 세 조건문에 문제가 있더라도 유령 스프라이트는 화면 바닥에 남지 않고 무조건 지워집니다.

그림 7-14를 보니 정말 기네요! 하지만 유령에게 점수를 결정할 힘을 주려면 이 정도는 필요하죠.

전원 스위치 → 숨어 있는 유령 스프라이트를 보이게 한다

~까지 반복하기 블록 안의 모든 블록을 유령이 경계선에 닿을 때까지 반복한다

유령을 한 번에 3만큼 아래쪽으로 움직인다

첫 번째 조건문: 유령이 경계선에 닿으면,

점수를 10점 빼고

유령 스프라이트를 지운다

두 번째 조건문: 유령이 불꽃에 닿으면,

점수를 10점 더하고

유령 스프라이트를 지운다

세 번째 조건문: 유령이 마법사에 닿으면,

생명력을 하나 줄이고

유령 스프라이트를 지운다

조건문에서 유령을 지우지 못했다면 여기서 꼭 지운다

그림 7-14 유령을 움직이고 점수를 계산하는 스크립트

지금까지 새로운 형태의 반복문을 사용해 보았습니다. ~까지 반복하기 블록은 블록을 무한히 반복하지 않고 특정 조건을 만족하기 전까지만 반복합니다.

10점이라는 숫자는 어떻게 정했나요?

Q 게임마다 어떻게 하면 점수를 얻고 잃는지를 알려 주기는 하는데요. 그럼 처음부터 점수를 얼마나 받아야 좋을지(또는 뺏겨야 좋을지)는 어떻게 정하나요?

A 적당한 점수라는 것은 없고 전적으로 게임을 만드는 사람에게 달렸습니다. 사실 각자 넣고 싶은 숫자로 수정해도 됩니다. 심지어 유령을 놓치면 10점을 잃지만 맞히면 20점을 주게 만들 수도 있습니다. 그 반대로 얻는 점수보다 잃는 점수를 훨씬 더 크게 만들 수도 있습니다. 점수 쌓기를 얼마나 쉽게(또는 어렵게) 만들지 각자 고민해 보세요.

우리는 유령에 적용할 스크립트를 모두 완성했습니다. 이제 마법사의 지팡이가 불꽃을 발사하는 스크립트를 만들 차례입니다.

4   불꽃 스프라이트에 프로그래밍하기

마법사는 지팡이를 꼭 쥐고 있습니다. 하지만 주문을 외우지 않으면 아무런 마법도 부릴 수 없죠. 불꽃 스프라이트에 적용할 스크립트를 만들어야 합니다. 이 스크립트는 플레이어가 SpaceBar 를 누르면 유령을 향해 불꽃을 발사합니다. 또 유령 스프라이트를 복제했던 것처럼 불꽃을 발사할 때마다 불꽃 스프라이트를 계속 복제할 것입니다. 불꽃에 적용할 스크립트는 불꽃의 발사 위치를 잡는 스크립트, 불꽃을 복제하는 스크립트, 불꽃을 움직이는 스크립트, 불꽃을 지우는 스크립트 이렇게 네 개입니다. 스프라이트 영역에서 **불꽃 스프라이트**를 클릭하세요.

4.1 6번 스크립트: 불꽃 발사 위치 정하기

마법사는 좌우로 움직이며 떨어지는 유령을 피할 수 있지만 아직 마법은 발사할 수 없습니다. 그림 7-15의 마법사는 지팡이를 들고 있을 뿐으로, 아직까지는 그냥 나뭇가지에 불과합니다.

불꽃 마법을 발사할 수 없다면 그냥 나뭇가지일 뿐이다

그림 7-15 지팡이는 마법사 스프라이트에 그렸지만, 불꽃을
움직이는 스크립트는 불꽃 스프라이트에 직접 만들기

이번에 만들 스크립트는 불꽃을 지팡이로 보내는 역할을 합니다. 지팡이는 마법사 스프라이트에 그렸지만, 불꽃은 별도의 스프라이트로 그렸기 때문에 이 둘을 한 군데로 모아야 합니다.

이제 다음 순서대로 스크립트를 만드세요.

1 **이벤트 팔레트**의 클릭했을 때 블록으로 새로운 스크립트를 시작합니다.

2 **형태 팔레트**의 숨기기 블록을 클릭했을 때 블록 아래에 조립합니다. 이 블록은 플레이어가 발사하기 전까지 불꽃을 보이지 않게 숨깁니다.

3 **제어 팔레트**의 무한 반복하기 블록을 아래에 조립해 반복문을 시작합니다.

4 **동작 팔레트**의 무작위 위치(으)로 이동하기 블록을 무한 반복하기 블록 안에 넣습니다. 마법사를 따라다녀야 하니 선택 목록을 열고 **마법사**를 선택하세요.

그림 7-16은 완성된 스크립트입니다. 정말 작고 간단하지만 마법사가 유령과 맞서 싸울 수 있는 중요한 힘의 원천입니다.

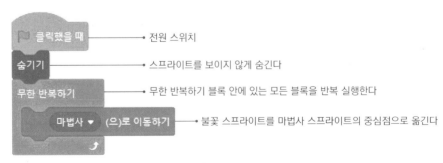

그림 7-16 불꽃이 마법사 지팡이를 따라다니는 스크립트

불꽃이 마법사 머리에서 발사되고 있어요

스크립트는 불꽃 스프라이트를 마법사 스프라이트의 중심점으로 옮깁니다. 하지만 이 중심점은 지팡이가 아닐 수도 있습니다. 그럼 중심점은 어디일까요? 스프라이트 에디터를 떠올려 봅시다. 투명한 캔버스가 있었고 그 위에 색을 칠했죠? 스프라이트 중심점은 바로 캔버스 중앙입니다. 그림 7-17을 보세요. 에디터 중앙에는 항상 회색의 작은 더하기 기호가 그려져 있습니다. 이 주변에 스프라이트를 그리면 됩니다.

여기가 바로 중심점이다

그림 7-17 회색의 작은 더하기 기호가 위치한 곳이 바로 캔버스 중심점, 즉 스프라이트 중심점

스프라이트를 여기가 아닌 캔버스 다른 곳에 그렸다고 해도 너무 걱정하지 마세요. 언제든 옮길 수 있습니다. 스프라이트 영역에서 **마법사 스프라이트**를 클릭합시다. 블록 팔레트 위 **모양 탭** ✏을 클릭하면 에디터가 열립니다. **선택 툴** ▸을 사용해 마법사 전체를 감싸도록 드래그합시다. 드래그한 대로 파란색 사각형이 생길 것입니다. 이제 파란색 사각형 안쪽을 클릭한 후 그림 7-18과 같이 중심점 기호가 마법사 지팡이 끝에 오게 마법사를 옮겨 봅시다.

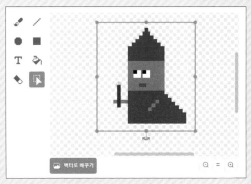

그림 7-18 선택 툴로 스프라이트 중심점 옮기기

⏏ 계속

지팡이가 너무 작게 보인다면 돋보기를 사용해 캔버스를 확대할 수 있습니다. 이제 그림 7-18과 같이 지팡이 끝부분을 클릭하면 중심점이 이곳으로 바뀝니다. 지팡이를 잘 클릭했다면 그림 7-19와 같이 회색 더하기 기호가 지팡이 위에 놓입니다. 불꽃 스프라이트의 중심점도 마찬가지 방법으로 불꽃 아래쪽 끝에 오도록 옮기세요. 이렇게 하면 불꽃이 머리가 아니라 지팡이에서 발사될 것입니다.

• 더하기 기호 맨 끝에 놓인 지팡이

그림 7-19 스프라이트 중심점을 지팡이 위로 옮겼으니 이제 불꽃 스프라이트는 지팡이에서 발사

4.2 7번 스크립트: 불꽃 복제하기

불꽃 스프라이트를 하나만 그렸습니다. 하지만 마법사가 유령에 맞서 싸우려면 불꽃이 무한정 필요합니다. 불꽃이 그림 7-20과 같이 지팡이에서 끊임없이 발사되도록 만들어 봅시다.

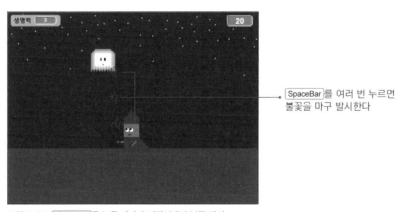

SpaceBar 를 여러 번 누르면 불꽃을 마구 발시한다

그림 7-20 SpaceBar 를 누를 때마다 지팡이에서 불꽃 발사

이번에 만들 스크립트는 플레이어가 SpaceBar 를 누를 때마다 불꽃 스프라이트를 복제합니다. 지금까지 만든 스크립트와 달리 반복문 없이 만들 것입니다.

앞서 〈잠깐만요〉에서 마법사 스프라이트의 중심점이 어디에 있는지 확인했다면 스프라이트 영역에서 마법사 스프라이트가 선택되어 있을 것입니다. **불꽃 스프라이트**를 클릭해 파란색 테두리를 꼭 옮기세요. 우리는 불꽃 스프라이트에 스크립트를 만들 것입니다.

이제 **코드 탭**을 클릭하고 다음 순서대로 스크립트를 만드세요.

1 **이벤트 팔레트**의 스페이스 키를 눌렀을 때 블록으로 새로운 스크립트를 시작합니다. 이 블록은 지금까지 사용했던 전원 스위치와는 사뭇 다르네요. 이 블록은 플레이어가 SpaceBar 를 누를 때마다 스크립트의 다음 블록을 실행합니다.

2 **제어 팔레트**의 나 자신 복제하기 블록을 스페이스 키를 눌렀을 때 블록 아래에 조립합니다. 이 블록은 이제 플레이어가 SpaceBar 를 누를 때마다 불꽃을 복제합니다.

스크립트는 이것이 전부입니다. 그림 7-21은 완성된 스크립트입니다. 딱 두 블록으로 만들었죠. 첫 번째 블록은 플레이어가 SpaceBar 를 누르면 스크립트를 시작하고, 두 번째 블록은 스프라이트를 복제합니다.

그림 7-21 짧지만 불꽃을 복제하는 중요한 스크립트

4.3 8번 스크립트: 불꽃 움직이기

이제 불꽃을 지팡이에서 발사할 준비가 다 되었습니다. 하지만 불꽃을 움직이는 스크립트를 만들지 않았죠. 그림 7-22를 보세요. 불꽃을 복제해도 움직이지 않으면 지팡이 끝에 계속 겹치기만 합니다.

마법사 지팡이 끝에 불꽃 스프라이트를 복제했으니
이제 스프라이트를 움직여야 한다

그림 7-22 복제했지만 아직 움직이지 않는 불꽃

이 스크립트는 앞서 복제한 불꽃을 지팡이 위로 쏘아 올립니다. 이제 다음 순서대로 만드세요.

1 **제어 팔레트**의 `복제되었을 때` 블록으로 새로운 스크립트를 시작합니다.

2 **형태 팔레트**의 `보이기` 블록을 `복제되었을 때` 블록 아래에 조립합니다. 이 블록은 복제된 불꽃이 화면에 보이게 합니다.

3 **제어 팔레트**의 `무한 반복하기` 블록을 `보이기` 블록 아래에 조립합니다. 어떤 조건이 만족되기 전까지 불꽃을 계속 움직이게 반복문을 만들 것입니다.

4 `~까지 반복하기` 블록을 `무한 반복하기` 블록 안에 넣습니다. 이것으로 반복문이 두 개가 되었습니다. 바깥쪽 반복문은 `무한 반복하기` 블록이고, 안쪽 반복문은 `~까지 반복하기` 블록입니다. 바깥쪽 반복문은 안쪽 반복문을 몇 차례 반복할지 결정합니다. 안쪽 반복문이 반복 실행을 마치면 바깥쪽 반복문은 안쪽 반복문을 처음부터 다시 시작합니다. 이렇게 반복문 안에 다른 반복문을 넣는 것을 중첩 반복문(nested loop)이라고 합니다. 우리가 만들 안쪽 반복문은 각 불꽃 스프라이트에 적용할 블록을 반복하며, 바깥쪽 반복문은 이 반복 작업을 모든 불꽃에 적용합니다.

5 **연산 팔레트**의 `~ 또는 ~` 블록을 `~까지 반복하기` 블록의 빈 육각형 위에 놓습니다.

6 **감지 팔레트**의 `마우스 포인터에 닿았는가?` 블록 두 개를 `~ 또는 ~` 블록의 양쪽 빈 육각형 위에 각각 놓습니다. 왼쪽 블록의 선택 목록을 열어 **유령**을 선택하고, 오른쪽 블록에는 **벽**을 선택하세요. 그림 7-23과 같이 만들면 됩니다. 불꽃이 유령이나 벽에 닿기 전까지 블록을 계속 실행할 수 있게 반복문에 조건을 지정했습니다. 불꽃은 위쪽으로만 움직이므로 무대 위가 벽에 해당됩니다.

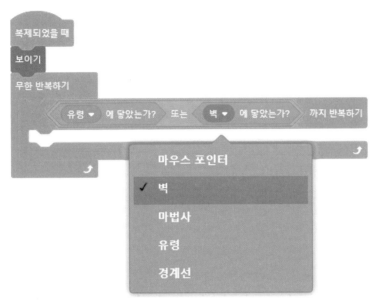

그림 7-23 조건문에 반복 조건 지정

7 **동작 팔레트**의 `y 좌표를 10만큼 바꾸기` 블록을 `~까지 반복하기` 블록 안에 넣습니다. 블록 안의 숫자는 그대로 10으로 두세요. 불꽃이 유령보다 더 빨리 움직이게 합니다. 숫자는 양수이므로 불꽃은 항상 위쪽으로만 움직입니다.

8 **제어 팔레트**의 `만약 ~(이)라면` 블록을 그림 7-24와 같이 `y 좌표를 10만큼 바꾸기` 블록 아래에 조립합니다. 여기에는 각 불꽃에 적용할 새로운 조건문을 만들 것입니다.

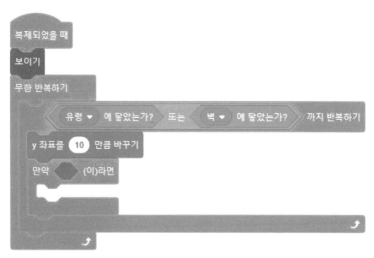

그림 7-24 y 좌표를 10만큼 바꾸기 블록 아래에 만약 ~(이)라면 블록 조립

9 **감지 팔레트**의 마우스 포인터에 닿았는가? 블록을 만약 ~(이)라면 블록 안의 빈 육각형 위에 놓습니다. 블록의 선택 목록을 열어 **유령**을 선택합니다. 이제 이 조건문은 불꽃이 유령에 맞으면 실행됩니다.

10 **제어 팔레트**의 1초 기다리기 블록을 만약 ~(이)라면 블록 안에 넣습니다. 하지만 1초는 너무 긴 시간입니다. **0.01**초로 바꾸세요. 이 정도 시간만 기다려도 불꽃과 유령이 닿았다는 사실을 스크래치가 충분히 인식할 수 있습니다.

11 이 복제본 삭제하기 블록을 0.01초 기다리기 블록 아래에 조립합니다. 이 블록은 유령이 불꽃에 맞으면 화면에서 사라지게 합니다.

그림 7-25는 완성된 스크립트입니다. 스크립트는 지팡이 끝에 있는 불꽃을 위로 쏘아 올리고 불꽃이 유령에 맞으면 지워집니다.

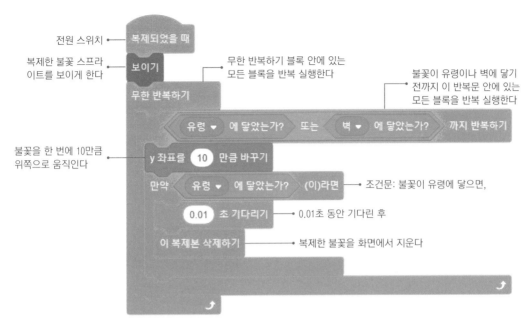

전원 스위치 ● ─── 복제되었을 때

복제한 불꽃 스프라 ● ─── 보이기
이트를 보이게 한다

무한 반복하기 블록 안에 있는
모든 블록을 반복 실행한다

무한 반복하기

불꽃이 유령이나 벽에 닿기
전까지 이 반복문 안에 있는
모든 블록을 반복 실행한다

유령 ▼ 에 닿았는가? 또는 벽 ▼ 에 닿았는가? 까지 반복하기

불꽃을 한 번에 10만큼 ● ─── y 좌표를 10 만큼 바꾸기
위쪽으로 움직인다

만약 유령 ▼ 에 닿았는가? (이)라면 ● ─── 조건문: 불꽃이 유령에 닿으면,

0.01 초 기다리기 ● ─── 0.01초 동안 기다린 후

이 복제본 삭제하기 ● ─── 복제한 불꽃을 화면에서 지운다

그림 7-25 중첩 반복문을 사용해 만든 움직이는 불꽃 스크립트

4.4 9번 스크립트: 복제한 불꽃 지우기

유령이 불꽃에 맞으면 화면에서 사라지게 했습니다. 하지만 유령을 비껴간 불꽃은 어떻게
될까요? 이대로 게임을 플레이한다면 무대 위는 그림 7-26과 같이 불꽃으로 가득 차게 됩
니다.

불꽃이 무대 맨 위에 도달하면 화면에서 지워야 한다

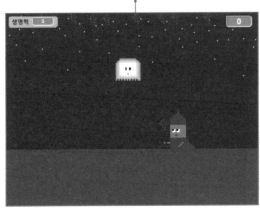

그림 7-26 무대 위에 모여든 불꽃

이번에 만들 스크립트는 불꽃이 무대 맨 위에 도달하면 화면에서 지워집니다. 이 스크립트를 8번 스크립트와 별도로 만든 것은 불꽃이 유령에 닿은 상황과 화면 위에 닿은 상황을 명확하게 분리하기 위함입니다.

이제 다음 순서대로 스크립트를 만드세요.

1 **제어 팔레트**의 복제되었을 때 블록으로 새로운 스크립트를 시작합니다.

2 무한 반복하기 블록을 아래에 조립해 반복문을 시작합니다.

3 만약 ~(이)라면 블록을 무한 반복하기 블록 안에 넣어 조건문을 만듭니다.

4 **감지 팔레트**의 마우스 포인터에 닿았는가? 블록을 만약 ~(이)라면 블록의 빈 육각형 위에 놓습니다. 선택 목록을 열어 **벽**을 선택합니다. 이것은 화면의 모든 벽을 의미하지만, 불꽃은 위로만 움직이므로 무대 위 벽에만 닿을 것입니다.

5 **제어 팔레트**의 이 복제본 삭제하기 블록을 만약 ~(이)라면 블록 안에 넣습니다. 이 블록은 복제한 불꽃을 화면에서 지웁니다.

불꽃의 마지막 스크립트를 완성했습니다. 각자 만든 스크립트를 그림 7-27과 비교해 봅시다.

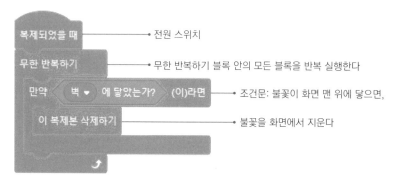

그림 7-27 불꽃이 무대 벽에 닿으면 화면에서 지우는 스크립트

아직 스크립트를 두 개나 더 만들어야 하지만 둘 다 간단합니다. 첫 번째 스크립트는 경계선에 적용하고, 두 번째 스크립트는 배경에 적용합니다. 배경에도 프로그램을 적용할 수 있냐고요? 스크래치에서는 가능합니다.

5.1 10번 스크립트: 경계선 위치 정하기

유령이 무대 바닥에 닿으면 플레이어 점수가 줄어들게 했습니다. 무대 바닥 벽의 좌표는 −180이지만, 경계선 스프라이트를 사용하면 유령이 바닥에 닿았는지 확실하게 알 수 있습니다. 하지만 지금 경계선은 그림 7−28과 같이 화면 어딘가에 대충 놓여 있을 것입니다.

경계선을 무대 바닥으로 옮겨야 한다

그림 7-28 경계선을 이렇게 놓으면 유령을 불꽃으로 맞출 수 없음

이번에는 경계선을 무대 바닥으로 옮기는 스크립트를 만들어 보겠습니다. 스프라이트 영역에 있는 **경계선 스프라이트**를 클릭해 파란색 테두리를 옮기세요.

이제 스크립트를 만들어 봅시다.

1   **이벤트 팔레트**의 `클릭했을 때` 블록으로 새로운 스크립트를 시작합니다.

2   **제어 팔레트**의 `무한 반복하기` 블록을 아래에 조립해 반복문을 시작합니다.

3   **동작 팔레트**의 `x:0 y:0(으)로 이동하기` 블록을 `무한 반복하기` 블록 안에 넣고 X좌표와 Y좌표에 모두 **0**을 입력합니다. 이 블록은 경계선 스프라이트를 무대 중앙으로 옮깁니다.

질문 있어요 **왜 X좌표와 Y좌표에 0을 입력하나요?**

Q X좌표가 0이고 Y좌표가 0이면 무대 중앙 아닌가요? 경계선을 화면 바닥으로 옮겨야 하는데 왜 이 숫자를 입력하나요?

A 스프라이트에는 항상 투명한 배경이 있습니다. 경계선 스프라이트는 작은 선처럼 보이지만 실제로는 전체 무대(또는 전체 에디터) 크기와 같습니다. 상상하기 어려울 테니 실제 사물로 예를 들어 보겠습니다. 검은색 종이를 잘라서 얇은 띠를 만든다고 생각해 보세요. 그런 다음 비닐랩을 사각형으로 잘라서 아랫부분에 검은 띠를 붙여 봅시다. 스크래치는 이 방식으로 스프라이트를 다룹니다. 우리는 경계선을 에디터 바닥에 그렸습니다. 게임 화면에서도 똑같은 위치에 보이도록 말이죠. 다시 말해 스프라이트 중심점은 투명한 배경 위에 있고, 그 중심점을 무대 중앙에 맞추면 경계선 스프라이트를 원하는 위치에 놓을 수 있습니다.

그림 7-29는 스크립트를 완성한 모습입니다. 경계선을 에디터 바닥에 그렸기 때문에 스프라이트를 무대 중앙으로 옮겼습니다. 다시 말해 스프라이트 중심점과 무대 중심점을 동일하게 맞추면 경계선을 에디터에 그린 위치와 같은 곳에 놓을 수 있습니다.

클릭했을 때 ──→ 전원 스위치

무한 반복하기 ──→ 무한 반복하기 블록 안의 모든 블록을 반복 실행한다

x: 0 y: 0 (으)로 이동하기

──→ 스프라이트를 무대 중앙으로 옮긴다

그림 7-29 경계선을 무대 바닥으로 옮기는 스크립트

5.2 11번 스크립트: 배경에서 점수 정하기

조금 이상하게 들리겠지만 배경에도 프로그램을 적용할 수 있습니다. 물론 배경이 화면을 마구 돌아다니게 만드는 것은 아닙니다. 이외에도 배경에 프로그램 코드를 적용해야 할 때가 많습니다.

게다가 게임을 시작할 때 필요한 작업을 스프라이트에만 적용하면 게임 전체가 느려질 수 있습니다. 수영 경기 게임을 만들었다고 생각해 보세요. 수영 선수들을 모두 스프라이트로 만들었습니다. 선수들은 각자 경기 시작 전에 해야 할 작업이 있습니다. 각자 시작 지점에

서서 준비 동작을 취해야 하죠. 다들 같은 작업을 하므로 준비도 동시에 완료할 수 있습니다. 하지만 한 선수에게 경기 시작 전에 다른 선수들에게 수경을 나누어 준 후 제자리에 서라고 명령한다면 어떻게 될까요? 그 선수는 분명 수경을 나누어 주느라 늦어질 것이고 다른 선수들과 동시에 출발할 수 없을 것입니다.

스크래치에서도 똑같습니다. 게임을 시작할 때 필요한 시작 작업을 한 스프라이트에만 맡기면 게임이 느려질 것입니다. 마법사 대 유령의 스프라이트들은 유령 스프라이트를 복제하거나 불꽃 발사 위치를 잡는 등 이미 시작 작업을 꽤 많이 담당하고 있습니다. 그러니 게임을 시작할 때 시작 점수를 정하는 작업은 배경에 적용해 봅시다. 불꽃을 복제하고 유령을 화면 위에 숨기는 작업을 할 동안 배경은 플레이어 점수를 0으로 만들고 생명력을 3으로 정하는 작업을 동시에 할 수 있습니다. 이렇게 시작 작업을 잘 분배하면 게임의 모든 부분을 동시에 시작할 수 있습니다.

이제 배경에 프로그램을 적용해 봅시다. 배경 영역에 있는 배경을 클릭하면 그림 7-30과 같이 화면 왼쪽 위에 선택되어 파란색 테두리를 두릅니다.

그림 7-30 선택된 배경

배경에 프로그램을 적용하는 것도 스프라이트와 마찬가지로 스크립트 영역을 활용합니다. 이번에 만들 스크립트는 생명력 변수와 점수 변수 값을 초기화합니다. 생명력 변수는 3으로 설정합니다. 플레이어에게 유령과 싸워 높은 점수를 올릴 기회를 세 번 주는 것이죠. 점수 변수는 0으로 설정합니다. 플레이어는 유령을 맞히면서 이 점수를 쌓아야 합니다. 그림 7-31은 두 변수를 초기화한 결과입니다.

생명력 변수는 3으로
시작해야 한다

점수 변수는 0으로
시작해야 한다

그림 7-31 게임을 시작하기 전에 생명력 변수와 점수 변수를 초기화

블록 팔레트를 보면 몇몇 블록이 없어진 것을 알 수 있는데, 이 블록들은 아예 사라진 것이 아닙니다. 배경을 선택하면 스크래치는 블록 팔레트를 간소화하고 배경에만 사용할 수 있는 블록들을 보여 줍니다. 블록 팔레트를 하나씩 클릭하면서 무엇이 없어졌는지 확인해 보세요. 스프라이트에 프로그램을 적용할 때는 모든 블록이 다시 보일 것입니다. 배경에 프로그램을 적용할 때 몇몇 블록이 없어지는 이유는 배경 자체는 혼자 움직이거나 다른 무언가에 닿을 수 없기 때문이죠.

배경에 적용할 스크립트는 다음 순서대로 만듭니다.

1   **이벤트 팔레트**의 `클릭했을 때` 블록으로 새로운 스크립트를 시작합니다.

2   **변수 팔레트**의 `나의 변수을(를) 0로 정하기` 블록 두 개를 `클릭했을 때` 블록 아래에 나란히 위아래로 조립합니다. 위쪽 블록의 선택 목록을 열어 **생명력**을 선택하고 값에는 **3**을 입력합니다. 이 블록은 플레이어가 유령과 싸울 기회를 세 번 줍니다. 아래쪽 블록의 선택 목록에는 **점수**를 선택하고 값에는 0을 입력합니다. 이 블록은 게임을 다시 시작하면 0점부터 점수를 쌓을 수 있게 이전 점수를 지웁니다.

스크립트를 완성했다면 그림 7-32와 비교해 보세요.

그림 7-32 게임의 두 변수를 초기화하는 스크립트

드디어 게임을 완성했습니다. 시작하기 🏴를 클릭하고 유령을 물리칩시다. 게임에 문제가 있다면 다음 절을 참고하세요.

 6 ## 게임이 잘 실행되지 않나요?

가브리엘이 만든 게임은 문제없이 잘 실행되지만, 그렇다고 여러분이 만든 게임도 똑같이 잘 실행된다고 할 수는 없습니다. 각자 만든 게임이 잘 실행되지 않는다면 여기를 살펴보세요.

6.1 스크립트를 확인했나요?

게임이 생각대로 잘 실행되지 않는다면 먼저 책을 다시 살펴보고 스크립트 그림들과 각자 만든 스크립트가 똑같은지 비교해 보세요. 이름이 비슷한 블록이 많기 때문에 하나하나 꼼꼼히 살펴보아야 합니다. 블록에 다른 점이 없다면 값을 확인해 봅시다. 책에 나온 값과 똑같이 입력했나요?

6.2 스프라이트가 이상한 곳에 있지는 않나요?

불꽃에 적용할 스크립트를 만들 때 스프라이트 중심점을 바꾸는 방법을 배웠습니다. 스프라이트 위치가 이상하다면 그 부분을 다시 읽어 보고 따라해 봅시다. 특히 불꽃이 발사되는 위치가 마법사 지팡이가 아닌 다른 부분이라면 레이어 문제라기보다는 중심점 문제일 수 있습니다.

6.3 필요 없어 보이는 블록을 제거했나요?

몇몇 블록은 게임에 과연 반드시 필요한지 의심이 들 것입니다. 하지만 블록이 필요 없어 보여도 제거하면 안 됩니다. 이 블록을 사용한 것도, 스크립트를 여러 개로 나눈 것도 다 이유가 있기 때문입니다. 그러니 블록을 지운 후에 게임이 잘 실행되지 않는다면 책 내용을 다시 살펴보고 그림과 똑같이 스크립트를 만드세요. 예를 들어 9번 스크립트에서 반복문 안에 반복문을 넣은 점이 이상해 보일 수 있습니다. 하지만 무한 반복하기 블록이 없으면 간혹 불꽃이 화면 중앙에 멈추면서 또 다른 불꽃들을 발사하는 문제가 발생합니다. 이상한 게임 만들기를 즐기는 사람이 아니라면 스크립트를 책 그림과 똑같이 만드세요. 이러한 문제를 모두 해결한 결과물입니다.

6.4 마법사가 움직이지 않나요?

스크래치 3.0에서는 게임을 시작해도 간혹 마법사가 움직이지 않을 때가 있습니다. 아무래도 스크래치 3.0은 조금 더 안정화가 필요할 것 같습니다. 인내심을 가지고 기다립시다. 게임을 종료하고 다시 시작하면 마법사가 움직일 것입니다. 그래도 움직이지 않는다면 무대 위의 마법사를 조금 움직여서 레이어를 맨 앞으로 오게 만들고 다시 시작해 봅시다.

7 정리하기

이번에도 완성된 프로그램을 조금 더 가지고 놀면서 게임을 새로운 방향으로 바꾸어 봅시다. 블록 값을 이리저리 바꾸어 보면 스크립트가 어떻게 스프라이트를 조종하는지 이해할 수 있습니다.

7.1 마음껏 해 보아요

우리가 만든 고정 슈팅 게임은 순발력 테스트 게임이기도 합니다. 따라서 블록 값을 바꾸면 게임을 더 쉽게 또는 더 어렵게 만들 수 있습니다.

 도전해 보세요!

마법사를 더 느리게 만들고 유령을 더 빠르게 만들면 어떻게 될까요? 값에 더 작은 숫자를 입력하면 스프라이트는 더 느리게 움직이고, 반대로 값에 더 큰 숫자를 입력하면 스프라이트는 더 빠르게 움직입니다. 예를 들어 유령은 한 번에 20만큼 움직이게 하고, 마법사는 한 번에 2만큼 움직이도록 바꾸어 봅시다. 과연 몇 점이나 낼 수 있을까요?

두 번째 게임을 만들었으니 스프라이트가 움직이는 속도 외에도 다른 부분들을 자유롭게 바꿀 때가 되었습니다. 유령이 움직이는 방식 자체를 바꾸면 어떨까요?

 도전해 보세요!

우리가 만든 유령은 무대 위쪽에서 아래쪽으로 직선을 따라 똑바로 움직입니다. 반면 유령이 대각선을 따라 움직이게 만들려면 어떻게 해야 할까요? 마법사가 유령을 맞출 수 있는 위치를 잡기 더 어려워지겠죠?

5번 스크립트에 그림 7-33과 같이 x 좌표를 10만큼 바꾸기 블록을 추가하면 가능합니다. 이 블록을 y 좌표를 −3만큼 바꾸기 블록 위에 끼워 넣고 값을 훨씬 더 작게, 예를 들어 −1로 바꾸어 보세요. 그러면 유령은 살짝 왼쪽으로 비스듬히 떨어질 것입니다. 유령을 옆으로 더 움직이게 만들려면 다른 값을 입력하세요.

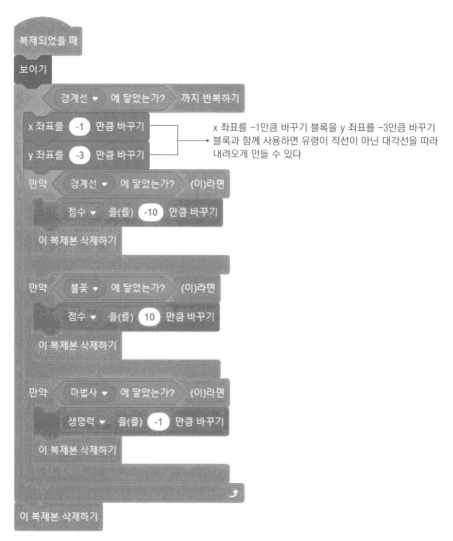

x 좌표를 −1만큼 바꾸기 블록을 y 좌표를 −3만큼 바꾸기 블록과 함께 사용하면 유령이 직선이 아닌 대각선을 따라 내려오게 만들 수 있다

그림 7-33 유령을 움직이는 5번 스크립트에 블록 추가(이렇게 하면 유령이 직선이 아닌 대각선을 따라 움직인다)

7.2 무엇을 배웠나요?

이제 게임을 완성했으니 신나게 유령을 맞히며 점수를 많이 올리기만 하면 됩니다. 하지만 그 전에 DAY 03에서 배운 컴퓨터 과학 개념이 이 게임에 어떻게 사용되었는지 잠깐 살펴봅시다.

- 모든 스크립트에 전원 스위치를 사용했습니다. `복제되었을 때` 나 `스페이스 키를 눌렀을 때` 처럼 특이한 블록도 사용했습니다.

- X좌표와 Y좌표 개념을 사용해서 유령은 아래쪽으로 움직이고, 불꽃은 위쪽으로 움직이게 만들었습니다.

- 조건문을 사용해 생명력 변수 값이 0이 되면 게임을 종료하도록 만들었습니다.

- 반복문을 사용해 유령을 끊임없이 복제하고 마법사가 불꽃을 무한정 발사하는 등 다양한 작업을 만들었습니다.

- 변수를 사용해 마법사가 지팡이로 물리친 유령 개수를 저장했습니다.

- `마우스 포인터에 닿았는가?` 블록과 불을 사용해 불꽃이 유령에 맞았는지 검사했습니다.

- 유령과 불꽃 스프라이트를 각각 하나씩 그렸지만, 복제를 사용해 무수히 많은 유령과 불꽃을 만들었습니다.

이번 게임에는 컴퓨터 과학의 여덟 가지 핵심 개념에서 일곱 가지를 사용했군요. 남은 게임들에서도 이 개념을 계속 사용합니다. 이외에도 DAY 07에서는 다음 내용을 배웠습니다.

- 한 게임에 여러 복제본을 만드는 방법을 배웠습니다.

- 반복문을 적용해 다양한 문제를 해결할 수 있습니다.

- 한 변수를 가지고 게임 상황에 따라 값을 늘리거나 줄이는 방법을 배웠습니다. 즉, 양방향 점수 시스템을 만든 것입니다.

- 고정 슈팅 게임을 만드는 방법을 배웠습니다.

이제 다 배웠습니다. 유령을 잡으러 가도 좋습니다. 하지만 게임을 충분히 즐겼다면 다시 돌아와서 DAY 08로 넘어가세요. 다음에 만들 게임은 아타리가 만든 〈브레이크아웃〉을 모방한 공 주고받기 게임입니다. 단 이번에는 1인용을 만들 것입니다. 축구화 모양의 라켓으로 그물 없는 골대에 공을 차는 게임이 될 것입니다. 궁금하다면 어서 넘어갑시다!

드리블: 디자인하기

MAKING SCRATCH GAME FOR EVERYONE

지루한 토요일 오후가 되었습니다. 친구들은 모두 밖에 나가 놀고 있어요. 하지만 저는 뒷마당에 있는 축구 골대를 가지고 혼자 놀기로 했습니다. 그림 8-1과 같이 말이죠. 여기에 공을 몇 번이나 찰 수 있을까요?

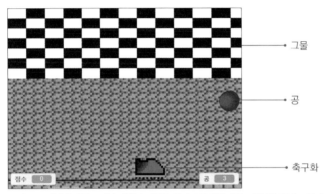

그림 8-1 이번에 만들 드리블 게임(이 게임은 잔디가 무성한 배경, 파란 공, 골대 그물, 점수판, 무대 바닥을 가로지르는 경계선 등으로 구성된다)

이번에 만들 게임의 이름은 '드리블'입니다. 이 게임은 아타리의 히트작인 〈브레이크아웃〉을 모방한 공 주고받기 게임입니다. 〈브레이크아웃〉에서 플레이어는 테니스 라켓을 이리저리 움직여서 공을 벽으로 쳐내야 합니다. 하지만 레트로 게임답게 그래픽은 단순합니다. 테니스 라켓은 단순한 직선으로 그렸고, 공은 하얀색 픽셀 하나로 그렸습니다. 벽은 다양한 무지개 색으로 칠한 벽돌로 만들었습니다. 공으로 벽돌을 맞히면 사라지고, 플레이어는 점수를 얻습니다. 〈드리블〉에서는 무지개 색 벽돌을 검은색과 하얀색이 교차된 골대 그물로 바꾸고, 하얀색 픽셀 대신 파란색 공을 그리고, 단순한 직선 라켓 대신 빨간색 축구화로 이 공을 차게 만들 것입니다. 플레이어는 공을 차서 그물 블록을 부술 때마다 점수를 얻습니다. 모든 블록을 부수거나 공을 세 번 놓치면 게임이 끝납니다.

DAY 08에서는 〈드리블〉에 필요한 스프라이트를 그리는 방법을 설명합니다. 또 표면을 매끄럽게 만들거나 픽셀로 거친 표면을 그리는 등 다양한 방법으로 스프라이트 질감을 표현해 보겠습니다. 그림에 질감이 없다면 단조롭고 밋밋하기 마련이죠.

DAY 08에서는 다음 내용을 배웁니다.

- 픽셀로 그림자를 그려서 질감을 표현할 수 있습니다.
- 비슷한 색상에 그림자를 섞어서 깊이를 표현할 수 있습니다.
- 만화 같은 그림도 실감 나게 그리는 방법을 배웁니다.

우선 다양한 색을 사용해 잔디밭을 그리는 것부터 시작합니다.

 # 1 질감을 배우며 배경 준비하기

〈마법사 대 유령〉에서 잔디밭을 그릴 때는 초록색 선을 긋고 선 아랫부분에 초록색 페인트를 부었습니다. 이번에는 잔디밭을 그리는 기술을 한 단계 끌어올려 봅시다. 픽셀에 다양한 초록색을 섞어서 잔디밭을 그릴 것입니다. 배경이 대조적으로 보이면서 질감이 살아날 것입니다.

1.1 잔디 배경 그리기

〈마인크래프트〉라는 게임을 해 본 적이 있나요? 게임을 시작하면 잔디밭과 나무가 가득한 세계 한가운데 떨어집니다. 이 게임에서도 잔디밭을 단순하게 초록색으로만 칠하지 않았습니다. 초록색 픽셀을 여러 개 섞어서 마치 조각보[1]처럼 엮은 것입니다. 무슨 말인지 모르겠다면 그림 8-2를 한번 보세요. 〈드리블〉 배경을 그린 것입니다.

---

1 역주 조각보는 다양한 색의 자투리 천을 모아 만든 보자기로 한국 고유의 민속 문화입니다. 서양에도 패치워크(patchwork)라는 비슷한 용어가 있습니다.

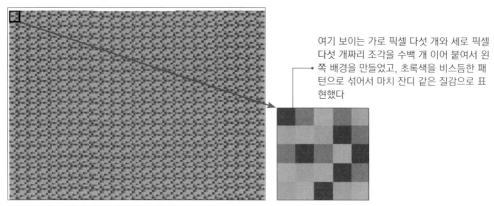

여기 보이는 가로 픽셀 다섯 개와 세로 픽셀 다섯 개짜리 조각을 수백 개 이어 붙여서 왼쪽 배경을 만들었고, 초록색을 비스듬한 패턴으로 섞어서 마치 잔디 같은 질감으로 표현했다

그림 8-2 〈드리블〉에 사용할 초록색 잔디밭 배경

이 배경은 픽셀을 일일이 찍어서 그린 것이 아닙니다. 아주 작은 조각만 픽셀로 그리고 이 조각을 여러 번 복사한 것입니다. 사각 패턴을 이루는 초록색 픽셀은 더 크게 그릴 수도 있고, 더 작게 그릴 수도 있습니다.

이제 배경 에디터를 열고 캔버스 돋보기 아이콘을 여러 번 클릭해 확대합시다. 그림 8-3과 같이 오른쪽 슬라이더를 위쪽 끝으로 옮기고, 아래쪽 슬라이더를 왼쪽 끝으로 옮기세요. 에디터의 맨 왼쪽 위에서부터 배경을 그릴 것입니다. 다음 순서대로 그리세요.

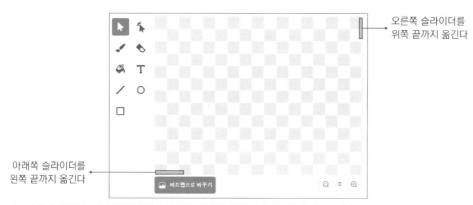

오른쪽 슬라이더를
위쪽 끝까지 옮긴다

아래쪽 슬라이더를
왼쪽 끝까지 옮긴다

그림 8-3 슬라이더 두 개를 끝까지 옮겨서 에디터의 맨 왼쪽 윗부분으로 이동한 후 배경 그리기

1 캔버스 왼쪽 아래에 있는 **비트맵으로 바꾸기** 를 클릭합니다.

2 **채우기 색**에서 **가장 어두운 초록색**을 선택합니다. **붓 툴** 을 클릭하고 굵기를 **4**로 조절합니다.

3 에디터의 맨 왼쪽 위 모서리에 픽셀 네 개를 찍어서 격자 무늬 1칸을 색칠합니다.

4 다른 초록색을 선택해서 첫 번째로 색칠한 격자 무늬 바로 오른쪽에 픽셀 네 개를 찍습니다. 어떤 초록색이든 좋습니다. 우리는 네 가지 초록색을 사용할 것입니다. 마찬가지로 격자 무늬 1칸을 색칠합니다.

5 다른 초록색을 또 선택해서 세 번째 격자 무늬에 픽셀을 찍습니다. 초록색을 바꾸어 가며 격자 무늬를 2칸 더 찍으세요. 그림 8-4와 같이 픽셀을 여러 번 찍어서 격자 무늬 5칸을 나란히 색칠합니다. 여러 초록색을 사용해도 괜찮지만 양 끝 격자 무늬에는 다른 색을 쓰세요. 가운데 세 번째 격자 무늬에는 어떤 초록색이든 좋습니다.

그림 8-4 초록색으로 격자 무늬 5칸을 한 줄로 찍기(맨 왼쪽 격자 무늬와 맨 오른쪽 격자 무늬에는 다른 초록색을 써야 한다)

6 이 첫 번째 줄 바로 아래에 같은 방식으로 초록색 격자 무늬 5칸을 찍어서 두 번째 줄을 만듭니다. 양옆과 위아래로 인접한 픽셀에는 같은 색을 사용하지 마세요. 대각선으로 이어진 픽셀은 같은 색으로 칠해도 됩니다. 그림 8-5를 참고하세요.

대각선으로 이어진 두 격자 무늬에는 같은 색을 썼지만 양옆
으로 인접한 격자 무늬와는 색이 분명 다르다

양 끝 격자 무늬에 같은 색을 쓰지 말자

양 끝 격자 무늬의 색도 서로 다르다

나란히 이어진 격자 무늬에도 같은 색을 쓰지 말자

올바른 예　　　　　**잘못된 예**

그림 8-5 대각선으로 이어진 격자 무늬에는 같은 색을 사용하고, 위아래 또는 좌우로 인접한 격자 무늬에는 다른 색을 사용

7 같은 방식으로 두 번째 줄 아래에 세 번째 줄을 만듭니다. 색을 매번 바꾸기 번거롭다면 그림 8-6과 같이 몇몇 픽셀을 먼저 찍어도 됩니다.

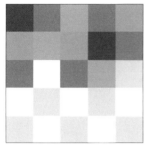

그림 8-6 두 번째 줄을 완성한 후 색을 바꾸지 않고 그다음 줄에 격자 무늬를 2칸 먼저 찍기

8 같은 방식으로 네 번째 줄과 다섯 번째 줄을 그려서 그림 8-7과 같이 격자 무늬 5×5 사각형을 완성합니다. 맨 왼쪽 격자 무늬와 맨 오른쪽 격자 무늬의 색을 다르게 했듯이, 첫 번째 줄의 격자 무늬 5칸과 다섯 번째 줄의 격자 무늬 5칸을 각각 다른 색으로 칠해야 합니다. 일종의 '스도쿠' 퍼즐을 푼다고 상상해 보세요. 숫자 대신 네 가지 초록색을 사용하고 가로 5×세로 5 사각형에 색을 중복해서 넣을 수 있습니다.

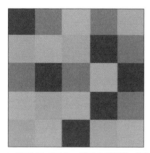

그림 8-7 가로 5×세로 5 사각형 패턴 완성(위아래, 양옆으로 인접한 격자 무늬의 색이 모두 다르고 맨 위와 맨 아래, 맨 왼쪽과 맨 오른쪽의 격자 무늬도 각각 색이 다르다)

픽셀을 다 찍었습니다. 다음 순서대로 이 패턴을 복사해 봅시다.

1 왼쪽 메뉴에서 **선택 툴** 을 클릭합니다.

2 앞서 그린 패턴 주위에 사각형을 그립니다. 그림 8-8의 1단계처럼 하면 됩니다.

3 위쪽 메뉴에서 **복사** 를 클릭한 후 바로 옆에 있는 **붙이기** 를 클릭합니다.

4 복사한 패턴을 원래 패턴 바로 아래에 놓으면 그림 8-8의 2단계처럼 더 큰 직사각형을 만들 수 있습니다.

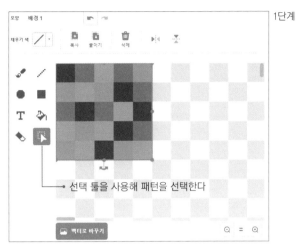

선택 툴을 사용해 패턴을 선택한다

복사한 패턴을 원래 패턴
바로 아래에 놓는다

그림 8-8 툴을 사용해 패턴을 복사하고 붙여 넣기

5 이제 캔버스를 조금 축소하고, 앞서 했던 방식을 반복해 복사한 패턴을 다시 원래 패턴
바로 아래에 놓습니다.

6 같은 방식을 사용해서 캔버스 바닥까지 패턴을 세로로 한 줄로 채웁니다. 아래로 내려가
면 캔버스를 축소해야 할 것입니다.

7 이번에는 같은 방식을 사용해서 그림 8-9와 같이 패턴을 오른쪽으로 복사합니다. 이렇
게 화면 전체를 패턴으로 채웁니다. 선택 영역이 잘 보이지 않는다면 캔버스를 적절하게
확대하거나 축소하세요.

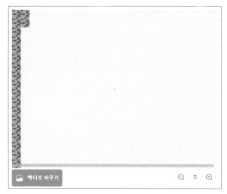

그림 8-9 패턴 한 줄을 캔버스 바닥까지 다 채운 후 오른쪽으로 복사

그림 8-10과 같이 전체 배경을 패턴으로 채우려면 시간이 걸리니 인내심이 필요합니다. 너무 힘들다면 채우기 색 툴 로 캔버스를 채워서 단순한 초록색 배경을 만들어도 좋습니다. 배경에 질감이 없겠지만 게임을 만드는 데 별 문제는 없습니다.

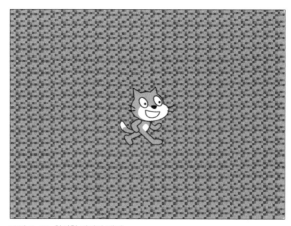

그림 8-10 완성한 잔디밭 배경

1.2 질감이란?

눈을 가리고 무언가를 만졌을 때 그것이 강아지인지 아니면 식탁인지 어떻게 알 수 있나요? 강아지가 전혀 헐떡거리지도 않고 코도 젖어 있지 않다면 유일한 단서는 질감일 것입니다. 강아지는 털이 많고 폭신하지만, 식탁은 딱딱하고 매끄럽죠.

강아지와 식탁을 그림으로 그려도 마찬가지입니다. 두 그림을 비슷한 모양으로 그렸다고 해도 보는 사람이 그림 안으로 들어가 강아지나 식탁을 만졌을 때 감촉이 느껴지게 그려야 합니다. 그림에 질감을 넣으면 촉감과 입체감을 주므로 더 흥미롭게 그릴 수 있습니다. 다시 말해 플레이어가 스프라이트를 집거나 배경에 손을 댔을 때 느낌을 게임에 표현해야 합니다. 게다가 그림에 질감을 넣으면 게임 분위기까지 바꿀 수 있습니다. 파란색 공이 햇볕 아래에 있을 때 질감과 빗속에 있을 때 질감은 분명 다릅니다.

이제 여러분 집에서 질감을 찾아봅시다. 여덟 가지 물건을 가져오세요. 매끄러운 물건, 폭신한 물건, 거친 물건, 솜처럼 보송보송한 물건, 미끄러운 물건, 울퉁불퉁한 물건, 비단결처럼 부드러운 물건, 끈적끈적한 물건이 필요합니다. 다 찾았다면 물건을 나란히 놓고 관찰해 보세요.

물건에 빛이 어떻게 반사되나요? 유심히 보면 같은 색도 음영이 조금씩 다를 것입니다. 음영이 달라지는 부분이 들쭉날쭉한가요? 아니면 매끄럽나요? 이러한 부분들을 참고해 그림을 그리면 질감의 착시를 만들 수 있습니다. 착시는 눈의 감각을 속이는 기술입니다. 예를 들어 종이에 파란색 원을 그리면 단순한 쟁반처럼 보이겠지만, 착시를 사용하면 마치 공처럼 보이게 만들 수 있죠. 우리가 그린 잔디 배경도 착시를 사용한 것입니다. 한 가지 초록색이 아닌 여러 초록색을 섞어서 마치 잔디처럼 보이게 했습니다.

물론 게임에 사용하는 배경과 스프라이트는 화면에 평면 이미지로 표시됩니다. 하지만 게임이 현실이라 가장하고 이 배경과 스프라이트를 만졌을 때 어떤 느낌일지 상상하면서 그려 보세요.

 ## 2 스프라이트 그리기

스프라이트를 그릴 때는 항상 질감을 염두에 두세요. 〈드리블〉에 사용할 축구화와 공 스프라이트를 그릴 때도 마찬가지입니다. 집에 축구화나 공이 있다면 컴퓨터 옆으로 가져오세요. 실제 사물이 어떻게 생겼는지, 어떤 느낌이 드는지 유심히 관찰하면 그림을 실감 나게 그리는 데 도움이 됩니다. 본격적으로 스프라이트를 만들기 전에 무대 위 기본 고양이 스프라이트를 삭제하세요.

2.1 축구화 그리기

배경은 초록색으로 그렸습니다. 초록색과 빨간색은 서로 보색이니, 축구화는 빨간색으로 그리면 좋겠죠. 축구화를 그림 8-11과 같이 그릴 것입니다. 왼쪽에 그림자를 그려서 입체감을 더하고, 바닥에는 진짜 축구화처럼 고무 밑창을 달았습니다.

그림 8-11 초록색 배경과 보색을 이루는 빨간색 축구화 스프라이트(바닥에는 회색 선으로 고무 밑창을 그리고 뒷부분에는 그림자를 그려서 조금 더 실감 나게 만들었다)

이제 스프라이트 영역에서 그리기를 클릭해 스프라이트를 그립시다.

1 캔버스 왼쪽 아래에 있는 **비트맵으로 바꾸기**를 클릭합니다.

2 **붓 툴**을 클릭합니다. **채우기 색**에서 **검은색**을 선택하고, 선 굵기는 **4**로 조절합니다. 돋보기 아이콘을 사용해 캔버스를 적절히 확대합니다.

3 캔버스에 픽셀 세 개를 가로로 나란히 찍은 후 맨 오른쪽 픽셀 아래에 하나 더 찍습니다 (그림 8-12의 1단계 참고).

4 아래에 찍은 픽셀에서 오른쪽으로 픽셀을 나란히 네 개 찍습니다(그림 8-12의 2단계 참고).

5 맨 오른쪽 픽셀 바로 위에 픽셀을 하나 찍고, 그 오른쪽에 네 개 더 찍습니다(그림 8-12의 3단계 참고).

6 맨 오른쪽 픽셀에서 오른쪽 아래로 내려가는 대각선을 따라 픽셀을 다섯 개 찍습니다(그림 8-12의 4단계 참고).

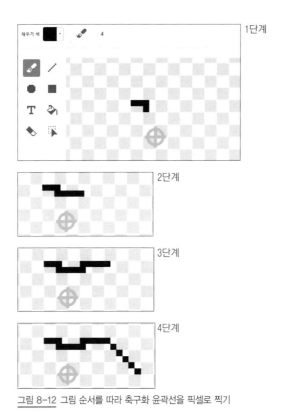

그림 8-12 그림 순서를 따라 축구화 윤곽선을 픽셀로 찍기

7 대각선 마지막 픽셀 바로 아래에 픽셀을 세 개 아래쪽으로 나란히 찍습니다.

8 마지막에 찍은 픽셀에서 왼쪽으로 수평선을 그립니다. 선의 왼쪽 끝은 가장 처음에 찍었던 맨 왼쪽 픽셀에 맞추세요. 그런 다음 두 픽셀을 수직선으로 이어서 축구화 윤곽선을 완성합니다(그림 8-13 참고).

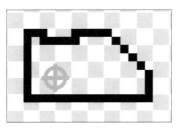

그림 8-13 검은색 축구화 윤곽선

9 이제 축구화에 고무 밑창을 만들어 봅시다. **채우기 색**에서 중간 정도의 **밝은 회색**을 선택하고 축구화 바닥에 선을 그립니다(그림 8-14 참고).

10 다시 **검은색**으로 바꾸고, 회색 선 아래에 픽셀을 띄엄띄엄 찍어서 스파이크를 만듭니다(그림 8-14 참고).

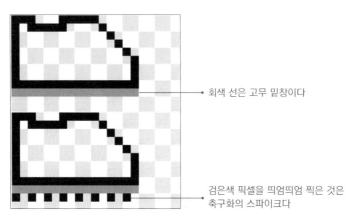

회색 선은 고무 밑창이다

검은색 픽셀을 띄엄띄엄 찍은 것은
축구화의 스파이크다

그림 8-14 선으로 그린 축구화 밑창과 픽셀로 그린 스파이크

11 이제 빨간색으로 축구화를 색칠해야 합니다. 다양한 빨간색을 사용해 축구화에 질감을 줄 것입니다. 여러 빨간색에서 **밝은 빨간색**을 축구화의 기본 색으로 선택합시다.

12 **채우기 색 툴** 🪣로 축구화에 빨간색을 채우세요. 그런 다음 색을 한 단계 **어두운 빨간색**으로 바꿉니다. **붓 툴**로 다시 바꾸고 발을 넣는 구멍 앞부분부터 왼쪽 아래로 향하는 대각선을 그립니다(그림 8-15의 1단계 참고).

13 **채우기 색 툴**을 사용해 축구화 뒷부분을 어두운 빨간색으로 채웁니다(그림 8-15의 2단계 참고).

14 다시 **채우기 색**에서 한 단계 **더 어두운 빨간색**으로 바꿉니다. **12**와 **13**을 한 번 더 반복합니다(그림 8-15의 3단계와 4단계 참고).

15 **채우기 색**에서 **가장 어두운 빨간색**을 선택하고 과정을 한 번 더 반복합니다(그림 8-15의 5단계와 6단계 참고).

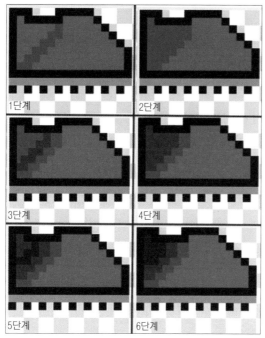

그림 8-15 축구화 뒷부분에 그림자를 그리는 과정(한 단계 어두운 빨간색을 사용해 계단 기법으로 대각선을 그리고 뒷부분을 채우는 과정을 반복한다)

그림 8-16은 축구화를 완성한 모습입니다. 스프라이트 영역으로 가서 스프라이트 이름을 **축구화**로 바꾸세요. 완성한 축구화 스프라이트는 공 주고받기 게임의 라켓으로 쓸 것입니다.

그림 8-16 완성한 축구화 스프라이트

2.2 공 그리기

공 주고받기 게임의 라켓을 그렸으니 이제 공을 그릴 차례입니다. 그림 8-17과 같이 파란색 공을 그릴 것입니다. 그림자를 세밀하게 그려서 둥근 느낌을 잘 살렸습니다.

그림 8-17 공 주고받기 게임에서 사용할 파란색 공

이 공을 수채화로 그린다면 붓에 여러 가지 파란색을 묻혀서 그림자를 칠했을 것입니다. 목탄으로 그린다면 손가락으로 문질러서 그림자를 표현할 수 있겠죠. 하지만 우리는 화면에 픽셀로 공을 그려야 합니다. 디지털 이미지를 그릴 때는 디더링 기법으로 명암을 표현할 수 있습니다.

> **NOTE**
>
> **디더링(dithering)**
>
> 디더(dither)는 '망설이다'는 뜻입니다. 예를 들어 초콜릿 아이스크림을 먹을지 바닐라 아이스크림을 먹을지 한참 고민한다면 디더링, 즉 망설인다고 볼 수 있죠. 픽셀 아트에서 디더링이란 두 가지 색 사이에서 망설이며 헷갈려 한다는 의미입니다. 비슷한 색을 두 개 또는 여러 개 섞어 놓으면 스프라이트에 마치 진짜 그림자가 있는 것 같은 착시 효과를 줄 수 있습니다. DAY 04에서 계란 스프라이트의 노른자를 그릴 때 이미 디더링을 사용했습니다. 그림 8-18의 1번 예제에서도 볼 수 있고, 2번 예제처럼 픽셀로 체크 무늬 패턴을 그릴 수도 있습니다. 또는 3번 예제처럼 픽셀 사이의 간격을 벌려서 패턴을 분리하면 질감이 서서히 변하는 느낌을 줄 수 있습니다. 4번 예제처럼 픽셀을 더 많이 벌려서 흩뿌리면 질감의 미묘한 변화도 표현할 수 있죠.
>
>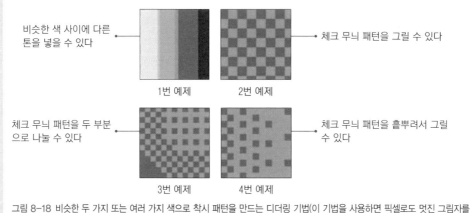
>
> 그림 8-18 비슷한 두 가지 또는 여러 가지 색으로 착시 패턴을 만드는 디더링 기법(이 기법을 사용하면 픽셀로도 멋진 그림자를 그릴 수 있다)

이제 디더링을 사용하는 방법을 배워 봅시다. 다음 순서대로 공 스프라이트에 체크 무늬를 그려 봅시다.

1 캔버스 왼쪽 아래에 있는 **비트맵으로 바꾸기**를 클릭하고 캔버스를 적절하게 확대한 후 **원 툴** ●을 클릭합니다. **채우기 색**에서 **가장 어두운 파란색**을 선택하고 **채우기** ●를 클릭합니다.

2 그림 8-19와 같이 큰 원을 하나 그립니다. 원의 지름이 캔버스 격자 무늬 10칸 정도가 되도록 그리세요. 원 툴에서 윤곽선만 그렸다면 채우기 색 툴을 사용해 같은 색으로 채우세요.

그림 8-19 원 툴을 사용해 그린 짙은 파란색 원

3 한 단계 **옅은 파란색**으로 바꾸고, 원래 원 안에 이보다 약간 작은 원을 하나 더 그립니다. 그림 8-20의 1단계처럼 두 원의 오른쪽 윗부분이 맞닿게 마우스 포인터를 끌어 놓으세요.

4 한 단계 **더 옅은 파란색**으로 바꾸어 **3**을 한 번 더 반복합니다. 두 번째 그린 원보다 더 작은 원을 오른쪽 윗부분이 맞닿게 그립니다. 그림 8-20의 2단계를 참고하세요.

5 마지막으로 **한 단계 더 옅은 파란색**으로 바꾸어 세 번째 원 안에 더 작은 원을 그립니다. 그림 8-20의 3단계처럼 원 네 개를 겹쳐 그립니다. 네 원의 오른쪽 윗부분이 모두 맞닿아야 합니다.

1단계   2단계   3단계

그림 8-20 원 안에 작고 옅은 원을 그려서 공에 원근감 표현

6 맨 처음 원을 그렸을 때 색으로 다시 바꾸세요. 이제 캔버스를 최대한 확대하세요. 각 그림자 레이어에 체크 무늬 패턴을 그리려면 캔버스를 최대한 확대해서 픽셀을 세심하게 찍어야 합니다.

7 붓 툴을 클릭하고 굵기를 **4**로 조절합니다. 그림 8-21의 1단계처럼 두 번째 원 위에 체크 무늬 패턴을 그립니다. 다른 레이어를 조금 침범해도 괜찮습니다. 가끔 경계를 넘겨 그리는 편이 훨씬 더 자연스러운 그림자를 표현할 수 있습니다.

8 두 번째 원을 그렸던 색으로 바꾸어 다시 세 번째 원 위에 체크 무늬 패턴을 그립니다(그림 8-21의 2단계 참고). 마찬가지로 픽셀 일부가 네 번째 원을 조금 침범해도 신경 쓰지 마세요.

9 세 번째 원을 그렸던 색으로 바꾸어 네 번째 원 위에 마지막으로 체크 무늬 패턴을 그립니다(그림 8-21의 3단계 참고). 맨 오른쪽 윗부분까지는 찍지 말고 조금 남기세요.

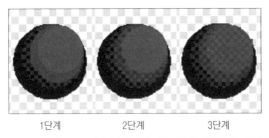

그림 8-21 각 그림자 레이어에 한 단계 짙은 파란색 픽셀을 체크 무늬로 찍어서 실감 나는 그림자 만들기

10 네 번째 원에 찍은 픽셀이 공을 조금 벗어났다면 **지우개 툴** █을 사용해 그림 8-22와 같이 픽셀 일부를 깎을 수 있습니다. 지우개 크기를 제일 작게 줄이고 캔버스를 최대로 확대하면 쉽고 정밀하게 작업할 수 있습니다.

튀어나온 픽셀을 깎아서 공의 가장자리를 정리한다

그림 8-22 지우개 툴로 원의 가장자리를 둥글게 만들기

그림 8-23은 완성된 공 스프라이트입니다. 스프라이트 영역으로 가서 스프라이트 이름을
공으로 바꾸세요.

그림 8-23 명암이 들어간 파란색 공

2.3 그물 만들기

이제 게임 화면 윗부분에 축구 골대처럼 생긴 그물을 만들 차례입니다. 검은색 사각형 스프
라이트와 하얀색 사각형 스프라이트를 그린 후 여러 번 복제해 그림 8-24와 같이 정렬하겠
습니다.

그림 8-24 무대 윗부분에 그릴 그물은 검은색 사각형과 하얀색 사각형의 체크 무늬로 완성

하지만 스프라이트는 사각형 하나만 필요합니다. 이 스프라이트에 두 가지 모양을 만들 수
있습니다.

이제 다음 순서대로 그물을 그리세요.

1   캔버스 왼쪽 아래에 있는 **비트맵으로 바꾸기**를 클릭합니다.

2   캔버스를 적절히 확대하고 **붓 툴**을 클릭합니다. **채우기 색**에서 **검은색**을 선택하고 굵기를
    4로 조절합니다.

3   그림 8-25의 첫 번째 그림과 같이 가로로 격자 무늬 9.5칸, 세로로 격자 무늬 5칸인 작
    은 사각형을 그립니다. **채우기 색 툴**로 사각형 속을 채우세요.

4 캔버스 왼쪽 탭에서 모양 1이라고 써 있는 검은색 사각형을 찾아보세요(파란색 테두리로 둘러싸여 있을 것입니다). 사각형에서 마우스 오른쪽 버튼을 눌러 **복사**를 선택합니다.

5 검은색 사각형이 하나 더 생긴 후 사각형이 선택되어 있을 것입니다.

6 **채우기 색**에서 **하얀색**을 선택하고 **채우기 색 툴**을 클릭합니다. 그리고 검은색 사각형을 클릭하세요. 이제 다시 탭을 보면 그림 8-25의 마지막 그림과 같이 검은색 사각형과 하얀색 사각형이 나란히 있을 것입니다.

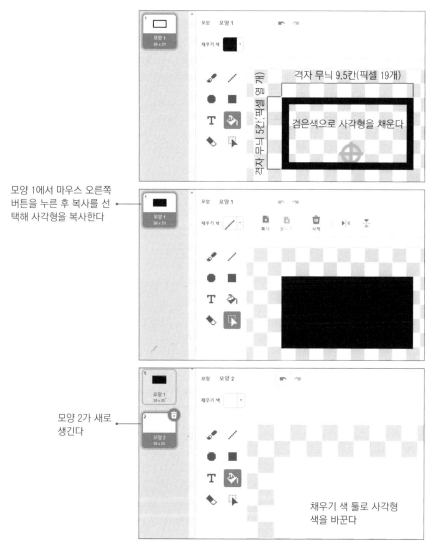

그림 8-25 크기가 똑같은 검은색 사각형과 하얀색 사각형(첫 번째 사각형을 복사한 후 채우기 색 툴로 색을 바꾼다)

하지만 무대를 보면 사각형이 하나만 보입니다. 실제로 사각형 스프라이트도 하나뿐입니다. 그 대신 이 스프라이트에 모양이 두 개, 즉 검은색 모양과 하얀색 모양이 있는 것이죠. 스프라이트 모양은 스프라이트가 갈아입을 수 있는 옷이라고 보면 됩니다. 〈드리블〉 게임을 만들 때는 두 모양을 교대로 바꾸면서 모두 사용해야 합니다.

이제 스프라이트 영역으로 가서 스프라이트 이름을 **그물**로 바꾸세요. 스프라이트 영역에도 사각형이 하나만 있을 것입니다. 그물 스프라이트를 클릭하면 모양 탭 ✏️에서 스프라이트 모양을 볼 수 있습니다.

> **NOTE 대조 조절하기**
>
> 셰이드 사이의 대조를 조절하면 색다른 질감을 표현할 수 있습니다. 그림 8-7의 잔디밭 패턴을 예시로 살펴봅시다. 이 패턴을 그릴 때는 채우기 색에서 초록색 네 개를 손쉽게 골랐습니다. 이 색들은 뚜렷하게 다른, 즉 대조가 큰 색들입니다. 반면 채우기 색을 바꾸어 미묘하게 다른 셰이드를 고른다면 어떻게 될까요? 그림 8-26의 왼쪽 패턴은 그림 8-7에서 그린 것입니다. 반면 오른쪽 패턴은 채우기 색에서 색상, 채도, 명도 슬라이더를 사용해 초록색을 약간씩 변경해 가며 그린 것입니다. 어떤 패턴이 잔디밭을 더 실감 나게 표현하고 있나요? 다른 스프라이트나 배경에 질감을 넣을 때도 얼마나 가까운 셰이드를 고를지, 즉 셰이드의 대조를 어떻게 조절할지 고민해 보세요.
>
>
>
> 그림 8-26 셰이드 사이의 대조를 조절하면 더 깊은 질감 표현

③ 소품 준비하기

〈드리블〉 게임을 완성하려면 소품 스프라이트가 두 개 필요합니다. 첫 번째 소품은 점수판이고, 두 번째 소품은 경계선입니다.

3.1 점수판 만들기

〈브레이크아웃〉은 게임이 끝나면 플레이어가 얼마나 잘했는지 보여 주는 점수판을 화면에 표시합니다. 우리도 게임 종료 화면에 그림 8-27과 같이 점수판을 보여 줍시다. 〈드리블〉의 점수판은 점수 범위를 알려 주어서 플레이어가 자신의 점수를 비교하고 얼마나 잘했는지 스스로 판단하게 합니다.

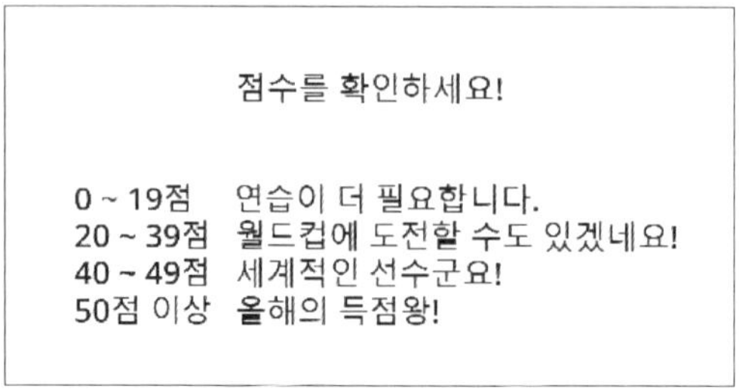

```
점수를 확인하세요!


0 ~ 19점    연습이 더 필요합니다.
20 ~ 39점   월드컵에 도전할 수도 있겠네요!
40 ~ 49점   세계적인 선수군요!
50점 이상    올해의 득점왕!
```

그림 8-27 게임이 끝나면 보여 줄 점수판

다음 순서대로 점수판을 만드세요.

1 **비트맵으로 바꾸기**를 클릭합니다.

2 **채우기 색**에서 **하얀색**을 선택하고 **채우기 색 툴**을 클릭합니다. 이제 캔버스를 클릭하세요. 캔버스를 하얀색 배경으로 채우고 여기에 글자를 입력할 것입니다.

3 **채우기 색**에서 **검은색**을 선택하고 **텍스트 툴** T 을 클릭합니다.

4 캔버스 적당한 곳을 클릭한 후 다음 내용을 입력하세요.

```
점수를 확인하세요!

0 ~ 19점    연습이 더 필요합니다.

20 ~ 39점   월드컵에 도전할 수도 있겠네요!

40 ~ 49점   세계적인 선수군요!

50점 이상    올해의 득점왕!
```

게임 종료 화면에 보여 줄 점수판을 완성했습니다. 스프라이트 영역에서 스프라이트 이름을 **점수판**으로 바꾸세요.

3.2 경계선 만들기

그림 8-28의 경계선은 지금까지 만든 다른 게임의 경계선과 거의 똑같습니다.

그림 8-28 화면 아래에 그린 경계선

다음 순서대로 경계선을 만듭시다.

1 **채우기 색**에서 **검은색**을 선택하고 **선 툴** ◢을 클릭합니다.

2 캔버스의 왼쪽 바닥 모서리에서 오른쪽 바닥 모서리까지 직선을 그립니다. [Shift]를 누른 채 마우스를 드래그하면 직선을 정확하게 수평으로 그릴 수 있습니다.

마지막 스프라이트를 완성했습니다. 스프라이트 영역으로 가서 이름을 **경계선**으로 바꾸세요.

4 정리하기

DAY 08에서는 그림자를 그리는 방법과 스프라이트나 배경에 질감을 더하는 몇 가지 기법을 배웠습니다.

4.1 마음껏 해 보아요

DAY 08에서 축구화를 그릴 때 이미 어느 정도 질감을 표현했습니다. 자신의 색감과 그림 실력을 시험하고 싶다면 다음 과제에 도전해 보세요.

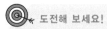 도전해 보세요!

새로운 배경을 만들고 다른 질감이 느껴지게 그려 봅시다. 색상, 채도, 명도를 조절하고 미묘하게 다른 초록색 셰이드를 선택해서 패턴에 사용해 보세요. 새로 그린 패턴을 화면에 복제하면서 원래 그렸던 거친 질감의 패턴과 비교해 보세요.

 도전해 보세요!

공에 비추는 빛의 방향을 바꾸어 보세요. 그림 8-23은 빛이 화면 오른쪽에 있습니다. 이 빛을 왼쪽으로 옮기면 그림자 레이어를 어떻게 그려야 할까요? 체크 무늬 패턴은 어떻게 바꾸어야 할까요?

4.2 무엇을 배웠나요?

질감은 미술만 다루는 개념이 아닙니다. 과학이나 공학 같은 분야에서도 질감은 중요합니다. 사물에서 느끼는 질감에 따라 사물을 다루는 방식도 다릅니다. 물론 누구나 끈적이고 질처거리는 물건을 싫어하고 뾰족한 물선보다 매끄러운 물건을 좋아하지만, 그보다 더 많은 것이 질감에 영향을 받습니다. 그렇기 때문에 매일 사용하는 전자 제품을 만드는 엔지니어도 질감에 신경 써야 합니다. 예를 들어 핸드폰 같은 물건은 쉽게 들고 쥘 수 있게 만들어야 합니다. 요리사도 마찬가지입니다. 맛있는 요리의 비밀은 식감에 있습니다. 또는 땅을 연구하는 토양학자도 흙에 수분이 충분한지 알아낼 때 흙의 질감을 관찰합니다. 질감은 모든 곳에 있습니다.

이제 DAY 08에서 무엇을 배웠는지 정리해 봅시다.

- 질감이 스프라이트와 배경의 품질에 어떤 영향을 주는지 배웠습니다.
- 색을 섞어서 질감을 줄 수 있습니다.
- 넓은 영역을 먼저 채우고 질감을 추가로 입혀서 그림자를 그리는 방법을 배웠습니다.
- 스프라이트에 여러 모양을 만드는 방법을 배웠습니다.

물론 우리가 그린 잔디밭 배경은 만질 수 없지만, 플레이어에게 마치 여러 가지 색의 잔디를 보는 것 같은 착시는 줄 수 있습니다. 이 배경이 〈드리블〉을 더 재미있게 할 것입니다. 이제 게임을 만들어 볼까요?

드리블:
변수를 이용해 코딩하기

MAKING SCRATCH GAME FOR EVERYONE

아타리가 출시한 〈브레이크아웃〉 개발자는 여러분도 아는 사람입니다. 이들은 맥킨토시 컴퓨터와 아이폰을 만든 회사, 즉 애플을 창업했습니다. 바로 스티브 잡스와 스티브 워즈니악이죠. 그들은 이 게임을 나흘 만에 만들었습니다.

워즈니악은 이 게임을 만든 이야기를 자서전에 썼습니다. 그는 〈퐁〉을 집에서 즐기려고 텔레비전으로 할 수 있는 가정용 〈퐁〉을 직접 만들었습니다. 아타리가 공식으로 가정용 〈퐁〉을 출시하기 1년 전이었습니다. 워즈니악의 친구 잡스는 그 당시 아타리에서 일하고 있었습니다. 워즈니악은 아타리 사람들이 잡스 집에 왔을 때 자신이 만든 가정용 〈퐁〉을 보여 주었죠. 사람들은 놀라워했고 아타리에서 같이 일하자고 제안했지만 워즈니악은 거절했습니다.

그 이후 아타리는 집에서도 즐길 수 있는 가정용 〈퐁〉을 개발했고 큰 성공을 거두었습니다. 아타리의 창업자 놀런 부슈널은 〈퐁〉 같은 공 주고받기 게임을 하나 더 만들기로 했습니다. 이렇게 탄생한 〈브레이크아웃〉은 전작인 〈퐁〉과 비슷하지만, 다른 점이 하나 있습니다. 〈퐁〉에서는 마치 탁구처럼 상대방이 공을 놓쳐야 자신의 점수가 올라갑니다. 반면 〈브레이크아웃〉에서 플레이어는 벽돌을 맞혀야 합니다. 공이 날아가는 방향을 잘 조정해서 블록을 모두 없애야 합니다. 다시 말해 〈퐁〉에서는 목표물을 빗나가게 공을 보내야 하고, 〈브레이크아웃〉에서는 목표물에 맞게 공을 보내야 합니다.

부슈널은 잡스에게 워즈니악이 〈브레이크아웃〉 제작을 도와주면 좋겠다고 말했습니다. 워즈니악이라면 컴퓨터 칩을 가장 적게 사용해 설계할 수 있다고 생각했기 때문이죠(그래야 아타리가 큰돈을 벌 수 있으니까요). 잡스는 워즈니악을 불러서 부슈널의 생각을 전했습니다. 워즈니악은 친구인 잡스와 함께 재미 삼아 만들면 되겠다고 생각했습니다. 하지만 워즈니악은 잡스가 그의 도움을 절실히 원한다는 것을 전혀 몰랐습니다. 잡스는 게임을 만들 줄 몰랐지만 부슈널에게 이미 게임을 최단기간 안에 만들겠다고 약속해 버렸기 때문이죠. 물론 잡스도 시간을 들이면 게임 제작법을 알 수 있었겠지만 나흘보다는 훨씬 더 오래 걸렸을 것입니다. 어쨌든 이것을 계기로 두 친구는 같이 일하게 되었습니다. 그들은 각자의 장점을 살려 수많은 프로젝트를 성공적으로 완성했죠. 워즈니악은 〈브레이크아웃〉 회로를 설계했고, 잡스는 컴퓨터 칩들을 연결했습니다. 그렇게 나흘 만에 게임을 완성한 것이죠. 비디오 게임을 설계하고 만드는 작업치곤 말도 안 되게 짧은 시간입니다. 1976년 아타리는 〈브레이크아웃〉을 출시했고 큰 성공을 한 번 더 거두었습니다.

〈드리블〉도 〈브레이크아웃〉과 똑같습니다. 라켓으로 공을 쳐내서 나란히 쌓여 있는 벽돌을 맞혀야 합니다. 단 게임 모습은 많이 달라졌죠. 그림 9-1은 〈드리블〉 게임 화면입니다. 라켓은 축구화로 변했고, 하얀색 픽셀 공은 파란색 고무 공이 되었습니다. 그리고 검은색과 하얀색 축구 골대 그물이 벽돌 역할을 대신합니다. 플레이어는 축구화를 화면 앞뒤로 움직여서 날아오는 공을 검은색과 하얀색 축구 골대 그물로 차야 합니다. 공이 그물에 맞으면 그물 조각이 사라지고 점수를 얻습니다. 플레이어는 공을 세 개까지 찰 수 있습니다. 공을 놓치면 공을 하나 잃습니다.

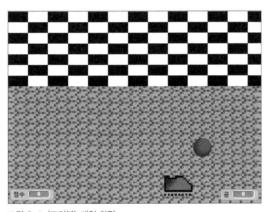

그림 9-1 〈드리블〉 게임 화면

이 게임의 하이라이트는 변수입니다. 지금까지는 변수에 숫자만 저장했습니다. 예를 들어 점수를 세거나 남은 생명력을 저장하는 데 사용했죠. 이번 게임에서는 변수를 조금 더 추상적으로 사용합니다. 예를 들어 변수를 사용해 공이 화면에 나왔는지 확인하고, 공이 움직이고 있다면 새로운 공을 내보내지 않는 프로그램을 만들 것입니다. 다시 말해 변수에 참 또는 거짓 값을 지정해 변수를 일종의 스위치처럼 사용하는 방법을 배웁니다.

DAY 09에서는 다음 내용을 배웁니다.

- 변수를 사용해 공이 움직이고 있는지 알 수 있습니다.
- 2인용 게임을 1인용 게임으로 바꾸는 방법을 배웁니다.
- 프로그램 코드를 사용해 패턴을 복사합니다.
- 스프라이트 모양을 바꾸는 방법을 배웁니다.
- 게임이 끝나면 점수판을 보여 줍니다.

게임을 만들기 전에 비밀 하나를 알려 줄게요. 구글 이미지 검색에도 〈브레이크아웃〉이 숨어 있습니다. 구글 검색 창에서 Atari Breakout을 검색하고 이미지 탭을 클릭해 보세요. 조금만 기다리면 이미지 검색 결과가 위로 올라가면서 벽돌로 변할 것입니다. 화면 아래에는 라켓 역할인 막대가 나타납니다. 마우스나 화살표 키로 움직일 수 있습니다. 충분히 놀았다면 이제 〈드리블〉을 만들어 봅시다.

1 프로그램 준비하기

이제 준비 단계가 대부분 익숙할 것입니다. 스크래치 코딩을 시작하기 전에 하는 준비 운동이라고 생각하세요.

1.1 스프라이트를 그리지 않았다면?

DAY 08을 읽지 않았거나 일부를 건너뛰었다면(배경을 그리는 데 많은 인내가 필요할 것입니다) 길벗출판사 웹 사이트 자료실에서 드리블 배경과 스프라이트를 내려받을 수 있습니다. 이미지 파일을 스크래치로 가져오는 방법은 DAY 05에서 설명한 방법과 같습니다. 축구화, 공, 그물, 점수판, 경계선 스프라이트가 필요하며 잔디밭 배경도 가져와야 합니다.

1.2 무대 준비하기

게임 종료 메시지가 써진 점수판 스프라이트가 다른 스프라이트를 완전히 가렸다면 스프라이트 영역에 있는 숨기기 ⌀를 클릭해 점수판 스프라이트를 보이지 않게 합니다.

> **TIP**
> macOS에서는 control 을 누른 채 마우스를 클릭하면 됩니다.

축구화는 무대 아래쪽으로 드래그해 놓습니다. 축구화는 그림 9-1과 같이 무대 아래 벽과 조금 띄워 주세요. 공은 무대 중앙에서 약간 아래쪽에 드래그해 놓습니다. 나머지 스프라이트 위치는 프로그램으로 조정하겠습니다.

이제 스프라이트 크기를 조절해 봅시다. 그림 9-2를 참고하세요. 축구화 크기는 공 크기와 비교해 비슷하거나 조금 크면 됩니다. 크기는 스프라이트 영역에 있는 크기의 숫자로 조절할 수 있습니다. 두 스프라이트 크기가 작을수록 게임이 더 어려워집니다. 적당한 크기를 찾아보세요.

2 축구화 스프라이트에 프로그래밍하기

축구화 스프라이트는 〈브레이크아웃〉의 라켓과 같은 역할을 합니다. ←, →를 사용해 축구화를 좌우로 움직일 수도 있고 공을 그물 쪽으로 튕겨 보낼 수도 있습니다. 이번에는 축구화에 스크립트 하나만 적용합니다. 스프라이트 영역에서 축구화 스프라이트를 클릭합니다. 블록 이름이나 값은 조금씩 다를 수 있습니다. 완성된 스크립트를 책의 그림과 비교하고 잘 만들었는지 확인하세요.

2.1 1번 스크립트: 축구화 움직이기

그림 9-2의 축구화는 아직 잔디밭 정중앙에서 움직이지 못합니다. 움직이지 않으면 공을 찰 수 없겠죠?

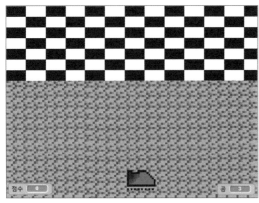

그림 9-2 화면 바닥을 따라 양옆으로 움직이는 축구화

마법사와 유령에서 만든 것과 비슷한 스크립트를 만들 것입니다. 먼저 스크립트를 어떻게 만들었는지 떠올려 보고, 이번 스크립트를 어떻게 만들지 생각해 보세요.

잘 생각나지 않는다면 다음 순서를 보고 따라 하세요.

1 **이벤트 팔레트**의 클릭했을 때 블록으로 새로운 스크립트를 시작합니다.

2 **제어 팔레트**의 무한 반복하기 블록을 아래에 조립해 반복문을 시작합니다.

3 만약 ~(이)라면 블록 두 개를 무한 반복하기 블록 안에 위아래로 나란히 넣습니다.

4 **감지 팔레트**의 스페이스 키를 눌렀는가? 블록 두 개를 만약 ~(이)라면 블록의 빈 육각형 위에 각각 놓습니다. 선택 목록을 열어 첫 번째 블록 값은 **왼쪽 화살표**로 선택하고, 두 번째 블록 값은 **오른쪽 화살표**로 선택합니다. 이제 각 조건문에 왼쪽 화살표와 오른쪽 화살표를 눌렀을 때 실행할 블록을 넣어야 합니다.

5 **동작 팔레트**의 x 좌표를 10만큼 바꾸기 블록 두 개를 만약 ~(이)라면 블록 안에 각각 넣습니다. 첫 번째 블록 값은 **–7**로, 두 번째 블록 값은 **7**로 수정합니다. 이 블록은 축구화를 왼쪽 또는 오른쪽으로 7만큼 움직입니다.

1번 스크립트를 완성했습니다. 그림 9-3과 비교해 보세요.

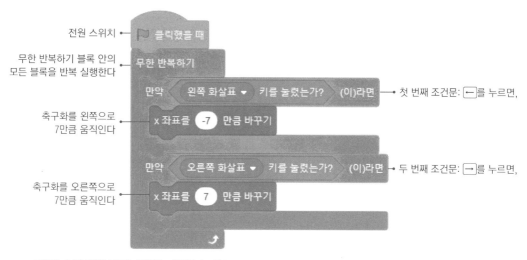

전원 스위치 → 클릭했을 때

무한 반복하기 블록 안의
모든 블록을 반복 실행한다 → 무한 반복하기

만약 왼쪽 화살표 ▼ 키를 눌렀는가? (이)라면 → 첫 번째 조건문: ←를 누르면,

축구화를 왼쪽으로
7만큼 움직인다 → x 좌표를 -7 만큼 바꾸기

만약 오른쪽 화살표 ▼ 키를 눌렀는가? (이)라면 → 두 번째 조건문: →를 누르면,

축구화를 오른쪽으로
7만큼 움직인다 → x 좌표를 7 만큼 바꾸기

그림 9-3 잔디밭을 좌우로 움직이는 축구화 스크립트

〈마법사 대 유령〉에서는 마법사를 한 번에 10만큼 움직였습니다. 축구화는 7만큼 움직이니까 그보다 더 느린 셈입니다. 더 큰 숫자를 넣으면 스프라이트는 더 빨리 움직입니다.

3 공 스프라이트에 프로그래밍하기

〈브레이크아웃〉의 공은 단순한 점이었지만 드리블에서는 파란색 고무공으로, 신나게 차서 그물을 없앨 수 있습니다. 플레이어는 공을 세 개, 즉 그물을 없앨 기회를 세 번 얻습니다. SpaceBar 를 누르면 새로운 공이 나옵니다. 공 스프라이트에 만들 스크립트는 게임을 시작하는 스크립트, 공을 복제하는 스크립트, 공을 움직이는 스크립트, 축구화에 닿았는지 검사하는 스크립트, 그물에 닿았는지 검사하는 스크립트, 바닥에 닿은 공을 없애는 스크립트 이렇게 총 여섯 개입니다. 스프라이트 영역에 있는 공 스프라이트를 클릭하고 스크립트 여섯 개를 완성하기 전에는 파란색 테두리를 옮기지 마세요.

3.1 2번 스크립트: 게임 시작하기

그물을 맞고 튕겨 나오는 공은 어디로 떨어질지 예상할 수 있습니다. 그곳으로 축구화를 움직여서 공을 차면 됩니다. 하지만 공이 처음 나타날 위치는 그 누구도 예상할 수 없습니다.

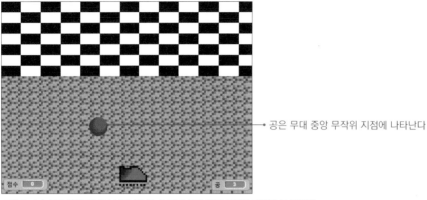

공은 무대 중앙 무작위 지점에 나타난다

그림 9-4 누구도 공이 어디서 나타날지 알 수 없게 무대 중앙 무작위 지점에 공 던지기

공을 움직이는 스크립트를 만들기 전에 먼저 몇 가지 변수가 필요합니다. 또 플레이어가 공이 화면 어디에 나타날지 알 수 없게 공을 숨겨야 합니다.

다음 순서대로 따라해 봅시다.

1 **이벤트 팔레트**의 `클릭했을 때` 블록으로 스크립트를 시작합니다.

2 **변수 팔레트**의 **변수 만들기** `변수 만들기`를 클릭해 변수를 두 개 만듭니다. 첫 번째 변수 이름은 **시합 중**으로 입력합니다. 이 변수에는 공이 화면에 나타났는지 저장할 것입니다. 시합 중 블록 옆에 있는 **체크 박스**를 해제하세요. 이러면 변수는 무대에 보이지 않습니다. 두 번째 변수 이름은 **점수**로 입력합니다. 이 변수는 플레이어가 얼마나 잘하고 있는지 알려주는 역할을 하므로 **체크 박스**는 그대로 두세요. 점수 변수 박스는 무대 왼쪽 아래 모서리로 옮기세요.

3 **변수 팔레트**의 `나의 변수을(를) 0로 정하기` 블록 두 개를 `클릭했을 때` 블록 아래에 나란히 조립합니다. 첫 번째 블록의 선택 목록을 열어 **시합 중**을 선택하고, 두 번째 블록의 선택 목록을 열어 **점수**를 선택합니다.

4 **형태 팔레트**의 `숨기기` 블록을 스크립트 맨 마지막에 조립합니다. 이 블록은 공이 움직이기 전까지 무대에서 보이지 않게 숨깁니다.

그림 9-5는 완성된 스크립트입니다.

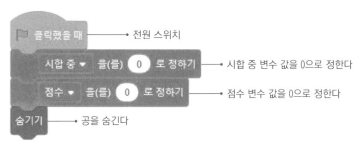

그림 9-5 게임에 사용할 공을 준비하는 시작 스크립트

0과 1

2번 스크립트에서 두 변수 값을 왜 모두 0으로 정했을까요? 시합 중 변수는 사실 숫자가 아니라 불 변수입니다. 그리고 불 값이 0이면 **거짓**(또는 꺼짐)을 의미하고, 반대로 1이면 **참**(또는 켜짐)을 의미합니다. 따라서 변수 값이 0이라는 것은 거짓, 즉 공이 지금 움직이지 않는다는 의미입니다. 또 점수 변수 값도 0으로 정했습니다. 하지만 이번에는 플레이어가 아직 점수를 쌓지 않았다는 의미입니다. 대부분 프로그래밍 언어에서 참은 1로 표기하고, 거짓은 0으로 표기합니다. 0과 1은 보기에는 숫자처럼 보이지만, 사실은 불인 것이죠. 불이 기억나지 않는다면 DAY 03을 참고하세요.

3.2 3번 스크립트: 공 복제하기

〈드리블〉에는 아직 공이 하나밖에 없습니다. 하지만 플레이어에게 그물을 없앨 기회를 세 번 주려면 공도 세 개가 필요합니다.

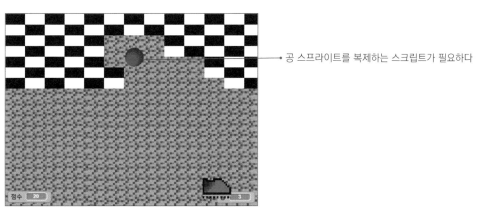
● 공 스프라이트를 복제하는 스크립트가 필요하다

그림 9-6 플레이어가 공을 차려면 공을 복제하고 화면에 표시해야 함

이번에 만들 스크립트는 공 스프라이트를 복제하고 무대 중앙 무작위 지점에 놓는 작업을 수행합니다. 다음 순서대로 만들어 봅시다.

1 **이벤트 팔레트**의 `스페이스 키를 눌렀을 때` 블록으로 스크립트를 시작합니다.

2 **제어 팔레트**의 `만약 ~(이)라면` 블록을 `스페이스 키를 눌렀을 때` 블록 아래에 조립합니다.

3 **연산 팔레트**의 `● = 50` 블록을 `만약 ~(이)라면` 블록의 빈 육각형 위에 놓습니다. **변수 팔레트**의 `시합 중` 블록을 왼쪽 동그라미 안에 넣고, 오른쪽 동그라미에는 **0**을 입력합니다. 불에서 0은 거짓을 의미합니다. 따라서 이 조건문은 '만약 시합 중 변수가 거짓이면' 블록을 실행합니다. 즉, 아직 시합을 시작하지 않아 공이 화면에 없을 때 실행합니다.

4 **동작 팔레트**의 `x 좌표를 0(으)로 정하기` 블록을 `만약 ~(이)라면` 블록 안에 넣습니다. 우리는 공을 무대 중앙 무작위 지점에 놓고 복제해야 합니다. 따라서 이 블록 안에는 숫자 대신 블록을 놓아야 합니다. 그림 9-7과 같이 **연산 팔레트**의 `1부터 10 사이의 난수` 블록을 사용하세요.

숫자 대신 1부터 10 사이의 난수 블록을 넣으면 공을 놓을 때마다 X좌표를 무작위로 지정할 수 있는데, 게임을 시작하면 무대 중앙 어딘가에 공이 나타난다

그림 9-7 1부터 10 사이의 난수 블록을 x 좌표를 0(으)로 정하기 블록 위에 놓아서 공의 X좌표를 무작위로 정하기

5 `1부터 10 사이의 난수` 블록의 왼쪽 숫자를 **-240**으로, 오른쪽 숫자는 **240**으로 수정합니다. 무대 왼쪽 끝에서 오른쪽 끝까지 모두 포함하는 범위입니다.

6 **제어 팔레트**의 `나 자신 복제하기` 블록을 `x 좌표를 -240부터 240 사이의 난수(으)로 정하기` 블록 아래에 조립합니다.

7 **변수 팔레트**의 `나의 변수을(를) 0로 정하기` 블록을 `나 자신 복제하기` 블록 아래에 조립합니다. 선택 목록을 열어 **시합 중**을 선택하고 블록 값에는 **1**을 입력합니다. 왜 1일까요? 1은 참을 의미합니다. 즉, 공이 화면에 나타납니다.

그림 9-8은 완성된 스크립트입니다.

<table>
<tr><td>전원 스위치 ●──────</td><td></td></tr>
</table>

스페이스 ▾ 키를 눌렀을 때

조건문: 시합 중 변수 값이 거짓이면, — **만약 시합 중 = 0 (이)라면**

x 좌표를 -240 부터 240 사이의 난수 (으)로 정하기 ● → X좌표를 무작위로 정하고

나 자신 ▾ 복제하기 ── 공을 복제한 후

시합 중 ▾ 을(를) 1 로 정하기 시합 중 변수 값을 참으로 정하므로, 이 스크립트는 시합 중 변수가 다시 거짓이 되기 전까지 블록을 실행하지 않는다

그림 9-8 공을 복제하고 화면에 놓는 스크립트

스크립트는 시합 중 변수 값이 0(즉, 거짓)일 때만 블록을 실행합니다. 다시 말해 공이 화면에 없을 때만 실행합니다. 화면에 공이 있으면 이 스크립트를 실행해서는 안 됩니다. 왜 그럴까요? 파란색 고무공이 수백 개 튕겨 다니면 게임이 어떻게 될까요? 공이 없을 때만 블록을 실행하게 만들면 공이 화면에서 움직이고 있을 때는 또 다른 공을 복제하지 못하게 방지할 수 있습니다. 즉, 공이 화면에 있으면 아무리 SpaceBar 를 눌러도 새로운 공이 생기지 않습니다.

3.3 4번 스크립트: 공 움직이기

드디어 앞에 공이 나타났지만 아직은 움직일 수 없습니다. 공이 어떻게 움직여야 할지 알려주지 않았기 때문이죠. 공은 그림 9-9와 같이 화면에 덩그러니 놓여 있습니다.

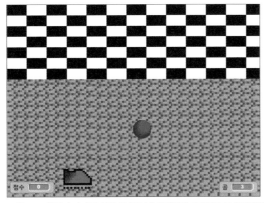

그림 9-9 화면에 나타난 공은 우선 무대 아래쪽에서 위쪽으로 움직여야 함

공은 무대 아래쪽에서 그물이 있는 위쪽으로 움직여야 합니다. 다음 순서대로 스크립트를 만드세요.

1 **제어 팔레트**의 `복제되었을 때` 블록으로 스크립트를 시작합니다.

2 **형태 팔레트**의 `맨 앞쪽으로 순서 바꾸기` 블록을 아래에 조립합니다. 이 블록은 스프라이트를 무대의 맨 앞쪽 레이어로 옮깁니다. 공이 항상 맨 앞쪽 레이어에 있어야 게임에 문제가 발생하지 않습니다. 물론 무대를 설정할 때 공을 맨 마지막에 클릭해서 움직이면 맨 앞쪽 레이어로 옮길 수 있지만, 이 블록은 자동으로 이 작업을 수행합니다.

3 `보이기` 블록을 `맨 앞쪽으로 순서 바꾸기` 블록 아래에 조립합니다. 이 블록은 숨긴 공의 복제본을 화면에 보이게 합니다.

4 **동작 팔레트**의 `90도 방향 보기` 블록을 `보이기` 블록 아래에 조립하고 숫자 90을 **45**로 수정합니다. 45도를 사용하면 공을 대각선 방향으로 움직일 수 있습니다. 반면 숫자를 바꾸지 않고 90도를 그대로 사용하면 공이 수평으로 움직이므로 그물에 절대 닿을 수 없습니다.

5 **제어 팔레트**의 `무한 반복하기` 블록을 `45도 방향 보기` 블록 아래에 조립해 반복문을 시작합니다.

6 **동작 팔레트**의 `10만큼 움직이기` 블록을 `무한 반복하기` 블록 안에 넣습니다. 숫자 10을 7로 수정해 공의 속도를 약간 줄입니다. 이제 축구화와 공이 같은 속도로 움직입니다.

7 `벽에 닿으면 튕기기` 블록을 `7만큼 움직이기` 블록 아래에 조립합니다.

완성된 스크립트를 그림 9-10과 비교해 보세요.

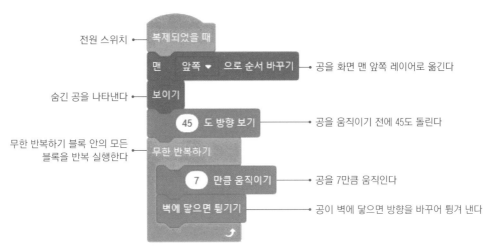

전원 스위치 ● 　　　복제되었을 때

　　　　　　　맨　　앞쪽 ▼ 　으로 순서 바꾸기 ● 　공을 화면 맨 앞쪽 레이어로 옮긴다

숨긴 공을 나타낸다 ● 　보이기

　　　　　　　　　　45 도 방향 보기 ● 　공을 움직이기 전에 45도 돌린다

무한 반복하기 블록 안의 모든　무한 반복하기
블록을 반복 실행한다 ●

　　　　　　　　　　7 만큼 움직이기 ● 　공을 7만큼 움직인다

　　　　　　벽에 닿으면 튕기기 ● 　공이 벽에 닿으면 방향을 바꾸어 튕겨 낸다

그림 9-10 공을 움직이는 스크립트

3.4 5번 스크립트: 축구화에 닿으면 튕겨 내기

공은 무대를 돌아다니다가 다시 축구화 쪽으로 되돌아옵니다. 그림 9-11과 같이 공이 축구화 스프라이트에 닿으면 무엇을 해야 할까요?

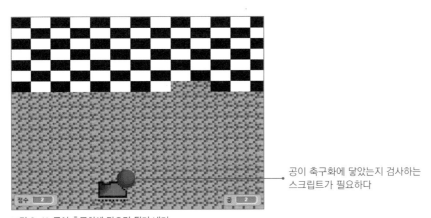

공이 축구화에 닿았는지 검사하는
스크립트가 필요하다

그림 9-11 공이 축구화에 닿으면 튕겨 내기

이번에 만들 스크립트는 공이 축구화에 닿았는지 검사하고, 닿았다면 공의 방향을 90도로 돌려서 새로운 방향으로 움직이게 합니다. 다음 순서대로 스크립트를 만드세요.

1 **제어 팔레트**의 복제되었을 때 블록으로 스크립트를 시작합니다.

2 무한 반복하기 블록을 아래에 조립해 반복문을 시작합니다.

3 만약 ~(이)라면 블록을 무한 반복하기 블록 안에 넣어 조건문을 만듭니다.

4 **감지 팔레트**의 마우스 포인터에 닿았는가? 블록을 만약 ~(이)라면 블록의 빈 육각형 위에 놓습니다. 선택 목록을 열어 **축구화**를 선택합니다.

5 **동작 팔레트**의 ↻ 방향으로 15도 회전하기 블록을 만약 ~(이)라면 블록 안에 넣습니다. 그림 9-12의 완성된 스크립트를 봅시다. 시계 방향 화살표는 오른쪽으로 휘어진 모양입니다. 이 블록은 시계가 돌아가는 방향으로 스프라이트를 돌립니다. 블록 숫자 15를 **90**으로 수정하세요. 이 조건문은 공이 축구화에 닿으면 공을 90도 돌립니다.

6 **제어 팔레트**의 1초 기다리기 블록을 ↻ 방향으로 90도 회전하기 블록 아래에 조립하고 숫자 1을 **0.01**로 수정합니다.

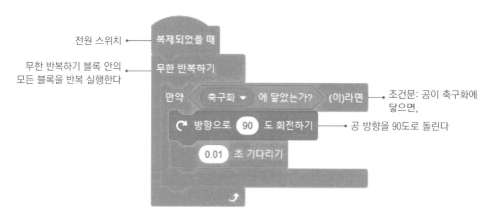

그림 9-12 공이 축구화에 닿으면 방향을 바꾸어 튕겨 나오게 만드는 스크립트

공 방향을 바꾸는 스크립트를 만들었습니다. 그림 9-13과 같이 생긴 시계를 상상해 보세요. 공이 지금 시계의 중심점에 있다고 합시다. 공은 먼저 2시 방향으로 움직입니다. 그런 다음 벽에서 튕겨 나와 중심점으로 되돌아옵니다. 중심점에 닿으면, 즉 축구화에 맞으면 스크립트가 동작하고 공을 90도 돌립니다. 이제 공은 그림 9-13의 세 번째 시계처럼 11시를 향해 움직입니다. 이렇게 하지 않으면 공이 항상 같은 방향으로만 움직이기 때문에 그물을 다 맞힐 수 없습니다.

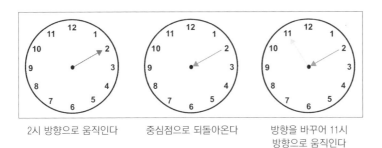

| 2시 방향으로 움직인다 | 중심점으로 되돌아온다 | 방향을 바꾸어 11시 방향으로 움직인다 |

그림 9-13 공이 다른 곳을 향하게 방향 전환

3.5 6번 스크립트: 그물에 닿으면 튕겨 내기

공이 그물에 닿아도 아직은 아무런 일도 일어나지 않습니다. 그림 9-14와 같이 그물 위를 지나서 무대 벽에 맞을 때까지 움직일 것입니다.

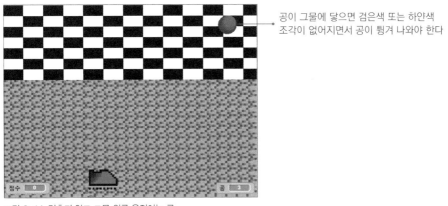

공이 그물에 닿으면 검은색 또는 하얀색 조각이 없어지면서 공이 튕겨 나와야 한다

그림 9-14 멈추지 않고 그물 위를 움직이는 공

이번에는 공이 그물에 닿으면 튕겨져 나오는 스크립트가 필요합니다. 조각을 없애는 스크립트를 그물에 적용하겠습니다. 우선은 공이 축구화 쪽으로 되돌아오게 합시다.

1 **이벤트 팔레트**의 `메시지1 신호를 받았을 때` 블록으로 스크립트를 시작합니다. 선택 목록을 열고 **새로운 메시지**를 선택합니다. 메시지 이름은 **리바운드**라고 합시다. 메시지 신호를 보내는 블록은 그물에 적용할 스크립트에 만들겠습니다. 다시 말해 지금은 메시지를 보내는 스크립트보다 메시지를 받는 스크립트를 먼저 만드는 셈입니다.

2 **동작 팔레트**의 방향으로 15도 회전하기 블록을 아래에 조립하고 블록 값은 **180**을 입력하세요. 이 블록은 그물 스프라이트가 보낸 리바운드 신호가 공 스프라이트에 도착하면 공 방향을 180도 돌립니다.

3 **제어 팔레트**의 1초 기다리기 블록을 방향으로 180도 회전하기 블록 아래에 조립합니다. 숫자 1을 **0.01**로 수정합니다.

완성된 스크립트는 공이 검은색이나 하얀색 그물 조각에 맞으면 공 방향을 180도 회전합니다. 그림 9–15와 비교해 보세요.

리바운드 신호를 받았을 때 ● 전원 스위치
방향으로 180 도 회전하기 ● 시계 방향으로 180도 돌린다
0.01 초 기다리기

그림 9–15 공이 그물을 맞고 튕겨 나오는 스크립트

3.6 7번 스크립트: 바닥에 닿은 공 없애기

지금은 그림 9–16과 같이 공을 놓쳐도 아무런 일도 일어나지 않습니다. 공이 계속 무대를 돌아다니면서 게임이 끝나지 않을 것입니다.

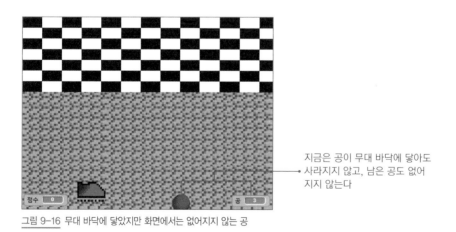

지금은 공이 무대 바닥에 닿아도 사라지지 않고, 남은 공도 없어지지 않는다

그림 9–16 무대 바닥에 닿았지만 화면에서는 없어지지 않는 공

이번에 만들 스크립트는 공이 무대 바닥에 있는 경계선에 닿았는지 검사하고, 닿았다면 공을 화면에서 보이지 않게 지웁니다.

1 **제어 팔레트**의 `복제되었을 때` 블록으로 스크립트를 시작합니다.

2 `무한 반복하기` 블록을 아래에 조립해 반복문을 시작합니다.

3 `만약 ~(이)라면` 블록을 `무한 반복하기` 블록 안에 넣어 조건문을 만듭니다.

4 **감지 팔레트**의 `마우스 포인터에 닿았는가?` 블록을 `만약 ~(이)라면` 블록의 빈 육각형 위에 놓습니다. 선택 목록을 열어 **경계선**을 선택합니다. 이 경계선은 나중에 스크립트를 사용해 무대 바닥으로 옮길 것입니다.

5 **제어 팔레트**의 `1초 기다리기` 블록을 `만약 ~(이)라면` 블록 안에 넣고 숫자 1을 **0.01**로 수정합니다.

6 **변수 팔레트**의 `나의 변수을(를) 0로 정하기` 블록을 `0.01초 기다리기` 블록 아래에 조립합니다. 선택 목록을 열어 **시합 중**을 선택하고 값은 그대로 두세요. 이 변수는 불이므로 0은 거짓을 의미합니다. 반대로 공이 화면에 있으면 시합 중 변수 값은 참, 즉 1입니다. 이 블록은 이 변수를 거짓으로 바꾸어 플레이어가 `SpaceBar`를 누르면 공이 화면에 다시 나타나게 합니다.

7 **제어 팔레트**의 `이 복제본 삭제하기` 블록을 `시합 중을(를) 0로 정하기` 블록 아래에 조립합니다. 이 블록은 공 스프라이트의 복제본을 삭제합니다.

이제 공에 적용할 스크립트를 모두 만들었습니다. 마지막 스크립트는 그림 9-17에서 확인하세요.

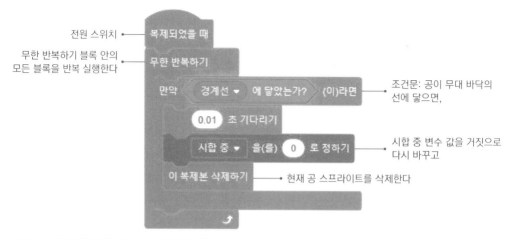

전원 스위치 ● — 복제되었을 때

무한 반복하기 블록 안의
모든 블록을 반복 실행한다 ● — 무한 반복하기

만약   경계선 ▼ 에 닿았는가?   (이)라면 — 조건문: 공이 무대 바닥의
선에 닿으면,

0.01 초 기다리기

시합 중 ▼ 을(를) 0 로 정하기 — 시합 중 변수 값을 거짓으로
다시 바꾸고

이 복제본 삭제하기 — 현재 공 스프라이트를 삭제한다

그림 9-17 플레이어가 공을 놓칠 때마다 화면에서 공을 지우는 스크립트

4   그물 스프라이트에 프로그래밍하기

축구 골대 그물은 〈브레이크아웃〉의 벽돌과 같습니다. 〈드리블〉 게임의 목표는 공을 그물 조각에 맞히는 것입니다. 공이 그물에 맞으면 그물 조각은 사라지고, 더 깊은 곳에 있는 그물 조각을 맞출 수 있는 길이 열립니다. 그물 스프라이트에는 두 가지 스크립트를 만들 것입니다. 첫 번째는 사각형 하나로 그물의 모든 조각을 만드는 복제 스크립트고, 두 번째는 공에 닿았는지 검사하는 스크립트입니다. 스프라이트 영역에서 그물 스프라이트를 클릭합니다.

4.1 8번 스크립트: 그물 복제하기

그물 조각을 하나만 그렸습니다. 이 조각을 복제하지 않고 그림 9-18과 같이 화면 구석에 그냥 놓는다면 게임이 재미없겠죠?

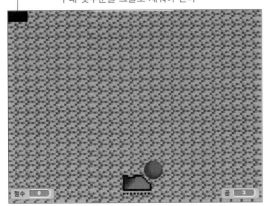

그물 조각을 하나만 그렸지만, 게임을 만들려면 무대 윗부분을 그물로 채워야 한다

그림 9-18 그물 조각이 이렇게 하나만 있다면 게임은 어렵고 지루함

이번에 만들 스크립트는 사각형 하나로 축구 골대 그물 전체를 만드는 것입니다. 검은색과 하얀색을 번갈아 가며 조각을 가로 11개씩, 세로 일곱 개씩 복사합니다. 조각을 복사하는 횟수는 각자 컴퓨터에 따라 조금씩 다를 수 있습니다. 우선 스크립트를 모두 만든 후 이 숫자들을 조절하는 방법을 설명합니다.

이제 다음 순서대로 스크립트를 만들고 그물을 복제하세요.

1 **이벤트 팔레트**의 `클릭했을 때` 블록으로 스크립트를 시작합니다.

2 **형태 팔레트**의 `보이기` 블록을 아래에 조립해 그물 조각이 화면에 보이게 합니다. 무대의 그물 조각을 맨 왼쪽 위 모서리로 드래그해 놓습니다.

3 **동작 팔레트**의 `x:0 y:0(으)로 이동하기` 블록을 `보이기` 블록 아래에 조립합니다. 스크래치는 스프라이트의 현재 위치를 자동으로 알아내서 블록 값으로 넣습니다. 그림 9-19에서는 x: −220 y: 171이라고 적혀 있지만, 컴퓨터에 따라 이 숫자는 다를 수 있습니다. 값이 이상하다고 숫자를 직접 입력하지 마세요.

4 **제어 팔레트**의 `10번 반복하기` 블록을 `x: [−220] y: [171](으)로 이동하기` 블록 아래에 조립하고, 숫자 10을 7로 수정합니다. 그런 다음 또 다른 `10번 반복하기` 블록을 한 번 더 드래그해 `7번 반복하기` 블록 안에 넣습니다. 이번에는 숫자 10을 11로 수정합니다. 안쪽에 넣은 두 번째 반복문은 각 줄에 11조각을 만드는 데 사용할 것입니다. 그리고 바깥쪽 반복문은 7줄을 만듭니다.

5 `나 자신 복제하기` 블록을 `11번 반복하기` 블록 안에 넣습니다.

6 **형태 팔레트**의 `다음 모양으로 바꾸기` 블록을 `나 자신 복제하기` 블록 아래에 조립합니다. 이 블록은 지금 조각의 모양이 하얀색이면 다음 조각을 검은색으로 바꾸고, 검은색이면 하얀색으로 바꿉니다.

7 **동작 팔레트**의 `10만큼 움직이기` 블록을 `다음 모양으로 바꾸기` 블록 아래에 조립하고 값을 **46**으로 수정합니다. 이 블록은 그물의 다음 조각을 지금 조각과 겹치지 않고 바로 옆에 오도록 오른쪽으로 46만큼 옮깁니다. 이 숫자는 나중에 조절해야 합니다.

8 `x:0 y:0(으)로 이동하기` 블록을 `11번 반복하기` 블록 바로 아래에 놓습니다. 어디에 놓아야 할지 모르겠다면 그림 9–19를 참고하세요. X좌표는 앞서 **3**에서 조립한 `x:0 y:0(으)로 이동하기` 블록의 X좌표와 동일하게 입력합니다. Y좌표는 줄마다 다른 값을 넣어야 하므로 변수 대신 블록을 사용할 것입니다.

9 **연산 팔레트**의 `● - ●` 블록을 그림 9–19와 같이 `x:0 y:0(으)로 이동하기` 블록의 Y좌표 부분 위에 놓습니다.

그림 9–19 줄을 만들 때마다 완전히 새로운 Y좌표를 사용해야 하므로 숫자 대신 계산식 넣기

10 **동작 팔레트**의 `y 좌표` 블록을 `● - ●` 블록의 왼쪽 동그라미 안에 넣고 오른쪽 동그라미에는 **24**를 입력합니다. 이 숫자는 나중에 조절해야 합니다. 이 블록은 마지막 조각의 Y좌표를 기준으로 24만큼 아래 위치에 다음 줄을 시작합니다.

11 **형태 팔레트**의 `숨기기` 블록을 스크립트 맨 마지막에 붙입니다. 즉, 그물 조각을 11조각씩 7줄 복사하는 작업이 모두 끝나면 이 블록은 원래 그물 스프라이트를 보이지 않게 숨깁니다.

정말 길고 복잡한 스크립트였죠. 그림 9-20을 보고 완성한 스크립트와 비교해 보세요.

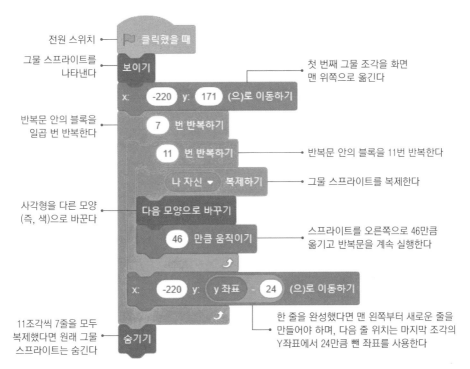

그림 9-20 축구 골대 그물을 복제하고 나란히 배치하는 스크립트

여러 번 말했지만 이 스크립트의 숫자들은 나중에 각자 컴퓨터에 맞게 조절해야 합니다. 일단은 저렇게 만들어 둡니다.

4.2 9번 스크립트: 공에 닿은 조각 없애기

그물도 완성했고 그물에 공이 닿으면 튕겨 나가게도 했습니다. 이제 그림 9-21과 같이 공에 맞은 그물 조각은 없어져야 합니다.

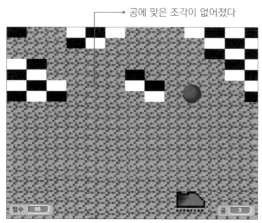

공에 맞은 조각이 없어졌다

그림 9-21 공에 맞으면 사라지는 그물 조각

스크립트는 공이 그물 조각에 닿았는지 검사합니다. 닿았다면 조각을 삭제하고 플레이어 점수에 1점을 더합니다.

이제 다음 순서대로 따라 해 볼까요?

1 **제어 팔레트**의 `복제되었을 때` 블록으로 스크립트를 시작합니다.

2 `무한 반복하기` 블록을 이어서 반복문을 시작합니다.

3 `만약 ~(이)라면` 블록을 `무한 반복하기` 블록 안에 넣어 조건문을 만듭니다.

4 **감지 팔레트**의 `마우스 포인터에 닿았는가?` 블록을 `만약 ~(이)라면` 블록의 빈 육각형 위에 놓습니다. 선택 목록을 열고 **공**을 선택합니다. 이제 이 조건문은 그물 조각에 공 스프라이트가 닿으면 실행됩니다.

5 **변수 팔레트**의 `나의 변수을(를) 1만큼 바꾸기` 블록을 `만약 ~(이)라면` 블록 안에 넣습니다. 선택 목록을 열어 **점수**를 선택하고 숫자 1은 그대로 두세요. 공이 그물 조각에 맞을 때마다 점수 변수 값이 1씩 증가합니다. 다시 말해 플레이어는 1점을 얻습니다.

6 **이벤트 팔레트**의 리바운드 신호 보내기 블록을 점수을(를) 1만큼 바꾸기 블록 아래에 조립합니다. 이 블록은 6번 스크립트에 메시지를 보내서 공 방향을 시계 방향으로 180도 돌립니다.

7 **제어 팔레트**의 이 복제본 삭제하기 블록을 리바운드 신호 보내기 블록 아래에 조립합니다.

그림 9–22는 완성된 스크립트입니다.

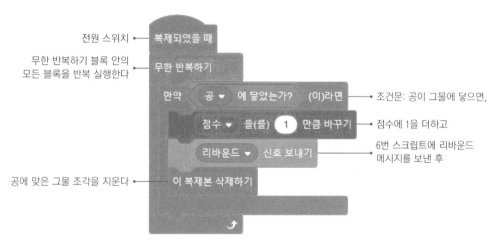

전원 스위치 → 복제되었을 때

무한 반복하기 블록 안의 모든 블록을 반복 실행한다 → 무한 반복하기

만약 공 ▼ 에 닿았는가? (이)라면 → 조건문: 공이 그물에 닿으면,

점수 ▼ 을(를) 1 만큼 바꾸기 → 점수에 1을 더하고

리바운드 ▼ 신호 보내기 → 6번 스크립트에 리바운드 메시지를 보낸 후

공에 맞은 그물 조각을 지운다 → 이 복제본 삭제하기

그림 9–22 그물 조각을 제거하고 점수를 더하는 스크립트

주요 스프라이트에 필요한 스크립트를 모두 만들었습니다. 하지만 소품에는 스크립트가 다섯 개 더 필요합니다.

5 소품 준비하기

〈드리블〉을 완성하려면 점수판과 경계선에 간단한 스크립트를 다섯 개 더 만들어야 합니다. 이 스크립트는 공이나 축구화처럼 화면에 직접 보이는 스프라이트는 아니지만 게임에 꼭 필요한 기능을 실행합니다. 순서는 먼저 점수판에 두 개를 만들고 경계선에 세 개를 만듭니다. 그러니 점수판에서 경계선으로 넘어갈 때 정확한 스프라이트에 프로그램을 만들도록 주의하세요.

5.1 10번 스크립트: 점수판 숨기기

게임이 시작되었는데 그림 9-23과 같이 점수판부터 보이면 이상하겠죠. 점수판을 숨겨야
합니다.

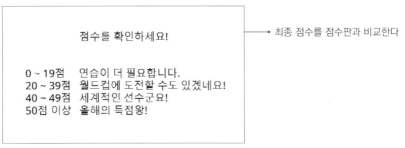

그림 9-23 67점을 얻어 올해의 득점왕이 된 플레이어

이번 스크립트는 게임이 시작되면 점수판을 감춥니다. 점수판은 게임이 끝날 때만 보여야
합니다. 스프라이트 영역의 점수판 스프라이트를 클릭하세요.

점수판을 숨기는 스크립트는 다음 순서대로 만듭니다.

1 **이벤트 팔레트**의 클릭했을 때 블록으로 스크립트를 시작합니다.

2 **동작 팔레트**의 x:0 y:0(으)로 이동하기 블록을 클릭했을 때 블록 아래에 조립합니다. 이 블록
은 스프라이트 중심점을 무대 중앙으로 옮깁니다. 점수판 스프라이트가 무대를 가득 채
우므로 점수판 중심점은 무대 중앙과 일치해야 합니다.

3 **형태 팔레트**의 숨기기 블록을 아래에 조립해 게임이 종료되기 전까지 보이지 않게 합니
다. 그림 9-24는 완성된 스크립트입니다.

그림 9-24 게임이 종료되기 전까지 점수판을 숨기는 스크립트

5.2 11번 스크립트: 점수판 보여 주기

인텔리비전도 〈브레이크아웃〉과 비슷한 〈브릭아웃〉을 만들었습니다. 〈브릭아웃〉은 게임이 끝나면 플레이어에게 낮은 점수가 나왔다고 놀리는 문구가 나오지만, 우리는 조금 더 상냥한 점수판을 보여 줍시다. 점수판은 플레이어가 마지막 세 번째 공을 놓치면 나타납니다. (사실 점수판은 계속 그 자리에 있었죠. 단지 보이지 않았을 뿐입니다.)

이제 다음 순서대로 점수판을 보여 주는 간단한 스크립트를 만드세요.

1 **이벤트 팔레트**의 `리바운드 신호를 받았을 때` 블록으로 스크립트를 시작합니다. 선택 목록을 열고 **새로운 메시지**를 선택합니다. 팝업 창이 나타나면 새로운 메시지 이름에 **게임 종료**를 입력하고 **확인**을 누릅니다.

2 **형태 팔레트**의 `보이기` 블록을 `게임 종료 신호를 받았을 때` 블록 아래에 조립합니다.

이번 스크립트는 그림 9-25가 전부입니다. 스크립트는 게임 종료 신호를 수신하면 시작하기 ⚑를 클릭했을 때 숨겨 놓았던 점수판을 보여 줍니다.

그림 9-25 게임 종료 신호를 받으면 점수판을 보여 주는 스크립트

하지만 이 스크립트가 기다리는 신호는 아직 보내는 곳이 없습니다. 이 신호는 경계선에 스크립트를 만들 때 보내겠습니다.

5.3 12번 스크립트: 경계선 배치하기

마지막 세 스크립트는 경계선에 만들어야 합니다. 스프라이트 영역에서 경계선 스프라이트를 클릭합시다. 경계선은 남은 공을 하나씩 빼고, 남은 공이 없으면 게임 종료를 선언하는 역할을 합니다. 그림 9-26에는 경계선 스프라이트가 전혀 보이지 않습니다. 무대 바닥에 깔려 있기 때문이죠. 하지만 플레이어가 공을 놓쳤는지 검사하고 남은 공이 없을 때 점수판을 화면에 보여 주려면 경계선이 꼭 필요합니다.

경계선은 무대 바닥에 있습니다. 공이 경계선에 닿을 때마다 플레이어의 남은 공을 하나씩 빼야 합니다. 플레이어가 모든 공을 다 썼다면 게임을 종료합니다.

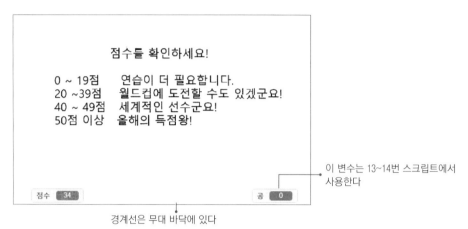

그림 9-26 보이지는 않지만 무대 바닥에 있는 경계선

경계선의 첫 번째 스크립트는 경계선을 무대 바닥으로 옮깁니다. 사실 〈마법사 대 유령〉에서 만들었던 것과 똑같습니다. 방법이 기억나지 않는다면 다음 순서대로 따라 하세요.

1 **이벤트 팔레트**의 클릭했을 때 블록으로 스크립트를 시작합니다.

2 **제어 팔레트**의 무한 반복하기 블록을 아래에 조립해 반복문을 시작합니다.

3 **동작 팔레트**의 x:0 y:0(으)로 이동하기 블록을 무한 반복하기 블록 안에 넣고 두 숫자를 모두 0으로 수정합니다. 이 블록은 스프라이트 중심점을 무대 중앙으로 옮깁니다.

그림 9-27은 완성된 스크립트입니다. 이제는 이 스크립트가 굉장히 익숙하죠?

그림 9-27 경계선을 화면 제자리로 옮기는 스크립트

5.4 13번 스크립트: 남은 공 빼기

경계선은 점수를 주는 역할은 하지 않지만, 남은 공을 빼는 역할도 합니다. 이번에 만들 스크립트는 공이 경계선에 닿을 때마다 플레이어의 남은 공을 하나씩 뺍니다. 플레이어에게는 공이 세 개 주어지며, 모든 공이 없어지면 게임은 끝납니다.

다음 순서대로 스크립트를 만들어 봅시다.

1 **이벤트 팔레트**의 `클릭했을 때` 블록으로 스크립트를 시작합니다.

2 **변수 팔레트**로 가서 새로운 변수를 만듭니다. 변수 이름은 **공**으로 입력하세요. 이 변수는 플레이어의 남은 공 개수를 저장합니다. 변수 블록 옆에 있는 체크 박스는 체크된 채로 유지해야 화면에서 변수를 볼 수 있습니다. 변수 박스를 무대 오른쪽 아래 모서리로 드래그해 놓으세요. 이곳에 있으면 눈에 잘 띄어서 공이 몇 개 남았는지 언제든 확인할 수 있습니다.

3 **변수 팔레트**의 `공을(를) 0로 정하기` 블록을 `클릭했을 때` 블록 아래에 조립합니다. 숫자 0을 3으로 수정해서 플레이어에게 공을 세 개 주세요.

4 **제어 팔레트**의 `무한 반복하기` 블록을 아래에 조립해 반복문을 시작합니다.

5 이제 조건문을 만들 차례입니다. `만약 ~(이)라면` 블록을 `무한 반복하기` 블록 안에 넣습니다.

6 **감지 팔레트**의 `마우스 포인터에 닿았는가?` 블록을 `만약 ~(이)라면` 블록의 빈 육각형 위에 놓습니다. 선택 목록을 열고 **공**을 선택합니다. 이 조건문은 공이 경계선에 닿으면 블록을 실행합니다.

7 **변수 팔레트**의 `공을(를) 1만큼 바꾸기` 블록을 `만약 ~(이)라면` 블록 안에 넣습니다. 숫자 1을 그대로 두면 공이 경계선에 닿을 때마다 공을 하나씩 더하므로 **–1**로 수정해서 공을 하나씩 뺍시다.

8 **제어 팔레트**의 `1초 기다리기` 블록을 `공을(를) 1만큼 바꾸기` 블록 아래에 조립합니다. 이렇게 1초 정도 기다려야 한 번에 공이 여러 개 없어지는 문제를 방지할 수 있습니다.

그림 9-28은 완성된 스크립트입니다.

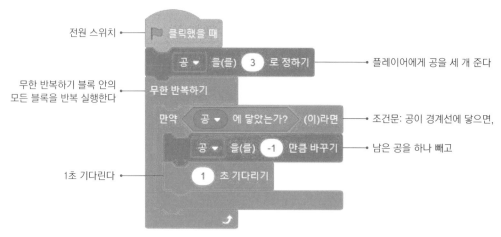

전원 스위치

플레이어에게 공을 세 개 준다

무한 반복하기 블록 안의
모든 블록을 반복 실행한다

조건문: 공이 경계선에 닿으면,

남은 공을 하나 빼고

1초 기다린다

그림 9-28 공이 경계선에 닿을 때마다 공을 하나씩 빼는 스크립트

이제 마지막 스크립트만 남았습니다. 마지막 14번 스크립트는 플레이어가 공을 다 써 버리면 게임 종료를 선언합니다.

5.5 14번 스크립트: 게임 종료하기

지금은 플레이어가 공을 다 써도 게임이 끝나지 않습니다. 그래서 플레이어가 공을 계속 놓치면 남은 공은 음수가 되어 버립니다. 게임을 종료하고 점수판을 화면에 보여 주는 스크립트를 만들어 봅시다. 점수판을 보여 주려면 11번 스크립트에 메시지 신호를 보내야 합니다. 다음 순서대로 만드세요.

1 **이벤트 팔레트**의 클릭했을 때 블록으로 스크립트를 시작합니다.

2 **제어 팔레트**의 무한 반복하기 블록을 아래에 조립해 반복문을 시작합니다.

3 만약 ~(이)라면 블록을 무한 반복하기 블록 안에 넣어 조건문을 만듭니다.

4 **연산 팔레트**의 ● = 50 블록을 만약 ~(이)라면 블록의 빈 육각형 위에 놓습니다. 왼쪽 동그라미 안에는 **변수 팔레트**의 공 블록을 넣고 오른쪽 동그라미에는 **0**을 입력합니다. 이제 조건문은 공 변수 값이 0이면 블록을 실행합니다.

5 **이벤트 팔레트**의 `게임 종료 신호 보내기` 블록을 `만약 ~(이)라면` 블록 안에 넣습니다. 이 블록은 11번 스크립트에 메시지를 보냅니다.

6 **제어 팔레트**의 `멈추기 모두` 블록을 `게임 종료 신호 보내기` 블록 아래에 조립합니다. 이것으로 게임의 모든 스크립트가 멈춥니다. 스크립트를 완성했다면 그림 9-29와 비교해 보세요.

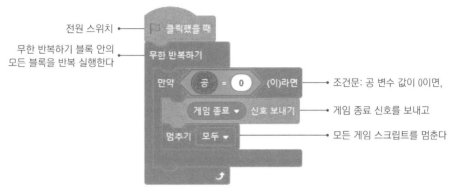

그림 9-29 완성한 게임 종료 스크립트(이 스크립트는 점수판 스프라이트에 게임이 끝났다는 메시지를 보낸다)

게임을 완성했습니다. 시작하기 🏳를 클릭하면 그물을 만들 것입니다. 모든 스크립트를 잘 만들었다면 이제 신나게 즐길 시간입니다. 하지만 무언가 문제가 생겼다면 다음 절로 넘어 갑시다. 문제를 해결하려면 코드를 약간 수정해야 합니다.

게임이 잘 실행되지 않나요?

이 게임은 책의 다른 게임보다 한 번에 완성하기 어렵습니다. 게임에 문제가 있다면 다음 내 용을 참고하세요.

6.1 스프라이트 중심점을 확인했나요?

그물이 이상하다면 우선 사각형 그물 조각의 중심점을 확인해야 합니다. 스프라이트 영역에서 **그물 스프라이트**를 클릭하고 화면 가운데 **모양 탭**을 클릭해서 에디터를 여세요. 사각형이 무대 정중앙에 있어야 합니다. 정중앙에 있지 않다면 **선택 툴** 로 사각형 전체를 감싼 후 사각형을 드래그해 알맞은 위치로 옮기세요.

축구화 스프라이트나 공 스프라이트의 중심점도 확인해 보세요. 중심점이 엉뚱한 곳에 있으면 게임이 잘 실행되지 않을 수 있습니다.

6.2 그물 조각이 잘 맞지 않나요?

게임을 처음 실행하면 그림 9-30과 같이 그물 조각 사이에 공간이 생길 수도 있습니다.

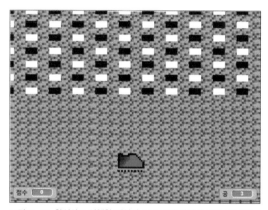

그림 9-30 완성하고 실행한 게임의 그물 조각 사이에 생긴 큰 공간

앞서 8번 스크립트에서 그물 조각을 복제했습니다. 그물에 문제가 있다면 그림 9-31과 같이 스크립트 숫자를 이리저리 수정해야 합니다. 좌표나 반복 횟수를 조금씩 바꾸어 가며 실험해 봅시다. 숫자 하나 차이로 달라질 수 있습니다. 스프라이트 크기가 컴퓨터마다 다를 수 있기 때문에 각자 컴퓨터에 맞는 숫자는 그림 9-31과 다를 수 있습니다.

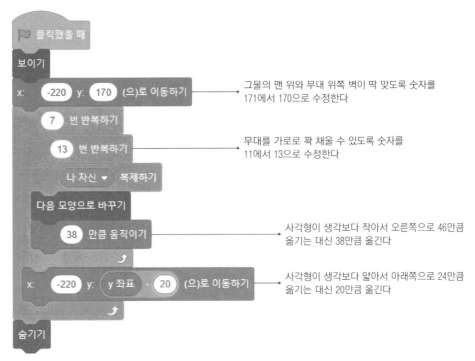

그림 9-31 8번 스크립트의 숫자들을 각자 컴퓨터에 맞추어 조정(숫자를 조금씩 바꿀 때마다 시작하기를 클릭하고 그물을 어떻게 만드는지 확인한다)

7 정리하기

〈드리블〉 주인공은 변수입니다. 변수는 플레이어 점수와 남은 공을 저장할 뿐만 아니라 공이 화면에 나와 있는지도 알 수 있습니다. 변수 값은 '플레이어에게 남은 공의 개수'처럼 숫자일 수도 있고, '공이 있는지'처럼 불일 수도 있습니다.

7.1 마음껏 해 보아요

이미 8번 스크립트의 숫자를 조절하며 게임을 바꾸는 연습을 했습니다. 변화를 더욱 주고 싶다면 다음 과제를 도전해 보세요.

 도전해 보세요!

공과 축구화가 움직이는 속도를 바꾸어 게임을 조금 더 어렵게 만들어 보세요. 두 스프라이트의 속도를 똑같이 바꿀 수도 있지만, 하나를 다른 하나보다 더 빠르게 만들 수도 있습니다. 게임을 어렵게 만들어도 여전히 올해의 득점왕이 될 수 있을까요?

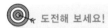 도전해 보세요!

컴퓨터마다 그물 조각 크기가 다를 수 있으니 조각을 화면에 맞게 배치하려면 8번 스크립트의 숫자를 조절해야 했습니다. 같은 방법으로 게임을 더 어렵게 만들어 봅시다. 그물 조각을 더 작게 줄이고 8번 스크립트의 숫자들을 조각 크기에 맞게 다시 조절하세요. 화면에 조각이 몇 개나 들어가나요? 조각 크기를 줄여도 공 크기를 그대로 두면 공이 여러 조각에 맞았을 때 점수는 어떻게 변할까요?

7.2 무엇을 배웠나요?

〈드리블〉을 플레이하기 전에 DAY 03에서 배운 컴퓨터 과학 개념을 이 게임에는 어떻게 적용했는지 돌아봅시다.

- 모든 스크립트에 전원 스위치를 사용했습니다. 심지어 게임 도중에 SpaceBar 를 누르면 새로운 공을 복제하고 화면에 나타나게 만들었습니다.
- X좌표와 Y좌표를 사용해 점수판을 화면 중앙으로 옮겼습니다.
- 조건문을 사용해 공이 그물에 닿았는지 검사했습니다.
- 반복문을 사용해 공이 계속 움직이게 만들었습니다.
- 변수를 사용해 그물 조각을 몇 개 없앴는지 저장했습니다.
- 불을 사용해 공이 움직이고 있는지 저장했습니다.
- 그물 조각 하나를 복제해 그물 전체를 만들었습니다.
- 경계선 스프라이트에서 점수판 스프라이트로 게임 종료 메시지를 전송했습니다.

여덟 가지 핵심 개념을 모두 사용했군요! 여러분은 지금까지 게임 세 개를 만들었습니다. 그리고 아직 두 개가 남았죠. 컴퓨터 과학 개념에 익숙해졌기를 바랍니다. 그리고 다른 게임을 만들 때도 이 개념을 조금씩 다르게 사용할 수 있어야 합니다.

이외에도 DAY 09에서는 다음 내용을 배웠습니다.

- 숫자 1과 0을 사용해 참과 거짓을 표현하는 방법을 배웠습니다.
- 변수를 사용해 어떤 일이 일어났는지 저장할 수 있습니다.
- 스프라이트 모양을 프로그램 코드로 바꾸는 방법을 배웠습니다.
- 플레이어가 올린 점수를 칭찬하는 점수판을 사용하는 방법을 배웠습니다.
- 각자 컴퓨터에 맞게 코드 값을 직접 조절해 보았습니다.

이제 완성한 〈드리블〉을 가지고 놀아도 됩니다. 충분히 놀았다면 심호흡을 한 번 하고 다음 게임을 준비하세요. 〈해변이 너무해〉라는 간단한 플랫폼 게임을 만들 것입니다. 플랫폼 게임은 스프라이트가 화면을 넘어가듯이 움직이는 게임입니다. 자, 어서 출발합시다!

DAY 10

해변이 너무해: 디자인하기

MAKING SCRATCH GAME FOR EVERYONE

하늘에 구름 한 점 없는 화창한 여름입니다. 이러한 날에는 바다로 놀러 가야죠. 그래서 지혜는 해변에 놀러 나왔는데, 해변이 엉망진창입니다. 웅덩이에는 물이 가득하고 꽃게는 딱딱거리며 지혜를 물려고 합니다. 게다가 누군가 모래성을 잔뜩 지어 놓고 가 버려서 제대로 걷지도 못할 지경입니다. 그림 10−1과 같이 말이죠. 하지만 조금 더 걸어가면 깨끗한 백사장이 있습니다. 지혜는 과연 백사장까지 갈 수 있을까요?

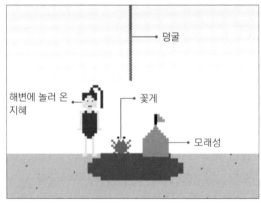

그림 10−1 스프라이트에는 주인공인 지혜와 꽃게, 모래성, 덩굴이 필요

〈해변이 너무해〉는 〈핏폴〉과 비슷한 횡스크롤 플랫폼 게임입니다. 액티비전이 1982년에 출시한 〈핏폴〉에서 플레이어는 주인공인 핏폴 해리를 따라 거친 정글로 모험을 떠납니다. 해리는 전갈 위를 뛰어다니고, 끈적거리는 검은 타르 구덩이 위를 지나고, 굴러오는 기름통을 피하면서 앞으로 전진합니다. 〈해변이 너무해〉도 이 〈핏폴〉 방식을 본떠 만들 것입니다. 단 배경은 정글에서 해변으로 바꾸고 물웅덩이, 꽃게, 모래성을 장애물로 사용합니다.

이 장애물을 그리려면, 삶의 모든 문제를 푸는 데 적용할 수 있는 중요한 미술 개념을 배워야 합니다. 그것은 바로 큰 물체를 작은 부분으로 나누어 그리는 것이죠.

DAY 10에서는 다음 내용을 배웁니다.

- 사물을 여러 도형으로 나누어서 그리는 방법을 배웁니다.
- 격자 기법을 사용해 사물을 작은 부분으로 나누어서 그릴 수 있습니다.

먼저 해변 배경을 그립니다. 이번에는 같은 배경에 조금씩 변화를 주면서 끝없는 해변이 펼쳐진 것처럼 만들 것입니다.

1 배경 준비하기

지금까지 만든 게임들은 배경 하나로도 충분했습니다. 하지만 횡스크롤 플랫폼 게임에서는 스프라이트가 움직이는 것처럼 보이게 하려면 배경이 두 개 이상 필요합니다. 지혜가 무대 왼쪽 벽이나 오른쪽 벽에 닿을 때마다 배경이 바뀌면서 마치 지혜가 해변을 계속 달리는 것처럼 보여야 하기 때문이죠.

1.1 탁 트인 모래사장 배경 만들기

먼저 간단한 모래사장을 그린 후 이 배경을 약간 바꾸어 두 개 더 그리겠습니다. 첫 번째 배경에는 그림 10-2와 같이 모래성을 장애물로 넣어 보겠습니다.

그림 10-2 탁 트인 모래사장 배경을 그린 후 이것을 약간 바꾸어 두 개 더 그리기

이제 배경 에디터를 열고 다음 순서대로 탁 트인 모래사장 배경을 그려 봅시다. 무대 영역에서 **그리기** ✏️를 클릭합니다.

1 캔버스 왼쪽 아래에 있는 **비트맵으로 바꾸기** 🖼️ 비트맵으로 바꾸기 를 클릭합니다.

2 **채우기 색**에서 모래를 색칠할 **황갈색**을 선택하세요. 선택하기 어렵다면 그림 10-3을 참고하세요.

그림 10-3 모래를 색칠할 황갈색 선택

3 **선 툴** ✏️을 클릭하고, 무대 바닥에서 1/3 정도 떨어진 높이에 무대를 가로지르는 수평선을 그려서 화면을 위아래로 나눕니다.

4 **채우기 색 툴** 🪣로 선 아랫부분을 색칠합니다.

5 **채우기 색**을 클릭해 위에 있는 네 가지 색칠 방식을 찾아봅시다. 그림 10-4와 같습니다.

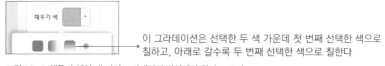

이 그라데이션은 선택한 두 색 가운데 첫 번째 선택한 색으로 칠하고, 아래로 갈수록 두 번째 선택한 색으로 칠한다

그림 10-4 채우기 색의 네 가지 그라데이션 방식에서 하나 고르기

6 네 가지 그라데이션 방식에서 **세 번째 방식**을 선택합니다. 이 방식은 선택한 두 색 가운데 첫 번째 선택한 색으로 칠하고, 아래로 갈수록 두 번째 선택한 색으로 칠합니다.

7 **채우기 색**에서 **첫 번째 사각형**을 클릭해 하늘을 색칠할 **연한 파란색**을 선택합니다. **두 번째 사각형**을 클릭해 **하얀색**을 선택합니다. 그라데이션 방식은 그림 10-5와 같이 사용하세요. 이제 캔버스에 그렸던 직선 윗부분에서 아무 데나 클릭하면 멋진 하늘이 그려집니다.

그림 10-5 그라데이션으로 지평선에 가까울수록 색이 옅어져 실감 나는 하늘

8 **붓 툴** ✏️을 클릭합니다. **채우기 색**에서 **어두운 갈색**을 선택하고 굵기는 **4**로 조절합니다. 모래사장 이곳저곳에 점을 찍어서 모래알 같은 질감을 넣어 주세요.

그림 10-6은 탁 트인 모래사장 배경을 완성한 모습입니다. 이 배경에 모래성 장애물을 놓아 보겠습니다.

그림 10-6 탁 트인 모래사장 배경

1.2 구덩이가 있는 모래사장 배경 그리기

〈해변이 너무해〉는 세 가지 배경이 필요하지만 비슷한 배경을 일일이 처음부터 그리지 않아도 됩니다. 탁 트인 모래사장 배경에 구덩이를 파서 두 번째 배경을 그릴 것입니다. 지혜는 그림 10-7과 같이 이 구덩이에 들어가 꽃게를 피할 수 있습니다.

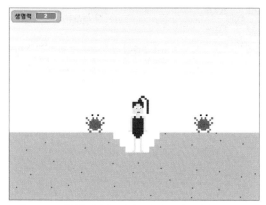

그림 10-7 모래사장 배경에 구덩이를 파서 또 다른 배경 그리기

먼저 탁 트인 모래사장 배경을 복사해야 합니다. 왼쪽 탭에서 그림 10-8과 같이 배경 1을 찾아 마우스 오른쪽 버튼을 눌러 **복사**를 선택하세요.

그림 10-8 복사하면 새로운 배경을 처음부터 그리지 않아도 됨

이제 배경 탭에는 배경이 두 개 있습니다. 새로 복제한 배경 2에 파란색 테두리가 있는지 확인하세요. 이제 다음 순서대로 배경 일부를 지워 구덩이를 파 봅시다.

1 **선택 툴** ▶을 클릭하고, 그림 10-9의 1단계처럼 모래사장 가운데 윗부분에 작은 직사각형을 그립니다. 직사각형을 작게 그리기 어렵다면 캔버스를 확대하세요.

2 Delete 나 Backspace 를 누르면 직사각형 안의 모래가 지워집니다.

3 그림 10-9의 2단계처럼 첫 번째 직사각형 바로 아래에 두 번째 직사각형을 약간 더 작게 그리고 모래를 지웁니다. 그런 다음 그림 10-9의 3단계처럼 바로 아래에 세 번째 직사각형을 더 작게 그리고 한 번 더 지웁니다.

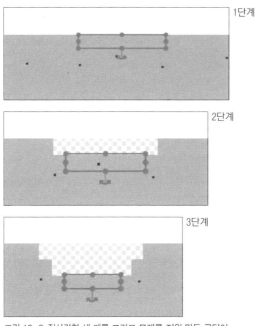

그림 10-9 직사각형 세 개를 그리고 모래를 지워 만든 구덩이

그림 10-10과 같이 모래 구덩이 배경을 완성했습니다. 이제 지혜는 자신을 물려고 달려드는 꽃게를 피해 구덩이에 숨을 수 있습니다.

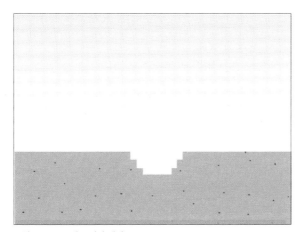

그림 10-10 모래 구덩이 배경

1.3 물웅덩이 배경 만들기

이제 배경 1을 살짝 바꾸어 물웅덩이 배경을 만들어 봅시다. 이번에는 모래를 지우는 대신 그림 10-11과 같이 어두운 청록색으로 직사각형을 그릴 것입니다.

그림 10-11 청록색 직사각형 세 개로 물웅덩이를 만들고 덩굴은 따로 그리기

이제 배경 탭의 탁 트인 모래사장을 한 번 더 복사하고 새로운 배경 3이 선택되었는지 확인하세요.

물웅덩이는 다음 순서대로 그립니다.

1 **채우기 색**에서 물웅덩이를 칠할 **어두운 청록색**을 선택합니다.

2 **직사각형 툴** ■을 클릭하고 모래사장 가운데 윗부분에 그림 10-12의 1단계처럼 두꺼운 직사각형을 그립니다.

3 그림 10-12의 2단계처럼 첫 번째 직사각형 위에 조금 더 길고 얇은 직사각형을 그립니다. 그런 다음 그림 10-12의 3단계처럼 두 번째 직사각형 위에 더 길고 얇은 직사각형을 하나 더 그립니다.

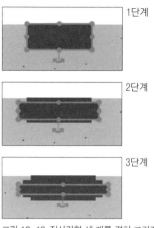

1단계

2단계

3단계

그림 10-12 직사각형 세 개를 겹쳐 그리기

그림 10-13은 세 번째 배경을 완성한 모습입니다. 세 직사각형을 겹쳐 물웅덩이를 만들었습니다.

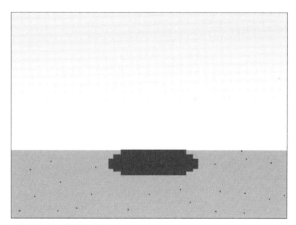

그림 10-13 물웅덩이 배경

배경 세 개를 모두 완성했습니다. 이 배경을 전환하는 프로그램을 만들어 마치 지혜가 긴 모래사장을 달리는 것처럼 보이게 할 수 있습니다. 이제 지혜를 그릴 차례입니다.

2 주요 스프라이트 준비하기

〈해변이 너무해〉의 주요 스프라이트는 지혜, 꽃게, 모래성, 덩굴 이렇게 네 개입니다. 네 스프라이트 모두 여러 기본 도형을 합쳐 그릴 것입니다. 아무리 크고 복잡한 사물이라도 그 안에서 기본 도형을 발견할 수 있다면 얼마든지 그릴 수 있습니다. 스프라이트를 그리기 전에 기본 스크래치 고양이는 잊지 말고 삭제하세요.

2.1 지혜 만들기

지혜는 해변을 달리며 장애물을 뛰어넘는 주인공입니다. 그림 10-14를 보면 지혜는 여러 직사각형과 정사각형으로 구성되어 있습니다.

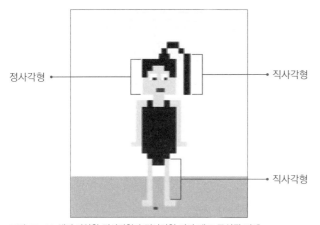

정사각형

직사각형

직사각형

그림 10-14 색이 다양한 정사각형과 직사각형 여러 개로 구성된 지혜

이제 에디터를 열고 다음 순서대로 지혜를 그리세요.

1 캔버스 왼쪽 아래에 있는 **비트맵으로 바꾸기**를 클릭합니다.

2 캔버스를 적당히 확대하고 캔버스 중심점을 찾으세요. 이 주변에 지혜를 그릴 것입니다.

3 **채우기 색**에서 마음에 드는 **살구색**을 선택하세요.

4 **붓 툴**을 클릭하고 굵기는 **4**로 조절합니다. 격자 무늬 3×3으로 정사각형을 그립니다. 사각형 안쪽은 **채우기 색 툴**로 마저 채우세요. (이때는 그라데이션을 사용하면 안 됩니다. 반드시 속이 꽉 찬 사각형을 선택하세요.)

5 다시 **붓 툴**을 클릭하고 정사각형 바로 아래 가운데 지점에 픽셀을 두 개 좌우로 나란히 찍어서 목을 그립니다.

6 이어서 목 아래에 수평선을 그려서 어깨를 만듭니다. 어깨는 머리보다 좌우로 픽셀 하나씩 더 길게 그리세요(즉, 픽셀을 나란히 여덟 개 찍습니다).

7 어깨선 양 끝에서 각 픽셀 일곱 개를 수직으로 찍어서 팔을 만듭니다. 마지막 일곱 번째 픽셀의 왼쪽(또는 오른쪽)에 픽셀을 하나씩 더 찍어서 손을 그립니다. 지금까지 그린 지혜 모습은 그림 10-15와 같습니다.

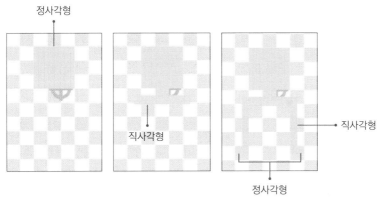

그림 10-15 정사각형과 직사각형만으로 지혜 그리기

8 **채우기 색**에서 **어두운 보라색**을 선택합니다.

9 지혜의 몸 윗부분에 알파벳 H자 모양으로 점을 찍어서 수영복의 어깨 끈을 만듭니다. 목 어느 부분에 그려야 할지 모르겠다면 그림 10-16의 1단계를 참고하세요.

10 H의 두 수직선을 더 길게 그려서 수영복을 만듭니다. 지혜 팔보다 두 픽셀 더 아래까지 선을 그리세요. 두 선 사이에 픽셀을 두 개 찍어서 수영복 밑부분을 그립니다(그림 10-16의 2단계 참고).

11 **채우기 색 툴**로 수영복을 채웁니다(그림 10-16의 3단계 참고).

12 다시 **붓 툴**을 클릭해 수영복과 팔 사이 빈 공간을 채웁니다(그림 10-16의 4단계 참고).

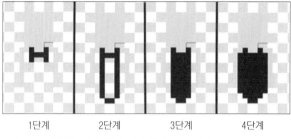

그림 10-16 수영복도 직사각형과 정사각형만으로 그리기

13 **채우기 색**에서 **스포이드 아이콘** 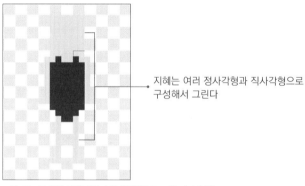을 클릭해 앞서 사용한 **살구색**을 다시 선택합니다.

14 수영복 밑부분 양쪽에 픽셀을 여덟 개씩 각각 수직으로 찍어서 다리를 만듭니다. 맨 마지막 픽셀 왼쪽(또는 오른쪽)에 픽셀을 하나 더 찍어서 발을 그려 주세요. 이제 그림 10-17과 같이 다리를 완성했습니다.

지혜는 여러 정사각형과 직사각형으로 구성해서 그린다

그림 10-17 얇은 직사각형과 정사각형으로 그린 다리와 발

15 **채우기 색**에서 **어두운 갈색**을 선택합니다. 머리 맨 위 가운데 지점부터 앞머리를 그립시다. 먼저 픽셀을 두 개 좌우로 나란히 찍습니다. 그런 다음 두 픽셀에서 왼쪽 또는 오른쪽으로 내려가는 대각선을 각각 그립니다(그림 10-18의 1단계 참고).

16 앞머리를 그린 대각선 위에 남은 살구색 픽셀 세 개를 어두운 갈색으로 칠합니다(그림 10-18의 2단계 참고).

17 머리는 포니테일 형식으로 그려 봅시다. 가운데에서 약간 오른쪽으로 치우친 곳에 픽셀을 두 개 좌우로 나란히 찍습니다. 어디에 찍는지 모르겠다면 그림 10-18의 3단계에서 포니테일이 머리와 맞닿는 부분이 어디인지 확인하세요. 두 픽셀의 가운데 지점 바로 위

에 픽셀을 하나 더 찍습니다. 이 픽셀의 오른쪽 위에 두 픽셀짜리 수평선을 오른쪽 방향으로 그립니다. 이어서 오른쪽 아래로 내려가는 대각선을 픽셀 두 개 길이로 그립니다. 이제 대각선 끝에서 아래로 픽셀을 여섯 개 더 찍어서 포니테일을 완성합니다. 포니테일의 끝은 지혜의 턱 높이와 같습니다(그림 10-18의 3단계 참고).

18 수영복을 그렸던 **보라색**을 다시 선택합니다. 굵기는 **2**로 조절합니다. 포니테일과 머리가 맞닿은 곳에 얇은 보라색 선을 그려서 머리 끈을 만듭니다(그림 10-18의 4단계 참고).

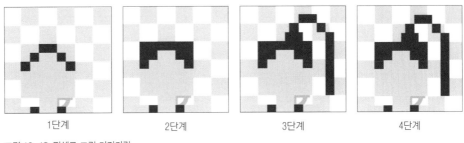

그림 10-18 픽셀로 그린 머리카락

19 **채우기 색**에서 **하얀색**을 선택하고 굵기는 **4**로 조절합니다. 적당한 위치에 픽셀을 찍어서 정사각형인 눈을 그렸습니다. 오른쪽에도 그려 주세요.

20 **채우기 색**에서 **초록색**을 선택하고 굵기는 **2**로 조절합니다. 하얀색 정사각형에서 오른쪽 아래를 클릭해서 눈동자를 그립니다.

21 **채우기 색**에서 **빨간색**을 선택합니다. 그림 10-19와 같이 적당한 위치에서 세 번 클릭해 입을 만듭니다.

정사각형으로 그린 눈   정사각형 안에 정사각형으로 그린 눈동자

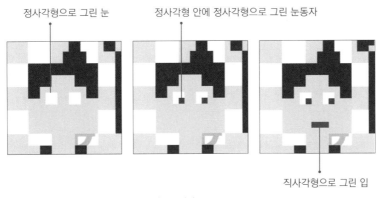

직사각형으로 그린 입

그림 10-19 정사각형과 직사각형으로 얼굴 그리기

드디어 지혜를 완성했군요! 그림 10-20을 보세요. 픽셀로 그렸지만 직사각형과 정사각형만으로 구성되어 있습니다. 스프라이트 영역으로 가서 스프라이트 이름을 **지혜**로 꼭 바꾸세요.

그림 10-20 완성한 지혜

NOTE

물체를 도형으로 나누기

초보 예술가는 종종 인물을 그리기 어려워합니다. 인물 그림은 모양이 불규칙해서 어디부터 그려야 할지 모를 때가 많죠. 우리가 그린 지혜는 오직 직사각형과 정사각형만으로 구성되어 있습니다. 다른 사물을 그릴 때도 마찬가지입니다. 크고 복잡한 사물도 작은 기본 도형으로 나눌 수만 있다면 얼마든지 종이에 그릴 수 있습니다. 스프라이트 고르기에 있는 쥐 스프라이트(그림 10-21 참고)를 예로 들어 봅시다. 이 불규칙한 모양에서도 기본 도형을 찾을 수 있습니다. 가장 먼저 쥐의 머리, 몸, 양쪽 귀는 마치 동그라미 네 개가 모인 것처럼 보입니다. 쥐 얼굴에서도 양쪽 눈과 코에서 작은 원을 찾을 수 있습니다. 쥐 다리와 발은 직사각형 끝에 동그라미가 세 개 달린 모양입니다. 그리고 꼬리는 두꺼운 곡선입니다. 이처럼 사물에서 기본 도형을 찾으면 조금 더 쉽게 그릴 수 있습니다.

그림 10-21 동그라미 여러 개로 나눌 수 있는 쥐 스프라이트

2.2 모래성 만들기

다음에 그릴 모래성도 기본 도형으로 구성되어 있습니다. 그림 10-22와 같이 모래성은 오각형이고 성 위에 있는 깃발은 삼각형입니다. 지혜는 해변을 달리면서 모래성 장애물을 뛰어넘어야 합니다.

그림 10-22 정사각형과 직사각형으로 그릴 수 있는 모래성

모래성 스프라이트는 다음 순서대로 그립니다.

1 캔버스 왼쪽 아래에 있는 **비트맵으로 바꾸기**를 클릭하고 캔버스를 적당히 확대합니다.

2 **채우기 색**에서 모래사장을 칠했던 황갈색보다 **약간 어두운 황갈색**을 선택합니다. 이 색으로 모래성을 칠하면 약간 눅눅해 보일 것입니다.

3 **붓 툴**을 클릭하고 굵기는 **4**로 조절합니다. 가로 픽셀 열 개, 세로 픽셀 일곱 개짜리 직사각형을 그립니다. 사각형 안쪽은 **채우기 색 툴**로 가득 채웁니다.

4 **붓 툴**을 다시 클릭합니다. 직사각형 위 양쪽 끝에서 가운데로 향하는 대각선을 그립니다. 왼쪽 대각선과 오른쪽 대각선을 똑같이 그려서 대칭이 되게 만드세요. 두 대각선이 만나는 모래성 맨 끝에는 픽셀을 하나만 찍습니다. 그림 10-23을 참고하세요.

5 **채우기 색 툴**로 모래성 안쪽을 마저 채우세요. 지금까지 그린 모래성은 그림 10-23과 같습니다.

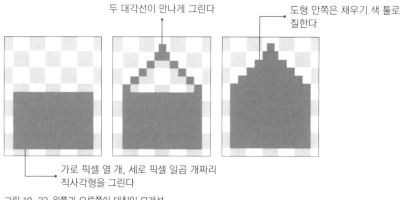

두 대각선이 만나게 그린다

도형 안쪽은 채우기 색 툴로 칠한다

가로 픽셀 열 개, 세로 픽셀 일곱 개짜리 직사각형을 그린다

그림 10-23 왼쪽과 오른쪽이 대칭인 모래성

6 **채우기 색**에서 **검은색**을 선택합니다. 모래성 맨 끝에서 위로 올라가는 픽셀 네 개짜리 수직선을 그립니다.

7 **채우기 색**에서 깃발을 칠할 **주황색**을 선택하세요. 검은색 선 위 바로 오른쪽에 픽셀을 하나 찍습니다. 그 아래에 픽셀을 두 개 좌우로 나란히 찍습니다. 다시 그 아래에 픽셀을 세 개 나란히 찍어서 깃발을 그립니다.

그림 10-24는 모래성을 완성한 모습입니다. 스프라이트 영역으로 가서 스프라이트 이름을 **모래성**으로 바꾸세요.

그림 10-24 완성한 모래성

2.3 꽃게 만들기

그림 10-25의 꽃게는 작고 복잡해서 그리기 어려워 보이지만, 직사각형과 정사각형만으로 충분히 그릴 수 있습니다. 물론 얇은 집게발에는 대각선을 몇 가닥 사용할 것입니다.

그림 10-25 꽃게 스프라이트는 모래성보다 작게, 지혜의 다리 높이보다 낮게 그리기

지혜는 해변을 달리면서 움직이는 꽃게들도 뛰어넘어야 합니다. 이제 다음 순서대로 꽃게
스프라이트를 그립시다.

1   **채우기 색**에서 **밝은 빨간색**을 선택하고 **붓 툴**을 클릭합니다. 굵기는 **4**로 조절하고 캔버스를
    적당히 확대합니다.

2   가로 픽셀 여섯 개, 세로 픽셀 네 개로 직사각형을 그립니다. 직사각형 위에 픽셀을 네
    개 수평으로 나란히 찍습니다. 마찬가지로 직사각형 가운데 아래에 픽셀을 세 개 찍습니
    다. 그림 10-26을 참고하세요.

3   직사각형 위에 그린 픽셀 네 개짜리 직선 위에 픽셀을 두 개 간격을 벌려서 찍습니다.
    그림 10-26을 참고하세요.

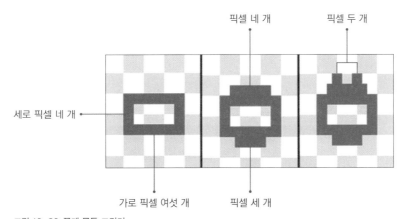
그림 10-26 꽃게 몸통 그리기

4 몸통 주위에 두 픽셀짜리 대각선을 여섯 개 그려서 꽃게 다리를 만듭니다. 그림 10-27 과 같이 위쪽 모서리에 두 개, 가운데 양쪽에 두 개, 아래쪽 모서리에 두 개를 그리면 됩니다.

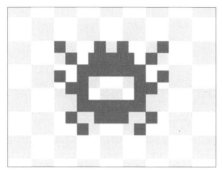

그림 10-27 몸통에서 바깥쪽으로 나가는 대각선을 그려서 꽃게 다리 만들기

5 이제 하얀색 사각형을 그려서 꽃게 눈을 만들 차례입니다. 하지만 캔버스에도 히안색이 있기 때문에 하얀색으로 그냥 그리면 잘 구분되지 않을 것입니다. **채우기 색**에서 **어두운 색**을 하나 선택하고 **채우기 색 툴**로 캔버스 바탕을 전부 칠합니다. 이렇게 하면 하얀색 사각형을 쉽게 그릴 수 있습니다.

6 **채우기 색**에서 **하얀색**을 선택하고 다시 **붓 툴**을 클릭합니다. 꽃게 몸통 가운데 두 픽셀 바로 위에 가로 픽셀 두 개, 세로 픽셀 두 개짜리 정사각형을 그립니다. 그림 10-28을 참고하세요.

7 **검은색**으로 바꾸고 하얀색 정사각형 중앙에 픽셀을 하나 찍어서 눈동자를 만듭니다.

8 **빨간색**으로 바꾸고 꽃게 몸통을 마저 채웁니다. 이제 배경을 다시 투명하게 만들어야 합니다. 먼저 **채우기 색 툴**을 클릭하고 **채우기 색**에서 아래에 있는 **대각선이 그어진 색**을 클릭합니다. 이제 어둡게 칠한 배경을 클릭하면 다시 격자 무늬 배경으로 돌아옵니다.

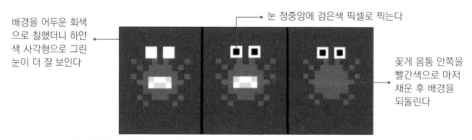

배경을 어두운 회색으로 칠했더니 하얀색 사각형으로 그린 눈이 더 잘 보인다

눈 정중앙에 검은색 픽셀로 찍는다

꽃게 몸통 안쪽을 빨간색으로 마저 채운 후 배경을 되돌린다

그림 10-28 꽃게 눈을 쉽게 그릴 수 있게 배경을 어두운 회색으로 잠시 칠하기

9 지우개 툴 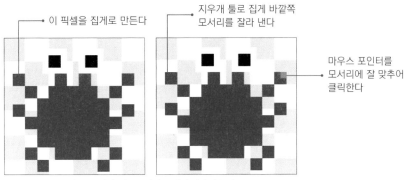을 클릭하고 크기는 **2**로 조절합니다. 그림 10-29와 같이 꽃게 집게다리를 그렸던 두 픽셀의 바깥쪽 위 모서리를 클릭합니다. 드디어 꽃게를 완성했습니다.

이 픽셀을 집게로 만든다

지우개 툴로 집게 바깥쪽 모서리를 잘라 낸다

마우스 포인터를 모서리에 잘 맞추어 클릭한다

그림 10-29 지우개 툴로 픽셀 일부를 지워 꽃게의 집게 만들기

스프라이트 영역으로 가서 스프라이트 이름을 **꽃게**로 바꾸세요.

격자 기법

지금까지 복잡한 사물을 여러 기본 도형으로 나누어 하나씩 그렸습니다. 하지만 격자 기법으로도 복잡한 사물을 그릴 수 있습니다. 격자 기법은 큰 사물을 작고 그리기 쉬운 여러 부분으로 나누어 그리는 방식입니다. 그림 10-30을 한번 봅시다. 꽃게 그림을 여러 작은 부분, 즉 격자로 나누었습니다. 책에서는 꽃게를 픽셀로 하나하나 그리는 방법을 친절하게 설명했지만, 이러한 설명 없이 백지에서 그려 내는 것은 큰 부담이죠. 격자를 하나씩 보고 격자 안의 픽셀을 그대로 찍어서 그릴 수 있습니다. 물론 격자를 나눈 선 자체는 그리면 안 되겠죠. 이 선은 원래 사물을 격자로 나누는 가상의 선입니다. 격자를 그리면서 인접한 부분 사이에 빈틈이 없게 그리세요.

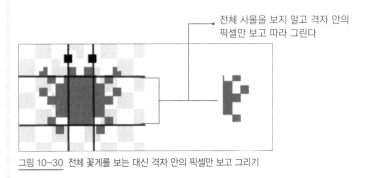

전체 사물을 보지 말고 격자 안의 픽셀만 보고 따라 그린다

그림 10-30 전체 꽃게를 보는 대신 격자 안의 픽셀만 보고 그리기

2.4 덩굴 만들기

마지막으로 초록색 덩굴 스프라이트를 만들어 볼까요? 지혜는 이 덩굴을 사용해 모래 위물웅덩이를 피해 갈 수 있습니다. 단순한 초록색 직선으로 덩굴을 그릴 수도 있겠지만, 그림 10-31과 같이 체크 무늬 덩굴로 그려 봅시다. 덩굴이 더 자연스럽고 재미있게 보일 것입니다.

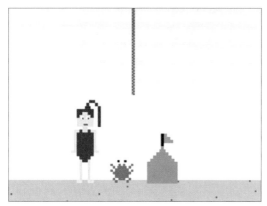

그림 10-31 체크 무늬로 덩굴을 실감 나게 그리기

이제 다음 순서대로 덩굴 스프라이트를 만드세요.

1 **채우기 색**에서 **가장 어두운 초록색**을 선택하고 **붓 툴**을 클릭합니다. 굵기는 **4**로 조절하고 에디터는 적당히 확대하세요.

2 가로 픽셀 두 개, 세로 픽셀 60개짜리 긴 직사각형을 체크 무늬 패턴으로 그리세요. 어두운 초록색 사이에는 빈 공간을 남겨 둡시다. 잘 모르겠다면 그림 10-32의 맨 왼쪽 그림을 참고하세요.

3 덩굴 맨 아래까지 체크 무늬를 그렸다면 다시 덩굴 맨 위로 돌아가세요. **채우기 색**에서 한 단계 더 **밝은 초록색**을 선택합니다. 이 색으로 세로 픽셀 20개만큼 빈 공간을 채웁니다.

4 한 단계 **더 밝은 초록색**을 선택하고 다시 세로 픽셀 20개만큼 채운 후 한 단계 **더 밝은색**으로 마지막 세로 픽셀 20개도 채웁니다. 그림 10-32는 완성된 덩굴입니다.

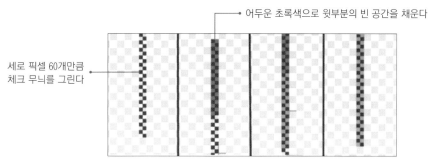

어두운 초록색으로 윗부분의 빈 공간을 채운다

세로 픽셀 60개만큼
체크 무늬를 그린다

그림 10-32 체크 무늬를 사용해 실감 나는 초록색 덩굴 그리기

주요 스프라이트를 모두 그렸습니다. 스프라이트 영역으로 가서 스프라이트 이름을 **덩굴**로 바꾸세요.

3 소품 준비하기

플랫폼 게임에서도 경계선이 필요합니다. 이 경계선은 〈마법사 대 유령〉에서 놓친 유령 개수를 세는 것 대신 배경을 전환하는 데 사용합니다.

3.1 좌우 경계선 만들기

지금까지는 에디터 바닥에 경계선을 그려서 스프라이트가 무대 바닥에 닿았는지 검사하는 데 사용했습니다. 이번에는 그림 10-33과 같이 무대 옆면에 경계선을 그릴 것입니다. 경계선을 사용해 지혜가 무대 왼쪽 또는 오른쪽에 닿을 때마다 배경을 전환해서 마치 해변을 달리는 것처럼 보이게 해 볼까요?

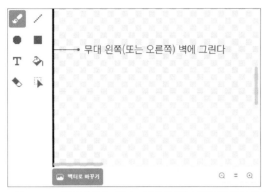

무대 왼쪽(또는 오른쪽) 벽에 그린다

그림 10-33 지금까지 무대 바닥에 그렸던 경계선과 같은 방식으로 경계선 그리기(무대 맨 왼쪽(또는 오른쪽) 벽 전체를 덮는 수직선을 그린다)

스프라이트 영역에서 **그리기**를 클릭하고 다음 순서대로 그리세요.

1 캔버스 전체를 한눈에 볼 수 있게 100%로 축소하세요.

2 **채우기 색**에서 **검은색**을 선택하고 **선 툴**을 클릭합니다. 캔버스 왼쪽 벽 전체를 위아래로 덮는 직선을 그립니다.

3 스프라이트 영역으로 가서 스프라이트 이름을 **왼쪽선**으로 바꿉니다.

4 새로운 스프라이트를 하나 더 만들고 무대 맨 오른쪽 벽에 같은 방식으로 직선을 그립니다. 스프라이트 이름은 **오른쪽선**입니다.

스프라이트 영역에 왼쪽선과 오른쪽선, 지혜, 모래성, 꽃게, 덩굴 스프라이트를 모두 마련했습니다. 이제 게임 프로그램을 만들 수 있습니다.

4 정리하기

플랫폼 게임은 공 주고받기 게임이나 고정 슈팅 게임보다는 스프라이트가 더 많이 필요합니다. 플레이어 스프라이트는 여전히 하나이지만, 장애물이나 플레이어가 사용할 도구는 많죠. DAY 11에서 이 모든 스프라이트에 프로그램을 적용할 것입니다. 그러니 스크립트도 다른 게임들보다 더 많이 필요할 것입니다.

4.1 마음껏 해 보아요

이번에는 배경 세 개와 장애물 세 개를 만들었습니다. 하지만 복잡한 플랫폼 게임을 만들려면 배경과 장애물이 더 많이 필요합니다.

 도전해 보세요!

지혜가 달려갈 해변 배경을 하나 더 만들어 봅시다. 첫 번째 배경을 다시 복제하고 원하는 대로 바꾸어 보세요. 배경을 하나 더 만들면 프로그램도 조금 바뀌어야 합니다. 바꾸는 방법은 DAY 11에서 설명하겠습니다.

 도전해 보세요!

지혜가 뛰어넘어야 할 장애물이나 지혜를 도와줄 스프라이트를 하나 더 만들어 봅시다. 해변에서 볼 수 있는 물건을 생각해 보세요. 바람에 이리저리 휘날리는 파라솔은 어떨까요? 지혜가 파라솔에 맞으면 생명력이 깎이는데 말이죠. 지혜가 조개 껍데기를 모으면 추가 생명력을 얻는 것도 재미있겠네요. 파라솔이나 조개 껍데기도 모양이 불규칙한 사물입니다. 실제 사물이나 사진을 보고 격자 기법으로 따라 그려 보세요.

 도전해 보세요!

지혜 생김새를 바꾸어 봅시다. 남자로 만들고 이름도 영수로 바꾸어 보세요. 여러분 자신을 그리는 것은 어떨까요? 외모 특징을 어떻게 그리면 될까요? 아니면 디더링 기법을 써서 주인공 스프라이트에 입체감을 주면 어떨까요?

4.2 무엇을 배웠나요?

문제를 작은 부분으로 여러 개 나누어 해결하는 방식은 미술 외 다른 모든 분야에서도 활용할 수 있습니다. 예를 들어 복잡한 수학 문제도 괄호나 연산자(덧셈, 뺄셈, 곱셈, 나눗셈, 지수 등)를 사용해 나눌 수 있습니다. 괄호와 연산자는 수학 문제를 정확한 순서대로 풀게 도와주며 어려운 공식을 조금 더 쉽고 단순하게 만들어 줍니다. 우리가 만든 게임 프로그램도 마찬가지입니다. 프로그램 전체를 한 번에 만들지 않았죠. 그 대신 여러 스크립트로 나누어 이 스크립트들이 서로 어울려 동작하게 했습니다. 크고 불규칙한 사물을 여러 기본 도형으로 나누어 그리는 것도 마찬가지입니다.

이제 DAY 10에서 무엇을 배웠는지 정리해 봅시다.

- 배경을 복사하고 약간씩 바꾸어 여러 배경을 만드는 방법을 배웠습니다.
- 큰 사물을 작은 기본 도형으로 나누어 그릴 수 있습니다.
- 불규칙한 모양의 사물을 격자로 나누어 손쉽게 따라 그리는 방법을 배웠습니다.
- 지루하고 단순한 직선 대신 체크 무늬를 넣는 방법을 배웠습니다.

플랫폼 게임에 사용할 플레이어와 장애물을 만들었고, 장애물을 뛰어넘을 수 있는 덩굴을 마련했습니다. 이제 본격적으로 게임 프로그램을 만들어 봅시다.

DAY 11

해변이 너무해: X좌표와 Y좌표를 만들어 코딩하기

MAKING SCRATCH GAME FOR EVERYONE

1982년은 액티비전이 제작한 〈핏폴〉의 주인공 핏폴 해리가 세상에 나와 플랫폼 게임의 위대한 서막을 알린 해입니다. 핏폴 해리는 기름통을 뛰어넘고, 악어 머리를 밟고 호수를 건너면서 앞으로 전진합니다. 지상에 장애물이 많을 때는 사다리를 타고 지하로 내려갈 수 있습니다. 하지만 지하에도 전갈이 해리가 갈 길을 가로막습니다.

장애물을 뛰어넘고, 높은 곳에서 뛰어내리고, 계속 달리고, 무언가를 줍는 행동은 플랫폼 게임의 전형적인 요소입니다. 장애물 경주나 〈출발 드림팀〉[1] 같은 예능 프로그램을 생각해 보세요. 〈핏폴〉에서 해리는 방울뱀이나 바닥에 파인 구멍 같은 장애물을 넘으며 전진해야 합니다. 덩굴을 타고 넓은 물웅덩이를 건너고, 지하에서는 다가오는 전갈을 뛰어넘어야 합니다. 해리는 이 모든 장애물을 넘으며 제한 시간 20분 안에 보물을 전부 모아야 합니다. 게임 배경인 정글 이곳저곳에는 금괴나 은괴, 다이아몬드 반지 같은 보물이 흩어져 있습니다.

〈해변이 너무해〉는 〈핏폴〉과 비슷한 플랫폼 게임이지만 더 간단합니다. 제한 시간이나 보물은 만들지 않습니다(DAY 12~DAY 13에서 만들 프로젝트 게임에 추가할 것입니다). 그 대신에 〈핏폴〉부터 〈레오스 포춘〉과 〈지오메트리 대시〉까지 모든 플랫폼 게임의 공통점에 집중합니다. 그 공통점은 바로 중력입니다.

제자리에서 최대한 높이 뛰어 봅시다(아파트에서 뛰면 시끄러울 테니 밖에서 해 보세요). 공중에 오래 머물지 못하고 곧 떨어집니다. 중력은 뛰어오른 순간부터 땅으로 잡아당깁니다. 게임을 만들 때도 중력을 재현해서 그림 11-1과 같이 뛰어오른 지혜가 언젠가는 땅에 내려오게 해야 합니다.

---

1 역주 〈출발 드림팀〉은 KBS에서 1999년부터 2016년까지 방영한 예능 프로그램입니다. 연예인이나 일반인들이 나와 장애물을 누가 빨리 돌파하는지 경주합니다.

〈해변이 너무해〉에서 지혜는 모래성을 뛰어넘고, 움직이는 꽃게를 피하고, 덩굴을 타고 물 웅덩이를 건너면서 해변을 달려야 합니다.

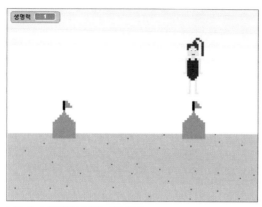

그림 11-1 〈해변이 너무해〉 게임 화면

〈해변이 너무해〉에서 가장 중요한 부분은 X좌표와 Y좌표입니다. X좌표와 Y좌표로 지혜가 화면 어디에 있는지 알 수 있고, 지혜가 뛰어오르고 다시 바닥에 내려오게 할 수 있습니다. 〈해변이 너무해〉의 또 다른 특징은 횡스크롤 게임이라는 점입니다. 지혜는 무대 좌우 벽에 도착해도 벽에 부딪히지 않고 계속 달려갑니다. 우리는 지혜가 무대 왼쪽 벽이나 오른쪽 벽에 닿을 때마다 배경을 전환해서 마치 계속 달려가는 것처럼 보이게 할 것입니다.

마지막으로 〈핏폴〉에서 하나 더 배워야 할 점은 다른 명작 게임에서도 찾아볼 수 있는 중요한 특징인데, 바로 난이도 조절입니다. 플레이어는 어려운 후반 단계에서 필요한 기술을 쉬운 초반 단계에서 미리 배우고 익힐 수 있어야 합니다. 예를 들어 〈핏폴〉의 첫 번째 단계에서는 굴러오는 기름통을 뛰어넘는 방법을 배웁니다. 기름통에 맞으면 생명력 대신 점수가 깎이기 때문에 피하는 방법을 어렵지 않게 익힐 수 있죠. 기름통을 뛰어넘는 법을 익히면서 위험한 장애물을 헤쳐 나갑니다. 마침내 플레이어는 악어에게 먹히지 않고 악어 머리 위로 정확하게 착지하거나 나타났다 사라지기를 반복하는 모래 구덩이를 정확한 시점에 건널 수 있게 되죠.

여러분도 〈해변이 너무해〉를 만들면서 플레이어가 새로운 기술을 더 쉽게 배우려면 어떤 배경이나 장애물을 추가하면 좋을지 고민해 보세요. 책에서는 모래성, 움직이는 꽃게, 흔들리는 덩굴을 만드는 방법을 차례대로 소개합니다. 아무래도 가만히 있는 모래성이 가장 쉽고, 정확한 시점에 잡고 놓아야 할 덩굴이 가장 어렵겠죠. 새로운 장애물이나 배경을 넣는다면 이 난이도 순서를 그대로 유지하세요. 플레이어가 더 어려운 장애물에 직면하기 전에 게임 방식에 익숙해지게 하면 좋습니다.

DAY 11에서는 다음 내용을 배웁니다.

- 횡스크롤 플랫폼 게임을 만드는 방법을 배웁니다.
- 배경을 전환해서 계속 움직이는 것처럼 보이게 합니다.
- 게임에 중력이 있는 것처럼 만드는 방법을 배웁니다.
- 장애물을 좌우로 움직일 수 있습니다.

간단한 플랫폼 게임을 만들면서 앞으로 더 복잡한 플랫폼 게임을 만드는 방법을 배울 것입니다. 준비되었다면 시작할까요?

1 프로그램 준비하기

프로그램을 코딩하기 전에 스프라이트와 무대를 먼저 준비해야 합니다.

1.1 스프라이트를 그리지 않았다면?

DAY 10을 건너뛰었다면 다시 돌아가서 스프라이트와 배경을 그리거나 길벗출판사 웹 사이트 자료실에서 내려받을 수 있습니다. DAY 05에서 소개한 방법대로 가져오면 됩니다. 게임을 만들려면 지혜, 모래성, 꽃게, 덩굴, 경계선 두 개, 해변 배경 세 개가 필요합니다.

1.2 무대 준비하기

먼저 스프라이트 크기를 적당히 조절하세요. 어느 정도가 적당할지 모르겠다면 그림 11-1
을 참고하세요. 그런 다음 그림 11-2와 같이 꽃게와 모래성을 하나씩 더 복사하세요.

그림 11-2 꽃게2와 모래성2 복사

배경은 **배경 1**을 선택합니다. 무대 영역에서 작은 배경 화면을 클릭하고 배경 탭을 선택한 후
첫 번째 배경에 파란색 테두리가 둘러 있는지 확인하면 됩니다. 모래성 두 개를 무대 양쪽에
놓으세요. 왼쪽 벽 또는 오른쪽 벽에서 2~3센티미터 정도 떨어진 곳에 놓으면 됩니다. 그림
11-3을 참고하세요.

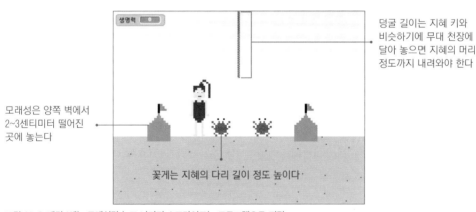

그림 11-3 배경 1에는 모래성만 놓고 나머지 스프라이트는 프로그램으로 지정

2 지혜 스프라이트에 프로그래밍하기

지혜는 플레이어가 조종하는 주인공 스프라이트입니다. 플레이어는 화살표 키를 사용해 지혜의 모든 행동을 조종합니다. 지혜는 해변을 달리고 장애물을 뛰어넘고 덩굴을 붙잡아야 하죠. 이 모든 행동을 스크립트 열 개로 만들겠습니다. 지혜를 움직이는 스크립트, 지혜가 떨어지는 속도를 더 빠르게 하는 스크립트, 지혜를 아래로 떨어뜨리는 스크립트, 지혜를 공중에 띄우는 스크립트, 지혜의 시작 위치를 정하는 스크립트, 생명력을 뺏는 스크립트, 배경을 전환하는 스크립트, 덩굴에 매달린 지혜를 떨어뜨리는 스크립트, 지혜가 덩굴에 닿았는지 검사하는 스크립트, 지혜가 덩굴을 붙잡고 있게 하는 스크립트 이렇게 총 열 개입니다. 스프라이트 영역에 있는 지혜 스프라이트에 파란색 테두리를 옮긴 후 다음 절에서 모래성에 프로그램을 만들기 전까지는 옮기지 마세요. 블록 이름이나 값은 조금씩 다르니 항상 완성한 스크립트를 책 그림과 비교하고 올바른 블록을 사용했는지 확인하세요.

2.1 1번 스크립트: 지혜 움직이기

그림 11-4의 지혜는 아직 뛰어오를 수도 없고 앞뒤로 움직일 수도 없습니다. 먼저 지혜가 왼쪽이나 오른쪽으로 움직일 수 있게 만들어 봅시다.

그림 11-4 모래 위에서 좌우로 움직이는 지혜

1 **이벤트 팔레트**의 `클릭했을 때` 블록으로 새로운 스크립트를 시작합니다.

2 **제어 팔레트**의 `무한 반복하기` 블록을 아래에 조립해 반복문을 시작합니다.

3 `만약 ~(이)라면` 블록 두 개를 `무한 반복하기` 블록 안에 넣습니다.

4 **감지 팔레트**의 `스페이스 키를 눌렀는가?` 블록 두 개를 `만약 ~(이)라면` 블록의 빈 육각형 위에 각각 놓습니다.

5 첫 번째 `스페이스 키를 눌렀는가?` 블록의 선택 목록을 열어 값을 **왼쪽 화살표**로 선택합니다. 두 번째 블록 값은 **오른쪽 화살표**로 선택합니다.

6 **동작 팔레트**의 `x 좌표를 10만큼 바꾸기` 블록 두 개를 `만약 ~(이)라면` 블록 안에 각각 넣습니다. 첫 번째 `x 좌표를 10만큼 바꾸기` 블록 값을 10에서 **−5**로 수정합니다. 두 번째 블록 값을 10에서 **5**로 수정합니다.

완성된 스크립트를 그림 11–5와 비교하세요. 이 스크립트는 ←나 →를 누를 때마다 지혜를 왼쪽 또는 오른쪽으로 5만큼 움직입니다. 지혜가 너무 빨리 움직이면 모래성에 닿을 수 있으니 5만큼 움직이는 것이 적당합니다.

그림 11–5 ←나 →를 누르면 지혜를 좌우로 움직이는 스크립트

2.2 2번 스크립트: 지혜를 점점 더 빨리 떨어뜨리기

게임에 중력을 만드는 것은 꽤 까다롭습니다. 사물이 아래쪽으로 떨어지면 어떻게 되나요? 모든 물체는 아래쪽으로 떨어질수록 속도가 빨라집니다. 그림 11-6의 지혜도 마찬가지입니다.

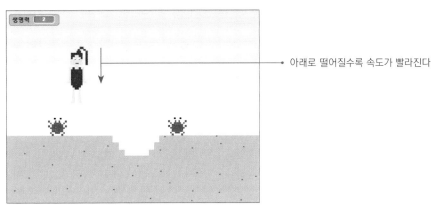

아래로 떨어질수록 속도가 빨라진다

그림 11-6 모래사장에 가까워질수록 떨어지는 속도가 빨라지는 지혜

 질문있어요 **속도란?**

Q 속도가 뭐예요?

A 아래에서 위로 뛰면 어떻게 되나요? 자리에서 일어나 위쪽으로 한번 뛰어 보세요. 발이 바닥에서 떨어져 공중에 있을 것입니다. 발의 Y좌표도 계산할 수 있겠죠. 하지만 공중에 영원히 떠 있지는 않고 바로 바닥으로 떨어지죠. 바닥으로 떨어질 때는 중력 때문에 뛰어올랐을 때보다 더 빨리 떨어집니다. 이것이 바로 **속도**입니다. 여러분 몸 또는 스프라이트가 한 방향으로 움직이는 빠르기라고 할 수 있죠. 특정 방향의 속도, 예를 들어 Y속도도 구할 수 있습니다. Y속도는 스프라이트의 Y좌표가 얼마나 빨리 변하는지, 즉 위쪽이나 아래쪽으로 얼마나 빨리 움직이는지 계산한 값입니다.

다음 순서대로 지혜가 떨어지는 속도를 바꾸는 스크립트를 만들어 봅시다.

1 **이벤트 팔레트**의 클릭했을 때 블록으로 스크립트를 시작합니다.

2 **제어 팔레트**의 무한 반복하기 블록을 아래에 조립해 반복문을 시작합니다.

3 만약 ~(이)라면 블록을 무한 반복하기 블록 안에 넣습니다.

4 **연산 팔레트**의 ~이(가) 아니다 블록을 만약 ~(이)라면 블록의 빈 육각형 위에 놓습니다. 이 블록은 어떤 조건이 참이 아닐 때 조건문 안의 블록을 실행합니다. 반대로 조건이 참이면 실행하지 않습니다.

5 **감지 팔레트**의 ● 색에 닿았는가? 블록을 ~이(가) 아니다 블록의 빈 육각형 위에 놓습니다.

6 ● 색에 닿았는가? 블록의 동그라미 색을 **모래를 칠한 색**으로 바꿉니다. 블록에 **색이 칠해진 동그라미**를 클릭하면 나타나는 색깔 고르기 창에서 맨 아래 **스포이드 아이콘**을 클릭한 후 무대로 마우스 포인터를 옮겨서 **모래**를 클릭하면 됩니다. 이제 조건문은 지혜가 모래에 닿지 않았을 때 블록을 실행합니다.

7 **변수 팔레트**에서 **변수 만들기** 변수 만들기 를 클릭하고 변수 이름을 **y속도**로 입력합니다. 변수 옆에 **체크 박스**를 해제해서 변수가 무대에 보이지 않게 합니다.

8 나의 변수을(를) 1만큼 바꾸기 블록을 만약 ~(이)라면 블록 안에 넣습니다. 블록의 선택 목록을 열어 **y속도**를 선택하고, 숫자 1을 **–0.5**로 수정합니다.

그림 11-7은 완성된 스크립트입니다. 이 스크립트는 지혜가 모래에 닿지 않는 동안, 즉 지혜의 발이 공중에 떠 있는 동안 지혜가 아래로 떨어지는 속도를 한 번에 0.5만큼 증가시킵니다. 지혜를 실제로 떨어뜨리는 작업은 3번 스크립트에 만들겠습니다.

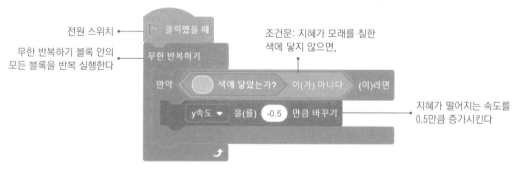

그림 11-7 사물이나 사람이 공중에서 떨어질 때 중력이 작용하는 스크립트

2.3 3번 스크립트: 지혜 떨어뜨리기

2번 스크립트에서는 지혜가 떨어지는 속도를 조금씩 빨라지게 했지만, 아직 지혜를 땅으로 떨어뜨리는 스크립트는 만들지 않았습니다. 그림 11-8의 지혜는 공중에 계속 떠 있습니다.

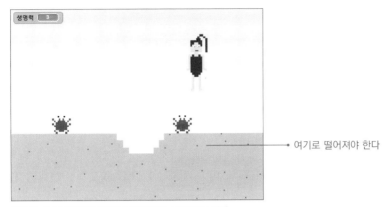

여기로 떨어져야 한다

그림 11-8 힘차게 뛰어올랐지만 결국 땅으로 떨어지는 지혜

이제 다음 순서대로 공중에 뜬 지혜를 땅으로 떨어뜨리는 스크립트를 만들어 봅시다.

1 **이벤트 팔레트**의 `클릭했을 때` 블록으로 스크립트를 시작합니다.

2 **제어 팔레트**의 `무한 반복하기` 블록을 아래에 조립해 반복문을 시작합니다.

3 `만약 ~(이)라면 ~아니면` 블록을 `무한 반복하기` 블록 안에 넣습니다. 새로운 조건문이 등장했네요. 이 블록에는 조건이 만족되었을 때 실행할 블록뿐만 아니라 조건이 만족되지 않았을 때 실행할 블록도 넣을 수 있습니다.

4 **연산 팔레트**의 `~이(가) 아니다` 블록을 `만약 ~(이)라면 ~아니면` 블록의 빈 육각형 위에 놓습니다.

5 **감지 팔레트**의 `● 색에 닿았는가?` 블록을 `~이(가) 아니다` 블록의 빈 육각형 위에 놓고, 다시 한 번 블록의 동그라미 색을 **모래를 칠한 색**으로 바꿉니다. 이 조건문은 지혜가 모래에 닿았는지 검사합니다.

6 **동작 팔레트**의 `y 좌표를 10만큼 바꾸기` 블록을 `만약 ~(이)라면 ~아니면` 블록의 첫 번째 부분, 즉 `만약 ~(이)라면` 부분 안에 넣습니다.

7 **변수 팔레트**의 `y속도` 블록을 그림 11-9와 같이 `y 좌표를 10만큼 바꾸기` 블록의 동그라미 안에 넣습니다. 이 블록은 이제 Y좌표를 y속도 변수의 현재 값만큼 바꿉니다. 그리고 y속도 변수의 현재 값은 2번 스크립트가 반복문을 실행할 때마다 0.5만큼 증가합니다. 즉, 지혜는 떨어질수록 속도가 더 빨라집니다.

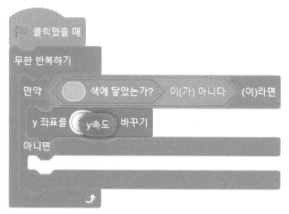

그림 11-9 블록의 숫자 부분 위에 y속도 변수 블록 놓기

8 **변수 팔레트**의 `나의 변수을(를) 0로 정하기` 블록을 `만약 ~(이)라면 ~아니면` 블록의 두 번째 부분, 즉 `아니면` 부분 안에 넣습니다. `나의 변수을(를) 0로 정하기` 블록의 선택 목록을 열어 **y속도**를 선택합니다. 이제 조건문은 지혜가 모래에 닿으면 y속도 변수 값을 0으로 만듭니다. 땅에 닿으면 더 이상 떨어지지 말아야 하니까요.

`만약 ~(이)라면 ~아니면` 블록의 `아니면` 부분은 지혜가 땅에 떨어졌거나 뛰어오르지 않았을 때 참이 됩니다. 다시 말해 지혜가 모래 위에 있다면 그림 11-10의 `아니면` 부분을 실행하고 지혜가 공중에 있다면 `만약 ~(이)라면` 부분을 실행합니다.

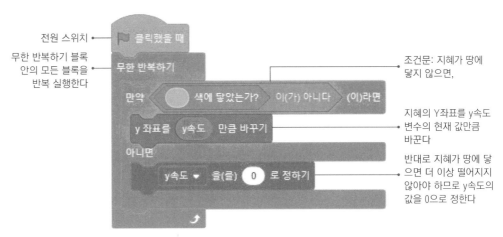

전원 스위치 → 클릭했을 때

무한 반복하기 블록 안의 모든 블록을 반복 실행한다 → 무한 반복하기

조건문: 지혜가 땅에 닿지 않으면,

만약 ◯ 색에 닿았는가? 이(가) 아니다 (이)라면

y 좌표를 y속도 만큼 바꾸기

지혜의 Y좌표를 y속도 변수의 현재 값만큼 바꾼다

아니면

y속도 ▼ 을(를) 0 로 정하기

반대로 지혜가 땅에 닿으면 더 이상 떨어지지 않아야 하므로 y속도의 값을 0으로 정한다

그림 11-10 지혜가 공중으로 뛰어오르면 다시 땅으로 떨어지는 스크립트

2.4 4번 스크립트: 지혜를 공중에 띄우기

이제 지혜는 땅으로 돌아올 수 있습니다. 심지어 중력이 실제로 있는 것처럼 떨어질수록 속도가 빨라집니다. 하지만 아직 공중으로 뛰어오를 수 없습니다. 그림 11-11의 지혜는 꽃게 앞에서 어쩔 줄 모릅니다.

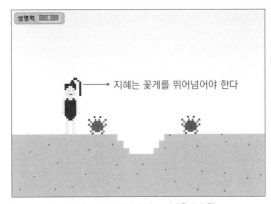

생명력 3

지혜는 꽃게를 뛰어넘어야 한다

그림 11-11 장애물을 헤쳐 나가려면 위로 뛰어올라야 함

이제 다음 순서대로 스크립트를 만드세요.

1 **이벤트 팔레트**의 `스페이스 키를 눌렀을 때` 블록으로 스크립트를 시작합니다. 블록의 선택 목록을 열어 **위쪽 화살표**를 선택합니다.

2 제어 팔레트의 `만약 ~(이)라면` 블록을 아래에 조립해 조건문을 만듭니다.

3 감지 팔레트의 `● 색에 닿았는가?` 블록을 `만약 ~(이)라면` 블록의 빈 육각형 위에 놓습니다. 색은 **모래를 칠한 색**으로 선택합니다. 조건문은 지혜가 모래에 닿으면 블록을 실행합니다.

4 동작 팔레트의 `y 좌표를 10만큼 바꾸기` 블록을 `만약 ~(이)라면` 블록 안에 넣습니다. 숫자 10을 9로 수정합니다. 이 블록은 ↑를 누르면 지혜를 공중으로 9만큼 움직입니다.

잠깐만요

지혜가 꽃게를 뛰어넘지 못해요

사실 게임을 실제로 실행하기 전까지는 여기서 정한 9라는 숫자가 꽃게나 모래성을 뛰어넘기 충분한 높이인지 알기 어렵습니다. 너무 낮다면 더 큰 숫자로 바꾸어야 합니다. 반대로 더 작은 숫자로 장애물 넘기를 더욱 어렵게 만들 수도 있습니다.

5 변수 팔레트의 `나의 변수을(를) 0로 정하기` 블록을 `y 좌표를 9만큼 바꾸기` 블록 아래에 조립합니다. `나의 변수을(를) 0로 정하기` 블록의 선택 목록을 열어 **y속도**를 선택하고 y속도 변수 값을 9로 수정합니다.

완성된 스크립트를 그림 11-12와 비교해 보세요. 스크립트는 y속도 변수 값을 음수가 아닌 양수 9로 정했습니다. 이 블록은 지혜가 모래에서 뛰어올라 하늘로 향하게 합니다. 그리고 바로 위의 `y 좌표를 9만큼 바꾸기` 블록은 지혜를 하늘을 향해 9만큼 움직입니다(Y좌표에 양수를 더하면 화면 위로 올라갑니다). 이와 동시에 1번과 3번 스크립트도 지혜를 움직입니다. 2번 스크립트는 지혜의 y속도를 바꿉니다. 결국 이 모든 스크립트가 다 함께 지혜를 움직이게 합니다.

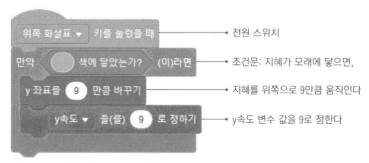

그림 11-12 지혜를 땅에서 뛰어오르게 하는 스크립트

X좌표와 Y좌표

혹시 지오캐싱이란 단어를 들어 본 적이 있나요? 〈지오캐싱〉은 전 세계 곳곳에 숨긴 캐시를 찾는 게임입니다. 캐시는 보통 작은 장난감이나 일지가 담긴 작은 상자입니다. 사람들은 이 캐시 상자를 어딘가 숨겨 두고 캐시의 GPS 좌표(위도와 경도)를 공개합니다. 캐시를 찾는 플레이어는 GPS 기계에 이 좌표를 넣고 숨긴 보물을 찾으러 떠납니다. 〈레터박싱〉도 비슷합니다. 〈레터박싱〉은 캐시에 보물을 숨겨 놓고 찾는 사람에게 단서를 남기는 게임입니다. 나무나 다리 같은 지형지물에 단서를 숨기고 다음 단서의 위치를 알려 주는 것이죠. 위도와 경도 좌표는 보물을 찾는 사람들에게 정확한 위치를 알려 줍니다. 하지만 지형지물은 주변 풍경이 시간에 따라 다를 수 있기 때문에 정확한 방법은 아니죠. 스크래치에 게임을 만들 때도 X좌표와 Y좌표를 사용해 정확한 위치를 지정해야 합니다. 스크래치는 "모래성 위로 뛰어올라라." 같은 애매한 명령을 이해할 수 없습니다. "위쪽으로 9만큼, 오른쪽으로 5만큼 움직인 후 아래쪽으로 9만큼 움직여라." 같이 정확한 명령을 실행합니다. GPS 좌표로 지오캐시를 찾아본 적이 있다면 무대 위의 X좌표와 Y좌표도 쉽게 이해할 수 있을 것입니다.

2.5 5번 스크립트: 게임 시작하기

이번 게임에서는 세 가지 배경을 만들었습니다. 따라서 게임을 시작할 때 어떤 배경부터 화면에 나와야 할지 정해야 합니다. 그리고 지혜도 그림 11–13과 같이 시작 지점에서 달릴 준비를 해야 합니다. 마지막으로 플레이어에게 기회를 몇 번 줄지도 결정해야 합니다.

그림 11–13 첫 번째 모래성의 왼쪽에서 달릴 준비를 하는 지혜

이번에 만들 스크립트는 첫 번째 배경에 지혜를 놓고 플레이어에게 기회를 세 번 줍니다.

1. **이벤트 팔레트**의 `클릭했을 때` 블록으로 스크립트를 시작합니다.

2. **형태 팔레트**의 `배경을 배경 1(으)로 바꾸기` 블록을 아래에 조립합니다. 이 블록은 게임을 시작할 때 사용할 배경을 지정합니다.

3. **동작 팔레트**의 `x 좌표를 0(으)로 정하기` 블록을 아래에 조립하고 숫자 0을 **−180**으로 수정해서 지혜를 무대 왼쪽으로 보냅니다. 무대 맨 왼쪽 벽의 좌표가 −240이니까 −180이면 벽에서 약간 떨어진 곳입니다.

4. **변수 팔레트**의 **변수 만들기**를 클릭하고 **생명력** 변수를 만듭니다. 이 변수는 플레이어에게 남은 기회를 의미합니다.

5. `나의 변수을(를) 0로 정하기` 블록을 스크립트 맨 아래에 이어 붙입니다. 블록의 선택 목록을 열어 **생명력**을 선택합니다. 숫자 0을 3으로 수정해서 플레이어에게 기회를 세 번 줍시다.

그림 11−14와 같이 완성했습니다. 이 스크립트는 게임을 시작하는 데 꼭 필요한 세 가지 준비물을 마련합니다. 먼저 배경을 준비하고, 지혜를 시작 지점으로 옮긴 후 플레이어에게 기회를 세 번 줍니다.

그림 11-14 게임 시작을 준비하는 스크립트

2.6 6번 스크립트: 생명력 깎기

이제 지혜는 이리저리 움직이면서 그림 11−15와 같이 꽃게나 모래성 장애물에 닿게 합니다. 하지만 장애물에 닿아도 아직 아무 일도 일어나지 않습니다.

지혜가 꽃게에 닿았지만 아직 생명력은 그대로다

그림 11-15 지혜가 장애물에 닿을 때마다 생명력을 하나씩 깎기

이번에는 지혜가 모래성, 꽃게, 물웅덩이 장애물에 닿을 때마다 생명력을 깎는 스크립트를 만들어 봅시다. 좀 길어질 테니, 만들면서 책 그림과 수시로 비교하세요.

1 **이벤트 팔레트**의 `클릭했을 때` 블록으로 스크립트를 시작합니다.

2 **제어 팔레트**의 `무한 반복하기` 블록을 아래에 조립해 반복문을 시작합니다.

3 `만약 ~(이)라면` 블록 네 개를 `무한 반복하기` 블록 안에 넣어 조건문을 네 개 만듭니다.

4 **감지 팔레트**의 `● 색에 닿았는가?` 블록을 첫 번째 `만약 ~(이)라면` 블록의 빈 육각형 위에 놓습니다. 블록 색을 배경 3의 **물웅덩이 색**으로 바꿉니다. 현재 배경이 배경 3으로 되어 있지 않다면 배경 3으로 잠시 바꾸세요.

5 **연산 팔레트**의 `~ 또는 ~` 블록 두 개를 두 번째와 세 번째 `만약 ~(이)라면` 블록의 빈 육각형 위에 각각 놓습니다.

6 **감지 팔레트**의 `마우스 포인터에 닿았는가?` 블록 네 개를 두 `~ 또는 ~` 블록의 양쪽 빈 육각형 위에 각각 놓습니다. 이제 `마우스 포인터에 닿았는가?` 블록의 선택 목록을 열어 스프라이트를 선택해야 합니다. 두 번째 `만약 ~(이)라면` 블록 위에 놓은 두 블록에는 각각 **꽃게**와 **꽃게2**를 선택합니다. 세 번째 `만약 ~(이)라면` 블록 위에 놓은 두 블록에는 **모래성**과 **모래성2**를 선택합니다. 그림 11-16을 참고하세요.

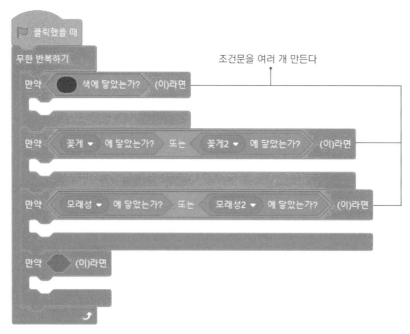

그림 11-16 조건문 세 개를 한 번에 만들기

7 **변수 팔레트**의 `나의 변수을(를) 1만큼 바꾸기` 블록을 첫 번째 `만약 ~(이)라면` 블록 안에 넣습니다. 블록의 선택 목록에서 **생명력**을 선택하고 숫자 1을 **-1**로 수정합니다. 즉, 지혜가 물에 빠지면 생명력이 감소합니다.

8 **동작 팔레트**의 `x:0 y:0(으)로 이동하기` 블록을 첫 번째 `만약 ~(이)라면` 블록 안쪽 맨 아래에 조립합니다. X좌표 값은 **-180**으로, Y좌표 값은 **50**으로 수정합니다. X좌표 -180은 무대 왼쪽이고 Y좌표 50은 모래 위입니다. 물론 정확한 좌표는 각자 컴퓨터에 맞게 조절해야 합니다.

9 **제어 팔레트**의 `1초 기다리기` 블록을 첫 번째 `만약 ~(이)라면` 블록 안쪽 맨 아래에 조립합니다. 이 블록은 생명력이 여러 번 깎이는 오류를 방지합니다.

10 이제 `만약 ~(이)라면` 블록 안에 넣은 세 블록을 한꺼번에 복사해서 다른 조건문에 넣을 수 있습니다. `생명력을(를) −1만큼 바꾸기` 블록 위에서 마우스 오른쪽 버튼을 누르세요 (macOS에서는 `control`을 누른 채 마우스를 클릭하면 됩니다). 그림 11-17과 같이 **복사하기**를 선택한 후 복제된 세 블록을 두 번째 `만약 ~(이)라면` 블록 안에 드래그해 놓습니다. 한 번 더 복사해서 세 번째 `만약 ~(이)라면` 블록 안에도 넣으세요.

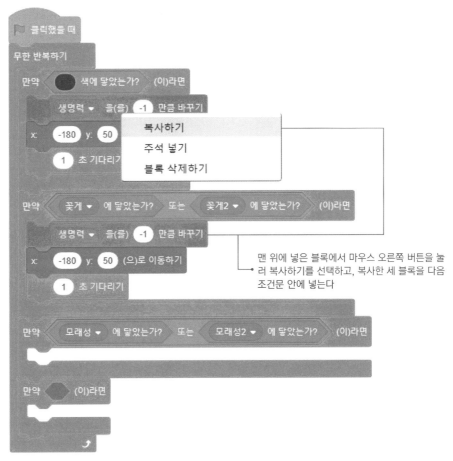

맨 위에 넣은 블록에서 마우스 오른쪽 버튼을 눌러 복사하기를 선택하고, 복사한 세 블록을 다음 조건문 안에 넣는다

그림 11-17 첫 번째 조건문 안에 넣은 세 블록을 복사해서 다른 조건문 안에 넣기

11 **연산 팔레트**의 `● = 50` 블록을 마지막 네 번째 `만약 ~(이)라면` 블록의 빈 육각형 위에 놓습니다.

12 변수 팔레트의 <u>생명력</u> 변수 블록을 <u>● = 50</u> 블록의 왼쪽 동그라미 안에 넣고 오른쪽 동그라미에는 숫자 **0**을 입력합니다.

13 제어 팔레트의 <u>멈추기 모두</u> 블록을 마지막 네 번째 <u>만약 ~(이)라면</u> 블록 안에 넣습니다. 이 블록은 생명력 변수가 0이 되면 모든 스크립트를 멈춥니다.

스크립트가 길지만 결국 완성했군요. 그림 11-18과 완성된 스크립트를 비교하고 잘 만들었는지 확인하세요.

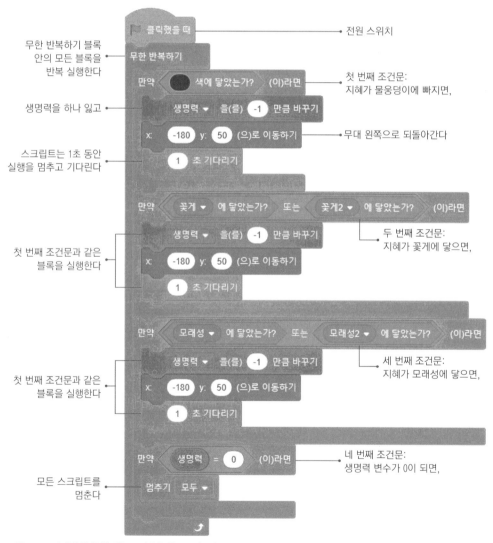

그림 11-18 지혜의 생명력을 뺏는 조건들을 한 스크립트에 모두 담기

2.7 7번 스크립트: 배경 전환하기

지혜는 그림 11-19와 같이 화면 왼쪽 벽이나 오른쪽 벽으로 달려갈 수 있습니다. 하지만 벽에 닿아도 아직 아무 일도 일어나지 않습니다.

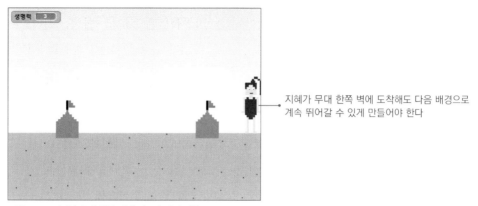

지혜가 무대 한쪽 벽에 도착해도 다음 배경으로 계속 뛰어갈 수 있게 만들어야 한다

그림 11-19 지혜가 무대 한쪽 벽에 닿으면 배경 전환

이번에는 지혜가 무대 벽으로 뛰어 들어가면 배경을 전환하는 스크립트를 만들어 봅시다. 마찬가지로 스크립트가 꽤 기니 책 그림과 비교하면서 만들어 보세요.

1 **이벤트 팔레트**의 클릭했을 때 블록으로 스크립트를 시작합니다.

2 **변수 팔레트**의 나의 변수을(를) 0로 정하기 블록을 아래에 조립합니다. 선택 목록을 열어 **y속도** 를 선택하고 숫자는 0을 그대로 둡시다. 이렇게 하지 않으면 지혜는 게임을 시작하자마자 뛰어오르거나 땅으로 들어가 버립니다.

3 **동작 팔레트**의 y 좌표를 0(으)로 정하기 블록을 바로 다음에 조립하고 숫자를 **50**으로 수정합니다. 이 블록은 지혜를 모래 바로 위로 움직입니다. 이 숫자는 각자 컴퓨터에 맞게 조절해야 할 것입니다.

4 **제어 팔레트**의 무한 반복하기 블록을 아래에 조립해 반복문을 시작합니다.

5 만약 ~(이)라면 블록 두 개를 그림 11-20과 같이 무한 반복하기 블록 안에 나란히 넣습니다. 그런 다음 만약 ~(이)라면 ~아니면 블록을 첫 번째 만약 ~(이)라면 블록 안에 넣습니다.

그림 11-20 무한 반복하기 블록 안에 조건문 세 개 넣기

6 **감지 팔레트**의 마우스 포인터에 닿았는가? 블록을 첫 번째 바깥쪽 만약 ~(이)라면 블록의 빈 육각형 위에 놓습니다. 선택 목록을 열어 **오른쪽선**을 선택합니다. 이 조건문은 지혜가 무대 오른쪽 벽에 닿으면 블록을 실행합니다.

7 **연산 팔레트**의 ● = 50 블록을 첫 번째 안쪽 만약 ~(이)라면 ~아니면 블록의 빈 육각형 위에 놓습니다. 어디에 놓아야 할지 모르겠다면 그림 11-21을 참고하세요.

8 **변수 팔레트**의 **변수 만들기**를 클릭하고 새로운 **매달림** 변수를 만드세요. 이 변수는 지혜가 덩굴에 매달려 있는지를 저장합니다. 변수 옆 **체크 박스**를 해제해서 무대에 보이지 않게 합니다.

9 **변수 팔레트**의 매달림 변수 블록을 ● = 50 블록의 왼쪽 동그라미 안에 넣습니다. 오른쪽 사각형에는 숫자 1을 입력합니다. 숫자 1은 참을 의미합니다. 즉, 지혜가 덩굴에 매달려 있다는 의미죠.

10 **변수 팔레트**의 나의 변수을(를) 1만큼 바꾸기 블록을 첫 번째 안쪽 만약 ~(이)라면 ~아니면 블록 안에 넣습니다. 선택 목록을 열어 **생명력**을 선택하고 숫자 1을 **-1**로 수정하세요. 이 블록은 지혜가 덩굴에 매달린 채 오른쪽 벽에 닿으면 생명력을 깎습니다.

11 동작 팔레트의 `x 좌표를 0(으)로 정하기` 블록을 `생명력을(를) -1만큼 바꾸기` 블록 아래에 조립합니다. 숫자 0을 **-180**으로 수정해서 지혜가 무대 왼쪽으로 되돌아가게 합니다.

12 변수 팔레트의 `나의 변수을(를) 0로 정하기` 블록을 `x 좌표를 -180(으)로 정하기` 블록 아래에 조립합니다. 선택 목록을 열어 **매달림**을 선택하고 값은 그대로 둡니다. 이 블록은 지혜가 오른쪽 벽에 닿으면 매달림 변수를 0, 즉 거짓으로 바꿉니다.

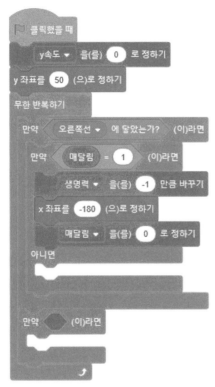

그림 11-21 지혜가 덩굴을 붙잡은 채 오른쪽선에 닿았을 때 실행할 블록을 안쪽 조건문에 넣기

13 동작 팔레트의 `x 좌표를 0(으)로 정하기` 블록을 `만약 ~(이)라면 ~아니면` 블록의 `아니면` 블록 안에 넣습니다. 숫자를 **-180**으로 수정해서 지혜를 무대 왼쪽으로 보냅니다.

14 동작 팔레트의 `y 좌표를 0(으)로 정하기` 블록을 `x 좌표를 -180(으)로 정하기` 블록 아래에 조립합니다. 숫자를 **50**으로 수정해서 지혜를 모래 위로 보냅니다.

15 이벤트 팔레트의 `메시지1 신호 보내기` 블록을 `y 좌표를 50(으)로 정하기` 블록 아래에 조립합니다. 블록의 선택 목록을 열어 그림 11-22와 같이 **새로운 메시지**를 선택합니다. 메시지 이름은 **오른쪽으로**라고 합시다.

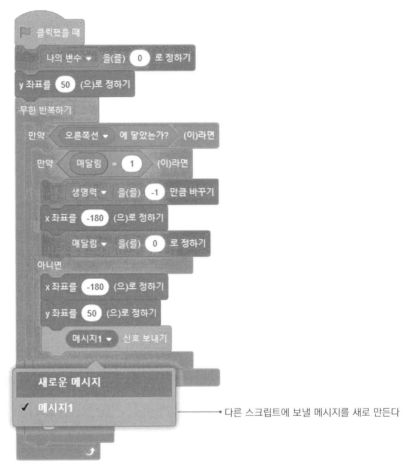

그림 11-22 지혜가 오른쪽선에 닿으면 '오른쪽으로'라는 신호 보내기

16 **감지 팔레트**의 `마우스 포인터에 닿았는가?` 블록을 두 번째 `만약 ~(이)라면` 블록의 빈 육각형 위에 놓습니다. 선택 목록을 열어 **왼쪽선**을 선택합니다. 이 조건문은 지혜가 무대 왼쪽 벽에 닿으면 블록을 실행합니다.

17 **동작 팔레트**의 `x 좌표를 0(으)로 정하기` 블록을 두 번째 `만약 ~(이)라면` 블록 안에 넣습니다. 숫자를 180으로 수정해서 지혜를 무대 오른쪽으로 보냅니다.

18 **동작 팔레트**의 `y 좌표를 0(으)로 정하기` 블록을 `x 좌표를 180(으)로 정하기` 블록 바로 아래에 조립합니다. 숫자를 50으로 수정해서 지혜를 모래 위로 보냅니다.

19 **이벤트 팔레트**의 `메시지1 신호 보내기` 블록을 `y 좌표를 50(으)로 정하기` 블록 아래에 조립하고, **새로운 메시지**를 선택해 **왼쪽으로**라는 새로운 메시지를 만듭니다.

그림 11-23은 완성된 스크립트입니다. 이제 여러분도 노련한 스크래치 프로그래머이니까 금세 알아차리겠지만, 이 스크립트가 신호를 보내면 다른 스크립트가 받아야 합니다. 신호를 받은 스크립트는 배경을 다른 것으로 전환할 것입니다. 이 스크립트는 또한 지혜가 덩굴에 매달려 있을 때 오른쪽선에 닿으면 생명력을 깎습니다. 지혜가 물웅덩이를 건너면 덩굴을 놓아야 하기 때문이죠.

그림 11-23 지혜가 선에 닿으면 신호를 보내서 배경을 전환하는 스크립트

2.8 8번 스크립트: 지혜를 덩굴에서 떨어뜨리기

다음 스크립트에서는 그림 11-24와 같이 지혜가 덩굴을 붙잡고 물웅덩이를 지나가게 만들어 보겠습니다. 하지만 그 전에 덩굴에서 뛰어내릴 수 있게 만들어 봅시다. 7번 스크립트에서는 지혜가 덩굴에 매달린 채 오른쪽 벽에 닿으면 생명력을 깎게 만들었습니다. 그러니 닿기 전에 뛰어내려야 하겠죠.

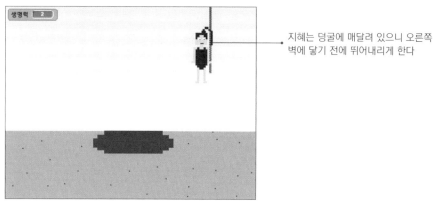

지혜는 덩굴에 매달려 있으니 오른쪽 벽에 닿기 전에 뛰어내리게 한다

그림 11-24 물웅덩이를 지나면 덩굴에서 뛰어내려야 하는 지혜

이제 다음 순서대로 스크립트를 만드세요.

1 **이벤트 팔레트**의 `스페이스 키를 눌렀을 때` 블록으로 스크립트를 시작합니다. 블록의 선택 목록에서 **아래쪽 화살표**를 선택합니다.

2 **동작 팔레트**의 `y 좌표를 0(으)로 정하기` 블록을 아래에 조립합니다. 숫자를 **50**으로 수정해서 지혜가 덩굴에서 뛰어내리면 모래 위로 되돌아가게 만듭니다.

3 **변수 팔레트**의 `나의 변수을(를) 0로 정하기` 블록을 아래에 조립합니다. 선택 목록을 열어 **매달림**을 선택하고 값은 그대로 두세요. 매달림 변수 값을 0, 즉 거짓으로 만들면 지혜는 더이상 덩굴에 매달려 있지 않습니다.

그림 11-25와 똑같이 만들었는지 비교해 보세요.

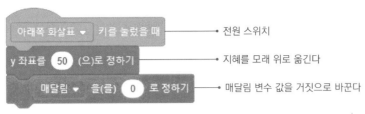

전원 스위치

지혜를 모래 위로 옮긴다

매달림 변수 값을 거짓으로 바꾼다

그림 11-25 지혜가 덩굴에서 뛰어내리는 스크립트

2.9 9번 스크립트: 덩굴에 매달리기

이제 지혜는 물웅덩이를 지나면 덩굴에서 뛰어내릴 수 있습니다. 하지만 물웅덩이를 지나려면 지혜가 덩굴을 붙잡을 수 있게 만들어 주어야 합니다. 지금까지 만든 지혜는 모래에서 뛰어올라 덩굴에 닿을 수는 있지만 그림 11-26과 같이 덩굴을 붙잡을 수는 없습니다.

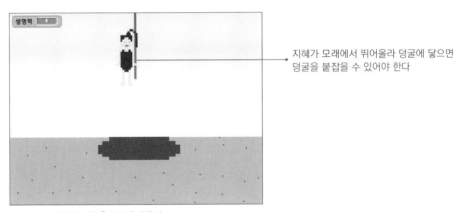

지혜가 모래에서 뛰어올라 덩굴에 닿으면
덩굴을 붙잡을 수 있어야 한다

그림 11-26 지혜가 덩굴을 붙잡게 만들기

이번에는 스크립트 두 개를 한꺼번에 만들겠습니다. 첫 번째 스크립트는 지혜가 덩굴에 닿았는지 검사하고, 두 번째 스크립트는 지혜가 덩굴에서 뛰어내리기 전까지 덩굴을 붙잡고 있게 합니다. 다음 순서대로 첫 번째 스크립트를 만드세요.

1 **이벤트 팔레트**의 클릭했을 때 블록으로 스크립트를 시작합니다.

2 **제어 팔레트**의 무한 반복하기 블록을 아래에 조립해 반복문을 시작합니다.

3 만약 ~(이)라면 블록을 무한 반복하기 블록 안에 넣습니다.

4 **감지 팔레트**의 마우스 포인터에 닿았는가? 블록을 만약 ~(이)라면 블록의 빈 육각형 위에 놓습니다. 선택 목록을 열어 **덩굴**을 선택합니다.

5 **이벤트 팔레트**의 메시지1 신호 보내기 블록을 만약 ~(이)라면 블록 안에 넣습니다. 선택 목록을 열어 **잡았다**는 이름으로 새 메시지를 만듭니다.

6 **제어 팔레트**의 1초 기다리기 블록을 잡았다 신호 보내기 블록 아래에 조립합니다. 숫자 1을 **0.001**로 수정하세요. 이 정도만 기다려도 충분합니다.

첫 번째 스크립트는 지혜가 덩굴에 닿았는지 검사하고, 두 번째 스크립트는 신호를 보내서 지혜가 덩굴을 계속 붙잡고 있게 합니다. 첫 번째 스크립트를 그림 11-27과 비교하고 문제가 없다면 두 번째 스크립트로 넘어갑시다.

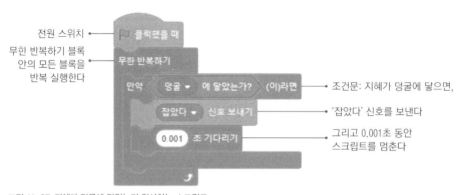

그림 11-27 지혜가 덩굴에 닿았는지 검사하는 스크립트

두 번째 스크립트는 첫 번째 스크립트와 별도로 만들지만 함께 동작합니다. 두 번째 스크립트는 플레이어가 ↓를 누르기 전까지 지혜가 덩굴에 매달리게 유지합니다.

1 **이벤트 팔레트**의 메시지1 신호를 받았을 때 블록으로 새로운 스크립트를 시작합니다. 선택 목록을 열어 **잡았다**를 선택합니다. 이 스크립트는 첫 번째 스크립트가 보낸 메시지를 받고 지혜가 덩굴에 매달려 있다는 것을 알아냅니다. 이제 두 번째 스크립트 차례입니다.

2 **동작 팔레트**의 x:0 y:0(으)로 이동하기 블록을 아래에 조립합니다.

3 **변수 팔레트**에서 새로운 변수를 두 개 만듭니다. 첫 번째 변수 이름은 **덩굴 X좌표**로 하고, 두 번째 변수 이름은 **덩굴 Y좌표**라고 합시다. 우리는 덩굴을 계속 움직이면서 이 변수에 위치를 저장할 것입니다. 두 변수 모두 **체크 박스**를 해제해서 화면에 보이지 않게 만듭시다.

4 덩굴 X좌표 블록을 x:0 y:0(으)로 이동하기 블록의 왼쪽 X좌표 부분 위에 놓습니다. 오른쪽 Y좌표 부분에는 그림 11-28과 같이 **연산 팔레트**의 ● - ● 블록을 드래그해 놓습니다. 이제 다시 **변수 팔레트**의 덩굴 Y좌표 블록을 ● - ● 블록의 왼쪽 동그라미 안에 넣고 오른쪽 동그라미에는 숫자 **10**을 입력합니다. 이 블록은 지혜가 덩굴의 중심점 약간 아래쪽을 잡고 있게 합니다.

그림 11-28 변수와 연산 블록을 사용해 덩굴을 붙잡은 지혜의 좌표 바꾸기

5 **변수 팔레트**의 나의 변수을(를) 0로 정하기 블록 두 개를 맨 아래쪽에 위아래로 조립합니다. 첫 번째 블록의 선택 목록을 열어 **y속도**를 선택하고 숫자는 0으로 그대로 두세요. 이 블록은 지혜가 공중에 계속 떠 있게 합니다. 두 번째 블록의 선택 목록을 열어 **매달림**을 선택하고 숫자를 **1**로 수정합니다. 이 블록은 매달림 변수를 참으로 바꿉니다.

두 번째 스크립트를 완성했습니다. 완성된 스크립트를 그림 11-29와 비교해 보세요. 잘 만들었다면 이제 잠시 쉬어도 됩니다. 지혜에게 필요한 스크립트를 모두 완성했습니다.

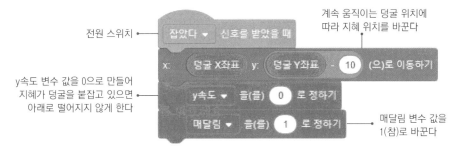

그림 11-29 지혜가 덩굴을 계속 붙잡게 하는 스크립트

3 모래성 스프라이트에 프로그래밍하기

〈핏폴〉의 장애물 중에는 움직이지는 않지만 활활 타오르는 모닥불도 있습니다. 〈해변이 너무해〉에도 움직이지 않는 모래성 장애물을 만들어 봅시다. 지혜가 다음 배경으로 넘어가려면 모래성을 뛰어넘어야 합니다. 모래성에는 스크립트를 하나만 만들 것입니다. 먼저 스프라이트 영역에서 모래성 스프라이트를 클릭합니다.

3.1 10번 스크립트: 모래성 숨기기

무대 위에 있는 모래성은 일부 배경에서만 보이게 해야 합니다. 다시 말해 지혜가 탁 트인 모래사장 배경을 달릴 때는 모래성이 보이고, 나머지 두 배경에서는 보이지 않아야 합니다. 물론 모래성은 배경에 여전히 있지만 단지 보이지 않게 숨기는 것이죠. 스프라이트 영역의 모래성을 클릭하면 그림 11-30과 같이 빈 사각형만 무대에 표시됩니다.

모래성은 항상 무대에 있지만 보이기 블록과 숨기기 블록을 사용하면 일부 배경에만 모래성을 보이게 만들 수 있다, 이 배경에서는 모래성을 숨겼다

그림 11-30 모래성은 항상 제자리에 있지만 배경에 따라 보이거나 보이지 않게 만들 수 있음

이제 다음 순서대로 배경에서 모래성을 보이고 숨기는 스크립트를 만드세요.

1 **이벤트 팔레트**의 `클릭했을 때` 블록으로 스크립트를 시작합니다.

2 **제어 팔레트**의 `무한 반복하기` 블록을 아래에 조립해 반복문을 시작합니다.

3 `만약 ~(이)라면 ~아니면` 블록을 `무한 반복하기` 블록 안에 넣습니다.

4 **연산 팔레트**의 `● = 50` 블록을 `만약 ~(이)라면` 블록의 빈 육각형 위에 놓습니다. 블록의 왼쪽 동그라미 안에는 **형태 팔레트**의 `배경 번호` 블록을 넣습니다. 선택 목록을 열어 **이름**을 선택하고 오른쪽 동그라미에는 **배경 1**을 입력합니다(탁 트인 모래사장 배경의 이름이 배경 1이 맞는지 꼭 확인하고, 아니라면 배경 1로 바꾸세요). 이제 이 조건문은 현재 화면이 배경 1이면 블록을 실행합니다.

5 `보이기` 블록을 조건문의 `만약 ~(이)라면` 블록 안에 넣습니다.

6 `숨기기` 블록을 조건문의 `아니면` 블록 안에 넣습니다.

그림 11-31은 완성된 스크립트입니다. 이 스크립트의 조건문은 간단합니다. 현재 화면이 배경이라면 모래성을 보이게 하고, 다른 배경이라면 보이지 않게 합니다.

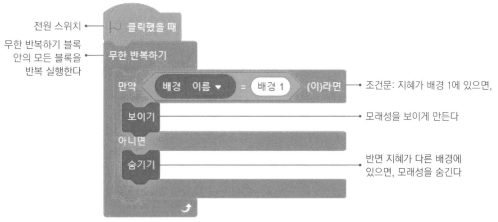

그림 11-31 모래성을 보이고 숨기는 스크립트

3.2 10번 스크립트 복사하기

〈해변이 너무해〉에는 모래성이 두 개 있습니다. 첫 번째 모래성에 만든 스크립트를 두 번째 모래성으로 복사합시다. 10번 스크립트의 `클릭했을 때` 블록을 클릭한 채 끌면 모든 블록이 한 세트처럼 같이 움직입니다. 이제 이 블록 세트를 그림 11-32와 같이 스프라이트 영역에 있는 모래성2 스프라이트 위까지 끌고 마우스 왼쪽 버튼을 놓으세요.

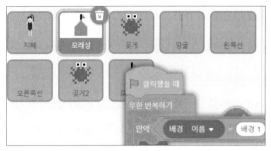

그림 11-32 10번 스크립트를 드래그해 스프라이트 영역의 다른 모래성 스프라이트에 놓기

이제 두 모래성 스프라이트의 스크립트 영역에서 10번 스크립트를 똑같이 볼 수 있습니다. 스프라이트를 번갈아 선택하면서 스크립트가 똑같은지 확인해 보세요.

 4 **꽃게 스프라이트에 프로그래밍하기**

〈해변이 너무해〉에서는 꽃게 두 마리가 모래 위를 앞뒤로 움직이며 지혜를 공격합니다. 〈핏폴〉의 전갈과 비슷한 역할을 하죠. 이번에도 첫 번째 꽃게에만 스크립트를 만든 후 두 번째 꽃게에 복사할 것입니다. 스프라이트 영역에서 **꽃게 스프라이트**를 클릭하세요. 꽃게에는 스크립트가 두 개 필요합니다. 첫 번째 스크립트는 모래성에 만든 10번 스크립트와 비슷하고, 두 번째 스크립트는 꽃게를 움직입니다.

4.1 11번 스크립트: 10번 스크립트 살짝 바꾸기

꽃게에도 모래성을 숨겼던 것과 같은 스크립트가 필요합니다. 다른 점이 있다면 모래성은 배경 1에서만 보이지만, 꽃게는 배경 2에서만 보입니다. 스크립트를 처음부터 다시 만들기보다는 모래성 스프라이트로 가서 10번 스크립트를 꽃게 스프라이트로 복사하세요.

그런 다음 꽃게가 배경 2에서만 보이게 스크립트를 약간 바꾸어야 합니다. 그림 11-33과 같이 배경 1을 **배경 2**로 바꾸세요(구덩이가 있는 모래사장 배경의 이름이 배경 2가 맞는지 확인하세요).

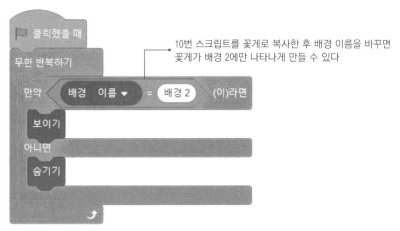

10번 스크립트를 꽃게로 복사한 후 배경 이름을 바꾸면 꽃게가 배경 2에만 나타나게 만들 수 있다

그림 11-33 배경 1을 배경 2로 바꾸어 꽃게가 두 번째 배경에만 나타나게 하기

배경 이름을 바꾸었다면 다시 이 스크립트를 스프라이트 영역에 있는 꽃게2 스프라이트 위로 드래그해 놓으세요. 두 꽃게에 같은 스크립트가 있는지, 조건문에 배경 2가 제대로 들어가 있는지 확인하세요.

4.2 12번 스크립트: 꽃게 움직이기

모래성은 움직이지 않으므로 뛰어넘기 쉽습니다. 이제 지혜에게 조금 더 어려운 장애물을 만들어 줍시다. 그림 11-34의 꽃게는 좌우로 움직이며 지혜를 위협합니다.

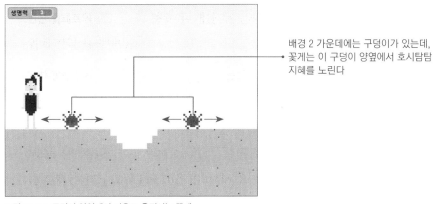

배경 2 가운데에는 구덩이가 있는데, 꽃게는 이 구덩이 양옆에서 호시탐탐 지혜를 노린다

그림 11-34 구덩이 양옆에서 좌우로 움직이는 꽃게

이제 꽃게가 구덩이 양옆에서 좌우로 움직이게 만들어 봅시다. 하지만 한 가지 주의할 점이 있습니다. 꽃게는 배경 2에서만 보이지만, 실제로는 숨겨 있을 뿐 무대에는 계속 남아 있습니다. 따라서 이번에 만들 스크립트는 꽃게가 있는 배경에서만 동작해야 합니다. 이번에도 첫 번째 꽃게에 먼저 스크립트를 만든 후 두 번째 꽃게에 복사하고 약간 바꾸겠습니다.

이제 다음 순서대로 스크립트를 만드세요.

1 **이벤트 팔레트**의 클릭했을 때 블록으로 스크립트를 시작합니다.

2 **제어 팔레트**의 무한 반복하기 블록을 아래에 조립해 반복문을 시작합니다.

3 만약 ~(이)라면 블록을 무한 반복하기 블록 안에 넣습니다.

4 **연산 팔레트**의 ● = 50 블록을 만약 ~(이)라면 블록의 빈 육각형 위에 놓습니다. 블록의 왼쪽 동그라미 안에는 **형태 팔레트**의 배경 번호 블록을 드래그해 넣습니다. 선택 목록을 열이 **이름**을 선택하고 두 번째 동그라미에는 **배경 2**를 입력합니다.

5 **동작 팔레트**의 x:0 y:0(으)로 이동하기 블록을 그림 11-35와 같이 무한 반복하기 블록의 안쪽, 만약 ~(이)라면 블록 바로 위에 놓습니다. X좌표에는 **-148**을 입력하고 Y좌표에는 **-40**을 입력합니다. 이 블록은 꽃게를 구덩이 왼쪽 모래 위로 옮깁니다. 하지만 이 숫자들은 각자 컴퓨터 화면에 맞게 조절해야 합니다.

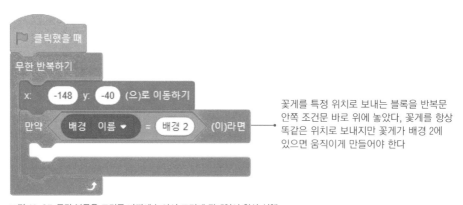

꽃게를 특정 위치로 보내는 블록을 반복문 안쪽 조건문 바로 위에 놓았다. 꽃게를 항상 똑같은 위치로 보내지만 꽃게가 배경 2에 있으면 움직이게 만들어야 한다

그림 11-35 동작 블록을 조건문 바깥에 놓아서 조건에 관계없이 항상 실행

6 **제어 팔레트**의 10번 반복하기 블록 두 개를 만약 ~(이)라면 블록 안에 위아래로 나란히 넣습니다. 두 블록의 숫자를 모두 **20**으로 수정해서 20번 반복하게 합니다.

7 **동작 팔레트**의 `10만큼 움직이기` 블록 두 개를 `20번 반복하기` 블록 안에 각각 넣습니다. 첫 번째 블록 값은 **5**로 수정하고, 두 번째 블록 값은 **–5**로 수정합니다. 스크립트는 꽃게를 오른쪽으로 5만큼 20번 움직인 후 방향을 바꾸어 왼쪽으로 5만큼 20번 움직이는 동작을 계속 반복합니다.

꽃게를 움직이는 스크립트를 완성했습니다. 그림 11–36과 비교해 보세요.

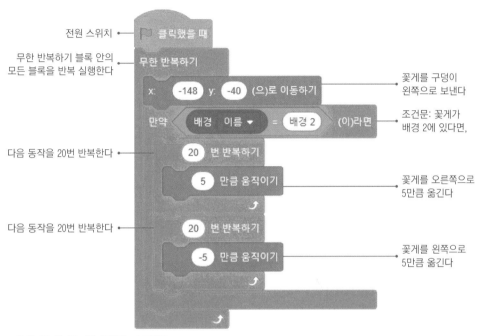

그림 11–36 꽃게를 계속 움직이는 스크립트

이제 꽃게 스프라이트는 배경 2에 있는 구덩이 왼쪽에서 앞뒤로 움직입니다. 그럼 꽃게2 스프라이트는 어떨까요? 이 스크립트를 꽃게2 스프라이트로 드래그하고 숫자 하나만 바꾸면 구덩이 오른쪽으로 보낼 수 있습니다.

스크립트를 꽃게2 스프라이트에 복사하고 그림 11–37과 같이 숫자 −148을 **48**로 수정하세요. 꽃게2 스프라이트는 구덩이 오른쪽에서 지혜를 괴롭힐 것입니다. 물론 각자 컴퓨터에 따라 다른 숫자를 입력해야 할 수도 있습니다. 우선은 이렇게 입력하고 게임을 다 완성한 후 조절합시다. 이제 꽃게에 필요한 스크립트를 모두 완성했습니다.

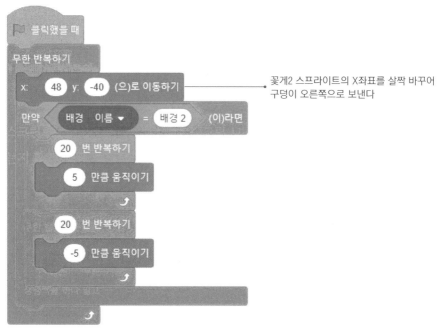

꽃게2 스프라이트의 X좌표를 살짝 바꾸어
구덩이 오른쪽으로 보낸다

그림 11-37 X좌표를 살짝 바꾸어 꽃게2를 구덩이 오른쪽으로 보내기

5 덩굴 스프라이트에 프로그래밍하기

장애물 스프라이트를 모두 준비했습니다. 이제 물웅덩이를 지날 수 있게 도와주는 수단인 덩굴만 남았습니다. 물웅덩이를 배경 3에 그렸고 덩굴은 그 위를 움직이는 스프라이트입니다.

〈핏폴〉의 개발자 데이비드 크레인은 덩굴을 픽셀 한 개짜리 직선으로 만들었습니다. 그리고 흔들리는 덩굴 각도를 프로그램으로 계산했습니다. 다시 말해 컴퓨터가 복잡한 수학 공식을 사용해 시시각각 변하는 덩굴 위치를 일일이 계산했습니다. 이렇게 앞뒤로 흔들리는 덩굴을 만드는 것은 조금 어려우니 단순하게 만들어 보겠습니다. 〈해변이 너무해〉에서는 지혜가 덩굴을 붙잡으면 덩굴이 수평으로 움직입니다.

스프라이트 영역에서 덩굴을 클릭하고, 스크립트를 세 개 완성할 때까지 다른 스프라이트는 클릭하지 마세요. 덩굴에는 시작 스크립트, 덩굴 위치를 정하는 스크립트, 덩굴을 움직이는 스크립트가 필요합니다.

5.1 13번 스크립트: 시작하기

덩굴은 모래성이나 꽃게처럼 일부 배경에서만 보여야 합니다. 즉, 덩굴은 그림 11-38과 같이 물웅덩이가 있는 배경 3에서만 보입니다.

그림 11-38 배경 3에서 위쪽 가운데에 나타나는 덩굴

이번에 만들 스크립트는 지혜가 배경 3에 있지 않다면 덩굴을 숨기고, 반대로 배경 3에 있다면 덩굴을 무대 위 가운데에 놓습니다. 다음 순서대로 만드세요.

1   **이벤트 팔레트**의 `클릭했을 때` 블록으로 스크립트를 시작합니다.

2   **변수 팔레트**의 `나의 변수을(를) 0로 정하기` 블록을 아래에 조립합니다. 선택 목록을 열어 **매달림**으로 선택하고 숫자는 0으로 그대로 둡시다. 게임을 시작하면 이 블록은 매달림 변수를 거짓으로 정합니다.

3   **형태 팔레트**의 `숨기기` 블록을 아래에 조립해 덩굴을 화면에서 보이지 않게 합니다.

4   **제어 팔레트**의 `무한 반복하기` 블록을 아래에 조립해 반복문을 시작합니다.

5   `만약 ~(이)라면 ~아니면` 블록을 `무한 반복하기` 블록 안에 넣습니다. 이어서 그 바로 아래에 `만약 ~(이)라면` 블록을 하나 더 넣습니다. 그림 11-39를 참고하세요.

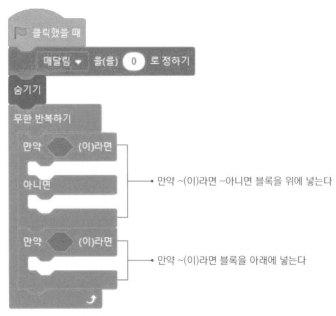

만약 ~(이)라면 ~아니면 블록을 위에 넣는다

만약 ~(이)라면 블록을 아래에 넣는다

그림 11-39 반복문 안에 조건문 두 개 넣기

6 **연산 팔레트**의 ● = 50 블록 두 개를 각 조건문의 빈 육각형 위에 놓습니다.

7 첫 번째 ● = 50 블록의 왼쪽 동그라미 안에는 **형태 팔레트**의 배경 번호 블록을 넣습니다. 선택 목록을 열어 **이름**을 선택하고 오른쪽 동그라미에는 **배경 3**을 입력합니다(물웅덩이가 있는 배경 이름이 배경 3이 맞는지 꼭 확인하세요). 첫 번째 조건문은 이제 지혜가 배경 3에 있는지 검사합니다.

8 두 번째 ● = 50 블록의 왼쪽 동그라미 안에는 **변수 팔레트**의 매달림 블록을 넣습니다. 오른쪽 동그라미에는 숫자 **0**을 입력합니다. 두 번째 조건문은 매달림이 거짓이면 블록을 실행합니다.

9 **형태 팔레트**의 보이기 블록을 첫 번째 조건문의 만약 ~(이)라면 블록 안에 넣습니다. 이 블록은 지혜가 배경 3에 있으면 덩굴을 보이게 합니다.

10 **변수 팔레트**의 나의 변수을(를) 0로 정하기 블록을 첫 번째 조건문의 아니면 블록 안에 넣습니다. 블록의 선택 목록을 열어 **매달림**으로 선택하고 숫자는 0, 즉 거짓으로 두세요.

11 **형태 팔레트**의 숨기기 블록을 매달림을(를) 0로 정하기 블록 바로 아래에 조립합니다. 이 블록은 지혜가 배경 3이 아닌 다른 배경에 있으면 덩굴을 다시 보이지 않게 합니다.

12 **동작 팔레트**의 x 좌표를 0(으)로 정하기 블록을 두 번째 만약 ~(이)라면 블록 안에 넣습니다. 이 블록은 덩굴을 무대 가운데로 보냅니다.

다음 스크립트를 만들기 전에 완성된 스크립트를 그림 11-40과 비교해 보세요.

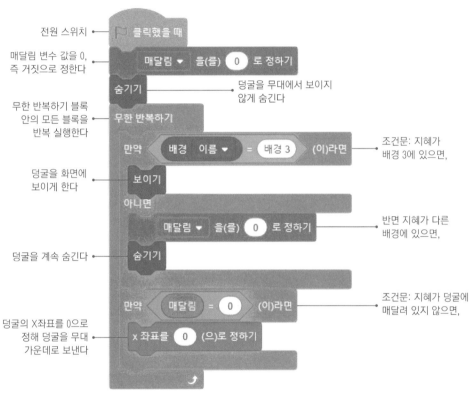

그림 11-40 덩굴을 숨기거나 보여 주는 시작 스크립트

5.2 14번 스크립트: 덩굴 위치 저장하기

13번 스크립트는 덩굴을 무대 가운데, 물웅덩이 바로 위로 옮겼습니다. 하지만 덩굴은 모래성처럼 가만히 있지 않고 그림 11-41과 같이 계속 움직입니다.

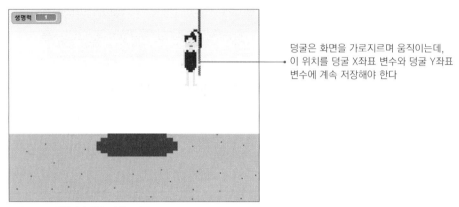

덩굴은 화면을 가로지르며 움직이는데, 이 위치를 덩굴 X좌표 변수와 덩굴 Y좌표 변수에 계속 저장해야 한다

그림 11-41 물웅덩이 위를 지나는 덩굴

이번에 만들 스크립트는 덩굴의 X좌표와 Y좌표를 덩굴 X좌표 변수와 덩굴 Y좌표 변수에 저장합니다. 예를 들어 덩굴이 X좌표 55에 있다면 덩굴 X좌표 변수 값도 55입니다.

1 **이벤트 팔레트**의 클릭했을 때 블록으로 스크립트를 시작합니다.

2 **동작 팔레트**의 y 좌표를 0(으)로 정하기 블록을 아래에 조립합니다. 숫자를 **120**으로 수정해서 덩굴을 무대 맨 위로 올립니다. 이 숫자는 컴퓨터에 따라 다를 수 있습니다.

3 **제어 팔레트**의 무한 반복하기 블록을 아래에 조립해 반복문을 시작합니다.

4 **변수 팔레트**의 나의 변수을(를) 0로 정하기 블록 두 개를 무한 반복하기 블록 안에 넣습니다. 첫 번째 블록의 선택 목록을 열어 **덩굴 X좌표**를 선택하고, 두 번째 블록의 선택 목록을 열어 **덩굴 Y좌표**를 선택합니다.

5 **동작 팔레트**의 x 좌표 블록을 그림 11-42와 같이 덩굴 X좌표을(를) 0로 정하기 블록의 숫자 위에 놓습니다. 마찬가지로 y 좌표 블록을 덩굴 Y좌표을(를) 0로 정하기 블록의 숫자 위에 놓습니다.

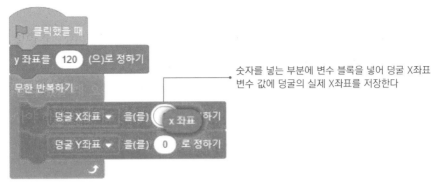

숫자를 넣는 부분에 변수 블록을 넣어 덩굴 X좌표
변수 값에 덩굴의 실제 X좌표를 저장한다

그림 11-42 숫자를 입력하는 동그라미에 블록 넣기

그림 11-43은 완성된 스크립트입니다. 이 스크립트는 덩굴 위치를 덩굴 X좌표 변수와 덩굴
Y좌표 변수에 계속 저장합니다. 덩굴을 붙잡은 지혜는 덩굴과 함께 움직이므로 이 변수들의
값은 결국 지혜 위치를 결정합니다.

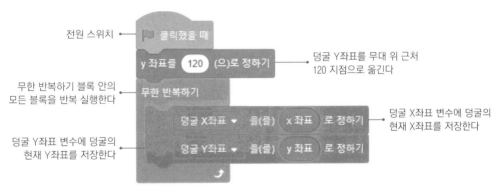

전원 스위치

덩굴 Y좌표를 무대 위 근처
120 지점으로 옮긴다

무한 반복하기 블록 안의
모든 블록을 반복 실행한다

덩굴 X좌표 변수에 덩굴의
현재 X좌표를 저장한다

덩굴 Y좌표 변수에 덩굴의
현재 Y좌표를 저장한다

그림 11-43 덩굴 위치를 저장하는 스크립트

5.3 15번 스크립트: 덩굴 움직이기

14번 스크립트는 덩굴 위치를 계속 저장하지만 덩굴은 그림 11-44와 같이 전혀 움직이지
않습니다. 그러니 위치를 저장해도 아직은 소용이 없죠.

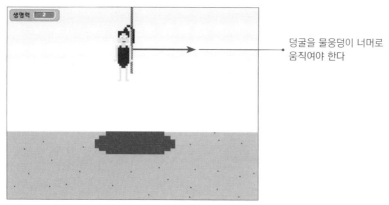

덩굴을 물웅덩이 너머로
움직여야 한다

그림 11-44 덩굴을 잡고 물웅덩이 너머로 건너가야 하는 지혜

이번 스크립트는 덩굴을 물웅덩이 위로 움직입니다. 덩굴은 지혜가 뛰어내리거나 무대 오른쪽 벽에 닿기 전까지 계속 움직입니다. 다음 순서대로 만드세요.

1 **이벤트 팔레트**의 `오른쪽으로 신호를 받았을 때` 블록으로 스크립트를 시작합니다. 선택 목록을 열어 **잡았다**를 선택합니다. 이 스크립트는 잡았다 메시지를 받으면 이어지는 블록을 실행합니다.

2 **제어 팔레트**의 `만약 ~(이)라면 ~아니면` 블록을 아래에 조립해 조건문을 만듭니다.

3 **연산 팔레트**의 `● = 50` 블록을 `만약 ~(이)라면 ~아니면` 블록의 빈 육각형 위에 놓습니다. 블록의 왼쪽 동그라미 안에는 **변수 팔레트**의 `매달림` 블록을 넣고, 오른쪽 동그라미에는 1을 입력합니다. 이 숫자는 참을 의미합니다.

4 **제어 팔레트**의 `10번 반복하기` 블록을 조건문의 `만약 ~(이)라면` 블록 안에 넣습니다.

5 **동작 팔레트**의 `x 좌표를 10만큼 바꾸기` 블록을 `10번 반복하기` 블록 안에 넣습니다. 덩굴을 한 번에 10만큼 움직이면 너무 빨라서 지혜가 미처 뛰어내리지 못할 수도 있으니 숫자 10을 5로 수정합시다.

6 **변수 팔레트**의 `나의 변수을(를) 0로 정하기` 블록을 `아니면` 블록 안에 넣습니다. 선택 목록을 열어 **매달림**을 선택하고 숫자는 0, 즉 거짓으로 둡시다.

7 **동작 팔레트**의 `x:0 y:0(으)로 이동하기` 블록을 `매달림을(를) 0로 정하기` 블록 아래에 조립합니다. X좌표에는 **0**을 입력하고, Y좌표에는 **120**을 입력합니다. 이 블록은 덩굴을 무대 가운데로 다시 되돌려 보냅니다.

완성된 스크립트를 그림 11-45와 비교해 보세요. 무언가 다른 점은 없나요?

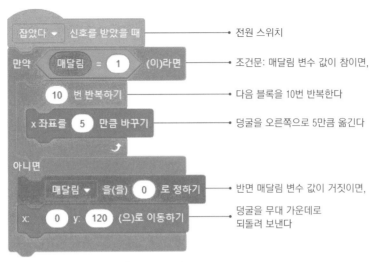

그림 11-45 덩굴을 오른쪽으로 움직이는 스크립트

이제 스프라이트에 필요한 스크립트를 모두 만들었습니다. 게임을 마저 완성하려면 몇 가지 소품을 준비해야 합니다.

 6 **소품 준비하기**

지금까지는 경계선을 무대 바닥에 놓았습니다. 이번에는 경계선을 무대 맨 왼쪽 벽과 오른쪽 벽에 놓고 지혜가 화면을 넘어가면 배경을 전환하는 데 사용합니다. 경계선에 만들 스크립트는 지혜가 왼쪽 벽(또는 오른쪽 벽)에 닿으면 이전 배경(또는 다음 배경)으로 전환합니다.

6.1 16번 스크립트: 경계선 놓기

먼저 그림 11-46과 같이 무대 맨 왼쪽 벽과 오른쪽 벽에 왼쪽선과 오른쪽선 스프라이트를 놓아야 합니다. 왼쪽선부터 시작합시다. 스프라이트 영역에서 **왼쪽선**을 클릭합니다.

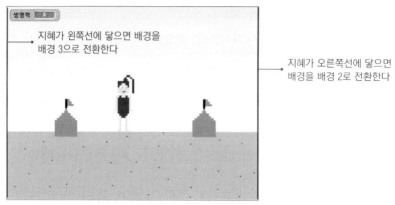

지혜가 왼쪽선에 닿으면 배경을
배경 3으로 전환한다

지혜가 오른쪽선에 닿으면
배경을 배경 2로 전환한다

그림 11-46 무대 맨 왼쪽과 맨 오른쪽에 각각 왼쪽선과 오른쪽선 준비

DAY 10에서 왼쪽선을 캔버스의 맨 왼쪽에 그렸습니다. 왼쪽선을 무대 맨 왼쪽에 놓는 스크립트는 언제나 그렇듯 간단합니다.

1 **이벤트 팔레트**의 `클릭했을 때` 블록으로 스크립트를 시작합니다.

2 **제어 팔레트**의 `무한 반복하기` 블록을 아래에 조립해 반복문을 시작합니다.

3 **동작 팔레트**의 `x:0 y:0(으)로 이동하기` 블록을 그림 11-47과 같이 반복문 안에 넣습니다. 숫자 두 개가 모두 0인지 확인하세요. 이 블록은 스프라이트의 중심점을 무대 중앙으로 보냅니다.

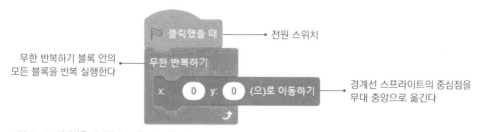

전원 스위치

무한 반복하기 블록 안의
모든 블록을 반복 실행한다

경계선 스프라이트의 중심점을
무대 중앙으로 옮긴다

그림 11-47 경계선을 제자리로 보내는 스크립트

이제 완성된 스크립트를 복사해야 합니다. 스크립트를 드래그해 스프라이트 영역에 있는 오른쪽선 스프라이트에 놓고, 두 경계선에 같은 스크립트가 있는지 확인하세요. 좌표 값은 모두 0이어야 합니다. 문제없다면 이제 배경을 전환하는 스크립트를 만들어 봅시다.

6.2 17번 스크립트: 이전 배경으로 전환하기

이미 〈마법사 대 유령〉을 만들 때 배경에 프로그램을 적용해 보았습니다. 하지만 이번에 만들 스크립트는 조금 다릅니다. 게임에 있는 모든 배경에 프로그램을 적용하려면 무대 영역에서 배경을 클릭하세요. 오른쪽 스크립트 영역이 텅 비어 있을 것입니다. 여기에 블록을 놓을 것입니다.

먼저 지혜가 무대 왼쪽으로 향하면 이전 배경으로 전환하는 스크립트를 만듭시다. 예를 들어 꽃게가 있는 배경 2에서 왼쪽으로 가면 모래성이 있는 배경 1로 돌아갑니다.

1 **이벤트 팔레트**의 `오른쪽으로 신호를 받았을 때` 블록으로 새로운 스크립트를 시작합니다. 선택 목록을 열어 **왼쪽으로**를 선택합니다. 이 스크립트는 왼쪽으로 메시지를 받으면 이어지는 블록을 실행합니다.

2 **형태 팔레트**의 `배경을 배경 1(으)로 바꾸기` 블록을 아래에 조립합니다.

3 **연산 팔레트**의 `● - ●` 블록을 그림 11-48과 같이 `배경을 배경 1(으)로 바꾸기` 블록의 선택 목록 위에 놓습니다.

└─▸ 선택 목록 위에 [ ] - [ ] 블록을 놓는다

그림 11-48 선택 목록 위에 연산 블록 놓기

4 **형태 팔레트**의 `배경 번호` 블록을 `● - ●` 블록의 왼쪽 동그라미 안에 넣고 오른쪽 동그라미에는 숫자 1을 입력합니다. 이 블록은 지혜가 있는 현재 배경의 번호를 가져와서 배경 번호를 하나 뺍니다. 예를 들어 지혜가 배경 3에 있으면 배경 2로 바꿉니다.

그림 11-49와 같이 지혜가 왼쪽으로 가면 배경을 전환하는 스크립트를 완성했습니다. 반대로 지혜가 오른쪽으로 가면 어떻게 만들어야 할까요?

전원 스위치

현재 배경을 이전 배경으로 전환한다

그림 11-49 지혜가 무대 왼쪽으로 달리면 이전 배경으로 전환하는 스크립트

6.3 18번 스크립트: 다음 배경으로 전환하기

이전 배경으로 전환하는 동작은 뺄셈으로 해결했습니다. 지혜가 오른쪽 벽으로 달려갈 때 다음 배경으로 넘어가는 동작은 조금 더 만들기 쉽습니다. 스크래치가 다음 배경으로 전환하는 블록을 제공하기 때문이죠.

1 **이벤트 팔레트**의 오른쪽으로 신호를 받았을 때 블록으로 스크립트를 시작합니다. 이 스크립트는 오른쪽으로 메시지를 받으면 이어지는 블록을 실행합니다.

2 **형태 팔레트**의 다음 배경으로 바꾸기 블록을 아래에 조립합니다.

다 되었습니다! 그림 11-50이 전부입니다. 이제 〈해변이 너무해〉를 플레이할 수 있습니다.

전원 스위치

다음 배경으로 전환한다

그림 11-50 스크래치가 제공하는 배경 블록을 사용하는 스크립트

> **NOTE**
> **플랫폼 게임**
>
> 플랫폼 게임은 크게 두 가지 유형으로 나눕니다. 첫 번째 유형은 〈핏폴〉 같은 다중 화면 플랫폼 게임입니다. 핏폴 해리를 움직이면 배경이 다른 배경으로 바뀝니다. 〈핏폴〉에는 정확히 배경이 256개나 있었죠. 즉, 〈핏폴〉을 스크래치에서 만들려면 배경을 256개나 만들어야 합니다. 반면 두 번째 유형은 〈슈퍼 마리오브라더스〉 같은 단일 화면 플랫폼 게임입니다. 마리오를 움직이면 화면도 같이 움직입니다. 단일 화면 플랫폼 게임도 만들어 보고 싶다면 조금만 기다리세요. DAY 12~DAY 13에서는 〈학교 탈출〉이라는 단일 화면 플랫폼 게임을 만들 것입니다.

7 게임이 잘 실행되지 않나요?

이제 게임을 플레이해 봅시다. 모래성을 넘어서 두 번째 배경으로 이동해 보세요. 혹시 꽃게가 하늘을 날아다니지 않나요? 스프라이트의 정확한 X좌표와 Y좌표를 단번에 정하기는 어렵습니다. 스프라이트를 캔버스 중앙에 그리지 않았다면 더욱 그렇습니다. 가장 먼저 해야 할 일은 꽃게 스프라이트의 중심점을 다시 잡는 것입니다. 어떻게 하는지 기억나지 않는다면 DAY 09를 참고하세요. 중심점을 다시 잡아도 여전히 꽃게가 공중에 떠 있다면 Y좌표를 조금씩 바꾸어 보면서 어떤 값이 적당한지 찾아야 합니다. 다른 스프라이트도 위치가 이상하다면 똑같이 조절해 보세요.

또는 덩굴에 레이어 문제가 발생할 수 있습니다. 지혜가 덩굴을 잡게 뛰어오른 후 뛰어내려 보세요. 레이어 문제가 발생하면 덩굴에서 내려오지 못할 수 있습니다. 이 문제를 해결하려면 먼저 게임을 다시 시작하고 지혜를 왼쪽으로 움직여서 배경 3이 나오게 합니다. 그런 다음 멈추기 ⬤ 를 클릭해서 스크립트를 멈추고, 덩굴을 살짝 드래그해 레이어가 맨 앞으로 오게 하세요.

그래도 지혜가 덩굴에서 내려오지 못한다면 9번 스크립트가 문제일 수 있습니다. 덩굴을 내려와도 지혜 머리가 덩굴에 또 닿으면 다시 매달리게 하기 때문이죠. 이때는 지혜나 덩굴의 크기를 조금 줄여서 머리가 닿지 않게 해 봅시다. 그래도 닿는다면 9번 스크립트에 조립한 0.001초 기다리기 블록의 숫자를 수정해 보세요. 0.1이나 0.01을 넣어 봅시다. 더 오래 기다릴수록 덩굴이 제자리로 돌아갈 시간을 벌어 줄 것입니다.

마지막으로 블록에 입력했던 숫자들을 조금씩 조절해야 할 수도 있습니다. 예를 들어 책에서는 지혜의 Y좌표를 50으로 입력했지만, 지혜의 발이 모래사장과 맞닿지 않는다면 다른 값을 넣어야 합니다. 덩굴의 Y좌표를 120으로 입력한 것도 마찬가지입니다. 지금까지 설명했던 내용에서 값을 조절해야 하는 부분을 찾아 숫자를 수정해 보세요. 이외에도 지혜가 더 높이 뛸 수 있게 하거나 덩굴을 더 낮게 만들어야 한다면 어떤 블록의 숫자를 수정해야 할지 각자 고민해 보세요.

8 정리하기

〈해변이 너무해〉에서 X좌표와 Y좌표는 정말 중요합니다. 심지어 덩굴의 X좌표와 Y좌표를 변수에 저장하기도 했습니다. 지혜가 덩굴을 잡고 물웅덩이를 건너려면 이 변수 값이 꼭 필요합니다. 스프라이트의 현재 X좌표와 Y좌표는 스프라이트 영역 위에 있는 ↔ x 와 ↕ y 에서 볼 수 있습니다.

8.1 마음껏 해 보아요

〈핏폴〉에는 배경이 256개나 있습니다. 〈해변이 너무해〉는 고작 세 개뿐이죠. 대작을 만들려면 시간이 필요한 법입니다.

◎ 도전해 보세요!

새로운 배경을 만들어 봅시다. 코드를 더 만들 필요는 없지만 새로운 배경이 지루하지 않으려면 장애물을 넣어야 합니다. 똑같은 장애물을 넣을 수도 있고 새로운 장애물을 만들 수도 있습니다. 해변에서 볼 수 있는 사물이나 동물을 넣어 보세요.

◎ 도전해 보세요!

지혜가 장애물에 닿으면 항상 무대 왼쪽에서 다시 시작합니다. 무대 오른쪽에서 시작했을 때도 왼쪽에서 다시 시작하게 되죠. 지혜가 어디서부터 장애물을 넘기 시작했는지에 따라 다시 시작하는 위치도 다르게 만들 수 있을까요? 변수를 사용하면 될까요?

◎ 도전해 보세요!

지혜의 친구를 만들어 봅시다. 배경에 그려도 되고 스프라이트로 그려도 좋습니다. 지혜가 마지막 배경에 있는 친구에 닿으면 게임에서 승리하게 만들어 보세요.

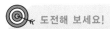 도전해 보세요!

게임에 점수를 만들어 봅시다. 조개 스프라이트를 그려서 배경 이곳저곳에 놓아 보세요. 지혜가 조개 스프라이트를 모을 때마다 점수가 올라가게 하는 것입니다. 점수를 깎은 장애물도 만들어 보세요. 해변에 널브러진 타올을 밟거나 파라솔에 부딪히면 점수를 잃는 것입니다.

도전해 보세요!

게임 난이도를 조절해 봅시다. 지혜가 뛰어오르는 높이를 조절해서 모래성을 넘기 더 쉽게 또는 더 어렵게 만들 수 있습니다. 또는 모래성을 더 가깝게 놓거나, 덩굴을 더 빠르게 움직이거나, 지혜가 달리는 속도를 높이면 게임을 더욱 흥미진진하게 만들 수 있습니다. 아니면 새로운 배경에 더욱 어려운 장애물을 만들 수도 있습니다. 예를 들어 네 번째 배경을 만들고 이 배경에서만 지혜가 더 빠르게 달리거나 꽃게들이 더 많이 움직이게 만들어 봅시다.

8.2 무엇을 배웠나요?

해변에 뛰어들기 전에 DAY 03에서 배운 컴퓨터 과학 개념을 이 게임에 어떻게 사용했는지 살펴봅시다.

- 모든 스크립트에 전원 스위치를 사용했습니다. 다른 스크립트가 신호를 보내면 스크립트를 시작하는 블록도 사용했습니다.
- X좌표와 Y좌표를 사용해 중력을 만들고 지혜가 장애물을 뛰어넘게 만들었습니다.
- 만약 ~(이)라면 ~아니면 블록을 사용해 두 가지 상황을 모두 처리할 수 있는 조건문을 만들었습니다.
- 반복문을 사용해 꽃게를 앞뒤로 계속 움직였습니다.
- 덩굴 위치를 변수에 저장했습니다.
- 참과 거짓을 불 변수에 저장하고 지혜가 덩굴에 매달려 있는지 검사했습니다.
- 배경을 전환하는 신호를 보냈습니다.

이번에도 여덟 가지 핵심 개념 중에 일곱 가지를 사용했군요! 이외에도 DAY 11에서는 다음 내용을 배웠습니다.

- 중력을 사용해 공중에서 떨어지는 모습을 실감 나게 만들었습니다.
- 장애물을 앞뒤로 움직이는 방법을 배웠습니다.
- 1과 0을 사용해 참과 거짓을 저장하는 방법을 배웠습니다.
- 움직이는 스프라이트 위치를 변수에 저장할 수 있습니다.
- 다중 화면 플랫폼 게임을 만드는 방법을 배웠습니다.

〈핏폴〉은 〈슈퍼 마리오브라더스〉에도 큰 영향을 주었습니다. 〈슈퍼 마리오브라더스〉는 〈핏폴〉과 달리 단일 화면 플랫폼 게임이지만 둘 사이에는 많은 공통점이 있습니다. 다음으로 만들 〈학교 탈출〉도 단일 화면 플랫폼 게임입니다. 즉, 이번 게임에서 배운 모든 것을 다음 게임에서도 쓴다는 의미죠. DAY 12에서는 수많은 책상과 학생을 넘어서 퇴근하려는 선생님 스프라이트를 만들 것입니다. 준비를 마쳤다면 DAY 12로 갑시다.

DAY 12

학교 탈출: 디자인하기

MAKING SCRATCH GAME FOR EVERYONE

선생님은 오늘 남동생의 결혼식에 가야 합니다. 집에 들렀다 가기에는 시간이 부족해 드레스 차림으로 학교에 출근했습니다. 이제 퇴근할 시간이 되었지만 그림 12–1과 같이 수많은 학생이 선생님을 가로막습니다.

그림 12–1 〈학교 탈출〉 게임 화면(단일 배경, 선생님, 학생들, 시계, 책상과 마지막으로 선생님이 바깥 세상으로 탈출할 문이 필요하다)

〈학교 탈출〉은 단일 화면에서 펼쳐지는 횡스크롤 플랫폼 게임입니다. 주인공인 선생님은 책상과 아이들을 뛰어넘으며 앞으로 나아가야 합니다. 하지만 실제로 주인공은 움직이지 않습니다. 우리는 주인공을 제자리에 두고 나머지 스프라이트들을 주인공 쪽으로 움직이게 만들 것입니다. 닌텐도가 1985년에 발매해 큰 성공을 거둔 〈슈퍼 마리오브라더스〉도 이러한 방식으로 만들었습니다. 주인공 마리오는 동전과 꽃을 모으고 굼바를 뛰어넘으며 앞으로 전진합니다(굼바는 〈슈퍼 마리오브라더스〉에 등장하는 발 달린 버섯으로 참 이상하게 생겼죠). 하지만 실제로는 배경과 다른 스프라이트가 마리오를 향해 움직입니다. 마리오는 단지 위로 뛰어오르거나 아래로 떨어지기만 하죠.

이번 게임에서는 스프라이트에 그림자를 넣어 더욱 실감 나게 그리는 기법을 소개합니다. 지금까지는 사물 위에 그림자를 그렸지만, 이번에는 빛이 사물 표면을 지나면 어떻게 되는지 생각하며 그릴 것입니다.

DAY 12에서는 다음 내용을 배웁니다.

- 그림자를 사용해 사물을 실감 나게 표현할 수 있습니다.
- 한 스프라이트를 약간씩 수정해서 비슷한 모양의 스프라이트를 여러 개 만드는 방법을 배웁니다.
- 그림자를 사용해 빛의 방향을 표현하는 방법을 배웁니다.

먼저 단순한 복도 배경을 그려 봅시다. 배경을 단순하게 그리면 스프라이트를 더 돋보이게 할 수 있습니다.

1   배경 준비하기

이번에는 다시 게임 배경을 하나만 그립니다. 앞서 말했듯이 배경을 단순하게 그리면 책상이나 학생 스프라이트를 강조할 수 있습니다.

1.1 교실 배경 만들기

이번 게임에서는 주인공 대신 다른 스프라이트들을 움직여서 마치 주인공이 앞으로 달려가는 것처럼 만들 것입니다. 이렇게 착시 효과를 주려면 배경에 포스터나 창문 같은 장식을 넣어서는 안 됩니다. 즉, 그림 12-2와 같이 단순해야 합니다.

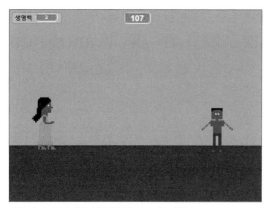

그림 12-2 갈색 바닥과 회색 벽만으로 그린 배경

이제 배경 에디터를 열고 다음 순서대로 학교 배경을 그리세요.

1 캔버스 왼쪽 아래에 있는 **비트맵으로 바꾸기** 🖼비트맵으로 바꾸기 를 클릭합니다.

2 **채우기 색**에서 **중간 밝기의 갈색**을 선택하고 **선 툴** ✏을 클릭합니다.

3 바닥에서 1/3 정도 떨어진 지점에 수평선을 그립니다. **채우기 색 툴** 🎨을 사용해 선 아랫부분을 마저 채웁니다.

4 **채우기 색**에서 **중간 밝기의 회색**을 선택하고 선 윗부분을 마저 채웁니다.

그림 12-3은 배경을 완성한 모습입니다. 단순하지만 정말 텅 빈 복도처럼 보이죠?

그림 12-3 텅 빈 학교 복도 그리기

2 주요 스프라이트 준비하기

〈학교 탈출〉의 주요 스프라이트는 시계, 문, 책상, 선생님, 학생 이렇게 다섯 개입니다. 학생은 일단 스프라이트를 하나 그린 후 디자인을 조금씩 바꾸면서 세 개 더 그릴 것입니다. 먼저 기본 스크래치 고양이를 삭제하고 새로운 스프라이트를 만드세요.

2.1 시계 만들기

〈슈퍼 마리오브라더스〉의 마리오는 하얀색 꽃을 주우면 불꽃을 던질 수 있습니다. 〈학교 탈출〉의 선생님은 그림 12-4와 같은 시계를 얻을 수 있습니다. 시계를 주우면 제한 시간이 늘어납니다.

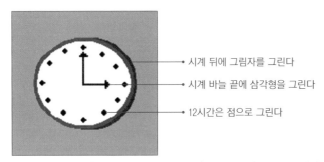

그림 12-4 〈학교 탈출〉에 등장하는 시계 스프라이트(시계 뒤에 그림자를 그려 벽에서 약간 떨어진 것처럼 보이게 한다)

이제 에디터를 열고 다음 순서대로 시계를 그려 봅시다.

1 캔버스 왼쪽 아래에 있는 **비트맵으로 바꾸기**를 클릭합니다.

2 캔버스를 적당히 확대합니다. **채우기 색**에서 **가장 어두운 갈색**을 선택하고 **원 툴** ●을 클릭합니다. 굵기를 5로 조절하고 **윤곽선** ○을 클릭합니다.

3 캔버스 위에 원을 그립니다. 원의 지름이 격자 무늬 12칸 정도가 되게 그리세요.

4 **채우기 색**에서 **한 단계 옅은 갈색**을 선택하고 먼저 그렸던 원의 왼쪽에 두 번째 원을 그립니다.

5 두 번째 그린 원을 드래그해 그림 12-5와 같이 두 번째 원의 오른쪽 바깥쪽이 첫 번째 원의 안쪽과 맞닿게 놓으세요.

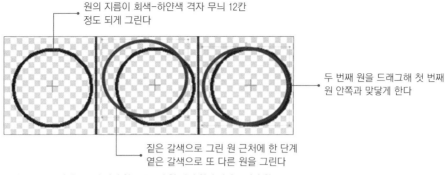

원의 지름이 회색-하얀색 격자 무늬 12칸
정도 되게 그린다

두 번째 원을 드래그해 첫 번째
원 안쪽과 맞닿게 한다

짙은 갈색으로 그린 원 근처에 한 단계
옅은 갈색으로 또 다른 원을 그린다

그림 12-5 두 번째로 그린 갈색 원 오른쪽에 첫 번째 원이 살짝 보여야 함

6 **채우기 색**에서 **하얀색**을 선택하고 **채우기 색 툴**을 클릭해 옅은 갈색으로 그린 원을 칠합니
다. 옅은 갈색 원 안에 있는 짙은 갈색 선도 하얀색으로 지우세요.

7 **채우기 색**에서 **검은색**을 선택하고 **붓 툴** 🖊️을 사용해 시계의 12시, 3시, 6시, 9시 위치에
기준점을 네 개 찍습니다.

8 두 기준점 사이에 점을 두 개씩 더 찍어서 그림 12-6과 같이 시계를 완성합니다.

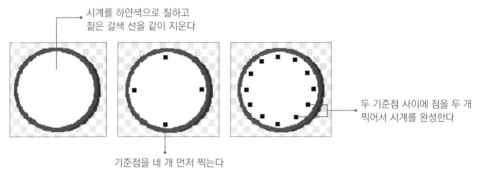

시계를 하얀색으로 칠하고
짙은 갈색 선을 같이 지운다

두 기준점 사이에 점을 두 개
찍어서 시계를 완성한다

기준점을 네 개 먼저 찍는다

그림 12-6 기준점을 먼저 찍어서 12점 사이 간격을 쉽게 맞추기

9 **선 툴**을 클릭하고 선 굵기를 **2**로 조절합니다. 선을 두 개 그리는데 시계 중심점에서 시작
해 하나는 길게, 하나는 짧게 그리세요.

10 다시 **붓 툴**로 바꾸어 그림 12-7과 같이 두 선 끝에 작은 세모를 그립니다. 먼저 점 다섯
개짜리 선을 그리고, 그 위에 점 세 개짜리 선을 그리고, 마지막에 점을 하나 찍어서 세
모 끝을 그립니다.

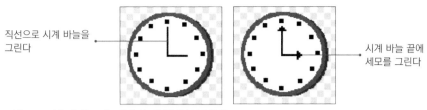

직선으로 시계 바늘을
그린다

시계 바늘 끝에
세모를 그린다

그림 12-7 시계 바늘을 그리고 끝에 세모를 얹어서 시계 완성

그림 12-8은 시계를 완성한 모습입니다. 이처럼 두 원을 겹쳐 그리고 한쪽을 지우면 손쉽게 입체적으로 보이는 효과를 줄 수 있습니다. 스프라이트 영역에서 스프라이트 이름을 **시계**로 바꾸세요.

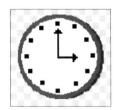

그림 12-8 완성한 시계 스프라이트

> **NOTE**
> **그림자**
> 그림자는 빛이 고체 상태의 사물에 내리쬐면 생깁니다. 빛은 사물을 뚫고 지나갈 수 없어 사물 뒤쪽 표면이 어두워집니다. 주위를 둘러보고 그림자를 찾아보세요. 암실이 아니라면 어렵지 않게 발견할 수 있습니다. 이제 그림자를 자세히 관찰해 보면 그림자에 한 가지 색깔만 있지 않다는 것을 알게 됩니다. 그림자에도 어두운 부분과 밝은 부분이 있는데, 빛이 한곳에서만 오지 않기 때문이죠. 빛이 여러 방향에서 오기 때문에 그림자도 여러 개 생기면서 서로 겹칩니다. 하지만 2차원에 그린 그림은 형체가 없기 때문에 그림자가 생길 수 없습니다. 그 대신 사물 뒤에 그림자를 그리면 그림이 마치 3차원처럼 입체적으로 보이게 할 수 있습니다. 물론 그림 12-8에서는 그림자를 색 하나로 그렸습니다. 더욱 실감 나게 하려면 가장자리로 갈수록 그림자 색이 옅어지게 그리세요.

2.2 문 만들기

그림 12-9의 문 스프라이트는 게임의 종착지이자 선생님이 학교를 탈출할 유일한 출구입니다. 선생님이 문에 도착하면 게임이 종료됩니다.

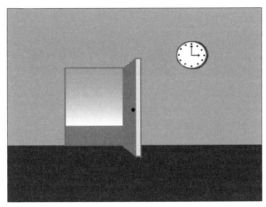

<u>그림 12-9</u> 밋밋한 복도에 실감 나게 생긴 문을 그려서 더 돋보이게 하기

이제 새로운 스프라이트를 만들고 다음 순서대로 그리세요.

1　캔버스 왼쪽 아래에 있는 **비트맵으로 바꾸기**를 클릭합니다.

2　캔버스를 적당히 확대하고 **채우기 색**에서 **어두운 회색**을 선택합니다. **직사각형 툴 ▣**을 클릭하고 선 굵기를 **2**로 조절합니다.

3　위아래로 긴 사각형을 그립니다. 가로는 격자 무늬 11칸 정도면 적당합니다. 그런 다음 사각형의 오른쪽 위 모서리와 아래 모서리에서 각각 시작하는 대각선을 그립니다. 그림 12-10을 참고하세요.

4　두 대각선을 잇는 수직선을 그립니다. 그다음 짧은 수평선을 두 개 그려서 대각선을 오른쪽으로 연장하고, 다시 이 두 수평선을 또 다른 수직선으로 잇습니다. 그림 12-10을 참고하세요.

가로가 격자 무늬 11칸 정도인 직사각형을 그린다　　　　두 대각선을 수직선으로 잇는다

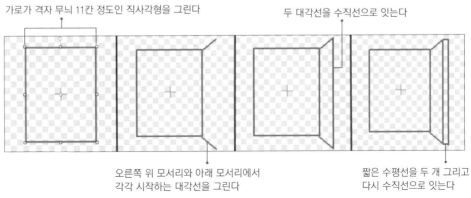

오른쪽 위 모서리와 아래 모서리에서　　　　짧은 수평선을 두 개 그리고
각각 시작하는 대각선을 그린다　　　　다시 수직선으로 잇는다

<u>그림 12-10</u> 네 단계에 걸쳐 문 윤곽선 그리기

5   **채우기 색 툴**을 클릭해 마름모 모양의 문 안쪽 면을 **어두운 회색**으로 칠합니다. 벽을 칠한
    회색보다는 어두워야 합니다.

6   **밝은 회색**으로 바꾸고 문 옆면을 칠합니다. 벽을 칠한 회색보다는 밝아야 합니다. 그림
    12-11을 참고하세요.

7   **붓 툴**을 클릭하고 굵기를 5로 조절합니다. **검은색** 픽셀을 찍어서 문고리를 그립니다.

8   **채우기 색**에서 **밝은 초록색**을 선택하고 문의 열린 부분을 가로지르는 직선을 그립니다. 아
    래에서 1/3 정도 떨어진 지점에 그리세요. **채우기 색 툴**로 선 아랫부분을 마저 채웁니다.

9   선 윗부분은 파란색으로 칠합시다. 이번에는 그림 12-11과 같이 그라데이션을 사용해
    잔디밭에 가까울수록 파란색이 옅어지게 만드세요.

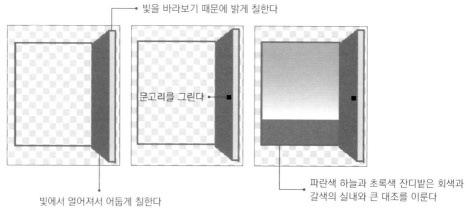

그림 12-11 문 안쪽 면은 빛에서 멀기 때문에 어둡게 칠하고, 문 옆면은 빛을 바라보기 때문에 밝게 칠하기

그림 12-12와 같이 문을 완성했습니다. 칙칙한 회색 복도보다 밝은색으로 그렸더니 눈에
확 띄네요. 스프라이트 영역에서 스프라이트 이름을 **문**으로 바꾸세요.

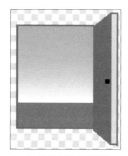

12-12 완성한 문 스프라이트

2.3 책상 만들기

지금까지 만든 게임에서는 주인공이 땅에만 서 있을 수 있었지만, 이번에는 조금 다릅니다. 〈학교 탈출〉에서는 플랫폼(발판)을 사용해 주인공이 서 있을 수 있는 층을 여러 개 만듭니다. 〈학교 탈출〉의 플랫폼은 책상입니다. 선생님은 땅에 서 있거나 그림 12-13과 같이 책상에 올라갈 수 있습니다.

__그림 12-13__ 책상은 〈학교 탈출〉의 플랫폼(선생님은 책상에 올라가 학생을 단숨에 뛰어넘을 수 있다)

새로운 스프라이트를 만들고 다음 순서대로 책상을 만드세요.

1 캔버스 왼쪽 아래에 있는 **비트맵으로 바꾸기**를 클릭합니다.

2 캔버스를 적당히 확대하고 **채우기 색**에서 **검은색**을 선택합니다. **선 툴**을 클릭하고 선 굵기를 **2**로 조절합니다.

3 그림 12-14의 1단계처럼 평행사변형을 그립니다. 격자 무늬 가로 22칸, 세로 8칸 길이가 되게 그리세요.

4 **채우기 색 툴**로 평행사변형을 칠합니다.

5 **선 툴**로 다시 바꾸고 **채우기 색**에서 **어두운 회색**을 선택합니다. 첫 번째 평행사변형 오른쪽에 두 번째 평행사변형을 그립니다. 먼저 양쪽 모서리에서 아래쪽으로 수직선을 두 개 그리고, 두 수직선을 연결합니다(그림 12-14의 2단계 참고).

6 첫 번째 평행사변형 아래에 직사각형을 그립니다. 그림 12-14의 3단계를 참고하세요.

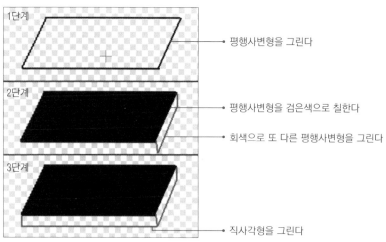

1단계 ────────── 평행사변형을 그린다

2단계 ────────── 평행사변형을 검은색으로 칠한다
　　　 ────────── 회색으로 또 다른 평행사변형을 그린다

3단계 ────────── 직사각형을 그린다

그림 12-14 평행사변형 두 개와 직사각형으로 책상 상판 그리기

7　회색으로 그린 평행사변형과 직사각형 안쪽을 **채우기 색 툴**로 마저 칠합니다.

8　색을 다시 **검은색**으로 바꾸고 **직사각형 툴**을 클릭합니다. 속이 꽉 찬 사각형을 그려야 하니 **채우기 ■**를 클릭합니다. 먼저 그림 12-15와 같이 직사각형을 세 개 그려야 합니다. 첫 번째 직사각형은 책상 왼쪽 아래 모서리에서 시작해 세로 길이가 격자 무늬 12칸 정도 되게 그리세요. 두 번째 직사각형은 오른쪽 아래 모서리에 그립니다. 세 번째 직사각형은 왼쪽에서 약간 안쪽에 더 작게 그리세요.

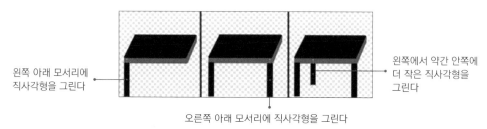

왼쪽 아래 모서리에 직사각형을 그린다

오른쪽 아래 모서리에 직사각형을 그린다

왼쪽에서 약간 안쪽에 더 작은 직사각형을 그린다

그림 12-15 책상 다리 그리기

9　**직사각형 툴**로 마지막 네 번째 책상 다리를 그립니다. 사각형의 오른쪽 위 모서리가 그림 12-16과 같이 책상의 회색 부분에 닿게 그리세요. 하지만 모서리가 책상의 회색 부분을 일부 덮게 됩니다. 다시 **선 툴**로 바꾸고 **채우기 색**에서 **회색**을 선택한 후 회색 부분에 겹친 검은색 다리를 회색으로 덧칠하세요. 잘 보이지 않는다면 캔버스를 잠시 확대해 보세요.

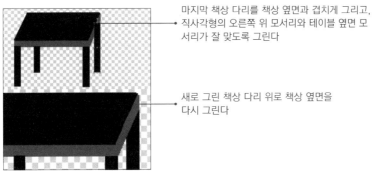

마지막 책상 다리를 책상 옆면과 겹치게 그리고, 직사각형의 오른쪽 위 모서리와 테이블 옆면 모서리가 잘 맞도록 그린다

새로 그린 책상 다리 위로 책상 옆면을 다시 그린다

그림 12-16 마지막 책상 다리를 그리고 겹친 옆면을 다시 그리기

10 이제 책상 오른쪽에 의자를 그립시다. 먼저 **회색**으로 평행사변형을 하나 그립니다. 그다음 **검은색**으로 두 번째 평행사변형을 첫 번째 평행사변형의 오른쪽 변에 맞닿게 겹쳐 그립니다. 잘 모르겠다면 그림 12-17을 참고하세요.

11 **채우기 색 툴**로 **검은색 평행사변형**을 먼저 칠합니다. 안쪽 회색 선도 덧칠해서 지우세요. 그런 다음 **회색 평행사변형**을 칠합니다. 책상 다리와 겹치는 부분도 회색으로 칠하세요.

12 이제 책상 다리를 그린 것처럼 의자의 네 귀퉁이에서 아래쪽으로 내려가는 **검은색** 수직선을 네 개 그립니다. 선 굵기를 **4**로 조절해서 그립니다. 그림 12-17을 참고하세요.

검은색 평행사변형을 그린다

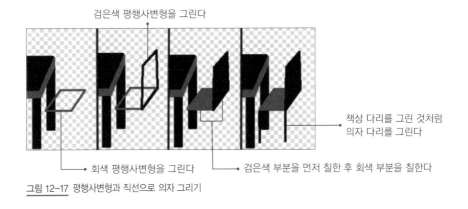

책상 다리를 그린 것처럼 의자 다리를 그린다

회색 평행사변형을 그린다

검은색 부분을 먼저 칠한 후 회색 부분을 칠한다

그림 12-17 평행사변형과 직선으로 의자 그리기

13 이제 책상과 의자 아래에 그림자를 그립시다. **채우기 색**에서 **가장 어두운 갈색**을 선택합니다. 이미 복도 바닥을 이 색으로 칠했으므로 그림자는 더 어두운 갈색으로 칠해야 합니다. **붓 툴**을 클릭해 캔버스 아무 데나 픽셀 하나를 찍으세요. 이 점으로 더 어두운색을 만들 것입니다.

14 **채우기 색**에서 색상, 채도, 명도를 조절해 현재 색을 바꿉니다. 그런 다음 그림 12-18과 같이 색상, 채도, 명도 슬라이더를 움직여서 갈색을 약간 더 어둡게 만듭니다.

15 **붓 툴**을 클릭해 그림 12-18과 같이 그림자 외곽선을 그립니다. 의자의 오른쪽 위 다리부터 그리면 쉽습니다.

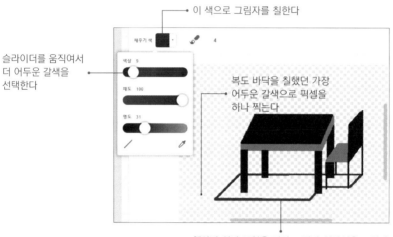

그림 12-18 그림자에 사용할 어두운 갈색 고르기

16 **채우기 색 툴**로 그림자 안쪽을 칠합니다.

이제 그림 12-19와 같이 책상 아래에 그림자까지 그렸습니다. 캔버스에 찍었던 픽셀은 지우세요. 스프라이트 영역으로 가서 스프라이트 이름을 **책상**으로 바꾸세요.

그림 12-19 복도 바닥보다 더 어두운 갈색으로 그림자 그리기

2.4 선생님 만들기

게임 주인공인 선생님은 그림 12-20과 같이 생겼습니다. 멋진 드레스를 입고 하이힐도 신었네요. 선생님은 책상 위로 뛰어오르고 시계를 모으고 학생을 뛰어넘으며 결혼식장으로 달려갑니다.

그림 12-20 게임 주인공인 선생님

새로운 스프라이트를 만들고 다음 순서대로 선생님을 그리세요.

1   캔버스 왼쪽 아래에 있는 **비트맵으로 바꾸기**를 클릭합니다.

2   **적당한 피부색**을 선택하고 **붓 툴**을 클릭합니다. 격자 무늬 4×4(가로 픽셀 여덟 개, 세로 픽셀 여덟 개) 정사각형을 그리고 **채우기 색 툴**로 안쪽을 칠합니다.

3   다시 **붓 툴**을 클릭하고 굵기를 **2**로 조절합니다. 정사각형 오른쪽에 코를 그립시다. 중간 정도 위치에 픽셀 하나를 찍습니다. 굵기를 **4**로 조절하고 방금 찍은 픽셀 아래에 픽셀 하나를 찍어서 코를 완성합니다.

4   정사각형 아래에 목을 그립시다. 그림 12-21과 같이 격자 무늬 2×1(가로 픽셀 두 개, 세로 픽셀 네 개) 직사각형을 정사각형 바로 아래에 그립니다.

격자 무늬 4×4(가로 픽셀 여덟 개, 세로 픽셀 여덟 개) 정사각형을 그린다

격자 무늬 2×1(가로 픽셀 두 개, 세로 픽셀 네 개) 직사각형을 그린다

픽셀을 한 개 찍고 그 아래에 하나 더 찍는다

그림 12-21 선생님 옆얼굴 그리기

5 선생님 드레스를 그릴 색을 선택합시다. 예제에서는 **주황색**을 칠했지만 갈색이나 검은색만 제외하고 아무 색이나 선택해도 됩니다. 먼저 **붓 툴**로 드레스 소매를 그립시다. 목의 양쪽 바닥에서 아래쪽으로 내려가는 픽셀 두 개짜리 수직선을 그립니다. 그런 다음 두 수직선을 잇는 수평선을 목 부분에 그립니다. 수평선을 수직선보다 약간 더 높은 곳에 그리세요. 잘 모르겠다면 그림 12-22를 참고하세요.

6 다시 **피부색**으로 바꾸어 이번에는 팔을 그립시다. 먼저 목에서 아래로 픽셀 세 개 정도 떨어진 곳까지 픽셀 두 개 정도의 두께로 직사각형을 그려서 팔의 윗부분을 만듭니다. 팔꿈치부터는 방향을 오른쪽으로 바꾸어 픽셀 한 개 정도의 두께, 픽셀 다섯 개 정도의 길이로 선을 그립니다. 마지막으로 그림 12-22와 같이 픽셀 두 개짜리 선을 팔과 겹쳐 그려서 손을 만듭니다.

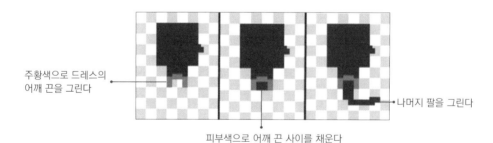

주황색으로 드레스의 어깨 끈을 그린다

나머지 팔을 그린다

피부색으로 어깨 끈 사이를 채운다

그림 12-22 선생님 옆모습 그리기(먼저 드레스의 어깨 끈을 만든다)

7 다시 **드레스 색**으로 바꿉니다. 두 어깨 끈에서 아래로 각각 두 번씩 더 찍습니다. 이제 드레스를 풍성하게 만들어 봅시다. 왼쪽 어깨 끈에서는 왼쪽 아래 방향으로 두 번 찍어서 대각선을 그립니다. 그런 다음 대각선 끝에서 격자 무늬 5×5(픽셀 11개)짜리 수직선을 그려서 드레스를 길게 늘어뜨립니다. 오른쪽 어깨 끈에서는 드레스의 대각선이 팔에 가려질 것입니다. 대각선이 있어야 할 자리를 눈으로 확인하고 대각선 끝에서 똑같이 격자 무늬 5×5(픽셀 11개)짜리 수직선을 그립니다. 잘 모르겠다면 그림 12-23을 참고하세요.

8 양쪽 수직선 끝에 대각선 바깥쪽 방향으로 픽셀을 하나씩 찍어서 드레스를 더 벌립니다. 이제 두 픽셀 아래에 수직선을 그려서 드레스 외곽선을 완성하세요. **채우기 색 툴**로 드레스를 마저 칠해서 그림 12-23과 같이 완성합시다.

9 이제 **붓 툴**로 하이힐을 그립시다. 색은 갈색이나 검은색 외 아무 색이나 칠해도 됩니다. 먼저 드레스 바닥부터 아래로 세 번 찍어서 수직선을 그립니다. 맨 위 첫 번째 픽셀 바로 오른쪽에 픽셀을 하나 더 찍습니다. 그런 다음 오른쪽 아래 대각선 방향으로 픽셀을 하나 찍고, 그 오른쪽에 하나 더 찍습니다. 바로 아래에 픽셀을 세 개 좌우로 나란히 찍어서 하이힐을 완성합니다. 마지막으로 하이힐과 드레스 바닥 사이 빈 공간에 피부색 픽셀을 찍습니다.

10 다음으로 **선택 툴** 로 하이힐을 복사합시다. 마우스로 하이힐 주변을 드래그해 복사한 후 복사한 하이힐을 다시 클릭해서 앞에 놓으세요. 캔버스를 확대해서 드레스 부분까지 복제되지 않는지 확인하세요. 그림 12-23과 같이 하면 됩니다.

픽셀 한 개짜리 대각선을 그려서 드레스 모양을 종처럼 그린다

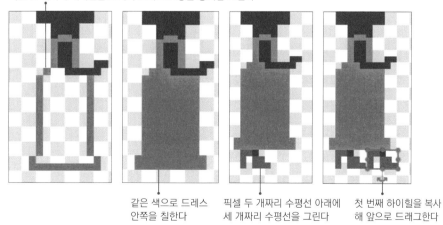

같은 색으로 드레스 안쪽을 칠한다

픽셀 두 개짜리 수평선 아래에 세 개짜리 수평선을 그린다

첫 번째 하이힐을 복사해 앞으로 드래그한다

그림 12-23 풍성한 드레스 그리기

11 이제 머리카락을 칠할 색을 선택하고 머리 윗부분에 머리카락을 그려 봅시다. 먼저 머리 오른쪽 위 모서리에서 왼쪽 아래 방향으로 픽셀 일곱 개짜리 대각선을 그립니다. 마지막에 찍은 픽셀 바로 아래에 픽셀을 하나 더 찍어서 머리카락이 머리 바닥에 닿게 만듭니다.

12 픽셀을 아래로 세 개 더 찍어서 수직선을 그립니다. 마지막 픽셀이 어깨 끈 바로 왼쪽에 오게 될 것입니다. 그런 다음 왼쪽 아래 방향으로 픽셀 세 개짜리 대각선을 그립니다.

13 방향을 왼쪽 위로 바꾸어 픽셀 두 개짜리 대각선을 그립니다. 머리카락 끝이 V자 모양이 될 것입니다. 다시 방향을 오른쪽 위로 바꾸어 머리로 되돌아갑시다. 픽셀 세 개짜리 대각선을 그리면 머리카락이 다시 머리와 맞닿게 됩니다. 이제 머리를 감싸면서 앞머리와 만날 때까지 픽셀을 계속 찍으세요. 외곽선을 완성했다면 **채우기 색 툴**로 안쪽을 채우면 됩니다. 그림 12-24를 확인하세요.

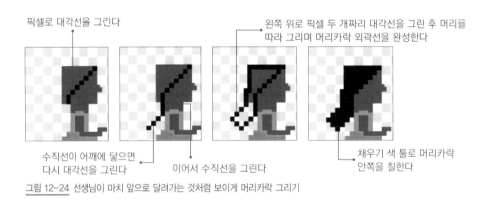

그림 12-24 선생님이 마치 앞으로 달려가는 것처럼 보이게 머리카락 그리기

14 그림 12-25와 같이 머리 위에 작은 정수리를 만듭시다. 굵기를 **2**로 조절합니다. 먼저 머리 위에 대각선을 두 개 그리고 수평선으로 잇습니다. **채우기 색 툴**로 정수리 안쪽을 칠합니다. 다시 **붓 툴**로 바꾸고 가로세로 각각 두 번씩 픽셀을 찍어서 **하얀색 사각형**을 그려 눈을 만듭니다. 사각형 안에 픽셀을 하나 찍어서 눈동자를 그립니다. 마지막으로 빨간색으로 픽셀 두 개짜리 직선을 그리고, 왼쪽 위에 픽셀을 하나 찍어서 살짝 웃는 입을 만듭니다. 잘 모르겠다면 그림 12-25를 참고하세요.

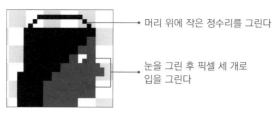

머리 위에 작은 정수리를 그린다

눈을 그린 후 픽셀 세 개로
입을 그린다

그림 12-25 머리 위에 정수리 그리기

그림 12-26은 선생님을 완성한 모습입니다. 스프라이트 영역에서 스프라이트 이름을 **선생님**
으로 바꾸세요.

그림 12-26 완성한 선생님 스프라이트

2.5 학생 만들기

수많은 학생이 선생님 앞을 가로막았습니다. 하지만 학생을 일일이 그리지는 않을 것입니다. 그 대신 학생을 하나 그린 후 디자인을 조금씩 바꾸어 비슷하게 생긴 학생을 여러 명 만들 것입니다. 그림 12-27의 학생들은 모두 한 스프라이트에서 나온 것입니다. 맨 왼쪽 학생 스프라이트를 먼저 그린 후 머리카락, 옷, 피부색 등을 바꾸어 비슷하게 생긴 학생을 여러 명 만들 수 있습니다. 그런 다음 학생 중에서 한 명씩 무작위로 골라 무대에 등장시켜야 합니다. 등장시키는 방법은 DAY 13에서 설명하고, 여기서는 학생을 만드는 방법을 알아봅시다.

그림 12-27 선생님은 학생들을 뛰어넘으며 건물 밖으로 탈출

새로운 스프라이트를 만들고 첫 번째 학생을 그립시다. 학생을 여러 명 그리면서 다양한 색을 사용할 테니, 마음에 드는 색을 자유롭게 골라 학생을 칠해 보세요.

1 캔버스 왼쪽 아래에 있는 **비트맵으로 바꾸기**를 클릭합니다.

2 **피부색**을 선택하고 **붓 툴**을 클릭합니다. 굵기를 **4**로 조절하고 격자 무늬 4×4(가로 픽셀 여덟 개, 세로 픽셀 여덟 개) 정사각형을 그립니다. **채우기 색 툴**로 안쪽을 칠합니다. 머리 아래에 가로 픽셀 두 개, 세로 픽셀 두 개짜리 정사각형을 그려서 목을 만듭니다.

3 **티셔츠 색**을 선택하고, 목 아래에 픽셀 두 개짜리 수평선을 그립니다. 수평선 양쪽 위 대각선 방향으로 픽셀을 하나씩 찍습니다.

4 양쪽에 찍은 픽셀 좌우로 픽셀을 세 개씩 더 찍어서 직선을 그립니다. 그다음 양 끝에서 시작하는 픽셀 세 개짜리 수직선을 그립니다. 그림 12-28을 참고하세요.

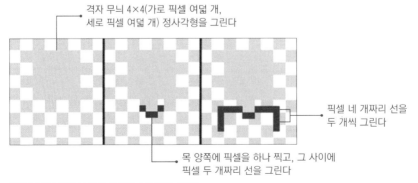

격자 무늬 4×4(가로 픽셀 여덟 개,
세로 픽셀 여덟 개) 정사각형을 그린다

픽셀 네 개짜리 선을
두 개씩 그린다

목 양쪽에 픽셀을 하나 찍고, 그 사이에
픽셀 두 개짜리 선을 그린다

그림 12-28 픽셀로 티셔츠의 목과 소매 부분 그리기

5 그림 12-29와 같이 티셔츠를 계속 그립시다. 안쪽으로 픽셀 두 개짜리 수평선을 그린 후 아래로 픽셀 다섯 개짜리 수직선을 그립니다. 수직선 아래에 수평선을 그려서 티셔츠 외곽선을 완성하고, **채우기 색 툴**로 안쪽을 칠합니다.

6 이제 바지 색을 고릅시다. 티셔츠 아래에 가로 픽셀 여섯 개, 세로 픽셀 두 개짜리 직사각형을 그려서 바지 윗부분을 만듭니다. 다리는 가로 픽셀 두 개, 세로 픽셀 열 개짜리 직사각형 두 개로 그립니다. 그림 12-29를 참고하세요.

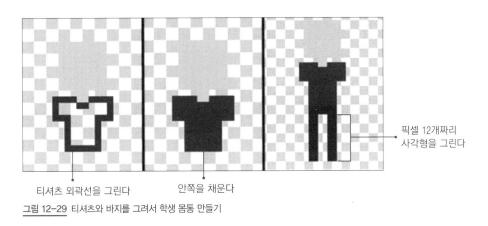

픽셀 12개짜리 사각형을 그린다

티셔츠 외곽선을 그린다   안쪽을 채운다

그림 12-29 티셔츠와 바지를 그려서 학생 몸통 만들기

7 **피부색**으로 다시 바꾸고 양쪽 소매에 팔을 그립니다. 팔 위치는 마음대로 그려도 되고, 학생마다 다르게 그려도 됩니다.

8 **머리카락 색**을 선택하고 머리 위에 간단하게 머리카락을 그립니다. 머리 모양이나 색은 학생마다 다르게 그릴 것입니다. 최대한 간단하고 재미있게 그리세요.

9 얼굴에 하얀색 픽셀을 네 개 찍어서 눈을 만든 후 굵기를 **2**로 조절합니다. **채우기 색**에서 **눈동자 색**을 선택하고 하얀색 픽셀의 한쪽 귀퉁이에 눈동자를 그립니다. 굵기는 그대로 유지하고, 픽셀 두 개짜리 수직선을 그려서 입을 만듭니다. 눈과 입을 어디에 그려야 할지 모르겠다면 그림 12-30을 참고하세요. 마지막으로 바지 아래에 수직선을 그려서 신발을 만드세요. 더 멋진 신발을 그리고 싶다면 대각선으로도 그려 보세요.

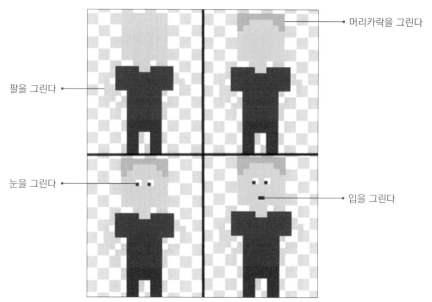

머리카락을 그린다

팔을 그린다

눈을 그린다

입을 그린다

그림 12-30 창의력을 발휘해 머리카락과 눈동자를 칠할 색을 마음대로 고르기

이제 학생 한 명을 그렸습니다. 하지만 몇 명 더 그려야 합니다. 우선 스프라이트 영역으로 가서 스프라이트 이름을 **학생**으로 바꾸세요.

선택 툴로 스프라이트를 복사하고, 새 에디터를 열어 붙여 넣기 하세요. 채우기 색 툴을 사용하면 색을 바꿀 수 있습니다.

그림 12-31을 한번 보세요. 왼쪽 학생과 오른쪽 학생은 거의 같은 스프라이트입니다. 예제처럼 채우기 색 툴을 사용해 티셔츠, 바지, 신발, 눈동자, 머리카락 색을 마음대로 바꾸어 보세요. 추가로 픽셀을 몇 개 더 찍어서 머리 모양도 바꿀 수 있습니다. 물론 그림과 같이 머리에 액세서리도 달아 보세요.

채우기 색 툴로 색을 바꾸거나 붓 툴로
픽셀을 덧칠할 수 있다

머리카락 색을 바꾼다
눈동자 색을 바꾼다

첫 번째로 완성한
남학생

티셔츠 색을 바꾼다

바지 색을 바꾼다

신발 색을 바꾼다

그림 12-31 스프라이트를 조금씩 바꾸면서 다른 학생 그리기

팔 위치도 바꾸고 옷 위에 디자인도 넣고 피부색부터 머리카락 색까지 바꾸어 보세요. 스프라이트를 두 개 더 복제해서 독특하게 그려 봅시다. 스프라이트 이름은 학생, 학생2, 학생3, 학생4로 합시다. DAY 13에서 이 스프라이트를 하나로 합치는 방법을 배웁니다.

 3 # 정리하기

〈학교 탈출〉에는 소품이 필요 없지만 〈해변이 너무해〉처럼 스프라이트가 많이 필요합니다. 지금까지 〈학교 탈출〉의 장애물(학생 스프라이트), 파워업 아이템(시계 스프라이트), 플랫폼(책상 스프라이트)을 만들었습니다. DAY 13에서는 이 스프라이트를 복도의 시작과 끝 사이에 놓을 것입니다. 그리고 복도 끝에 놓을 문 스프라이트도 만들었습니다.

3.1 마음껏 해 보아요

이번 게임에서는 창의력을 많이 발휘해야 합니다. 옷 색부터 머리 모양까지 모든 것을 스스로 정해야 했죠. 하지만 창의력이 필요한 부분은 아직 많습니다.

 도전해 보세요!

책상과 시계에 그림자를 그렸습니다. 하지만 학생과 선생님에게는 그림자가 없죠. 벽에 학생 그림자가 생기게 할 수 있을까요? 또는 선생님 그림자를 바닥에 그릴 수 있을까요? 힌트를 하나 줄게요. 그림자는 스프라이트를 따라다녀야 합니다. 그럼 어디에 그림자를 그려야 할까요?

 도전해 보세요!

문에도 그림자가 없습니다. 집이나 학교에 있는 문을 유심히 관찰해 보세요. 그림자가 어디에 생기나요? 문 스프라이트에 그림자를 만들 수 있을까요?

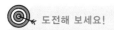
디더링 기법으로 선생님 머리카락에 마치 빛이 반사하는 것처럼 보이게 해 봅시다. 머리카락이 한 뭉텅이가 아니라 여러 가닥으로 된 것처럼 보이게 하려면 어떻게 해야 할까요?

3.2 무엇을 배웠나요?

도형 문제는 수학 시험에 단골로 나오는 유형이죠. 그림자를 사용해 물체 크기를 재는 문제를 본 적이 있을 것입니다. 그림자는 물체 부피, 즉 내부 공간을 보여 줍니다. 빛이 고체 형태의 물체를 지나 벽에 닿으면서 물체 크기만큼 그림자가 생기죠. 예를 들어 유리잔에 물을 채우면 유리잔 부피가 얼마나 되는지 알 수 있습니다. 이 유리잔에 빛을 비추면 마찬가지로 뒤에 생기는 그림자를 통해 유리잔 부피가 어느 정도인지 볼 수 있습니다. 수학 시험지에서 보았던 그림자 문제를 떠올려 보세요. 문제에 나온 예시 그림은 대부분 평평한 2차원이 아니라 3차원 물체처럼 보일 것입니다.

이제 DAY 12에서 무엇을 배웠는지 정리해 봅시다.

- 학생 스프라이트를 하나 그리고, 조금 바꾸어 비슷하게 생긴 학생을 여러 명 그리는 방법을 배웠습니다.
- 사물에 그림자를 그려서 사물 부피를 표현하고, 3차원 같이 입체적인 느낌을 줄 수 있습니다.
- 그림자를 사용해 빛이 비추는 방향을 표현할 수 있습니다.

지금까지 학생 네 명을 별도의 스프라이트로 그렸습니다. DAY 13에서는 여러 스프라이트를 한 스프라이트로 모으고, 프로그램에서 무작위로 선택하는 방법을 배웁니다. 선생님은 자기 앞길을 가로막는 학생을 뛰어넘어야 합니다. 어서 DAY 13으로 넘어가 〈학교 탈출〉을 만들어 봅시다.

〈동키콩〉 이전에 게임들은 게임 목표는 있었지만 목표를 이루는 동기나 주인공이 처한 상황을 설명하지 않았습니다. 하지만 〈동키콩〉은 달랐습니다. 플레이어가 스테이지를 클리어할 때마다 스테이지 중간에 컷(장면)을 넣어 게임 시작과 중간, 결말의 줄거리를 보여 주었죠. 컷은 스테이지를 시작하기 전이나 끝난 다음에 게임을 잠시 멈추고 이런저런 정보를 알려 주는 일종의 비디오 화면입니다. 〈동키콩〉은 마리오라는 어느 키 작은 배관공 이야기였습니다.

마리오 이름을 들어 본 적이 있나요? 〈슈퍼 마리오브라더스〉의 바로 그 마리오입니다. 공사장에서 목수로 일하던 마리오는 거대한 고릴라에게 납치된 여자 친구를 구하려고 사다리를 올라갑니다. 〈동키콩〉을 제작한 닌텐도는 마리오를 〈마리오브라더스〉와 〈슈퍼 마리오브라더스〉의 주인공으로 다시 등장시켰습니다. 마리오는 쿠파에게 납치된 피치 공주를 구하기 위해 벽돌로 만든 플랫폼(발판)으로 뛰어오르고 파이프를 타면서 앞으로 나아갑니다. 마리오는 오른쪽으로만 나아갈 수 있습니다. 즉, 〈슈퍼 마리오브라더스〉는 단일 화면 플랫폼 게임이었습니다.

단일 화면 플랫폼 게임은 〈핏폴〉 같은 다중 화면 플랫폼 게임과 비슷해 보일 수 있습니다. 하지만 중요한 차이점이 있죠. 〈핏폴〉이나 〈해변이 너무해〉 주인공인 핏폴 해리나 지혜는 여러 화면을 넘나들면서 각 화면에 있는 다른 스프라이트를 만납니다. 반면 〈슈퍼 마리오브라더스〉나 그림 13-1의 〈학교 탈출〉 주인공 스프라이트는 X좌표가 변하지 않습니다. 주인공이 위로 뛰어오르면 Y좌표만 바뀔 뿐이죠. 플레이어가 ➡를 누르면 게임의 다른 스프라이트들은 왼쪽으로 움직입니다. 다시 말해 마리오나 선생님은 오른쪽으로 달리는 것처럼 보이지만, 실제로 주인공은 가만히 있고 다른 스프라이트들이 주인공을 향해 움직이는 것입니다.

<u>그림 13-1</u> 〈학교 탈출〉 게임 화면(선생님은 학생을 뛰어넘고 책상을 오르내리고 시계를 얻으며 학교 복도를 달려간다)

단일 화면 플랫폼 게임의 원리를 더 자세히 알아봅시다. 게임 주인공이 벨트 컨베이어 옆에 서 있다고 상상해 보세요. 주인공이 제자리에서 걸으면 벨트 컨베이어는 주인공이 있는 방향으로 움직입니다. 주인공이 제자리걸음을 멈추면 벨트 컨베이어도 멈추고, 벨트 컨베이어 위에 있는 모든 물체도 같이 멈춥니다. 주인공이 다시 제자리걸음을 하면 벨트 컨베이어가 움직이면서 그 위에 있는 물체도 다시 주인공을 향해 움직입니다.

〈학교 탈출〉 주인공은 항상 무대 왼쪽에 위치합니다. 플레이어가 →를 눌러 선생님을 움직이면 플랫폼(책상 스프라이트)과 장애물(학생 스프라이트)이 화면에 나타나 선생님 쪽으로 움직입니다. 즉, 화면에는 마치 선생님이 움직이는 것처럼 보이지만 실제로는 다른 스프라이트가 움직이는 것입니다. 플레이어가 →를 누르면 스프라이트들이 왼쪽으로 움직이고, 손을 떼면 멈춥니다.

또 이번에는 비디오 게임에서 자주 등장하는 파워업 아이템을 만듭니다. 파워업 아이템은 플레이어가 게임을 클리어하는 데 도움을 주거나 특별한 능력을 주는 게임 속 물건입니다. 〈학교 탈출〉은 파워업 아이템으로 시계를 사용합니다. 플레이어가 위로 뛰어올라 시계를 얻으면 학교를 탈출할 수 있는 시간을 더 벌 수 있습니다. 여기서 처음으로 시간이라는 말이 등장합니다. 눈치챘나요? 〈학교 탈출〉은 시간 제한 게임입니다.

따라서 〈학교 탈출〉 같은 단일 화면 플랫폼 게임을 만들려면 **리스트**가 필요합니다. 프로그래밍 언어에서는 리스트를 **배열**이라고 합니다. 리스트에는 여러 값을 저장할 수 있습니다. 스크래치에서 배열을 리스트라고 하는 것은 리스트, 즉 목록이라는 말이 더 이해하기 쉽기 때문입니다. 위시 리스트나 쇼핑 리스트처럼 리스트에 기억하고 싶은 정보를 기록하고 나중에 사용할 수 있습니다. 〈학교 탈출〉에서는 화면에 나타날 학생과 책상의 X좌표를 리스트에 저장할 것입니다.

DAY 13에서는 다음 내용을 배웁니다.

- 단일 화면 횡스크롤 플랫폼 게임을 만드는 방법을 배웁니다.
- 게임에 파워업 아이템을 넣을 수 있습니다.
- 타이머를 사용해 플레이 시간을 제한하는 방법을 배웁니다.
- 리스트에 값을 저장합니다.
- 위로 뛰어오르고 사물 위에 착지할 때 중력이 있는 것처럼 표현할 수 있습니다.

〈학교 탈출〉은 〈해변이 너무해〉보다 스크립트 개수도 많고 훨씬 더 복잡합니다. 이전 게임에서 배운 것을 떠올리면서 만들어 봅시다.

1 프로그램 준비하기

프로그램을 만들기 전에 준비 운동부터 해야죠? 〈학교 탈출〉의 스프라이트와 무대를 준비합시다.

1.1 스프라이트를 그리지 않았다면?

DAY 12를 읽지 않았다면 돌아가서 스프라이트를 직접 그려 보기 바랍니다. 책과 함께 제공하는 예제 파일에도 있습니다. 스크래치 프로젝트로 가져오는 방법은 DAY 05에서 설명했습니다. 〈학교 탈출〉을 만들려면 선생님, 학생 네 명, 시계, 책상, 문 스프라이트와 복도 배경이 필요합니다.

1.2 학생 스프라이트 합치기

게임을 만들기 전에 먼저 학생 스프라이트 네 개를 하나로 합쳐야 합니다. 스프라이트 영역으로 가서 **학생2**를 클릭합니다. 블록 팔레트 위에 있는 **모양 탭** 🖌을 클릭하고 모양 탭에 있는 스프라이트를 드래그해 스프라이트 영역의 학생 스프라이트 위에 놓습니다. 이제 학생 스프라이트를 클릭하고 **모양 탭**을 열어 보세요. 그림 13-2와 같이 학생2가 학생 스프라이트로 복사되어 모양이 두 개 있을 것입니다.

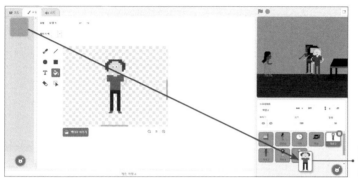

스프라이트 모양을 스프라이트 영역의 학생 스프라이트 위로 드래그한다

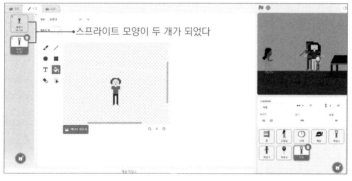

스프라이트 모양이 두 개가 되었다

스프라이트 모양이 네 개가 되었다

그림 13-2 여러 스프라이트를 하나로 합치면 한 스프라이트에 여러 모양이 생김

학생3과 학생4도 같은 방법으로 학생 스프라이트로 합치세요. 이제 학생 스프라이트에는 모양이 네 개 있습니다. 모든 스프라이트를 학생 스프라이트로 넣었다면 학생2, 학생3, 학생4 스프라이트를 지우세요.

1.3 무대 준비하기

게임이 제대로 실행되려면 스프라이트 크기도 조절해야 합니다. 그림 13-3을 참고해 적절한 크기로 늘리거나 줄이세요.

선생님은 무대 왼쪽에 놓으세요. 벽에서 1센티미터 정도 떨어진 곳이면 됩니다. 시계 스프라이트는 위에서 1/3 지점, 무대 오른쪽에 놓아야 하니 좌표는 X: 200, Y: 80 정도로 조절합니다. 무대 아래에 표시된 좌표를 확인하면서 시계를 옮기세요. 좌표를 정확하게 맞출 필요는 없습니다.

책상은 무대 오른쪽에 놓으세요. 책상 그림자 윗부분과 복도 바닥 윗부분이 맞닿게 하세요. 학생 스프라이트는 책상과 같은 위치에 놓습니다. 두 스프라이트 모두 오른쪽 벽에 닿지 않게 주의하세요. 마지막으로 문도 무대 오른쪽에 놓습니다. 마찬가지로 문 바닥과 복도 바닥 윗부분이 맞닿게 하세요. 그림 13-3과 같이 놓으면 됩니다.

그림 13-3 스프라이트를 무대에 배치

1.4 리스트 내려받기

길벗출판사 웹 사이트 자료실에서는 리스트를 두 개 제공하므로 DAY 12에서 스프라이트를 직접 그렸어도 꼭 내려받으세요. 두 리스트에는 책상과 학생이 화면에 나타나는 시간이 저장되어 있습니다. 리스트 내용이 많으므로 직접 하나하나 입력하는 것보다는 프로젝트로 가져오면 더 편할 것입니다.

내려받은 텍스트 파일(.txt 파일) 두 개는 deskpositions.txt와 kindergarteners.txt입니다. 텍스트 파일을 프로젝트로 가져오려면 먼저 변수 목록을 만들어야 합니다.

변수 팔레트의 **리스트 만들기** 리스트 만들기 를 클릭합니다. 그림 13-4와 같은 화면이 나옵니다. 리스트 이름은 **책상 위치**라고 합시다. [모든 스프라이트에서 사용]에 체크된 것은 그대로 둡니다.

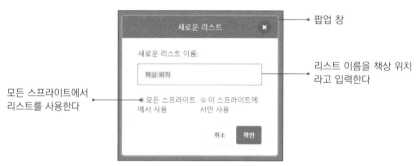

그림 13-4 새로운 리스트를 만들고 이름은 책상 위치로 지정

두 번째 리스트를 만들고 이름은 **학생 위치**라고 하세요. 두 리스트 왼쪽에 있는 체크 박스는 당분간 체크된 상태로 두세요. 무대에서 리스트를 보고 문제가 없는지 확인해야 합니다. 무대에 있는 **책상 위치 리스트**에 마우스 포인트를 놓고 마우스 오른쪽 버튼을 누르세요(macOS에서는 control 을 누른 채 마우스를 클릭하세요). 그림 13-5와 같은 메뉴가 나오면 **가져오기**를 선택하고 앞서 저장한 deskpositions.txt 파일을 클릭하세요.

마우스 오른쪽 버튼을 누르면 메뉴가
나오는데, 가져오기를 선택하고 앞서
저장한 deskpositions.txt 파일을 가
져온다

그림 13-5 빈 리스트에 텍스트 파일 내용 저장

책상 위치 리스트에 숫자가 14개 저장될 것입니다. **학생 위치 리스트**에도 kindergarteners.txt
파일 내용을 가져와서 저장하세요. 학생 위치 리스트에는 그림 13-6과 같이 숫자가 30개 저
장됩니다. 게임을 만들 동안에는 리스트를 화면에 유지합시다. 게임을 플레이하기 전에 리
스트 옆의 체크 박스를 해제하면 화면에서 보이지 않습니다.

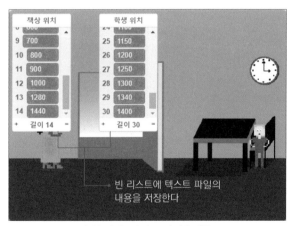

그림 13-6 텍스트 파일을 가져오면 리스트에 값을 채움

이제 프로그램을 만들 준비가 모두 끝났습니다.

2 선생님 스프라이트에 프로그래밍하기

선생님은 〈슈퍼 마리오브라더스〉의 주인공인 마리오와 같은 역할을 합니다. 플레이어는 선생님을 조종해 학생을 뛰어넘고 책상에 올라가고 복도에 걸린 시계를 얻습니다. 선생님 스프라이트에는 스크립트를 다섯 개 만듭니다. 선생님을 움직이는 스크립트, 위로 뛰어오르는 스크립트, 떨어지는 속도를 조절하는 스크립트, 선생님을 떨어뜨리는 스크립트, 선생님이 책상 위에 서 있게 만드는 스크립트 이렇게 총 다섯 개입니다. 스프라이트 영역에 있는 선생님 스프라이트를 클릭합니다. 블록 이름이나 값은 조금씩 다를 수 있으니 완성된 스크립트를 책 그림과 비교해 잘 만들었는지 확인하세요.

2.1 1번 스크립트: 선생님 움직이기

선생님이 학교에서 나가려면 그림 13-7과 같이 달려가야 합니다. 하지만 아직 움직일 수 없네요.

그림 13-7 움직이지 않는 선생님을 플레이어가 →를 누르면 마치 오른쪽으로 달려가는 것처럼 보이게 하기

이번에 만들 스크립트는 플레이어가 →를 누르면 선생님이 마치 오른쪽으로 달려가는 것처럼 보이게 합니다. 선생님 위치는 사실 고정되어 있고 스크립트가 책상과 학생을 선생님 쪽으로 움직이게 합니다.

1   **이벤트 팔레트**의 `클릭했을 때` 블록으로 스크립트를 시작합니다.

2   **변수 팔레트**를 클릭하고 변수를 두 개 만듭니다. 첫 번째 변수 이름은 **x위치**로 입력하고, 두 번째 변수는 **생명력**으로 입력합니다. x위치 변수에는 선생님의 X좌표를 저장합니다. 생명력 변수는 선생님이 학생을 피하면서 문에 도달하는 기회가 몇 번 남았는지 저장합니다. x위치 변수 옆의 **체크 박스**를 클릭해 화면에 보이지 않게 합니다. 생명력 변수를 체크된 채 남겨 두고 변수 박스를 무대 왼쪽 위에 놓으세요.

3   **변수 팔레트**의 `나의 변수을(를) 0으로 정하기` 블록 두 개를 `클릭했을 때` 블록 아래에 나란히 조립합니다. 첫 번째 블록의 선택 목록을 열어 **x위치**를 선택하고, 숫자는 0으로 유지합니다. 두 번째 블록의 선택 목록을 열어 **생명력**을 선택하고, 숫자를 3으로 수정해서 선생님에게 기회를 세 번 줍시다.

4   **제어 팔레트**의 `무한 반복하기` 블록을 아래에 조립해 반복문을 시작합니다.

5   `만약 ~(이)라면` 블록을 `무한 반복하기` 블록 안에 넣습니다.

6   **감지 팔레트**의 `스페이스 키를 눌렀는가?` 블록을 `만약 ~(이)라면` 블록의 빈 육각형 위에 놓습니다.

7   `스페이스 키를 눌렀는가?` 블록의 선택 목록을 열어 **오른쪽 화살표**를 선택합니다.

8   **변수 팔레트**의 `나의 변수을(를) 1만큼 바꾸기` 블록을 `만약 ~(이)라면` 블록 안에 넣습니다. 선택 목록을 열어 **x위치**를 선택하고, 숫자는 1을 그대로 둡니다. 즉, 플레이어가 →를 누를 때마다 변수 값이 1씩 커집니다.

9   **제어 팔레트**의 `1초 기다리기` 블록을 `x위치을(를) 1만큼 바꾸기` 블록 아래에 조립하고 숫자 1을 **0.001**로 수정합니다. 이 블록이 없으면 키를 누를 때마다 x위치 변수 값이 여러 번 커지면서 게임이 너무 빨리 움직입니다.

완성된 스크립트를 그림 13-8과 비교해 보세요.

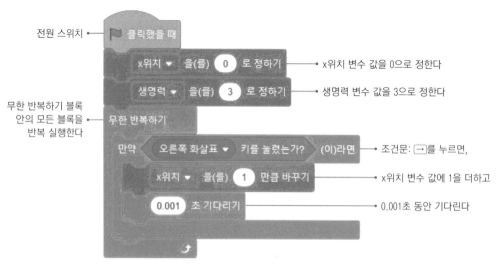

전원 스위치 ● ------ 클릭했을 때

x위치 ▼ 을(를) 0 로 정하기 ------ ● x위치 변수 값을 0으로 정한다

생명력 ▼ 을(를) 3 로 정하기 ------ ● 생명력 변수 값을 3으로 정한다

무한 반복하기 블록
안의 모든 블록을 ------ ● 무한 반복하기
반복 실행한다

만약 오른쪽 화살표 ▼ 키를 눌렀는가? (이)라면 ------ ● 조건문: →를 누르면,

x위치 ▼ 을(를) 1 만큼 바꾸기 ------ ● x위치 변수 값에 1을 더하고

0.001 초 기다리기 ------ ● 0.001초 동안 기다린다

그림 13-8 선생님이 움직이는 것처럼 보이게 하는 스크립트

스크립트는 신생님의 X좌표를 바꾸지 않습니다. 그 대신 x위치 변수 값을 바꿉니다. x위치 변수에는 선생님의 가상 위치를 저장합니다. 플레이어가 →를 누를 때마다 선생님의 실제 위치 대신 가상 위치가 1씩 커집니다. 무슨 뜻인지 이해했나요? 선생님은 움직이지 않고 무대 왼쪽에 서 있습니다. 선생님을 오른쪽으로 움직이지 않는 대신 선생님의 가상 위치, 즉 x위치 변수에 1을 더합니다. 그리고 가상 위치가 특정 지점에 이르면 책상, 문, 학생이 화면에 나타납니다. 무대 화면은 가로 길이가 480(−240에서 240까지)으로 제한되지만, 가상 위치를 사용하면 선생님을 끝없이 달리게 할 수 있습니다. 플레이어가 →를 누를 때마다 x위치 변수 값이 계속 커지므로 특정 지점마다 여러 사건이 일어나게 할 수 있습니다.

 질문 있어요 **x위치 변수에 왜 1을 더하나요?**

Q 1 대신 2나 3을 더하면 선생님이 더 빠르게 움직이지 않을까요?

A 맞습니다. 하지만 리스트 항목을 빠짐없이 사용하려면 x위치 변수에 반드시 1만 더해야 합니다. 예를 들어 x위치 변수 값이 303일 때 책상이 나타난다고 해 봅시다. 다시 말해 선생님이 X: 303이라는 가상 위치에 도착하면 책상이 나타납니다. x위치 변수 값을 한 번에 2만큼 바꾸면 선생님은 X: 302에서 X: 304로 움직이고, X: 303으로 가지 않을 것입니다. 이처럼 x위치 변수 값에 1을 더해야만 리스트에 어떤 값이든 넣을 수 있습니다.

2.2 2번 스크립트: 뛰어오르기

선생님은 학생을 뛰어넘어야 합니다. 하지만 복도 바닥이 고정되어 있기 때문에 선생님을
그대로 두고 학생만 아래쪽으로 움직일 수는 없습니다. 선생님은 또한 그림 13-9와 같이 복
도 위로 뛰어올라 시계를 얻어야 합니다.

그림 13-9 시계를 얻고 책상에 오르고 학생을 피해야 하는 선생님

이제 다음 순서대로 선생님이 복도 바닥에서 공중으로 뛰어오르는 스크립트를 만들어 봅
시다.

1 **이벤트 팔레트**의 `스페이스 키를 눌렀을 때` 블록으로 스크립트를 시작합니다. 블록의 선택 목
   록을 열어 **위쪽 화살표**를 선택합니다.

2 **제어 팔레트**의 `만약 ~(이)라면` 블록을 아래에 조립해 조건문을 만듭니다.

3 **연산 팔레트**의 `~ 또는 ~` 블록을 빈 육각형 위에 놓습니다. 블록 양쪽에 **감지 팔레트**의
   `● 색에 닿았는가?` 블록 두 개를 각각 놓습니다.

4 왼쪽 블록의 색은 **복도 바닥을 칠했던 갈색**을 선택합니다. 오른쪽 블록의 색은 **책상 상판을
   칠했던 검은색**으로 선택합니다. 스크립트는 선생님이 바닥이나 책상에 닿으면 조건문 안
   의 블록을 실행합니다.

5 **동작 팔레트**의 `y 좌표를 10만큼 바꾸기` 블록을 `만약 ~(이)라면` 블록 안에 넣습니다. 숫자 10을 **100**으로 수정해서 `↑`를 누를 때마다 100만큼 뛰어오르게 합시다.

6 **변수 팔레트**의 **변수 만들기** `변수 만들기` 를 클릭합니다. 이름에 **y속도**를 입력하고, 변수 옆에 **체크 박스**를 해제해서 무대에 보이지 않게 합니다.

7 `나의 변수을(를) 0로 정하기` 블록을 `만약 ~(이)라면` 블록 안의 `y 좌표를 100만큼 바꾸기` 블록 아래에 조립합니다. 선택 목록을 열어 **y속도**를 선택하고, 숫자 0은 7로 수정합니다.

스크립트는 선생님이 복도 바닥이나 책상 위에 있을 때, 즉 공중에 떠 있지 않을 때 플레이어가 `↑`를 누르면 선생님을 100만큼 위로 올리고 y속도 변수에 값을 저장해서 서서히 아래쪽으로 떨어지게 만듭니다. 즉, 선생님은 포물선을 그리며 학생을 뛰어넘습니다. 완성된 스크립트를 그림 13-10과 비교해 보세요.

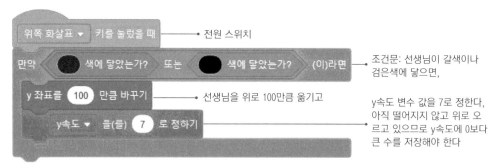

그림 13-10 선생님이 공중으로 뛰어오르는 스크립트

2.3 3번 스크립트: 떨어지는 속도 조절하기

그림 13-11과 같이 공중으로 힘차게 뛰어오른 선생님은 이제 아래로 떨어져야 합니다. 정말 공중에서 떨어지는 것처럼 바닥으로 부드럽게 착지해야 합니다. 이번 스크립트는 아래로 떨어질수록 속도를 빠르게 만들어 사람이 공중에서 떨어지는 모습을 실감 나게 만듭니다. 무거운 물체가 그냥 떨어지는 것이 아니라 포물선을 그리면서 내려오는 것처럼 보이게 말이죠.

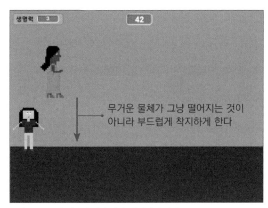

그림 13-11 선생님이 실감 나게 떨어지게 하기

이제 다음 순서대로 스크립트를 만드세요.

1 **이벤트 팔레트**의 `클릭했을 때` 블록으로 스크립트를 시작합니다.

2 **제어 팔레트**의 `무한 반복하기` 블록을 `클릭했을 때` 블록 아래에 조립해 반복문을 시작합니다.

3 `만약 ~(이)라면` 블록을 `무한 반복하기` 블록 안에 넣습니다.

4 **연산 팔레트**의 `~이(가) 아니다` 블록을 `만약 ~(이)라면` 블록의 빈 육각형 위에 놓습니다. 그런 다음 `~ 또는 ~` 블록을 `~이(가) 아니다` 블록의 빈 육각형 위에 놓습니다.

5 **감지 팔레트**의 `● 색에 닿았는가?` 블록 두 개를 `~ 또는 ~` 블록의 두 육각형 위에 각각 놓습니다. 왼쪽 블록의 색은 **복도에 칠했던 갈색**으로 선택합니다. 오른쪽 블록의 색은 **책상을 칠했던 검은색**으로 선택합니다.

6 **변수 팔레트**의 `나의 변수을(를) 1만큼 바꾸기` 블록을 `만약 ~(이)라면` 블록 안에 넣습니다. 선택 목록을 열어 **y속도**를 선택하고, 숫자 1을 **−0.5**로 수정해서 시간이 갈수록 아래로 떨어지는 속도가 천천히 빨라지게 합니다.

간단한 조건문으로 그림 13-12의 스크립트를 완성했습니다. 선생님이 복도 바닥이나 책상에 닿아 있지 않으면, 즉 선생님이 공중에 있다면 y속도 변수 값을 −0.5만큼 바꿉니다. 다시 말해 선생님이 떨어지는 속도가 시간이 갈수록 0.5만큼 빨라집니다.

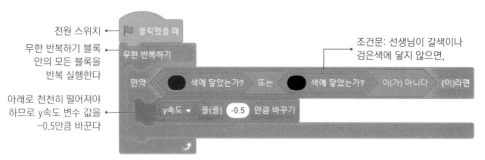

전원 스위치 → 클릭했을 때

무한 반복하기 블록
안의 모든 블록을
반복 실행한다 → 무한 반복하기

조건문: 선생님이 갈색이나
검은색에 닿지 않으면,

만약   색에 닿았는가?   또는   색에 닿았는가?   이(가) 아니다   (이)라면

아래로 천천히 떨어져야
하므로 y속도 변수 값을
-0.5만큼 바꾼다 → y속도 ▾ 을(를) -0.5 만큼 바꾸기

그림 13-12 선생님이 실감 나게 떨어지게 속도를 조절하는 스크립트

2.4 4번 스크립트: 선생님 떨어뜨리기

지금까지 위로 뛰어오르는 스크립트와 떨어지는 속도를 조절하는 스크립트를 만들었습니다. 이제 그림 13-13과 같이 선생님을 아래로 떨어뜨리는 스크립트를 만들 차례입니다.

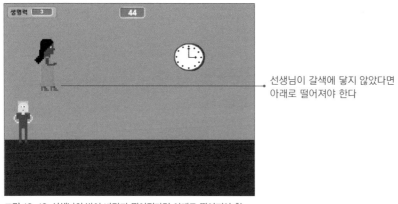

선생님이 갈색에 닿지 않았다면
아래로 떨어져야 한다

그림 13-13 선생님의 발이 바닥과 떨어졌다면 아래로 떨어져야 함

이번에 만들 스크립트는 선생님이 포물선을 그리며 아래로 떨어지게 합니다. 다음 순서대로 만드세요.

1 **이벤트 팔레트**의 `클릭했을 때` 블록으로 스크립트를 시작합니다.

2 **제어 팔레트**의 `무한 반복하기` 블록을 `클릭했을 때` 블록 아래에 조립해 반복문을 시작합니다.

3 `만약 ~(이)라면 ~아니면` 블록을 `무한 반복하기` 블록 안에 넣습니다.

4 **연산** 팔레트의 `~이(가) 아니다` 블록을 조건문의 `만약 ~(이)라면` 블록에 있는 빈 육각형 위에 놓습니다. **감지** 팔레트의 `● 색에 닿았는가?` 블록을 `~이(가) 아니다` 블록의 빈 육각형 위에 놓습니다. 블록 색은 **복도를 칠한 갈색**으로 선택합니다. 스크립트는 선생님이 바닥에 닿지 않으면 조건문 안에 넣은 블록을 실행합니다.

5 **동작** 팔레트의 `y 좌표를 10만큼 바꾸기` 블록을 조건문의 `만약 ~(이)라면` 블록 안에 넣습니다. 그런 다음 **변수** 팔레트의 `y속도` 블록을 `y 좌표를 10만큼 바꾸기` 블록의 숫자 위에 놓습니다. 이 블록은 y속도 변수의 현재 값만큼 선생님의 Y좌표를 바꿉니다.

6 **변수** 팔레트의 `나의 변수을(를) 0로 정하기` 블록을 조건문의 `아니면` 블록 안에 넣습니다. 선택 목록을 열어 **y속도**를 선택합니다. 즉, 조건문은 선생님이 바닥에 닿아 있다면 y속도 변수 값을 0으로 만듭니다. 선생님이 복도 위에 서 있다면 더는 아래로 떨어질 수 없기 때문이죠.

그림 13-14를 한번 보세요. 그림과 똑같이 잘 만들었나요?

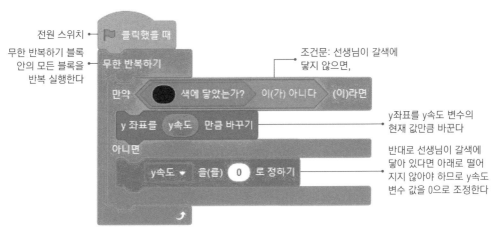

그림 13-14 선생님의 발이 바닥에서 떨어졌을 때 아래로 떨어뜨리는 스크립트

2.5 5번 스크립트: 책상 위에 서 있게 만들기

아직 선생님은 책상 위에 서 있을 수 없습니다. 책상 위로 올라가도 그냥 통과해 버리죠. 그림 13-15와 같이 서 있을 수 있다면 학생을 쉽게 뛰어넘을 수 있을 것입니다.

선생님은 책상 위로 올라갈 수 있는데,
책상이 발판 역할을 한다

<u>그림 13-15</u> 선생님이 책상을 통과하지 않고 위에 올라설 수 있게 만들기

다음 순서대로 선생님이 책상 위에 올라갔는지 알아내는 스크립트를 만드세요.

1 **이벤트 팔레트**의 `클릭했을 때` 블록으로 스크립트를 시작합니다.

2 **제어 팔레트**의 `무한 반복하기` 블록을 `클릭했을 때` 블록 아래에 조립해 반복문을 시작합니다.

3 **형태 팔레트**의 `맨 앞쪽으로 순서 바꾸기` 블록을 `무한 반복하기` 블록 안에 넣습니다. 이 블록은 선생님을 무대 맨 앞쪽 레이어로 옮깁니다.

4 **제어 팔레트**의 `만약 ~(이)라면` 블록을 `무한 반복하기` 블록 안의 `맨 앞쪽으로 순서 바꾸기` 블록 아래에 조립합니다.

5 **감지 팔레트**의 `● 색이 ● 색에 닿았는가?` 블록을 `만약 ~(이)라면` 블록의 빈 육각형 위에 놓습니다. 이 블록은 지금까지 사용한 블록과 조금 다릅니다. 블록의 첫 번째 색은 **선생님 구두 색**을 선택하고, 두 번째 색은 **책상 위를 칠한 검은색**을 선택합니다.

6 **변수 팔레트**의 `나의 변수을(를) 0으로 정하기` 블록을 `만약 ~(이)라면` 블록 안에 넣습니다. 선택 목록을 열어 **y속도**를 선택합니다.

이번 스크립트는 선생님 구두가 책상 상판에 닿으면 y속도 변수 값을 0으로 만듭니다. 한편 4번 스크립트는 선생님이 바닥에 닿지 않으면 선생님을 아래로 떨어뜨립니다. 하지만 이번 스크립트는 선생님이 바닥과 떨어져 있어도 책상에 닿으면 더 이상 아래로 떨어지지 않게 합니다. 만든 스크립트를 그림 13-16과 비교해 보세요.

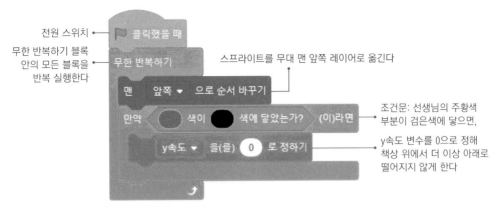

전원 스위치

무한 반복하기 블록
안의 모든 블록을
반복 실행한다

스프라이트를 무대 맨 앞쪽 레이어로 옮긴다

조건문: 선생님의 주황색
부분이 검은색에 닿으면,

y속도 변수를 0으로 정해
책상 위에서 더 이상 아래로
떨어지지 않게 한다

그림 13-16 책상 위에 선생님을 서 있게 하는 스크립트

선생님은 준비를 마쳤습니다. 이제 학생을 프로그래밍합시다.

3 학생 스프라이트에 프로그래밍하기

학생은 〈학교 탈출〉의 장애물입니다. 〈슈퍼 마리오브라더스〉의 굼바나 엉금엉금과 비슷하죠. 마리오는 굼바를 밟아 누를 수 있지만, 선생님은 학생을 뛰어넘어야 합니다. 학생 스프라이트에는 스크립트가 다섯 개 필요합니다. 리스트를 준비하는 스크립트, 학생을 복제하는 스크립트, 학생을 움직이는 스크립트, 게임을 종료하는 스크립트, 학생을 멈추는 스크립트 이렇게 총 다섯 개입니다. 스프라이트 영역에서 학생 스프라이트를 클릭하세요. 스프라이트 영역에서 보이는 학생 모양은 어떤 것이든 괜찮습니다.

> **NOTE**
> **리스트**
>
> 스크래치에서는 배열을 리스트라고 합니다. 리스트에는 데이터를 여러 개 저장할 수 있습니다. 리스트는 쇼핑 리스트와 비슷합니다. 쇼핑 리스트에는 사야 할 물건을 한 줄에 하나씩 적어 놓죠. 예를 들어 마트에 가기 전에 목록에 사과, 빵, 우유를 적었다고 생각해 보세요. 마트에 도착하면 목록을 보고 바구니에 하나씩 담을 것입니다. 스크래치 리스트도 똑같습니다. 리스트 이름을 정하고 저장하려는 정보를 순서대로 적습니다. 우리는 학생 위치 리스트에 10, 60, 110 등 숫자를 여러 개 저장했습니다. 이 숫자들은 학생들의 가상 위치입니다. 학생들이 무대에 나타날 지점을 의미하죠. 그리고 1번 스크립트에서 →를 누를 때마다 x위치 변수에 숫자 1을 더했습니다. 곧이어 만들 7번 스크립트는 리스트에 x위치 변수 값과 같은 숫자가 있는지 검사하고, 숫자가 있다면 학생 스프라이트를 복사해 화면에 보여 줍니다. 따라서 x위치 변수 값이 10, 60, 110이 될 때마다 학생이 나타날 것입니다.

3.1 6번 스크립트: 리스트 준비하기

앞서 학생이 나타날 시간을 프로젝트로 가져와서 학생 위치 리스트에 저장했습니다. 게임을 시작하면 학생 위치를 하나씩 꺼내 사용하고 리스트에서 지워야 합니다. 하지만 리스트 값을 지우면 다시 사용할 수 없겠죠. 그럼 어떻게 해야 할까요? 방법은 게임을 시작할 때마다 그림 13-17과 같이 똑같은 리스트를 하나 더 만드는 것입니다. 그리고 원래 리스트 대신 두 번째 리스트 값을 지웁니다.

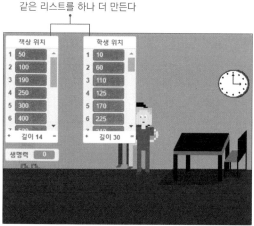

그림 13-17 원래 리스트는 그대로 두고, 리스트 값을 다른 리스트로 복제해 하나씩 지우기

이번에 만들 스크립트는 게임을 시작할 때마다 리스트를 복제합니다. 따라서 다른 스크립트가 리스트에서 값을 지워도 원래 리스트는 그대로 남기 때문에 게임을 반복할 수 있습니다.

1　**이벤트 팔레트**의 `클릭했을 때` 블록으로 스크립트를 시작합니다.

2　**변수 팔레트**의 **변수 만들기**를 클릭하고 **학생 번호** 변수를 만듭니다. 이 변수는 리스트의 각 항목을 가리키는 데 사용합니다. 예를 들어 학생 번호 변수 값이 1이면 스크립트는 리스트의 첫 번째 값을 가져옵니다. 학생 번호 블록 옆의 **체크 박스**를 클릭해 해제하세요.

3　**리스트 만들기**를 클릭하고 이름에 **학생 위치2**를 입력합니다. 이 리스트에 원래 학생 위치 리스트가 저장한 값을 복사하겠습니다. 학생 위치2 블록 옆의 **체크 박스**를 클릭해 해제하세요.

4 **변수** 팔레트의 나의 변수을(를) 0로 정하기 블록을 클릭했을 때 블록 아래에 조립합니다. 선택 목록을 열어 **학생 번호**를 선택하고, 숫자 0을 1로 수정합니다. 학생 번호 변수는 리스트의 첫 번째 항목을 가리킵니다.

5 책상 위치의 항목을 모두 삭제하기 블록을 학생 번호을(를) 1로 정하기 블록 아래에 조립하고 선택 목록을 열어 **학생 위치2**를 선택합니다. 이 블록은 학생 위치2 리스트의 모든 값을 지웁니다. 원래 학생 위치 리스트는 건드리지 않습니다.

6 **제어** 팔레트의 10번 반복하기 블록을 맨 아래에 조립합니다. 학생 위치 리스트에는 값이 30개 있습니다. 숫자 10을 **30**으로 수정하세요.

7 **변수** 팔레트의 항목을(를) 책상 위치에 추가하기 블록을 30번 반복하기 블록 안에 넣고 블록의 선택 목록을 열어 **학생 위치2**를 선택합니다. 그런 다음 그림 13-18과 같이 책상 위치 리스트의 1번째 항목 블록을 항목을(를) 학생 위치2에 추가하기 블록의 항목 위에 놓습니다. 책상 위치 리스트의 1번째 항목 블록의 선택 목록을 열어 **학생 위치**를 선택합니다.

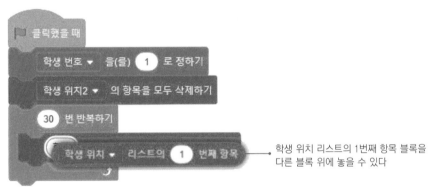

학생 위치 리스트의 1번째 항목 블록을 다른 블록 위에 놓을 수 있다

그림 13-18 블록의 선택 목록 위에 또 다른 블록을 놓은 스크립트

8 학생 번호 블록을 학생 위치 리스트의 1번째 항목 블록의 숫자 1 위에 놓습니다.

9 나의 변수을(를) 1만큼 바꾸기 블록을 30번 반복하기 블록 안의 마지막에 넣고 선택 목록을 열어 **학생 번호**를 선택합니다.

스크립트는 반복문 안의 블록을 30번, 즉 원래 리스트에 저장된 항목 개수만큼 실행합니다. 그리고 반복문을 한 번 실행할 때마다 학생 위치 리스트의 항목을 학생 위치2 리스트로 하나씩 복사합니다. 반복마다 학생 번호 변수 값을 하나씩 더하기 때문에 첫 번째 항목에서 두 번째 항목, 세 번째 항목들을 차례대로 복사할 수 있습니다. 예를 들어 학생 번호 변수 값이 2이면 스크립트는 학생 위치2 리스트의 두 번째 항목을 복사합니다. 그다음 반복에서 학생 번호 변수 값이 3이면 리스트의 세 번째 항목을 복사합니다. 스크립트는 원래 학생 위치 리스트의 모든 항목을 학생 위치2 리스트로 복사한 후 실행을 종료합니다. 완성된 스크립트를 그림 13-19와 비교해 보세요.

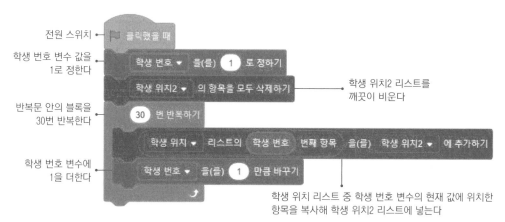

그림 13-19 원본 리스트를 다른 리스트로 복사하는 스크립트

3.2 7번 스크립트: 학생 복제하기

학생 위치 리스트의 항목을 복사했지만, 이것은 단지 숫자일 뿐입니다. 이 숫자를 사용해 그림 13-20과 같이 학생이 화면에 나타나게 해야 합니다. 더 정확하게 말하자면 선생님의 가상 위치를 저장한 x위치 변수 값이 리스트에 저장한 값과 같을 때마다 학생을 복사하고 화면에 보여 줍니다.

예를 들어 x위치 변수 값이 60이고 학생 위치2 리스트에 숫자 60이 있다면, 학생은 화면에 나타나서 선생님을 가로막는다

그림 13-20 x위치 변수 값과 리스트의 항목 값이 같으면 나타나는 학생

이제 다음 순서대로 스크립트를 만드세요.

1 **이벤트 팔레트**의 클릭했을 때 블록으로 스크립트를 시작합니다.

2 **형태 팔레트**의 숨기기 블록을 아래에 조립합니다.

3 **제어 팔레트**의 무한 반복하기 블록을 아래에 조립해 반복문을 시작합니다.

4 만약 ~(이)라면 블록을 무한 반복하기 블록 안에 넣습니다.

5 **연산 팔레트**의 ● = 50 블록을 만약 ~(이)라면 블록의 빈 육각형 위에 놓습니다. 그런 다음 **변수 팔레트**의 x위치 블록을 드래그해 블록 왼쪽 동그라미 안에 넣습니다. 오른쪽 동그라미에는 책상 위치 리스트의 1번째 항목 블록을 놓고 선택 목록을 열어 **학생 위치2**를 선택합니다. 스크립트는 x위치 변수 값과 학생 위치2 리스트의 첫 번째 항목 값이 같으면 조건문 안의 블록을 실행합니다.

6 **동작 팔레트**의 x:0 y:0(으)로 이동하기 블록을 만약 ~(이)라면 블록 안에 넣습니다. 블록 안의 숫자는 수정할 필요가 없습니다(그림 13-21과 숫자가 달라도 괜찮습니다). 학생이 지금 무대에 있는 위치를 그대로 사용할 것입니다.

7 **형태 팔레트**의 `모양을 모양1(으)로 바꾸기` 블록을 `x:0 y:0(으)로 이동하기` 블록 아래에 조립합니다.

8 **연산 팔레트**의 `1부터 10 사이의 난수` 블록을 그림 13-21과 같이 `모양을 모양1(으)로 바꾸기` 블록의 **모양1** 위에 놓습니다. 숫자 10은 **4**로 수정합니다. 학생 스프라이트에 모양이 네 개 있기 때문이죠. 결국 이 블록은 학생 스프라이트의 모양 네 개 중 하나를 무작위로 골라서 무대에 보여 줍니다.

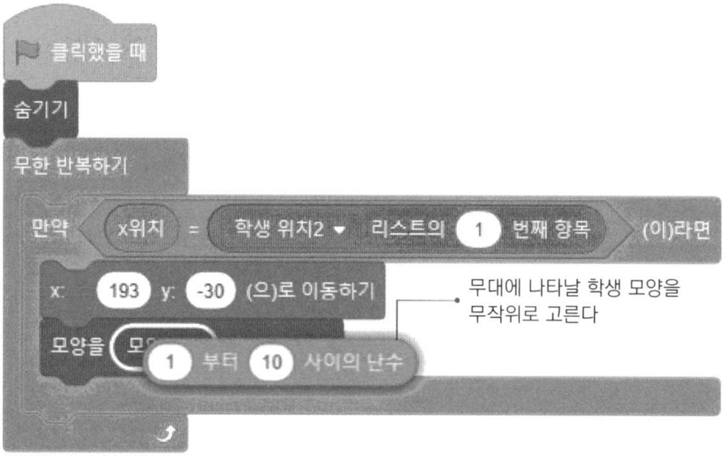

그림 13-21 학생 스프라이트 모양을 무작위로 고르는 스크립트

9 **제어 팔레트**의 `나 자신 복제하기` 블록을 조건문 안 마지막에 넣습니다.

10 **변수 팔레트**의 `1번째 항목을 책상 위치에서 삭제하기` 블록을 조건문 안 마지막에 넣습니다. 선택 목록을 열어 **학생 위치2**를 선택합니다. 이 블록은 조건문에 사용한 학생 위치2 리스트의 첫 번째 항목을 리스트에서 삭제합니다.

그림 13-22는 완성된 스크립트입니다. 스크립트는 x위치 변수 값이 학생 목록2 리스트의 첫 번째 항목과 같으면 네 가지 작업을 실행합니다. 무대에 학생을 등장시키고, 원래 무대에 있었던 위치로 학생을 옮기고, 학생의 네 가지 모양 중 하나를 선택하고, 학생 위치2 리스트의 첫 번째 항목을 삭제합니다.

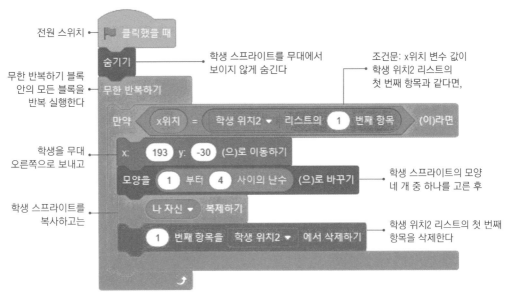

그림 13-22 학생을 무작위로 골라 선생님을 가로막는 스크립트

3.3 8번 스크립트: 학생 움직이기

무대에 학생이 나타났습니다. 이제 그림 13-23과 같이 학생을 선생님 쪽으로 보내야 합니다. 물론 게임을 플레이하면 선생님이 학생에게 다가가는 것처럼 보일 것입니다.

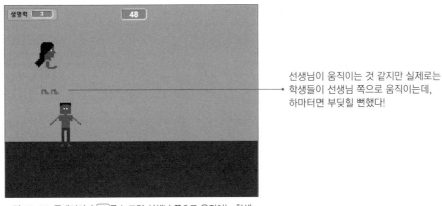

선생님이 움직이는 것 같지만 실제로는 학생들이 선생님 쪽으로 움직이는데, 하마터면 부딪힐 뻔했다!

그림 13-23 플레이어가 →를 누르면 선생님 쪽으로 움직이는 학생

이번 스크립트는 학생을 왼쪽으로 움직이게 하고 학생이 벽이나 선생님에게 닿았을 때 필요한 작업을 실행합니다. 다음 순서대로 만드세요.

1 **제어 팔레트**의 복제되었을 때 블록으로 스크립트를 시작합니다.

2 **형태 팔레트**의 보이기 블록을 아래에 조립해 스프라이트를 화면에 등장시킵니다.

3 **제어 팔레트**의 무한 반복하기 블록을 조립해 반복문을 시작합니다.

4 만약 ~(이)라면 블록 세 개를 무한 반복하기 블록 안에 넣어 조건문을 세 개 만듭니다.

5 **감지 팔레트**의 스페이스 키를 눌렀는가? 블록을 첫 번째 조건문의 빈 육각형 위에 놓습니다. 선택 목록을 열어 **오른쪽 화살표**를 선택합니다. 두 번째 조건문의 빈 육각형 위에는 마우스 포인터에 닿았는가? 블록을 놓습니다. 선택 목록을 열어 **벽**을 선택합니다. 마지막 조건문에도 마우스 포인터에 닿았는가? 블록을 놓고, 선택 목록에서 **선생님**을 선택하세요.

6 **동작 팔레트**의 x 좌표를 10만큼 바꾸기 블록을 첫 번째 조건문 안에 넣습니다. 숫자 10을 **-5**로 수정합니다. 이 블록은 학생을 왼쪽으로 5만큼 옮깁니다.

7 **제어 팔레트**의 이 복제본 삭제하기 블록을 두 번째 조건문 안에 넣습니다. 이 블록은 학생이 무대 왼쪽 벽에 닿으면 삭제합니다.

8 **변수 팔레트**의 나의 변수을(를) 1만큼 바꾸기 블록을 세 번째 조건문 안에 넣습니다. 선택 목록을 열어 **생명력**을 선택합니다. 숫자 1을 **-1**로 수정합니다. 이 블록은 선생님이 학생과 부딪히면 생명력을 하나 깎습니다.

9 **제어 팔레트**의 이 복제본 삭제하기 블록을 세 번째 조건문 안의 생명력을(를) -1만큼 바꾸기 블록 아래에 조립합니다.

그림 13-24는 완성된 스크립트입니다. 스크립트는 플레이어가 →를 누르면 학생을 왼쪽으로 옮기고, 학생이 무대 왼쪽 끝에 닿으면 무대에서 퇴장하게 만듭니다. 마지막으로 학생과 선생님이 부딪히면 플레이어 생명력을 하나 깎고, 마찬가지로 학생을 무대에서 사라지게 합니다.

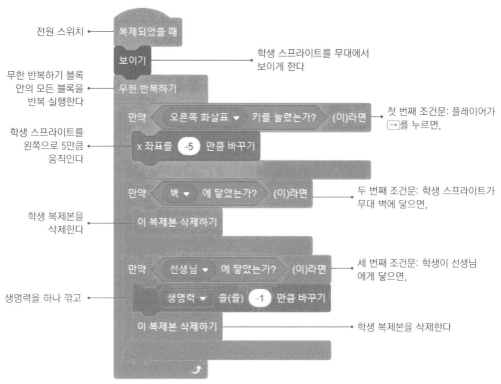

전원 스위치 · → 복제되었을 때

학생 스프라이트를 무대에서 보이게 한다 ← 보이기

무한 반복하기 블록 안의 모든 블록을 반복 실행한다 · → 무한 반복하기

첫 번째 조건문: 플레이어가 ⊡를 누르면, ← 만약 오른쪽 화살표 ▼ 키를 눌렀는가? (이)라면

학생 스프라이트를 왼쪽으로 5만큼 움직인다 · → x 좌표를 -5 만큼 바꾸기

두 번째 조건문: 학생 스프라이트가 무대 벽에 닿으면, ← 만약 벽 ▼ 에 닿았는가? (이)라면

학생 복제본을 삭제한다 · → 이 복제본 삭제하기

세 번째 조건문: 학생이 선생님 에게 닿으면, ← 만약 선생님 ▼ 에 닿았는가? (이)라면

생명력을 하나 깎고 · → 생명력 ▼ 을(를) -1 만큼 바꾸기

이 복제본 삭제하기 → 학생 복제본을 삭제한다

그림 13-24 학생을 왼쪽으로 움직여서 마치 선생님이 오른쪽으로 달려가는 것처럼 보이게 하는 스크립트

3.4 9번 스크립트: 게임 종료하기

선생님과 학생이 아무리 많이 부딪혀도 학교를 탈출할 기회가 사라지지 않는다면 게임이 너무 쉽겠죠. 선생님에게 기회를 세 번 줍시다. 그림 13-25와 같이 생명력이 사라지면 학교를 탈출하기가 쉽지 않습니다.

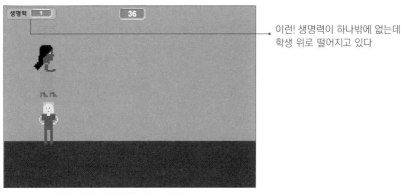

이런! 생명력이 하나밖에 없는데 학생 위로 떨어지고 있다

그림 13-25 선생님이 학교를 탈출할 기회는 세 번

이번에 만들 스크립트는 선생님이 학생과 세 번 부딪혀서 생명력이 다하면 게임을 종료합니다. 다음 순서대로 만드세요.

1 **이벤트 팔레트**의 `클릭했을 때` 블록으로 스크립트를 시작합니다.

2 **제어 팔레트**의 `무한 반복하기` 블록을 아래에 조립해 반복문을 시작합니다.

3 `만약 ~(이)라면` 블록을 `무한 반복하기` 블록 안에 넣습니다.

4 **연산 팔레트**의 `● = 50` 블록을 `만약 ~(이)라면` 블록의 빈 육각형 위에 놓습니다. 블록 왼쪽 동그라미 안에는 **변수 팔레트**의 `생명력` 블록을 넣고, 오른쪽 동그라미에는 숫자 **0**을 입력합니다.

5 **제어 팔레트**의 `멈추기 모두` 블록을 `만약 ~(이)라면` 블록 안에 넣습니다.

이번 스크립트는 그림 13-26과 같이 단순합니다. 생명력 변수 값이 0이 되면 모든 스크립트를 멈춥니다.

그림 13-26 생명력이 다하면 게임을 멈추는 스크립트

3.5 10번 스크립트: 학생 멈추기

선생님이 단단한 책상에 가로막히면 오른쪽으로 더는 움직일 수 없습니다. 이때 학생도 같이 멈추지 않으면 그림 13-27과 같이 계속 움직이면서 선생님이 복도를 달려가는 것처럼 보이는 착시 효과를 망가뜨릴 것입니다.

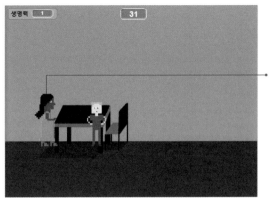

선생님이 책상에 닿으면 책상은 멈추는데, 그럼 학생도 같이 멈추어야 한다

그림 13-27 선생님이 책상에 가로막혀도 학생이 계속 움직이는 문제 해결

이번 스크립트는 선생님이 책상에 닿으면 학생을 멈춥니다. 다음 순서대로 만드세요.

1 **이벤트 팔레트**의 `메시지1 신호를 받았을 때` 블록으로 스크립트를 시작합니다. 선택 목록을 열어 **새로운 메시지**를 선택합니다. 메시지 이름은 **뒤로 가**라고 하세요. 이 스크립트는 책상 스프라이트에 만들 13번 스크립트가 뒤로 가 신호를 보내면 실행을 시작합니다.

2 **동작 팔레트**의 `x 좌표를 10만큼 바꾸기` 블록을 아래에 조립하고 숫자 10을 5로 수정합니다. 학생은 왼쪽으로 5만큼 움직이니까 제자리로 되돌리려면 오른쪽으로 5만큼 움직여야 합니다.

3 **변수 팔레트**의 `나의 변수을(를) 1만큼 바꾸기` 블록을 아래에 조립합니다. 선택 목록을 열어 **x위치**를 선택하고 숫자는 **–1**로 수정하세요. 플레이어가 →를 누를 때마다 x위치 변수가 1씩 커지므로 x위치 변수를 되돌리려면 다시 1을 빼야(즉, –1을 더해야) 합니다.

완성된 스크립트를 그림 13-28과 비교해 보세요.

13번 스크립트가 뒤로 가 신호를 보내면,

학생을 오른쪽으로 5만큼 움직이고

선생님의 가상 위치를 저장한 x위치 변수에서 1을 뺀다

그림 13-28 학생을 제자리로 되돌리는 스크립트

〈슈퍼 마리오브라더스〉의 마리오는 굼바를 피해 벽돌로 만들어진 플랫폼 위를 다닐 수 있습니다. 〈학교 탈출〉의 선생님은 책상에 올라가 학생을 뛰어넘을 수 있습니다. 책상에는 스크립트를 세 개 만듭니다. 리스트를 준비하는 스크립트, 책상을 복제하는 스크립트, 책상을 움직이는 스크립트 이렇게 총 세 개입니다. 스프라이트 영역에서 책상을 클릭해 프로그램을 만들어 봅시다.

4.1 11번 스크립트: 리스트 준비하기

학생 위치 리스트와 마찬가지로 책상 위치 리스트를 그대로 유지해야 게임을 여러 번 실행해도 문제가 없습니다. 그림 13–29와 같이 책상 위치 리스트에 있는 모든 항목을 또 다른 리스트로 복제해야 합니다.

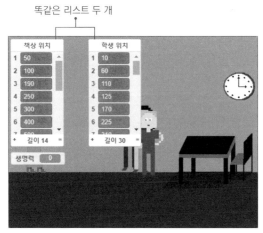

그림 13–29   원본 리스트를 다른 리스트로 복제하고, 복제한 리스트에서 항목을 하나씩 빼기

이번에 만들 스크립트는 책상 위치를 저장한 원래 리스트를 또 다른 리스트로 복제합니다. 책상 위치를 하나씩 뺄 때는 원래 리스트가 아닌 복제한 리스트를 사용하므로 게임을 여러 번 실행할 수 있습니다. 다음 순서대로 만드세요.

1 이벤트 팔레트의 클릭했을 때 블록으로 스크립트를 시작합니다.

2 변수 팔레트의 **변수 만들기**를 클릭하고 **책상 번호** 변수를 만듭니다. 이 변수는 리스트의 각 항목을 가리키는 데 사용합니다. 예를 들어 책상 번호 변수 값이 1이면 리스트의 첫 번째 값을 사용합니다. 변수 옆 **체크 박스**를 해제해서 화면에 보이지 않게 합시다.

3 **리스트 만들기**를 클릭하고 **책상 위치2** 리스트를 만듭니다. 여기에 책상 위치 리스트의 항목을 복사할 것입니다. 리스트 옆 **체크 박스**를 해제해서 화면에 보이지 않게 하세요.

4 변수 팔레트의 나의 변수을(를) 0로 정하기 블록을 클릭했을 때 블록 아래에 조립합니다. 선택 목록을 열어 **책상 번호**를 선택하고 숫자 0을 1로 수정해서 리스트 중 첫 번째 항목을 가리키게 합니다.

5 변수 팔레트의 책상 위치의 항목을 모두 삭제하기 블록을 책상 번호을(를) 1로 정하기 블록 아래에 조립합니다. 선택 목록을 열어 **책상 위치2**를 선택합니다. 이 블록은 책상 위치 리스트 대신 책상 위치2 리스트의 모든 항목을 지웁니다.

6 제어 팔레트의 10번 반복하기 블록을 맨 아래에 조립합니다. 책상 위치 리스트에는 항목이 14개 있으므로 숫자 10을 **14**로 수정합니다.

7 변수 팔레트의 항목을(를) 책상 위치에 추가하기 블록을 14번 반복하기 블록 안에 넣습니다. 블록의 선택 목록을 열어 **책상 위치2**를 선택합니다. 항목 위에는 책상 위치 리스트의 1번째 항목 블록을 놓습니다.

8 변수 팔레트의 책상 번호 변수를 책상 위치 리스트의 1번째 항목 블록의 숫자 위에 놓습니다. 잘 모르겠다면 그림 13−30을 참고하세요.

9 나의 변수을(를) 1만큼 바꾸기 블록을 14번 반복하기 블록 안의 맨 마지막에 넣고, 선택 목록을 열어 **책상 번호**를 선택합니다.

그림 13−30은 완성된 스크립트입니다. 스크립트는 학생 위치 리스트를 복제했을 때와 마찬가지로 책상 위치 리스트의 항목 14개를 복사합니다.

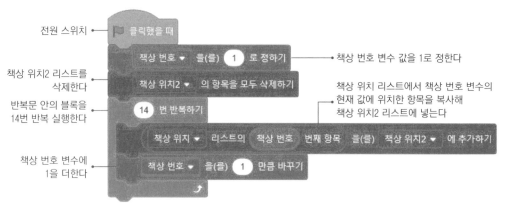

전원 스위치 •————————— 클릭했을 때

책상 번호 ▼ 을(를) 1 로 정하기 •————————— 책상 번호 변수 값을 1로 정한다

책상 위치2 리스트를
삭제한다 •————————— 책상 위치2 ▼ 의 항목을 모두 삭제하기

반복문 안의 블록을
14번 반복 실행한다 •————————— 14 번 반복하기

책상 위치 리스트에서 책상 번호 변수의
현재 값에 위치한 항목을 복사해
책상 위치2 리스트에 넣는다

책상 위치 ▼ 리스트의 책상 번호 번째 항목 을(를) 책상 위치2 ▼ 에 추가하기

책상 번호 변수에
1을 더한다 •————————— 책상 번호 ▼ 을(를) 1 만큼 바꾸기

그림 13-30 책상 위치 리스트를 다른 리스트로 복제하는 스크립트

4.2 12번 스크립트: 책상 복제하기

그림 13-31과 같이 책상도 학생과 비슷한 방식으로 화면에 등장합니다. x위치 변수 값이 책상 위치2 리스트의 항목 값과 같으면 책상이 화면에 나타납니다.

예를 들어 x위치 변수 값이 190이고 책상 위치2
리스트에도 190이라는 항목이 있으면 무대에
책상이 나타난다

그림 13-31 x위치 변수 값과 책상 위치2 리스트의 항목 값이 같으면 나타나는 책상

이제 다음 순서대로 스크립트를 만드세요.

1   **이벤트 팔레트**의 클릭했을 때 블록으로 스크립트를 시작합니다.

2   **형태 팔레트**의 숨기기 블록을 아래에 조립합니다.

3   **제어 팔레트**의 무한 반복하기 블록을 아래에 조립해 반복문을 시작합니다.

4 만약 ~(이)라면 블록을 무한 반복하기 블록 안에 넣습니다.

5 **연산 팔레트**의 ● = 50 블록을 만약 ~(이)라면 블록의 빈 육각형 위에 놓습니다. 블록의 왼쪽 동그라미 안에는 **변수 팔레트**의 x위치 블록을 넣습니다. 오른쪽 동그라미 안에는 책상 위치 리스트의 1번째 항목 블록을 넣고 선택 목록을 열어 **책상 위치2**를 선택합니다. 스크립트는 x위치 변수 값과 책상 위치2 리스트의 첫 번째 항목 값이 같으면 조건문 안 블록을 실행합니다.

6 **동작 팔레트**의 x:0 y:0(으)로 이동하기 블록을 만약 ~(이)라면 블록 안에 넣습니다. 책상의 현재 위치가 자동으로 사용되니 블록 숫자는 바꾸지 마세요.

7 **제어 팔레트**의 나 자신 복제하기 블록을 x:0 y:0(으)로 이동하기 블록 아래에 조립해 책상을 복제합니다.

8 **변수 팔레트**의 1번째 항목을 책상 위치에서 삭제하기 블록을 나 자신 복제하기 블록 아래에 조립합니다. 선택 목록을 열어 **책상 위치2**를 선택해 스크립트를 완성합니다. 이 블록은 책상 위치2 리스트의 첫 번째 항목을 삭제합니다.

그림 13-32는 완성된 스크립트입니다. 학생을 복제하는 7번 스크립트보다 조금 더 짧죠? 학생은 모양이 네 개이지만, 책상 모양은 한 개이기 때문입니다.

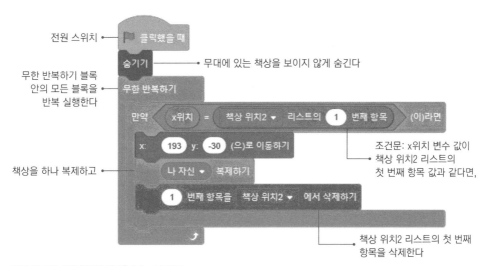

그림 13-32 선생님 앞에 책상을 놓는 스크립트

질문 있어요 **첫 번째 항목을 왜 삭제해야 할까요?**

Q 게임을 계속 플레이하려면 원래 리스트를 다른 리스트로 복제해야 한다는 것은 알겠어요. 그런데 복제한 리스트에서 항목을 삭제하는 이유는 무엇인가요?

A 값을 지우지 않고 게임을 계속 재시작한다고 생각해 보세요. 처음에는 리스트에 항목이 14개 생기겠지만, 두 번째는 28개, 세 번째는 42개 항목이 리스트에 들어가면서 책상 여러 개가 한꺼번에 화면에 나타날 것입니다. 리스트 항목을 제때 지워야 다음에 게임을 플레이할 때도 문제없이 책상을 복제할 수 있습니다.

4.3 13번 스크립트: 책상 움직이기

그림 13-33에 있는 책상도 학생과 마찬가지로 무대 오른쪽에서 선생님이 있는 왼쪽으로 움직입니다. 책상과 학생이 똑같이 움직이면서 마치 선생님이 오른쪽으로 달려가는 것처럼 보입니다.

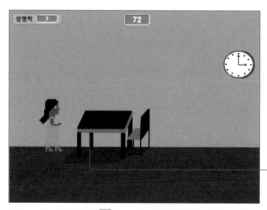

선생님이 책상으로 달려가는 것처럼 보이지만 실제로는 책상이 선생님 쪽으로 움직인다

그림 13-33 플레이어가 →를 누르면 선생님 쪽으로 움직이는 책상

이번 스크립트는 책상을 왼쪽으로 움직이고, 책상이 벽에 닿았거나 선생님이 책상에 부딪히면 동작을 실행합니다. 다음 순서대로 만드세요.

1 **제어 팔레트**의 `복제되었을 때` 블록으로 스크립트를 시작합니다.

2 **형태 팔레트**의 `보이기` 블록을 아래에 조립해 책상 스프라이트를 무대에 등장시킵니다.

3 **제어 팔레트**의 `무한 반복하기` 블록을 조립해 반복문을 시작합니다.

4 `만약 ~(이)라면` 블록 세 개를 `무한 반복하기` 블록 안에 위아래로 나란히 넣어 조건문을 세 개 만듭니다.

5 **감지 팔레트**의 `스페이스 키를 눌렀는가?` 블록을 첫 번째 조건문의 빈 육각형 위에 놓습니다. 선택 목록을 열어 **오른쪽 화살표**를 선택합니다.

6 **동작 팔레트**의 `x 좌표를 10만큼 바꾸기` 블록을 첫 번째 조건문 안에 넣습니다. 숫자 10을 **−5** 로 수정합니다. 이 블록은 책상을 왼쪽으로 5만큼 움직입니다.

7 **연산 팔레트**의 `~ 그리고 ~` 블록을 두 번째 조건문의 빈 육각형 위에 놓습니다. 블록의 왼쪽 빈 육각형 위에는 `~이(가) 아니다` 블록을 놓습니다. 그리고 남은 두 육각형에는 **감지 팔레트**의 `마우스 포인터에 닿았는가?` 블록을 각각 놓습니다. 첫 번째 블록의 선택 목록을 열어 **선생님**을 선택하고, 두 번째 블록에는 **벽**을 선택합니다.

8 **제어 팔레트**의 `이 복제본 삭제하기` 블록을 두 번째 조건문 안에 넣습니다. 스크립트는 책상이 무대 왼쪽 벽에 닿았을 때 선생님이 책상 위에 서 있지 않다면 책상을 무대에서 삭제합니다.

9 **감지 팔레트**의 `● 색에 닿았는가?` 블록을 세 번째 조건문의 빈 육각형 위에 놓습니다. 블록 색을 **선생님의 드레스 색**으로 선택합니다.

10 **동작 팔레트**의 `x 좌표를 10만큼 바꾸기` 블록을 세 번째 조건문 안에 넣습니다. 숫자 10을 **5**로 수정합니다. 왜 책상을 오른쪽으로 5만큼 옮겨야 할까요? 책상이 선생님의 드레스에 닿았다는 것은 책상이 왼쪽으로 움직였다가 선생님과 부딪혔다는 의미입니다. 책상이 선생님과 부딪혔다면 책상을 다시 오른쪽으로 5만큼 움직여서 제자리에 놓아야 합니다.

11 **이벤트 팔레트**의 `뒤로 가 신호 보내기` 블록을 세 번째 조건문 안의 `x 좌표를 5만큼 바꾸기` 블록 아래에 조립합니다.

완성된 스크립트를 그림 13–34와 비교해 보세요. 스크립트는 플레이어가 →를 누르면 책상을 왼쪽으로 움직입니다. 또 책상이 무대 벽에 닿았는데 선생님이 책상 위에 서 있지 않다면 책상을 무대에서 지웁니다. 선생님이 책상에 부딪혔다면 책상을 다시 오른쪽으로 되돌려 보내고 다른 스크립트로 신호를 보냅니다.

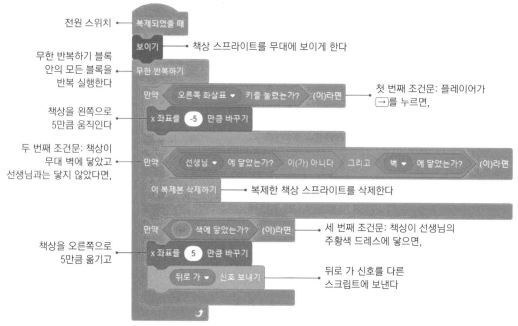

전원 스위치 ● → 복제되었을 때

보이기 → ● 책상 스프라이트를 무대에 보이게 한다

무한 반복하기 블록
안의 모든 블록을
반복 실행한다 → 무한 반복하기

만약 오른쪽 화살표 ▼ 키를 눌렀는가? (이)라면 → ● 첫 번째 조건문: 플레이어가
⊡를 누르면,

책상을 왼쪽으로
5만큼 움직인다 → x 좌표를 -5 만큼 바꾸기

두 번째 조건문: 책상이
무대 벽에 닿았고
선생님과는 닿지 않았다면, → 만약 선생님 ▼ 에 닿았는가? 이(가) 아니다 그리고 벽 ▼ 에 닿았는가? (이)라면

이 복제본 삭제하기 → ● 복제한 책상 스프라이트를 삭제한다

만약 ◯ 색에 닿았는가? (이)라면 → ● 세 번째 조건문: 책상이 선생님의
주황색 드레스에 닿으면,

책상을 오른쪽으로
5만큼 옮기고 → x 좌표를 5 만큼 바꾸기

뒤로 가 ▼ 신호 보내기 → 뒤로 가 신호를 다른
스크립트에 보낸다

그림 13-34 책상을 선생님 쪽으로 움직여서 마치 선생님이 책상으로 달려가는 것처럼 보이게 만드는 스크립트

 ## 5 시계 스프라이트에 프로그래밍하기

시계는 〈학교 탈출〉의 파워업 아이템입니다. 선생님은 파워업 아이템을 주워서 장애물을 더 잘 헤쳐 나갈 수 있습니다. 시계 스프라이트는 타이머를 10초 더 연장합니다. 즉, 선생님이 학교를 나가는 제한 시간을 조금 더 늘려 줍니다. 시계에는 스크립트를 네 개 만듭니다. 시계를 복제하는 스크립트, 타이머를 세는 스크립트, 시계를 움직이는 스크립트, 시계를 멈추는 스크립트 이렇게 총 네 개입니다. 스프라이트 영역에서 시계 스프라이트를 클릭합니다.

파워업 아이템

최초의 파워업 아이템은 〈팩맨〉에서 등장했습니다. 〈팩맨〉의 주인공 팩맨은 유령을 피해 미로를 이리저리 돌아다니면서 작은 점을 모아야 합니다. 팩맨은 유령에 닿으면 생명력이 줄어듭니다. 하지만 미로 네 귀퉁이에는 조금 더 큰 점이 있는데, 이 점은 팩맨을 잠깐 무적으로 만드는 파워업 아이템입니다. 파워업 아이템을 얻으면 팩맨은 유령을 먹어 치울 수 있습니다. 이처럼 파워업 아이템은 주로 주인공에게 특별한 능력을 주거나, 제한 시간을 늘려 주거나, 주인공의 생명력을 회복하는 역할을 합니다. 예를 들어 마리오는 버섯을 얻으면 몸이 커지고, 꽃을 주우면 불꽃을 던질 수 있습니다. 어떤 파워업 아이템은 한 번 주우면 여러 단계에 걸쳐 효력을 발휘하는 반면, 어떤 아이템은 시간이 지나면 효력이 사라지기도 합니다. 파워업 아이템을 어떻게 만들어야 게임이 더 흥미로울지 생각해 보세요. 지금까지 책에서 만들었던 다른 게임으로 되돌아가도 좋습니다. 예를 들어 〈해변이 너무해〉의 지혜가 조개를 주우면 꽃게를 무시하고 지나갈 수 있게 만들 수 있을 것입니다.

5.1 14번 스크립트: 시계 복제하기

그림 13-35의 시계도 학생이나 책상처럼 화면에 제때 등장해야 합니다. 선생님은 복도를 달리며 시계를 모을 수 있습니다.

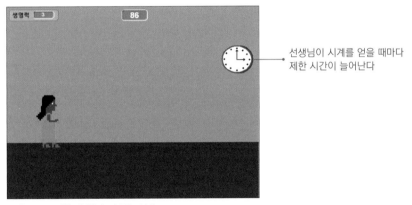

선생님이 시계를 얻을 때마다 제한 시간이 늘어난다

그림 13-35 제한 시간을 늘려 주는 시계

이번에는 학생이나 책상과는 다른 방식으로 시계를 무대에 등장시켜 봅시다. 파워업 아이템이니 굉장히 드물게 나타나야 되겠죠. 우리는 여기에 나머지 연산을 사용해 보겠습니다.

나머지 연산은 숫자를 두 개 나눈 나머지를 계산합니다. 나머지 연산을 사용해 x위치 변수 값을 100으로 나눌 것입니다. x위치 변수 값은 플레이어가 →를 누를 때마다 바뀌고, 스크래치는 계속 변하는 x위치 변수 값을 바로 나누어 나머지를 계산할 수 있습니다. 그런 다음 이 나머지를 사용해 조건문을 만듭니다. 즉, 나머지가 0이면 조건문 안의 블록을 실행합니다. 반대로 0이 아니라면 실행하지 않습니다.

이제 다음 순서대로 스크립트를 만드세요.

1 **이벤트 팔레트**의 `클릭했을 때` 블록으로 스크립트를 시작합니다.

2 **형태 팔레트**의 `숨기기` 블록을 아래에 조립해 시계 스프라이트를 무대에서 보이지 않게 합니다.

3 **제어 팔레트**의 `무한 반복하기` 블록을 아래에 조립해 반복문을 시작합니다.

4 **동작 팔레트**의 `x:0 y:0(으)로 이동하기` 블록을 `무한 반복하기` 블록 안에 넣습니다. 숫자는 바꾸지 말고 그대로 두세요. 그림 13-36과 달라도 괜찮습니다. 이 숫자는 무대에 시계를 놓은 위치입니다.

5 **제어 팔레트**의 `만약 ~(이)라면` 블록을 반복문 안의 `x:0 y:0(으)로 이동하기` 블록 아래에 조립해 조건문을 만듭니다. 그런 다음 `만약 ~(이)라면` 블록을 하나 더 드래그해 방금 만든 조건문 안에 넣습니다.

6 **연산 팔레트**의 `● = 50` 블록을 바깥쪽 조건문의 빈 육각형 위에 놓습니다. 왼쪽 동그라미 안에는 **연산 팔레트**의 `● 나누기 ● 의 나머지` 블록을 넣습니다. 오른쪽 동그라미에는 숫자 **1**을 입력합니다. `● 나누기 ● 의 나머지` 블록의 왼쪽 동그라미 안에는 **변수 팔레트**의 `x위치` 블록을 넣고, 오른쪽 동그라미에는 숫자 **100**을 입력합니다. 즉, 스크립트는 x위치 변수 값을 100으로 나눈 나머지가 0이면 조건문 안의 블록을 실행합니다.

7 **연산 팔레트**의 `● = 50` 블록을 안쪽 조건문의 빈 육각형 위에 놓습니다. 왼쪽 동그라미 안에는 `1부터 10 사이의 난수` 블록을 넣고, 오른쪽 동그라미에는 숫자 **1**을 입력합니다. 스크립트는 바깥쪽 조건문을 만족하면 안쪽 조건문으로 넘어갑니다. 1부터 10 사이에서 무작위로 고른 수가 1이면 안쪽 조건문 안의 블록을 실행합니다.

8 **제어 팔레트**의 `나 자신 복제하기` 블록을 안쪽 조건문 안에 넣습니다. 그 바로 아래에 `1초 기다리기` 블록을 넣습니다. 숫자 1을 **2**로 수정해서 조금 더 길게 기다립시다.

그림 13-36은 완성된 스크립트입니다. 스크립트는 바깥쪽과 안쪽 조건문이 모두 참일 때 시계를 보여 줍니다. 두 조건문이 모두 참일 확률이 낮으므로 시계는 매우 드물게 나타날 것입니다.

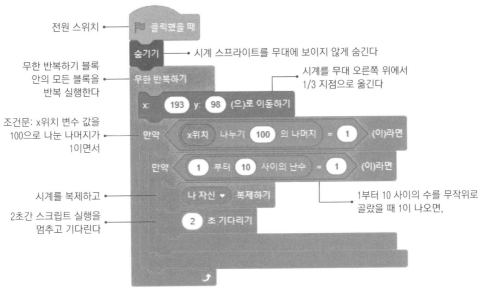

그림 13-36 시계를 간간히 복제해 화면에 보여 주는 스크립트

5.2 15번 스크립트: 타이머 세기

타이머가 없으면 선생님은 제한 시간 없이 달릴 수 있습니다. 다시 말해 오른쪽으로 쉬엄쉬엄 가다 보면 언젠가 학교를 나갈 수 있습니다. 이러면 게임이 재미없겠죠. 반면 게임에 제한 시간을 두면 더 흥미진진해집니다. 그림 13-37과 같이 화면 위에 타이머를 만들어 제한 시간이 몇 초 남았는지 보여 줍시다. 제한 시간 전에 문에 도착하지 못하면 게임은 끝납니다.

타이머는 문에 도착할 때까지 남은 제한 시간을 세는데, 제한 시간이
지나면 생명력이 남아도 게임이 종료된다

그림 13-37 화면 위에 타이머를 달아 플레이어에게 제한 시간이 몇 초 남았는지 알려 주기

이제 다음 순서대로 스크립트를 만드세요.

1 **이벤트 팔레트**의 `클릭했을 때` 블록으로 스크립트를 시작합니다.

2 **변수 팔레트**의 **변수 만들기**를 클릭하고 변수 이름에 **타이머**를 입력합니다. 무대에 있는 변수
박스를 무대 위쪽 가운데로 옮깁니다. 그런 다음 변수 박스 위에 마우스 포인터를 놓고
마우스 오른쪽 버튼을 눌러(macOS에서는 `control`을 누른 채 마우스 클릭) **변수값 크게 보
기**를 선택합니다. 이제 `나의 변수을(를) 0로 정하기` 블록을 `클릭했을 때` 블록 아래에 조립합니
다. 선택 목록을 열어 **타이머**를 선택하고, 숫자 0을 **90**으로 수정해서 플레이어에게 제한
시간을 90초 줍시다.

3 **제어 팔레트**의 `~까지 반복하기` 블록을 아래에 조립해 반복문을 시작합니다. 반복문의 빈
육각형 위에 **연산 팔레트**의 `● < 50` 블록을 드래그해 놓습니다. 블록의 왼쪽 동그라미 안
에는 **변수 팔레트**의 `타이머` 블록을 넣고, 오른쪽 사각형에는 숫자 **0**을 입력합니다. 스크
립트는 타이머 변수 값이 0보다 작아지기 전까지 반복문 안의 블록을 계속 실행합니다.

4 `나의 변수을(를) 1만큼 바꾸기` 블록을 `~까지 반복하기` 블록 안에 넣습니다. 선택 목록을 열어
타이머를 선택하고 숫자 1을 **–1**로 수정해서 반복문을 실행할 때마다 제한 시간이 줄어들
게 합시다.

5 `1초 기다리기` 블록을 반복문 안의 `타이머을(를) -1만큼 바꾸기` 블록 아래에 조립합니다. 지금까지 이 블록을 활용해 프로그램이 오동작을 일으키는 문제를 해결했습니다. 하지만 이번에는 실제 시간을 세는 데 사용합니다. 이 블록은 변수 값을 초마다 하나씩 빼면서 진짜 타이머 같은 역할을 합니다.

6 `멈추기 모두` 블록을 스크립트의 맨 마지막 `~까지 반복하기` 블록 아래에 조립합니다. 즉, 스크립트는 타이머 변수 값이 0보다 작아지면 모든 스크립트를 멈추고 게임을 종료합니다.

스크립트를 완성했다면 그림 13-38과 비교해 보세요.

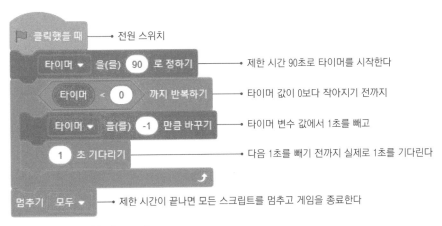

그림 13-38 제한 시간을 세는 스크립트

5.3 16번 스크립트: 시계 움직이기

시계도 학생이나 책상과 마찬가지로 플레이어가 →를 누를 때마다 그림 13-39와 같이 선생님 쪽으로 움직여야 합니다. 복도에 있는 모든 것이 다 같이 움직여야 선생님이 오른쪽으로 달리고 있는 것처럼 보일 것입니다.

시계는 무대 오른쪽 끝에 나타나지만, 선생님이 오른쪽으로 달리는 것처럼 보이려면 시계도 왼쪽으로 움직여야 한다

그림 13-39 학생과 책상처럼 시계도 선생님 쪽으로 움직이게 하기

이번 스크립트는 학생을 움직이는 8번 스크립트와 비슷합니다. 시계를 왼쪽으로 움직이고, 시계가 무대 벽이나 선생님에게 닿으면 필요한 동작을 실행합니다.

1 **제어 팔레트**의 `복제되었을 때` 블록으로 스크립트를 시작합니다.

2 **형태 팔레트**의 `보이기` 블록을 아래에 조립해 시계를 무대에 등장시킵니다.

3 **제어 팔레트**의 `무한 반복하기` 블록으로 반복문을 시작합니다.

4 `만약 ~(이)라면` 블록 세 개를 `무한 반복하기` 블록 안에 위아래로 나란히 넣어 조건문을 세 개 만듭니다.

5 **감지 팔레트**의 `스페이스 키를 눌렀는가?` 블록을 첫 번째 조건문의 빈 육각형 위에 놓습니다. 블록의 선택 목록을 열어 **오른쪽 화살표**를 선택합니다. 두 번째 조건문의 빈 육각형 위에는 `마우스 포인터에 닿았는가?` 블록을 놓고 블록의 선택 목록을 열어 **벽**을 선택합니다. 세 번째 조건문에도 `마우스 포인터에 닿았는가?` 블록을 빈 육각형 위에 놓습니다. 이번에는 선택 목록에서 **선생님**을 선택합니다.

6 **동작 팔레트**의 `x 좌표를 10만큼 바꾸기` 블록을 첫 번째 조건문 안에 넣습니다. 숫자 10을 **-5**로 수정해서 시계가 왼쪽으로 5만큼 움직이게 합니다.

7 **제어 팔레트**의 `이 복제본 삭제하기` 블록을 두 번째 조건문 안에 넣습니다. 이 블록은 시계가 무대 왼쪽 벽에 닿으면 무대에서 삭제합니다.

8 **변수 팔레트**의 `나의 변수을(를) 1만큼 바꾸기` 블록을 세 번째 조건문 안에 넣습니다. 선택 목록을 열어 **타이머**를 선택하고 숫자 1을 **10**으로 수정해서 선생님이 시계를 얻을 때마다 제한 시간을 10초 늘려 줍니다.

9 **제어 팔레트**의 `이 복제본 삭제하기` 블록을 세 번째 조건문 안 `타이머을(를) 10만큼 바꾸기` 블록 아래에 조립합니다.

그림 13-40은 완성된 스크립트입니다. 스크립트는 플레이어가 →를 누르면 시계를 왼쪽으로 움직이게 하고, 시계가 무대 벽에 닿으면 사라지게 합니다. 또는 선생님이 시계에 닿으면 제한 시간을 10초 늘리고 시계를 삭제합니다.

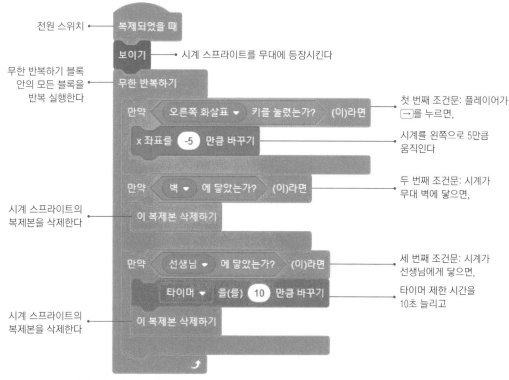

그림 13-40 시계를 움직이는 스크립트

5.4 17번 스크립트: 시계 멈추기

플레이어가 →를 연속해서 누르면 시계는 선생님 쪽으로 계속 움직일 것입니다. 하지만 그림 13-41과 같이 선생님이 책상에 부딪히면 시계는 더 이상 움직이지 않아야 합니다.

선생님은 책상에 막혀 더 이상 움직일 수 없으니 시계도 움직이지 않아야 한다

그림 13-41 선생님이 책상에 부딪히면 멈추어야 하는 시계

이번 스크립트는 선생님이 책상에 닿으면 시계를 멈춥니다. 그래야 선생님이 오른쪽으로 달리다 책상에 부딪힌 것처럼 보일 것입니다. 하지만 실제로는 복도의 모든 스프라이트가 선생님 쪽으로 움직이다 멈추게 됩니다.

1 **이벤트 팔레트**의 `뒤로 가 신호를 받았을 때` 블록으로 스크립트를 시작합니다. 이 블록은 13번 스크립트가 뒤로 가 신호를 보내면 스크립트를 실행합니다.

2 **동작 팔레트**의 `x 좌표를 10만큼 바꾸기` 블록을 아래에 조립합니다. 숫자 10을 5로 수정합니다. 시계는 왼쪽으로 5만큼 움직이니 제자리로 되돌리려면 오른쪽으로 5만큼 옮겨야 합니다.

완성된 스크립트는 그림 13-42와 같습니다.

→ 시계 스프라이트가 뒤로 가 메시지를 받으면

→ 시계를 오른쪽으로 5만큼 움직인다

그림 13-42 움직이는 시계를 멈추는 스크립트

6 문 스프라이트에 프로그래밍하기

〈슈퍼 마리오브라더스〉의 각 스테이지 마지막에는 깃대와 벽돌성이 등장합니다. 마리오는 벽돌성을 통해 다음 스테이지로 갈 수 있습니다. 〈학교 탈출〉의 문도 벽돌성과 마찬가지로 게임의 마지막을 장식합니다. 문에는 두 가지 스크립트를 만듭니다. 문을 복제하는 스크립트와 게임을 종료하는 스크립트 이렇게 총 두 개입니다. 스프라이트 영역에 있는 **문 스프라이트**를 클릭해 프로그램을 만들어 봅시다.

6.1 18번 스크립트: 문 복제하기

학생이나 책상과 마찬가지로 문도 적당한 시점에 보여 주어야 합니다. 그림 13-43의 문 스프라이트는 게임 마지막에 등장합니다.

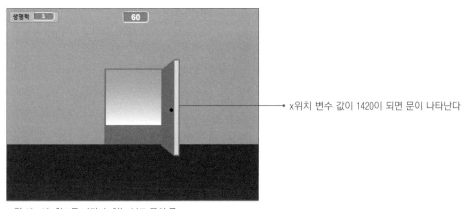

그림 13-43 학교를 나갈 수 있는 복도 끝의 문

이번에 만들 스크립트는 선생님이 복도 맨 끝에 도착하면 문을 복제합니다.

1 **이벤트 팔레트**의 클릭했을 때 블록으로 스크립트를 시작합니다.

2 **동작 팔레트**의 x:0 y:0(으)로 이동하기 블록을 아래에 조립합니다. 숫자는 그림 13-44와 달라도 그대로 두세요. 무대에 문을 놓은 위치가 그대로 들어갑니다.

3 **형태 팔레트**의 숨기기 블록을 아래에 조립해 문을 잠시 보이지 않게 하세요.

4 **제어 팔레트**의 무한 반복하기 블록으로 반복문을 시작합니다.

5 만약 ~(이)라면 블록을 무한 반복하기 블록 안에 넣습니다. **연산 팔레트**의 ● = 50 블록을 빈 육각형 위에 놓습니다. 블록 왼쪽 동그라미 안에는 **변수 팔레트**의 x위치 블록을 넣고, 오른쪽 동그라미에는 숫자 **1420**을 입력합니다. 스크립트는 x위치 변수 값이 1420이 되면 조건문 안의 블록을 실행합니다.

6 **제어 팔레트**의 나 자신 복제하기 블록을 만약 ~(이)라면 블록 안에 넣습니다. 다시 말해 스크립트는 x위치 변수 값이 1420이 되면 문 스프라이트를 복제합니다.

완성된 스크립트를 그림 13-44와 비교해 보세요.

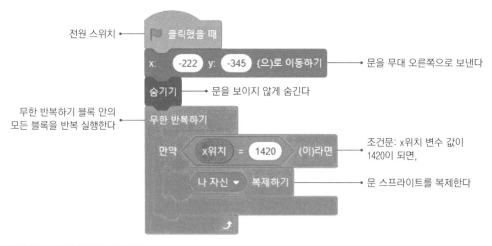

그림 13-44 문을 복제하는 스크립트

6.2 19번 스크립트: 게임 종료하기

선생님의 탈출은 생명력이 다하거나 제한 시간이 다하면 실패로 끝납니다. 반대로 그림 13-45와 같이 제한 시간 안에 문에 도착하면 탈출 성공입니다.

선생님이 문을 통해 밖으로 나가면
게임은 종료된다

그림 13-45 문으로 걸어 나가 게임 끝내기

이번에 만들 스크립트는 문을 선생님 쪽으로 움직이고, 선생님이 문으로 나가면 게임을 종료합니다.

1 **제어 팔레트**의 `복제되었을 때` 블록으로 스크립트를 시작합니다.

2 **형태 팔레트**의 `보이기` 블록을 아래에 조립해 문 스프라이트를 무대에 등장시킵니다.

3 **제어 팔레트**의 `무한 반복하기` 블록으로 반복문을 시작합니다.

4 `만약 ~(이)라면` 블록 두 개를 `무한 반복하기` 블록 안에 넣어 조건문을 두 개 만듭니다.

5 **감지 팔레트**의 `스페이스 키를 눌렀는가?` 블록을 첫 번째 조건문의 빈 육각형 위에 놓고 선택 목록을 열어 **오른쪽 화살표**를 선택합니다. 두 번째 조건문의 빈 육각형 위에는 `마우스 포인터에 닿았는가?` 블록을 놓습니다. 두 번째 선택 목록에는 **선생님**을 선택합니다.

6 **동작 팔레트**의 `x 좌표를 10만큼 바꾸기` 블록을 첫 번째 조건문 안에 넣고 숫자 10을 **–5**로 수정합니다. 이 블록은 문을 왼쪽으로 5만큼 움직입니다.

7 **제어 팔레트**의 `멈추기 모두` 블록을 두 번째 조건문 안에 넣어 게임을 종료합니다.

마지막 스크립트가 완성되었습니다. 그림 13-46과 비교해 보세요.

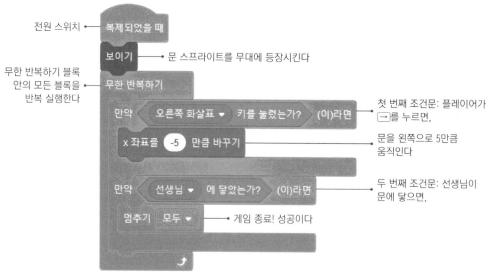

전원 스위치 ● ── 복제되었을 때

보이기 ── 문 스프라이트를 무대에 등장시킨다

무한 반복하기 블록
안의 모든 블록을
반복 실행한다
── 무한 반복하기

만약 〈 오른쪽 화살표 ▼ 키를 눌렀는가? 〉 (이)라면 ── 첫 번째 조건문: 플레이어가 ⇥를 누르면,

x 좌표를 -5 만큼 바꾸기 ── 문을 왼쪽으로 5만큼 움직인다

만약 〈 선생님 ▼ 에 닿았는가? 〉 (이)라면 ── 두 번째 조건문: 선생님이 문에 닿으면,

멈추기 모두 ▼ ── 게임 종료! 성공이다

그림 13-46 선생님이 문에 도착하면 게임을 종료하는 스크립트

7 게임이 잘 실행되지 않나요?

이제 〈학교 탈출〉을 실행하고 문제가 있는지 확인해 보세요. 무언가 잘못되었다면 먼저 스프라이트의 중심점을 확인해 보세요. 모든 스프라이트를 에디터로 한 번씩 열어 보고 캔버스 중앙에 잘 위치하는지 확인하세요.

그래도 문제가 있다면 선생님이 맨 앞쪽 레이어에 있는지 확인하세요. 물론 5번 스크립트가
맨 앞쪽으로 순서 바꾸기 블록을 실행하지만, 직접 무대 위에 있는 선생님 스프라이트를 살짝
드래그해 레이어를 맨 앞쪽에 오게 합시다.

8 정리하기

이번 게임에서는 변수를 더욱 많이 사용했습니다. 특히 변수를 사용해 선생님이 움직이는
것처럼 보이게 했습니다. 플레이어가 ⇥를 누를 때마다 변수 값을 증가시키고, 스프라이트
의 실제 x좌표 대신 이 변수를 사용했습니다. 또 이번 게임에서는 리스트를 처음으로 사용했

습니다. 리스트도 변수와 마찬가지로 정보를 저장하지만, 변수와 달리 항목을 여러 개 저장할 수 있습니다. 다른 프로그래밍 언어에서는 리스트를 배열이라고 하며, 프로그램에서 매우 중요한 역할을 합니다. 예를 들어 페이스북 친구 목록을 표시하거나 게임 캐릭터가 가진 아이템을 저장할 때도 배열을 사용합니다.

8.1 마음껏 해 보아요

완성한 단일 화면 플랫폼 게임은 복잡하지만, 도전해 볼 여지는 충분합니다. 이것저것 시도하며 게임을 더욱 흥미롭게 만들어 봅시다.

 도전해 보세요!

학생 위치 리스트와 책상 위치 리스트에는 각각 학생 30명과 책상 14개가 있습니다. 리스트에 항목을 더 넣으면 더욱 자주 나타날 것입니다. 또 리스트 맨 끝에 항목을 계속 넣어 게임을 더 길게 만들 수도 있습니다. 이때 문이 나타나는 위치도 바꾸어야 해요. 바꾸지 않으면 항목을 아무리 추가해도 게임이 먼저 끝나기 때문이죠.

 도전해 보세요!

타이머와 시계도 바꾸어 봅시다. 제한 시간을 더 늘릴 수도 있지만, 반대로 제한 시간을 뺏으면 어떨까요? 예를 들어 선생님이 책상 위에 올라갈 때마다 제한 시간을 몇 초 빼는 것은 어떨까요? 또는 선생님이 학생을 뛰어넘을 때마다 제한 시간을 1초씩 더하는 것도 좋겠죠?

 도전해 보세요!

새로운 장애물을 추가해 보세요. 점심 도시락이나 책가방은 어떨까요? 학생에 만든 스크립트를 살짝 바꾸어 새로운 장애물에 적용해 봅시다.

 도전해 보세요!

〈슈퍼 마리오브라더스〉처럼 스테이지를 여러 개 만들어 보세요. 여러 단일 화면 플랫폼 게임을 하나로 만드는 것입니다. 어떻게 하면 될까요?

8.2 무엇을 배웠나요?

이제 게임을 완성했으니 선생님이 결혼식에 늦지 않게 도착할 수 있습니다. 게임을 즐기러 가기 전에 DAY 03에서 배운 컴퓨터 과학 개념을 어떻게 활용했는지 복습합시다.

- 게임의 모든 스크립트에 전원 스위치를 사용했습니다. 다른 스크립트가 신호를 보내야 스크립트를 시작할 수 있게 만들기도 했습니다.
- X좌표와 Y좌표를 사용해 선생님이 복도를 달려가는 것처럼 보이게 만들었습니다.
- 조건문을 사용해 선생님이 책상에 부딪히면 일어날 일을 만들었습니다.
- 반복문을 사용해 타이머를 만들었습니다.
- 변수를 사용해 리스트의 항목 전체를 복제했습니다.
- 나머지 연산 블록과 무작위 블록을 사용해 조건문을 만들었습니다.
- 게임의 모든 장애물, 플랫폼, 파워업 아이템을 복제해 사용했습니다.
- 선생님이 책상에 부딪힐 때마다 신호를 보내서 모든 스프라이트를 멈추었습니다.

이번에는 여덟 가지 개념을 모두 사용했군요! 추가로 〈학교 탈출〉에서는 다음 내용을 배웠습니다.

- 리스트를 사용해 학생과 책상을 적절한 시점에 화면에 등장시켰습니다.
- 나머지 연산 블록을 사용해 자연스럽게 다음 상황을 만들었습니다.
- 게임에 타이머를 넣어 시간을 제한했습니다.
- 주인공 스프라이트를 움직이지 않아도 계속 달려가는 것처럼 보이게 만들었습니다.

다섯 가지 게임을 모두 만들었군요. 게임 개발자가 된 것을 축하합니다. 컴퓨터 과학의 여덟 가지 핵심 개념을 깊이 배웠으니 이제 꿈에서도 게임을 만들 수 있을 것입니다. 여러분은 세상으로 나아갈 준비를 끝냈습니다. 마지막 DAY 14에서는 스크래치 커뮤니티에 참여하는 방법을 소개하겠습니다. 또 새로운 게임을 디자인하고 다른 프로그래밍 언어로 눈을 돌릴 수 있는 문도 열어 주겠습니다.

DAY 14 진정한 게임 개발자를 목표로

MAKING SCRATCH GAME FOR EVERYONE

DAY 01을 읽기 시작했을 때를 돌이켜 보세요. 스크래치를 전혀 모르던 초보자였지만 이제는 게임을 다섯 개나 완성한 어엿한 게임 개발자가 되었습니다. 지금쯤 머릿속에 수많은 게임 아이디어가 떠오를 것입니다. 또 조건문, 변수, 반복문, 불 등 컴퓨터 과학을 구성하는 기본 개념을 배웠습니다. 이 개념을 잘 이해하면 다른 프로그래밍 언어를 배울 때도 큰 도움이 됩니다.

이제 게임 개발자가 되었으니 다음은 거대한 스크래치 커뮤니티로 뛰어들 때입니다. DAY 14에서는 여러분이 스크래치 커뮤니티의 일원이 되려면, 진정한 프로그래머가 되려면 어떤 것이 필요한지 설명합니다.

1 게임 공유하기

지금까지 만든 게임들은 오직 자신만 볼 수 있습니다. 하지만 스크래치에 공유하면 다른 사람들도 여러분이 만든 게임을 검색하고 플레이할 수 있습니다.

1.1 프로젝트 공유하기

프로젝트를 공유하면 모든 스크래치 사용자가 여러분이 만든 프로젝트를 볼 수 있습니다. 또 프로젝트를 플레이하고 댓글을 달고 리믹스 버전을 만들 수도 있습니다(방법은 잠시 뒤에 소개합니다). 프로젝트를 공유하면 친구나 가족에게 게임의 온라인 링크를 보낼 수 있습니다.

스크래치 프로젝트는 두 가지 방법으로 공유할 수 있습니다. 프로젝트의 스크립트 페이지에는 그림 14-1과 같이 화면 위에 주황색 공유 버튼이 있습니다(스크립트 페이지는 지금까지 스프라이트와 스크립트를 만들었던 작업 공간입니다). **공유 버튼**을 누르면 곧바로 프로젝트 페이지로 이동합니다. 아직 준비가 되지 않았는데 실수로 프로젝트를 공유했다면, 화면 맨 위에 있는 여러분 아이디를 클릭한 후 내 작업실을 선택하세요. 공유한 프로젝트마다 공유하시 않기 링크가 있습니다.

〈공유〉 버튼을 누르면 다른 사람도 게임을 플레이할 수 있다

그림 14-1 스크립트 페이지 위에 있는 〈공유〉 버튼

프로젝트 페이지에도 그림 14-2와 같이 오른쪽 위에 **공유 버튼**이 있습니다. **공유 버튼**을 누르면 주황색 영역이 초록색으로 변하면서 "당신의 프로젝트를 공유한 것을 축하합니다! 이제 다른 사람이 실행하고 댓글을 달고 리믹스할 수 있습니다."라는 문구로 바뀝니다.

프로젝트를 공유하면 주황색 영역이
초록색으로 바뀐다

〈공유〉 버튼

그림 14-2 프로젝트 페이지에도 있는 〈공유〉 버튼

프로젝트 페이지에서는 그림 14-3과 같이 사용 방법 아래에 게임을 플레이하는 방법을 적을 수 있습니다. 여기에 어떤 키를 눌러야 스프라이트를 움직일 수 있는지 적어 주면 좋습니다. 또 참고 사항 및 참여자에게 게임 줄거리를 이야기할 수도 있습니다.

게임을 조작하는 방법을 알려 준다

게임 줄거리나 멋진 이야기를
소개한다

그림 14-3 프로젝트 페이지에 게임 사용 방법, 참고 사항 넣기

1.2 스크래처가 되려면?

스크래치에 가입하면 '새로 가입한 스크래처' 등급을 받습니다. 이 등급은 약 2주 동안 일부 활동에 제약을 받습니다. 프로젝트를 두 개 이상 공유하고 댓글을 달거나 다른 프로젝트에 '좋아요'를 누르면 '스크래처' 등급을 받을 수 있습니다. 등급을 받으려고 따로 신청할 것은 없습니다. 승급 요건을 갖추면 스크래치 팀에서 알림 메일을 보냅니다.

스크래처가 되면 클라우드 데이터를 사용해 게임을 만들 수 있습니다. 클라우드 데이터는 변수를 서버에 저장할 수 있는 기술입니다. 예를 들어 게임을 플레이한 모든 사용자의 점수를 한데 모아 저장할 수 있습니다. 또는 사람들에게 어떤 스프라이트가 제일 마음에 드는지 물어보고 투표 결과를 클라우드 데이터로 저장할 수 있습니다. '새로 가입한 스크래처' 등급은 댓글이나 질문을 올리고 다음 질문을 올리려면 120초를 기다려야 하지만, '스크래처' 등급은 60초만 기다리면 됩니다.

1.3 스크래처 팔로우하기

다른 스크래처를 팔로우해서 새로운 기술을 배우고 더 나은 프로그래머가 되는 것은 어떠세요? 마음에 드는 게임을 찾았다면 스크래처를 팔로우해 보세요. 스크래처가 게임을 새로 만들 때마다 알림을 받을 수 있습니다. 그림 14-4와 같이 게임 제목 아래에 있는 스크래처 아이디를 클릭하면 스크래처 정보 화면이 나타납니다.

그림 14-4 게임 제목 아래의 링크를 클릭하면 나오는 스크래처 정보 화면

스크래처 정보 화면의 오른쪽 위를 보면 그림 14-5와 같이 **팔로우 버튼**이 있습니다. 버튼을 누르면 회색의 **팔로우 취소 버튼**으로 바뀝니다. 즉, 이 스크래처를 팔로우하고 있다는 의미죠. 팔로우를 유지하려면 다시 누르지 마세요.

여러분 계정과 다른 계정을 서로 연결할 수 있다

그림 14-5 〈팔로우〉 버튼을 눌러 다른 스크래처 만나기

지금까지 팔로우한 스크래처 목록은 내 정보 화면에 있습니다. 팔로우를 유지하면 스크래처가 만든 게임들과 앞으로 만든 게임들을 스크래치 첫 페이지에서 손쉽게 볼 수 있습니다.

1.4 댓글 달기

마음에 드는 게임을 찾았다면 댓글도 남겨 보세요. 아일랜드에서 시작해 전 세계로 뻗어 나간 유서 깊은 CoderDojo에는 규칙이 하나 있습니다. **"항상 상대방에게 예의를 갖추세요."**입니다. 스크래치 커뮤니티에서도 마찬가지입니다. CoderDojo 규칙을 언제나 명심하고, 좋은 댓글을 써 봅시다.

댓글을 남기기 전에 누군가가 똑같은 글을 여러분 프로젝트에 남긴다고 생각해 보세요. 가능하면 다른 사람이 한 노력을 칭찬하고, 무언가 개선 의견을 남기고 싶다면 거친 말보다는 격려하는 말을 써 주세요. 스크래치에는 비밀 댓글이나 익명 글이 없습니다. 여러분 댓글에는 항상 여러분 아이디가 달립니다. 다시 강조하지만, 댓글을 달기 전에 한 번 더 생각하고 스크래치 커뮤니티의 훌륭한 일원다운 모습을 보여 주세요. 표 14-1이 좋은 예가 될 것입니다.

악성 댓글	좋은 댓글
게임 진짜 못 만들었네!	게임 정말 어려워요.
안 돌아가잖아! 진짜 쓰레기다.	키를 누를 때마다 버그가 있네요. 코드를 다시 확인해 주세요.
뭐야, 이 게임은? 말이 돼?	아이디어가 재밌네요.

표 14-1 악성 댓글과 좋은 댓글

1.5 스튜디오 가입하기

스크래처 중에는 스튜디오에 가입한 사람도 있습니다. 스튜디오는 같은 주제를 다룬 프로젝트를 모아 놓은 일종의 동호회입니다. 예를 들어 해리포터 게임이나 레트로 게임 같은 주제로 스튜디오를 만들 수 있습니다.

가입하고 싶은 스튜디오를 찾았다면 그림 14-6과 같이 **댓글 탭**을 클릭하고 댓글로 요청을 남겨 보세요. 일부 스튜디오에는 큐레이터가 아닌 사람도 프로젝트를 추가할 수 있습니다. **프로젝트 탭**을 클릭하고 탭 바로 아래에 **프로젝트 추가하기 버튼**이 있다면 가능합니다. 책에서 만든 게임들은 Hello Scratch Arcade라는 스튜디오에 있습니다. 이 스튜디오에도 프로젝트를 추가할 수 있으니 자유롭게 참여하고 다른 스크래처도 만나 보세요.

그림 14-6 스튜디오에 가입해 관심사가 비슷한 다른 스크래처 만나기

스튜디오를 직접 만들 수도 있습니다. 내 작업실 화면으로 가서 그림 14-7과 같이 **+ 새 스튜디오 버튼**을 누르세요.

스튜디오를 만들고 다른 사람을 초대해 보자

그림 14-7 〈+ 새 스튜디오〉 버튼을 누르면 새 스튜디오 생성

버튼을 누르면 그림 14-8과 같은 화면으로 이동합니다. 이 화면에서는 스튜디오 이름과 설명을 입력할 수 있습니다. 또 누구든지 프로젝트를 추가할 수 있게 스튜디오를 공개할지 아니면 가입한 사람(큐레이터)만 추가할 수 있게 할지 정할 수 있습니다. **큐레이터 탭**에서는 지인을 큐레이터로 초대할 수 있습니다. 초대하려면 아이디를 알아야 합니다. 또는 팔로우하고 있는 사람들에게 초대장을 보낼 수도 있습니다.

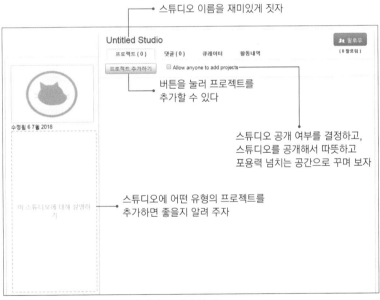

스튜디오 이름을 재미있게 짓자

버튼을 눌러 프로젝트를 추가할 수 있다

스튜디오 공개 여부를 결정하고, 스튜디오를 공개해서 따뜻하고 포용력 넘치는 공간으로 꾸며 보자

스튜디오에 어떤 유형의 프로젝트를 추가하면 좋을지 알려 주자

그림 14-8 스튜디오를 직접 만들어 온라인 동호회 운영 가능

스튜디오를 만들면 더 많은 사람이 여러분 게임을 찾아올 것입니다. 스튜디오는 대체로 비슷한 주제의 게임을 모아 놓아서 플레이어가 비슷한 게임을 더 쉽게 찾을 수 있습니다.

2 프로젝트 리믹스

스크래치 커뮤니티에서는 리믹스가 큰 역할을 차지합니다. 다른 사람이 만든 프로젝트를 리믹스하면 새로운 것을 배울 수 있을 뿐만 아니라, 코드를 조금만 바꾸어도 게임에 큰 변화를 줄 수 있습니다. 반면 다른 사람이 프로젝트를 리믹스하지 못하게 막는 것은 스크래치 정신에 위배됩니다.

2.1 프로젝트 리믹스하기

이제 다른 사람이 만든 프로젝트를 리믹스해 봅시다. 스크립트 화면을 보면 그림 14-9와 같이 위쪽에 초록색 **리믹스 버튼**이 있습니다.

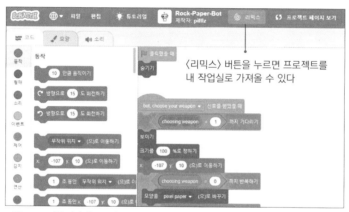

그림 14-9 다른 사람의 프로젝트를 리믹스하고 코드 변경 가능

이제 코드를 변경하면서 결과를 살펴봅시다. 게임에 어떤 것을 추가할 수 있을까요? 조금씩 바꾸어 보고 블록이 어떻게 동작하는지 생각해 봅시다.

리믹스한 프로젝트를 공유할 때는 참고 사항 및 참여자에게 원작자를 소개하고 어느 부분을 바꾸었는지 적으면 좋습니다. 다른 사람이 여러분이 만든 아이디어를 참고할 수도 있지만, 원작자에게도 영감을 줄 수 있을 것입니다.

참고로 리믹스한 프로젝트를 공유하려면 반드시 무언가 바꾸어야 합니다. 아무것도 바꾸지 않고 다른 사람의 프로젝트를 그대로 공유하면 누군가가 여러분을 신고하고 프로젝트가 삭제될 수 있습니다.

2.2 리믹스 목록 보기

리믹스 목록에서 다른 사람들이 여러분이 만든 프로젝트를 어떻게 바꾸었는지 볼 수 있습니다. 프로젝트 페이지에서 화면 오른쪽 아래에 있는 **리믹스 모두 보기** 링크를 찾아 클릭해 보세요.

3 스크래치 포럼

매닝출판사가 제공하는 포럼에도 질문이나 댓글을 올릴 수 있지만, 스크래치에도 포럼이 있습니다. 포럼에서 다른 스크래처들과 만나고 다양한 질문과 의견을 나누어 보세요.

3.1 포럼 글 읽기

스크래치의 첫 페이지에서 아래쪽으로 이동하면 커뮤니티 메뉴 중에 토론방 링크가 있습니다. **토론방** 링크를 클릭하면 그림 14-10과 같은 화면이 나옵니다. 포럼은 다시 여러 세부 포럼으로 나눕니다. 마우스휠을 아래쪽으로 내려서 어떤 세부 포럼이 있는지 살펴보세요. 스크래치로 무엇을 만들 수 있는지 더 잘 알게 될 것입니다.

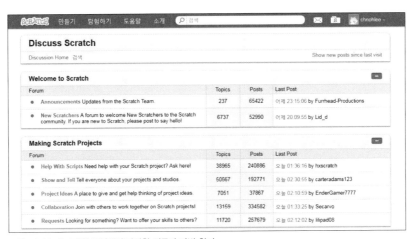

그림 14-10 스크래치 포럼에서 다양한 질문과 답변 찾기

3.2 포럼에 글 쓰기

다른 사람이 주고받는 대화를 우두커니 구경만 하지 않아도 됩니다. 누구나 포럼에 참여할 수 있습니다. 질문이 있다면 적당한 세부 포럼을 골라 글을 써 보세요. 그림 14-11과 같이 **New topic 버튼**을 누르면 됩니다.

세부 포럼을 골랐다면 〈New topic〉 버튼을
눌러 다른 사람과 대화할 수 있다

Topic	Replies	읽은 수	Last Post
Sticky: -※＊§처음 도론방에 오셨다면 이것을 꼭 보세요※＊- by gerard2001	234	11780	오늘 04:32:14 by jje1717
Sticky: -홍보 방- by schikk (New Posts)	671	22985	5. 6, 2019 00 42 03 by chlwnstj302
Sticky: Help Create the Scratch Korean Wiki! by makethebrainhappy (New Posts)	14	1156	1. 11, 2019 04:00:53 by yellow0607
Sticky: [부탁드립니다]중복되는 글에 대해서 by overking (New Posts)	36	2243	6. 23, 2017 22:50:25 by jjmomo1213
Sticky: 질문 방- by sksmsskdi	645	19345	6. 16, 2017 21:51:15 by yjun5107
Sticky: 한국어 토론방을 되도록 이렇게 이용해 주세요 by overking (New Posts)	12	2347	6. 24, 2016 02:57:55 by overking
Sticky: Korean only forum by Paddle2See (New Posts)	0	2894	1. 27, 2013 15:17:28 by Paddle2See
들어와요 by ccvx (New Posts)	1	26	5. 6, 2019 19 52 04 by ccvx
저 게임 아이디어 좀 주세어!!!!! by apple0117 (New Posts)	2	41	5. 5, 2019 03 29 07 by aass009
스프라이트 모양 중심 지정할 때 by qywhr	1	51	5. 5, 2019 01 20 22 by aass009

그림 14-11 질문 글 쓰기

반대로 다른 사람이 올린 질문에 답하려면 글에 댓글을 남겨 보세요. '새로 가입한 스크래처' 등급은 글을 올리고 120초 기다려야 다음 글을 올릴 수 있습니다. '스크래처' 등급은 60초만 기다립니다. 스크래치 운영진은 포럼에 악성 댓글이나 광고 댓글을 도배하지 못하게 막고 있습니다.

4 다른 프로그래밍 언어 배우기

지금까지 스크래치를 배웠습니다. 블록 몇 개만으로도 훌륭한 게임을 완성할 수 있었죠. 하지만 자바스크립트나 파이썬, 루비 같은 진짜 프로그래밍 언어도 스크래치 블록과 크게 다르지 않습니다. 스크래치와 다른 언어를 비교하면, 스크래치를 먼저 배우기를 잘했다고 생각하게 될 것입니다. 스크래치는 여러분이 진정한 프로그래머가 되는 디딤돌이 될 수 있습니다.

예를 하나 들어 봅시다. 프로그래밍 언어는 대부분 조건문을 사용합니다. 스크래치에서는 만약 ~(이)라면 블록처럼 노란색 제어 블록으로 조건문을 만들 수 있습니다. 실제 조건은 만약 ~(이)라면 블록에 있는 빈 육각형 위에 연산 블록이나 감지 블록을 놓아서 만듭니다. 조건을 만든 후에는 만약 ~(이)라면 블록 안에 동작 블록을 넣어 조건을 만족하면 실행할 코드를 만듭니다.

이제 자바스크립트를 살펴봅시다. 노란색 제어 블록은 없지만 사실상 똑같습니다. 예를 들어 그림 14-12를 한번 보세요. score 변수 값이 7이 되면 화면에 You win! 메시지를 보여 주는 스크립트입니다.

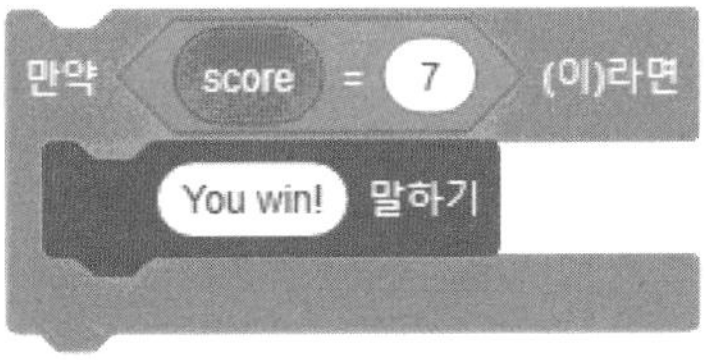

```
if (score == 7) {
    alert("You win!");
}
```

그림 14-12 왼쪽은 스크래치 스크립트, 오른쪽은 자바스크립트

왼쪽 만약 ~(이)라면 블록은 오른쪽 if와 같습니다. 자바스크립트에서는 if로 조건문을 시작하고 그다음 괄호 안에 조건을 적습니다. score 변수 값이 7이 되면 조건을 만족합니다. 즉, 괄호 안에 있는 글자는 만약 ~(이)라면 블록의 육각형 위에 있는 블록과 똑같은 역할을 합니다. 조건문 안의 코드를 실행하려면 이 조건이 참이어야 합니다. 스크래치에서는 만약 ~(이)라면 블록 안에 다른 블록을 넣어 실행하는 반면, 자바스크립트에서는 중괄호 안에 코드를 넣습니다. 조건이 참이면 'You win!'이라는 단어가 화면에 나옵니다.

스크래치만 평생 사용한다면 자바스크립트나 다른 언어를 배울 필요는 없습니다. 하지만 진정한 프로그래머는 프로그래밍 언어를 사용할 줄 알아야 합니다. 스크래치를 배운 여러분은 충분히 할 수 있습니다.

5 정리하기

드디어 책의 모든 내용이 끝났습니다! 이제 여러분은 어엿한 게임 개발자입니다. 멋진 게임을 만드는 데 필요한 모든 것을 배웠습니다. 책에서 배운 것이 잘 생각나지 않을 때는 언제든지 되돌아가 예전에 만든 게임 코드를 살펴보세요. 스프라이트를 움직이는 스크립트나 중력을 흉내 내는 스크립트는 언제든지 쓸모가 있을 것입니다.

이제 어디를 가든 공책을 챙겨야 할지도 모릅니다. 번뜩이는 게임 아이디어를 적거나 눈에 띄는 사물을 스프라이트로 그릴 수 있으니까요. 항상 메모하는 습관을 기르면 좋은 아이디어를 잃어 버릴 염려가 없습니다. 상상해 보세요. 여러분 중에서 위대한 게임 회사의 사장이 나올 수도 있잖아요? 아타리나 인텔리비전, 닌텐도 같은 전설이나 모장, 인텔리비전 같은 현역 회사처럼 말이죠. 이 회사의 사장들도 프로그래밍을 처음 접했을 때가 있었을 것입니다. 여러분도 이제 시작입니다.

언젠가 여러분이 만든 스크래치 게임을 꼭 플레이하고 싶네요. 스크래치 커뮤니티와 게임 개발자 세계에 오신 것을 진심으로 환영합니다.

찾아보기